복 있는 사람

오직 여호와의 율법을 즐거워하여 그 율법을 주야로 묵상하는 자로다.
저는 시냇가에 심은 나무가 시절을 좇아 과실을 맺으며 그 잎사귀가
·마르지 아니함 같으니 그 행사가 다 형통하리로다.   (시편 1:2-3)

전능자의 그늘

전능자의 그늘

Elisabeth Elliot

SHADOW OF THE ALMIGHTY

전능자의 그늘

엘리자베스 엘리엇 지음 | 윤종석 옮김

복 있는 사람

전능자의 그늘

2002년 5월 24일 초판 1쇄 발행
2007년 8월 9일 초판 13쇄 발행
2008년 6월 23일 재조판 1쇄 발행
2025년 7월 25일 재조판 39쇄 발행

지은이 엘리자베스 엘리엇
옮긴이 윤종석
펴낸이 박종현

㈜ 복 있는 사람
주소 서울특별시 마포구 연남동 246-21 (성미산로23길 26-6)
전화 02-723-7183(편집), 7734(영업·마케팅)
팩스 02-723-7184
이메일 hismessage@naver.com
등록 1998년 1월 19일 제1-2280호

ISBN 979-11-7083-281-2

SHADOW OF THE ALMIGHTY
by Elisabeth Elliot

지존자의 은밀한 곳에 거하는 자는 전능하신 자의 그늘 아래 거하리로다.

(시편 91:1)

발레리에게
아버지의 글을 통해 언젠가 너는 네 기억에 없는 아버지를 알게 될 것이다.
내 글로는 어림도 없는 일이다. 그렇게 아버지를 알게 되면서 너 또한 아버
지가 사랑했던 분을 사랑하고 신실하게 따르게 되기를 기도한다.

차례

짐Jim이 죽기 두 달 전쯤 어느 날 오후 나는 짐의 편지와 일기를 읽다가 그를 돌아보며 말했다. "이런 글들이 있어 다행이에요. 내가 당신의 전기를 쓸 때 필요할 거예요." 짐은 쓸데없는 생각 말라고 한마디한 뒤 계속 「타임 *Time*」지를 읽었다.

짐이 죽은 후 곧바로 나는 그가 남긴 글들을 모으기 시작했다. 내 진정한 친구들인 마릴루 맥컬리Marilou McCully, 올리브 플레밍Olive Fleming, 바바라 유데리안Barbara Youderian, 마즈 세인트Marj Saint—짐 엘리엇과 함께 순교한 다른 네 명의 선교사 아내들(옮긴이)—는 처음부터 이 일을 적극 지지해주었다. 그들이 내게 전기 집필을 잠시 중단하고 「영광의 문 *Through Gates of Splendor*」을 써달라고 하는 바람에 나는 항공편으로 뉴욕에 갈 기회가 있었는데, 바로 거기서 하퍼 앤 브라더스Harper & Brothers사의 멜빈 아놀드Melvin Arnold가 이 책의 초고를 읽게 됐다. 그때 그의 격려와 편집에 관한 지속적 충고가 아주 큰 도움이 됐다.

짐의 가족들은 짐의 성장배경과 어린시절에 관한 자료를 제공해주었고 짐한테서 받은 모든 편지를 사용하도록 호의를 베풀어주었다. 짐의 부모인 포틀랜드의 프레드Fred 엘리엇 부부, 짐의 두 형인 포틀랜드의 밥Bob과 페루 유리마과스의 버트Bert, 짐의 여동생인 일리노이 휘튼의 제인 호손Jane Hawthorne에게 깊은 감사를 드린다. 짐의 학창시절을 회고해준 포틀랜드의 그의 친구 워너 더취Werner Durtschi와 웨인 맥크로스키Wayne McCroskey, 짐의 어린시절을 생생히 들려주고 짐한테서 받은 편지를 내준 오리건 아스토리아의 딕 피셔Dick Fisher, 남편 피트Pete한테 온 짐의 편지를 사용하게 해준 올리브 플레밍, 고등학교 때 짐이 자신의 삶에 미쳤던 영향을 이야기해준 시애틀의 이블린 코컴Evelyn Corkum, 짐이 멕시코 자기 집에 방문했던 이야기를 들려준 론 해리스Ron Harris, 짐한테서 받은 편지를 제공해준 수단의 일리노어 밴드보트Eleanor Vandevort와 에콰도르의 빌 캐더스Bill Cathers, 그리고 대학시절의 추억을 들려준 코스타리카의 내 남동생 데이브 하워드Dave Howard에게도 감사를 전한다. 뉴저지의 샘 세인트Sam Saint는 고맙게도 원고를 읽고 귀한 조언을 아끼지 않았다. 에콰도르 쉘메라의 마델 센세니Mardelle Senseney와 루스 키난Ruth Keenan이 많은 참조 성경구절을 확인해준 것도 큰 도움이 됐다.

내가 집필에 전념할 수 있도록 이곳 정글 본부의 모든 책임

을 사실상 도맡아준 빌과 아이린Irene 캐더스에게 특별히 감사
드린다.

1958년 4월

에콰도르 샨디아에서

엘리자베스 엘리엇

우리가 그의 계명을 지키면 이로써 우리가 저를 아는 줄로 알 것이요 저를 아노라 하고 그의 계명을 지키지 아니하는 자는 거짓말하는 자요 진리가 그 속에 있지 아니하되 누구든지 그의 말씀을 지키는 자는 하나님의 사랑이 참으로 그 속에서 온전케 되었나니 이로써 우리가 저 안에 있는 줄을 아노라. 저 안에 거한다 하는 자는 그의 행하시는 대로 자기도 행할지니라. (요일 2:3-6)

주후 90년경 요한의 첫 서신에 쓰여진 이 말 속에 짐 엘리엇의 삶의 핵심이 들어 있다. 순종하면 그분을 아는 것이다. 순종은 하나님께 대한 사랑의 표현이다. 순종한다는 것은 우리가 하나님 안에 거한다는 뜻이다. 그분 안에 거하면 우리도 예수님이 행하시는 대로 행하게 된다.

이 책의 독자들 중에는 하나님을 모르는 이들도 있을 것이고,

말로는 안다고 하지만 요한의 말대로 진리가 그 속에 있지 아니한 이들도 있을 것이다. 그런가하면 그분을 알고 그분께 순종하지만 때로 그 앎과 순종의 가치에 의문이 드는 이들도 있을 것이다. 이 책은 세 부류 모두에게 할 말이 있다. 첫째 부류의 사람들이 하나님을 알기 **원한다면** 이 책을 통해 그 길을 배울 수 있다. 둘째 부류 사람들은 자신의 고백에 행함이 따르지 않음으로 큰 것을 놓치고 있음을 깨달을 수 있다. 셋째 부류 사람들은 지금 걷고 있는 길에 새 힘을 얻을 수 있다.

짐의 목표는 하나님을 아는 것이었다. 그의 길은 순종이었다. 순종은 그의 목표를 이룰 수 있는 유일한 길이었다. 짐의 결말을 특별한 죽음이라고 칭하는 이들도 있다. 그러나 죽음에 관해 말할 때마다 짐은, 많은 사람들이 하나님께 순종하다 죽었음을 조용히 지적하곤 했었다.

사람들은 짐과 그와 함께 죽은 이들을 영웅으로, 순교자로 칭송했다. 나는 찬동하지 않는다. 본인들도 찬동하지 않을 것이다.

그리스도를 위해 사는 것과 그리스도를 위해 죽는 것이 그토록 크게 다른 일이란 말인가? 후자는 전자의 논리적 귀결이 아닌가? 뿐만 아니라 하나님을 위한 삶은 그 자체가 사도 바울의 말대로 "날마다" **죽는** 것이다. 그리스도를 얻기 위해 모든 것을 잃는 것이다. 그렇게 우리 목숨을 버릴 때 우리는 그것을 도로 얻는다.

인간과 하나님의 관계란 아주 실제적인 것이다. 그 관계가 이루어지는 영역은 평범한 삶이다. 오늘 하나님과 인간의 모든 관계는 그분이 평범한 인간의 삶을 사셨다는 사실에 근거함을 우리는 잊어서는 안된다. 그분은 마구간에서 태어나 목공소에서 땀흘리시고 작은 어선에서 설교하시고 지친 몸으로 우물가에 앉아 매춘부와 함께 대화하시고 보통 사람들과 함께 먹고 마시고 걸으시다 비참한 죽음을 맞으셨다. 모두가 우리로 하여금 당신을 알아보게 하시기 위함이었다. 아무도 그분을 영웅이나 순교자로 칭하지 않았다. 그분은 그저 아버지께서 명하신 일을 하시되 기쁨으로 하셨을 뿐이다.

그분을 알고자 하는 이들은 그분과 같은 길을 걸어야 한다. 성경적 어의語意에서 순교자란 바로 그것이다. 순교자란 단순히 증인이란 뜻이다. 살든 죽든 우리는 증인으로 부름받았다. "그의 행하시는 대로" 우리도 행하는 자가 돼야 한다는 말이다.

나는 짐 엘리엇이 그런 이들 중 한 사람이었다고 믿는다. 그의 편지와 일기가 내 그런 믿음의 구체적 근거다. 나 혼자 움켜쥐고 있을 글들이 아니다. 그것은 인류의 이야기의 한 부분이요 전능자the Almighty와 관계맺은 한 인간의 이야기다. 실화다.

짐은 1948년에 내게 이렇게 썼다. "나는 사전에 깊은 생각 없이 그저 말하듯 씁니다. 잉크병에 남아 있는 편이 차라리 좋을 말을 괜히 떠벌릴 때도 있습니다. 브라우닝Robert Browning은 자기가 어렸을 때 써놓은 글이 무슨 말인지 긴가민가해 이렇게 말했다고 합니다. '내가 이 글을 쓸 때는 그 뜻을 아는 이가 하나님과 나 둘이었다. 지금은 하나님만이 아신다.' 그러니 헷갈리는 부분이 있거든 버리십시오. 간혹 과잉생산으로 해를 자초하는 부질없는 일쯤으로 알고 무시하면 됩니다."

1952년에 나는 짐에게 그의 편지 한 통을 발췌해 친구한테 보냈다고 말한 적이 있다. 짐은 거기에 대해 이런 답신을 보내왔다.

"당신이 내 편지를 남한테 보내는 것이 나는 썩 내키지 않습니다. 당신처럼 이해심이 많다면 모를까 그렇지 않은 사람이 내 편지를 읽을지도 모른다고 생각하면 단 한 페이지도 쓸 마음이 안 납니다. 솔직히 고백하건대 나는 편지 쓸 때 당신을 감동시키려 하지 않습니다. 부치기 전에 다시 읽어보는 일도 거의 없고, 문법과 맞춤법도 별로 신경 쓰지 않습니다. 필체가 엉망이라는 것도 압니다. 남에게 내 글을 보낼 때는 당신이 외관을 꼼꼼히 검열하여 괜찮은 부분을 잘 골라서 보내주기 바랍니다."

나는 그의 글을 "꼼꼼히 검열하여" 고르지 않았다. 내가 아는 짐의 모습을 그대로 충실히 보여줄 내용이라면 그대로 다 실었다. 독자들은 짐의 글 속에서 계속 반복되는 생각을 보게 될 것이다. 아울러 독자들은 몇몇 장에서 내가 그의 성품의 보다 "인간적" 측면은 빼버리고 그의 영혼의 성장을 보여주는 글만 싣지 않았나 하는 생각도 들 것이다. 이 두 가지—반복, 영혼의 훈련을 길게 다룬 것—에 대해 나는 이렇게 말하고 싶다. 나는 내가 선별하는 글로 짐의 글 전체의 분위기를 그대로 대변코자 각별히 고심했다. 즉 주어진 주제나 주어진 기간의 발췌문 수가 전체 편지와 일기의 내용에 정비례하게 했다. 그의 글이 유난히 형이상학적 내용으로 가득 찬 시기도 있었고, 평범한 일상사를 이야기한 시기도 있었다.

스무 살 때 짐은 이렇게 기도했다. "주님, 성공하게 하소서. 높은 자리에 오른다는 뜻이 아니라 제 삶이 하나님을 아는 가치를 드러내는 전시품이 되게 하소서." 누구보다 친밀하게 그와 함께 산 내게 그의 삶은 과연 그랬다. 그의 삶은 특별했을까? 책을 읽고 독자들이 스스로 판가름하기 바란다. 독자의 답이 긍정이라면—이 책 속에 "그의 행하시는 대로" 행한 삶이 보이며 그것이 특별하게 여겨진다면—우리는 기독교의 현실을 어떻게 말해야 할까?

최근 그리스도인 고등학생과 대학생 그룹과 저녁을 먹는 자리에
서 나는 그들에게 영웅이 있느냐고 물었다. 침묵이 흘렀다. 그들
은 서로 바라보다 멍하니 다시 내게 눈길을 돌렸다. 영웅? 영웅이
뭐지?

나는 놀랐다. 그들이 영웅의 정의를 논하는 동안 그 나이 때의
내 긴 영웅 목록이 떠올랐다. 나라면 전혀 문제없이 질문에 답했
을 것이다. 단어를 정의할 필요도 없었을 것이다. 기드온, 다윗,
다니엘, 사드락, 메삭, 아벳느고, 할렘의 영웅 한스Hans, 플로렌
스 나이팅게일, 에이브러햄 링컨이 19세기와 20세기의 많은 훌
륭한 선교사들과 함께 내 목록에 있었다.

"없어요." 내 저녁 친구들의 답은 그랬다. 그들에게는 영웅이 없
었다.

"그렇다면 여러분이 존경하는 사람은 있나요?"

잠시 뜸을 들인 뒤 머뭇거리며 나온 말. "그거야…… 있죠." 연예인들과 운동선수들. 여러 모로 늘 삶의 본이 되는 것은 절대 아니지만 목표를 위해 열심히 뛰는 이들.

젊은이들이 참 안됐기도 하고 약간 막막하기도 해 나는 그들에게 닮고 싶은 사람이 있느냐고 물었다. 그들은 즉시 없다고 잘라 말했다. 그들은 자기만의 모습으로 자기만의 길을 가고 싶어 했다. 나한테는 힘든 일로 보인다. 수로와 항구를 찾으려면 당연히 비춰줄 불빛이 필요하지 않은가.

히브리서 13:7 말씀이 생각났다. "하나님의 말씀을 너희에게 이르고 너희를 인도하던 자들을 생각하며 저희 행실의 종말을 주의하여 보고 저희 믿음을 본받으라." 많은 사람들이 여러 다양한 모양으로 내게 하나님의 말씀을 들려줬었다. 그중 첫째는 우리 부모님이다. 날마다 부모님은 우리에게 기도와 찬송과 성경읽기를 가르치셨다. 날마다 두 분은 우리 앞에 신앙의 본을 보여주셨다. 그때는 몰랐지만 부모님은 분명 우리 항로의 불빛이었다.

우리 옆집의 루스 리치도 그런 사람이었다. 열 살 난 내게 열다섯의 루스 언니는 가히 신적인 존재였다. 무엇보다 내 눈에 루스는 "어른"이었다. 예쁘고 말씨가 상냥하고 여자다운 그녀는 수줍고 철모르는 옆집아이 나를 남달리 친절히 대해줬다. 그녀는 내 영웅이었다. 나는 루스라면 무조건 좋았다. 머리모양도 걸음걸이와 말투도 그녀처럼 하고 싶었다. 나는 루스를 닮고 싶었다.

내가 열두 살 때 우리 주일학교 선생님은 제인 화이트라는 어여쁜 숙녀였다. 내 기억에 그녀는 우리 말썽꾸러기 사춘기 아이들에게 인내심을 잃은 적이 없었다(그렇게 중고등학교 여학생들만 무려 54년이나 가르쳤다). 그녀는 우리를 결혼식에 초대했고 자기네 신혼집에서 처음 열린 조촐한 파티에도 불렀다. 나는 그녀가 작은 아파트를 꾸민 모습이 좋았다. 그녀의 옷도 좋았다. 그녀는 나의 이상이었다.

우리 집은 많은 선교사들을 대접했고, 고등학교와 대학교 때 나는 선교사들의 전기를 읽기 시작했다. 허드슨 테일러Hudson Taylor, 데이비드 브레이너드David Brainerd, 존과 베티 스탬John & Betty Stam, 에이미 카마이클Amy Carmichael의 삶은 내 꿈과 동경에 깊은 영향을 미쳤다. 앞에 말한 내가 직접 알고 지냈던 사람들과 마찬가지로 그들은 나의 모델이 되었다.

성경 외에 다른 어떤 책보다 이 책「전능자의 그늘」이 자기 삶에 가장 깊은 영향을 미쳤다고 내게 말해준 젊은이가 수백 명에 달한다. 과장이 아니다. 그들은 대개 **영웅**이라는 단어를 쓰지는 않는다. 하지만 표현방법은 얼마든지 많이 있다. 그들은 내게 짐 엘리엇이 하나의 **영향력**이었다고 말한다. 역할 모델이라고 말하는 이들도 많다. "이 책이 내 삶을 바꿔놓았다"고 고백한 이들도 있다.

경고로 삼자. 책이란 조심해서 읽을수록 좋은 법이다. 이 사람의 이야기는 세 가지 역할을 할 수 있다.

- 모방의 대상을 제시한다. 절대 완벽한 모델이 아니라 우리 모두와 "성정이 같은" 사람이로되 하나님께 마음을 정한 자다.
- 금세기 한 실존 인물의 28년 생애를 통해 하나님의 주권적 사랑의 틀을 보여준다.
- 순종은 큰 대가를 수반하지만 순종의 보상은 값으로 따질 수 없는 것임을 실증해준다. 짐의 표현대로 우리가 **잃을 수 없는** 몇 안되는 것 중 하나가 바로 그것이다.

북아일랜드 벨파스트의 젊은 형사가 생각난다. 언제 총에 맞거나 무릎이 날아갈지 모르는 상황에서 날마다 도시의 폭파된 철조망 구역에 들어갈 때면 두렵다고 그는 내게 말했다.

그의 고백이다. "나는 아내와 어린 자식들이 있습니다. 내가 무서운 것은 그들 때문입니다. 그때 누가 내게 「전능자의 그늘」을 주었습니다. 밤에 잠자리에서 그 책을 읽는 동안 시종 울며 기도했습니다. (오래 걸렸습니다!) 그 책은 내 믿음을 굳게 해주었습니다. '짐 엘리엇이 하나님을 위해 어둠 속에 뛰어들 수 있었다면 나도 할 수 있다'는 생각이 들었습니다."

들을 귀 있는 많은 사람들이 짐의 삶과 사역의 결과를 묵상하며 그의 신앙을 본받게 되기를 기도한다.

1988년 10월
매사추세츠 맥놀리아에서
엘리자베스 엘리엇

프롤로그

1949년 대학생 때 짐은 이런 글을 남겼다.

"영원한 것을 얻고자 영원할 수 없는 것을 버리는 자는 바보가 아니다."

그로부터 7년 후 어느 여름날 오후, 이 글이 쓰여진 기숙사 방과 아주 먼 곳에서 짐은 다른 네 젊은이와 함께 삶은 콩과 당근으로 저녁식사를 마치고 있었다. 그들은 에콰도르 정글 속 쿠라라이 강의 흰 모래밭에 함께 앉아 사람들이 오기를 기다리고 있었다. 사랑하지만 한번도 만나보지 못한 이들, 지금은 온 세계에 아우카Aucas족으로 알려진 야만적 원시 살인족이었다.

이틀 전 오랜 꿈이 일부나마 이루어졌다. 지금 앉아 있는 그 모래밭으로 세 명의 아우카 인디언이 그들을 만나러 왔던 것이다. 세심한 준비로 학수고대해온 첫 우호적 접촉은 대성공이었다. 한 젊은 남자가 여자 둘을 데리고 강 저편 푸른 정글 속에서 걸어나와 약간 머뭇거리다 짐 엘리엇의 손을 잡았다. 짐은 강을 가로질러 다른 백인들이 있는 곳으로 그들을 안내했다. 벌거벗은 원주민들은 일단 의심하는 눈치였다. 그럴 만도 했다. 그들은 지금 자기들 곁 모래밭에 서있는 것과 비슷한 대형 헬기를 타고 날아왔던 백인들을 알고 있었다. 알고 보니 그 백인들은 믿을 수 없는 자들이었다. 그러나 다행히 이 다섯 명의 남자들이 호의를 보이려 애쓴 몇 주 동안 원주민들은 이번에는 다른 "꿍꿍이속"이 없다는 느낌을 받았다.

처음에 이 백인들은 아우카족에게 선물을 떨어뜨렸다. 과거에 받았던 것과 비슷하게 벌채칼, 냄비, 리본, 옷 등으로 그들이 가장 좋아하는 물건이었다. 인디언들은 주기적으로 나타나는 노란색 헬기소리를 기다리기 시작했다(셋 이상은 셀 수 없는 종족인 그들이 주 단위의 리듬을 알아차렸는지는 의문이지만). 모터소리가 들리면 그들은 카사바 밭에서, 나뭇잎으로 이엉을 엮은 커다란 타원형 집에서, 카누를 타고 고기를 잡던 강 하류에서 뛰어왔다. 거기 얼굴이 하얀 낯선 남자들이 다시 와있었다. 그들은 손을 흔들고 소리를 지르며 줄에 바구니를 달아 내렸고 그러면 인디언들은 갖가지 선물을 손에 쥐었다. 그런데 저 소리는? 갑자기 공중에서 큰소리가 났다. 인디언들의 언어로 말이다. 남자가 그들에게 말하고 있었던 것이다.

"오십시오! 우리는 여러분의 친구입니다. 우리는 여러분을 좋아합니다. 우리는 여러분의 친구입니다."

저들은 다른 백인들처럼 인디언의 땅을 빼앗고 작물을 망치고 사람을 죽일 의사가 없는 것일까? 그것이 가능할까? 믿는 쪽으로 마음이 돌아서는 이들도 있었다. 그들에게 한 가지 생각이 떠올랐다. 이 남자들한테 기회를 줘보자. 저들의 진짜 의도를 알아볼 만도 하지 않은가? 낯선 자들과 어울린다면 인디언에게 그보다 더 큰 득은 없을지도 모른다.

다음주에 그들은 다시 헬기 선물 장소로 왔다. 발치께 천천히 돌고 있는 바구니 안에 누군가 종려나무 잎을 단 아름다운 깃털관을 올려놓았다. 나중에는 모험심이 특출한 한 아우카인이 파이퍼 가정용 경비행기와 아주 비슷한 작은 모형비행기를 만들어 자기 집 지붕에 달기도 했다. 아라후노의 선교지부 집 기둥에 모형비행기가 달려 있었는데 혹 거기까지 몰래 와 그것을 살펴보고 갔던 것일까? 아니면 순전히 독창적 생각으로 모형비행기를 만든 것일까?

어느 날 아우카족 사람들은 공중을 선회하던 헬기로부터 한 남자의 목소리를 들었다. "우리는 쿠라라이 강에 있습니다. 오십시오. 우리를 만나러 오십시오." 일부 원주민에게는 있을 수 없는 일이었다. 여전히 백인들에 대한 의심과 오랜 두려움에 젖어 있던 그들은 이틀을 망설였다. 무성히 우거진 정글 속에서 상황을 살피고 있는지도 모를 일이었다. 그들은 정글의 얼룩배기 스라소니만큼이나 순식간에 그 속으로 자취를 감추는 법을 알고 있었다. 그러나 사흘째 되던 날, 그들의 호기심이—혹 다른 동기였을지 누가 알겠는가—두려움을 이겼다. 강변을 오르락내리락하는 다섯 남자의 초청에 응해 세 명의 젊은 인디언이 모습을 드러낸 것이다.

백인들은 도대체 누구일까? 털북숭이 얼굴과 팔을 하고 덩굴에서 그네를 타는 원숭이의 형제일까? 불편한 덮개를 걸친 채 벌거벗고 통 걸을 줄 모르는 아마딜로의 형제일까? 하늘에서 왔으니 어쩌면 태양을 만든 자의 자손일지도 모른다. 하지만 그들은 웃었고 인디언이 알아들을 수 있는 말로 말했고 음식을 선물로 주었다. 음식은 음식일까? 틀림없을 것이다. 인디언들이 알던 것과는 전혀 달랐지만 어쨌든 맛있었으니까(햄버거, 빵, 레모네이드, 겨자. 그들이 먹던 퍼석퍼석하고 거북한 카사바 뿌리, 멧돼지 고기, 땅콩에 비할 바 아니었다).

그리고 그 신기한 물! 백인이 그것을 한 인디언(백인들 사이에 "조지"로 통하던)의 손에 조금 부었고, 그것을 몸에 문지르자 벌레들이 마술에라도 걸린 듯 더 이상 몸을 물지 않았다.

백인들은 끝이 까만 나무토막 모양의 물건으로 부드럽고 하얀 이파리 같은 것 위에 연신 이상한 기호를 그리고 있었다. 그리고는 그 기호를 유심히 들여다보며 인디언들이 쓰는 단어를 말하곤 했다. 하지만 자기들끼리는 이상한 소리를 냈다. 정녕 말은 아니겠지? 아니, 서로 알아듣고 대화하는 듯한 모습으로 보아 말이 틀림없으리라. 하지만 인디언의 귀에는 들리지 않았다. 게다가 인디언이 말을 걸면 그들은 왜 대답이 없는 것일까?

젊은 여자가 커다란 헬기 표면을 만져보니 매끄러웠다. 느낌이 무엇과 같기도 했지만 실은 그녀가 알고 있던 어떤 것과도 달랐다. 집에 돌아가면 사람들에게 어떻게 설명할 것인가? 바나나 잎사귀 같다고? 하지만 바나나 잎은 이렇게 넓고 딱딱하지 않다. 그녀는 헬기에 자기 몸을 황홀한 듯 비벼댔다.

이 물건은 도대체 어떻게 하늘을 난단 말인가? 조지는 궁금해 견딜 수 없었다. 그는 헬기의 머리 부분과 배 부분을 차례로 들여다봤다. 저 날개는 도무지 파닥거릴 것 같지 않은데 어떻게 움직일까? 몸짓과 소리로 그는 조종사에게, 자기는 무섭지 않으며 날아보고 싶다는 뜻을 알렸다. 무서운 굉음을 내며 그들은 나무 위로 높이 떠올랐다. 그의 근시안에 세상은 얼마나 이상해 보였을까? 이 정글의 인디언은 거대한 우주와 머나먼 수평선을 전혀 모르고 있으니 말이다. 그는 발 밑의 황토색 흙과 나무의 키와 저만치 굽이치는 강의 짧은 거리밖에 모른다. 집의 위치를 알고자 나무에 올라 연기를 살핀 적은 있을지 모르지만 지금 자기 밑에 드넓게 펼쳐진 이런 세상은 한번도 본 적이 없었다.

갑자기 달라진 아래 세상에 그의 시선이 멎었다. 사람들, 깨알 같은 사람들이 돌아다니고 있었다. 그들은 전에 백인들이 머리 위로 날고 있을 때처럼 작아 보였다. 그의 부족 사람들이 틀림없었다. 헬기는 낮게 원을 그렸다. 거기 그의 형제와 아버지와 늙은 할머니가 있었다. 그가 큰소리로 외치자 그들이 깜짝 놀라 쳐다봤다. 헬기는 다시 높이 떠올랐다. 그는 기뻐 어쩔 줄 몰라 강변으로 돌아가는 내내 소리를 질렀다. 갑자기 넓고 눈부시게 펼쳐진 하얀 모래밭이 나타나더니 불쑥 솟아올라 헬기를 맞았다. 헬기는 한동안 사람의 이가 덜덜 부딪칠 정도로 지면 위에서 요동하더니 마침내 흔들리던 나무들이 멎었다. 두 여자가 그대로 기다리고 있었다. 하늘에서 본 것을 그들에게 어떻게 말할 것인가?

오후 늦게 젊은 여자는 낯선 남자들을 떠날 때가 됐다는 생각이 들었다. 그들은 도무지 자기에게 욕심이 없어 보였다. 그녀는 모래 활주로를 달려 내려갔다. 조지가 뒤에서 불렀으나 그녀는 들은 척도 안했다. 결국 그녀가 정글 속으로 사라지자 남자도 따라갔다. 나중에 나이든 여자도 그 뒤를 따랐다. 가파른 언덕을 넘고 진흙길을 지나 마을로 돌아온 그들은 경험을 얘기하느라 숨이 턱에 찼다. 그러나 그늘 속의 텁수룩한 검은머리들은 이야기를 들으며 말없이 고개를 저었다. 귓불에 박힌 발사나무 귀고리 사이로 어두운 음모가 꾸며지고 있었다.

쿠라라이 강변의 다섯 남자는 이튿날에도 친구들이 돌아오기를 간절히 기다렸다. 전처럼 강변을 오르락내리락하며 그들은 이미 배워둔 몇 안되는 아우카말을 큰소리로 외쳤다. 부족을 탈출해 한 선교지부 근처 농장에 살던 아우카족 사람한테 배운 말이었다. 그러나 굽이진 강 양편으로 처녀림의 정적만이 그들의 외침에 답하고 있었다. 갑자기 나무 하나가 쓰러져 모두 바짝 긴장하며 기대하기도 했으나 아무 일도 없었다. 결국 짐 엘리엇은 시계를 보았다.

"좋습니다. 5분만 더 기다렸다 안 오면 돌아가겠습니다!"

곧 생각을 거두고 다시 지혜롭게 기다렸으나 기나긴 오후는 그들의 노심초사에 아무 보상도 가져다주지 않았다.

"이웃들"은 회의를 하고 있는 것이 분명했다. 다시 돌아가 백인들을 마을에 받아들일 것인가? 누가 갈 것인가? 백인들이 얼마나 간절히 애타게 기다리고 있는지 그들은 알 수 없었다.

일요일 아침이 환히 밝았다. 이번에도 하나님은 기도를 들어주셨다. 강물이 붇지 않아 좁다란 착륙 공간이 그대로 남아 있었던 것이다. 하늘도 비행하기에 좋았다. 조종사 네이트Nate는 이륙했다. 인디언 마을 위를 선회하노라니 열 명의 아우카 사람이 눈에 띄었다. 그들은 네 명의 외국인이 기다리고 있는 곳으로 강변을 따라 걸어오고 있었다.

"됐습니다! 오고 있습니다!" 파이퍼가 강변에 털털거리며 앉자마자 그는 소리쳤다.

네이트의 아내는 예상 접촉을 무선으로 교신받고, 오후 4시 반에 다시 대기해달라는 부탁을 받았다.

점심시간이 지났다. 백인들은 모래밭에 모형 '정글'과 모델하우스를 만드느라 바빴다. 원주민들이 자기들을 받아들여 함께 살게 해줄 만큼 관심이 있을 경우 활주로를 만드는 법을 일러줄 심사에서였다. 이어 다섯 선교사는 늘 그랬듯이 함께 찬송을 불렀다. 누가 먼저랄 것도 없이 자연스레 시작된 찬송을 그들은 기쁘게 불렀다.

우리를 지키시는 방패, 주님을 의지해.

적과 싸우러 갈 때 우리 홀로 아니네.
주 능력으로 우리를 안전히 지키시니
주님만 의지하고 주 이름으로 나가네.

구원의 머리되신, 오 주님의 이름으로
모든 이름 위에 뛰어난 복된 그 이름.
예수 우리의 의, 우리의 든든한 기초
우리의 영광의 주, 우리의 사랑의 왕.

우리는 심히 약해도 믿음으로 나가네.
날마다 주님의 은혜 더욱 사모하면서
우리의 심령 속에 승리의 노래 울리니
주님만 의지하고 주 이름으로 나가네.

우리를 지키시는 방패, 주님을 의지해.
전쟁은 주님의 것, 찬양도 주님의 것.
영광의 진주문에 우리 들어가는 날
승리한 우리, 영원히 주님만 의지하리.[1]

그들은 여태까지 조금도 착오 없이 인도해오신 그분께 자신들과
신중히 세워온 모든 계획을 맡긴 채 아우카족을 기다렸다…….
그날 오후 4시 반이 채 못 되어 다섯 동료의 시체 위로 쿠라라이 강

물이 말없이 흘렀다. 그리스도의 기旗를 들고 그리스도를 전해주러 왔건만, 바로 그들의 손에 목숨을 잃은 것이다. 세상은 이 일을 비극의 악몽이라 불렀다. 세상은 짐 엘리엇의 신조 앞부분에 담긴 진리를 깨닫지 못했다. "영원한 것을 얻고자 영원할 수 없는 것을 버리는 자는 바보가 아니다."

1. 뿌리깊은 신앙의 집안

여호와의 집에 심겼음이여. 우리 하나님의 궁정에서 흥왕하리로다.

(시 92:13)

19세기 중엽, 휴런 호와 이리 호 사이의 활엽수 관목이 우거진 시골 온타리오(캐나다 동부지역—옮긴이)는 아직 반쯤은 미개척지였다. 싸고 좋은 땅이 많다는 전망을 보고 그곳으로 밀려든 많은 사람들 중에 스코틀랜드 남쪽 경계 출신의 엘리엇 집안이 있었다. 그들은 토론토 서쪽 160킬로미터 지점 몰즈워스 근처의 작은 시골마을에 정착했다. 잡화점이 두 곳, 교사校舍 한 채, 여관, 대장간 두 곳, 그리고 교회 두 곳으로 이루어진 마을이었다. 두 교회 중 엘리엇 가정은 당연히 스코틀랜드 장로교회를 택했다. 그들이 스코틀랜드 북부 출신의 맥앨리스터 집안을 만난 것이 거기였으므로 그것은 상서로운 선택이었다. 일요일마다 엘리엇 집안의 여덟 아이는 맥앨리스터 집안의 열한 아이와 어울렸다. 이 우정은 결국 네 쌍의 엘리엇-맥앨리스터 집안간 결혼으로 이어지고 그리하여 36명의 양쪽 사촌이 생기게 된다.

네 쌍 중 하나인 존과 마가렛 엘리엇John & Margaret Elliot은 과수원과 목초지로 둘러싸인 언덕의 작은 목조가옥에 살았다. 정직한 거래로 소문난 근면한 가축상인이었던 존은 어떻게든 여덟 자녀에게 정직한 노동의 가치를 가르치려고 했다. 그럴 기회는 얼마든지 있었다. 그들은 9월부터 5월까지 기나긴 겨울이면 외양간의 가축을 먹여야 했고, 부엌 뒤쪽 커다란 나뭇간을 계속 채워야 했고, 작물을 심고 김매고 거두고 저장해야 했으며, 단풍나무 수액을 받아 졸여야 했다. 물론 젖소 우유도 짜고 닭 모이도 줘야 했다. 거기다 어머니가 심한 천식에 자주 걸리곤 했기 때문에 집안일까지 아이들이 해야 했다. 그래서 결국 장남 프레드는 학교를 그만두고 집을 돕지 않을 수 없었다. 남은 정식교육의 기회는 잃었으나 프레드는 책을 탐독했고, 목공일과 기계 손질로 아버지를 도우며 많은 실제적 기술을 익혔다.

십대가 되자 프레드는 동생 윌과 함께 서스캐처원 추수지로 일하러 갔다가 거기서 다시 브리티시 컬럼비아(캐나다 서부지역—옮긴이)로 갔다. 프레드는 열세 살 때 주님의 재림이 임박했다는 사실을 배우며 회심했지만, 인생이란 철저히 하나님께 드려질 때에만 살 가치가 있음을 깨달은 것은 브리티시 컬럼비아에서 해리 아이언사이드Harry Ironside의 가르침을 받고서였다. 프레드는 삶의 헌신을 결단했고, 후에는 북서부 시골지방을 돌며 설교하는 아이언사이드 씨를 따라다니기 시작했다.

존과 마가렛 엘리엇이 온타리오에서 결혼할 그 즈음, "서부로 가자!"는 구호가 스위스 베른 출신의 한 청년을 매혹했다. 그의 아버지는 베른 시의 토목기사였다. 청년 에밀 루긴불Emil Luginbuhl은 우선 돈이 되는 대로 콜로라도까지 갔다가 거기서 대장장이로 일해 돈을 모아 워싱턴 주에 농가를 장만했다. 어느 날 리본 제조업자의 딸이 미국에 왔다는 소문이 들렸다. 스위스 고향에서 에밀과 함께 성가대에 섰던 여자였다. 에밀은 지체 없이 그녀에게 편지를 썼다. 에마 모러Emma Maurer를 설득해 서부로 오게 하자마자 에밀 루긴불은 지금의 워싱턴 주 루즈벨트에서 3킬로미터쯤 떨어진 한 감리교 목사의 농가에서 그녀와 결혼식을 올렸다.

에밀은 워싱턴 동부 광활한 초원에 물을 끌어대 아름다운 오아시스를 꾸미고는 각종 채소와 화훼는 물론 철따라 사과, 배, 자두, 복숭아, 버찌, 살구, 포도, 딸기를 거두었다. 결실이 풍성해 집안 식구는 물론 이웃 건지乾地 농가에도 고루 돌릴 수 있었다. 농부들은 짐마차를 끌고 와 청과물을 상자에 양껏 담아갔다.

뜰이나 밭 중 작물이 없는 곳은 양떼의 초장이었다. 초장은 애덤스 산 구릉지대까지 굽이굽이 드넓게 펼쳐져 있었고, 그 위로 저녁나절 푸르스름한 자줏빛 안개가 덮이곤 했다. 루긴불 집안의 두 자녀 짐과 클라라Clara는 하루에 한 시간밖에 놀 수 없었다. 짐은 창고와 외양간 일, 클라라는 빵굽기와 집안일과 가끔 양 치는 일을 하다보면 남은 하루가 다 갔다.

키다리 포플러나무 사이에 커다란 목조가옥이 자리한 이 농장에 어느 날 순회 목사 아이언사이드 씨가 젊은 친구 프레드 엘리엇과 함께 왔다. 열여덟 살의 클라라 루긴불은 당시 자신이 삼촌집의 한 일꾼과 사랑에 푹 빠져 있다고 생각했다. 3년 후, 오리건 포틀랜드의 척추교정 학교에 다닐 무렵 그녀는 어느 작은 침례교회 집회에 참석했는데, 마침 설교자는 프레드였다. 아이언사이드 씨가 그에게 설교를 권했던 것이다. 클라라는 밤마다 다른 남자친구와 같이 왔다. 월요일 밤 푸른 눈의 어여쁜 아가씨를 봤을 때만 해도 프레드는 동행한 남자가 이미 선택받은 자인 줄 알았다. 그러나 화요일 그녀 옆에 다른 남자가 있는 것을 보고 프레드는 얼굴이 밝아졌다. 수요일 다시 남자가 바뀐 것을 본 프레드는 자신에게도 희망이 있다고 생각하고 목요일 그녀에게 집에 바래다주어도 좋은지 물었다. 그날 이후로 둘은 날마다 만났다. 부활절, 프레드는 그녀에게 백합을 보냈다. 서신 교환이 시작돼 2년간 지속되다가 결국 1918년 클라라의 졸업과 함께 둘은 결혼했다.

그들은 4년간 시애틀에 살았다. 클라라는 척추교정원을 열었고 프레드는 퓨젓사운드 지역에서 전도자로 일했다. 1921년 큰아들 로버트가 태어났다. 이듬해 그들은 오리건 포틀랜드로 이사했다. 몇 년 전 클라라의 아버지가 여름 별장으로 사두었던 작은 집이었다. 거기서 세 자녀가 더 태어났다. 1924년 허버트, 1927년 짐, 1932년 제인의 순서였다.

자녀에 대한 책임을 가장 중시했던 클라라는 집안일을 소상히 살피기 위해 거실 한쪽에 척추교정 사무실을 마련했다. 아이 보는 사람을 따로 둘 생각은 한번도 하지 않았다. 가족들이 함께할 수 없는 일이라면 안하면 그만이었다. 엘리엇 집안 아이들은 생후 6주 때부터 예배와 주일학교에 참석했다. 어머니 클라라는 "어른 예배 동안 조용히 앉아 있는다고 애한테 해로운 것은 아니다. 오히려 신경발달에 좋다"고 잘라 말했다. 종교를 억지로 주입하는 어리석음에 대해서라면 이 부모는 전혀 걱정해본 일이 없다. 그들은 아이들이 잘되기 원했고("돈은 저주가 될 수 있으니 돈만 빼고"라고 그들은 말했다) 그래서 몸은 물론 영혼을 돌봐주고 기타 힘닿는 대로 좋은 것이라면 다 주었다. 행여 신앙 지도의 필요성을 수긍하지 못하는 아이는 취침시간에 몸의 휴식의 필요성도 포기해야 했다. 이렇게 부모는 아이들을 잠자리로만 아니라 동시에 하나님께로 인도했다.

프레드 엘리엇은 날마다 자녀들에게 성경을 읽어주었다. 그는 아이들에게 모든 것에 뛰어나신 그리스도의 영광을 보여주려 했고, 그러면서도 율법주의나 '금령' 목록만은 늘 삼가려고 유의했다. 그는 "나는 아이들을 위해서도 기도했지만 아이들과 **함께** 기도했다"고 말한다. 네 명의 아이 모두 어려서 예수님의 부름을 듣고 그분을 따르기로 했다.

어느 날 밤 어머니와 함께 집회에서 돌아온 짐은 이렇게 말했다. "엄마, 주 예수님이 언제 오셔도 좋아요. 이제 저도 구원받았으니 우리 식구들을 다 데려가실 수 있잖아요. 제인은 예수님을 알기에는 아직 너무 어려요." 짐의 나이 아직 여섯 살밖에 안됐을 때였다.

짐은 구원에 대한 자기 믿음을 어린 친구들에게 말해주기 시작했다. 잔디밭 그네에 앉아 "설교"한 것이다.

엘리엇 가정은 늘 친구들한테 활짝 열려 있었는데 그중에는 세계 각지의 선교사들도 있었다. 이것은 네 자녀에게 깊은 인상을 남겼다. 손님 접대의 예의를 가르쳐주었을 뿐 아니라 여러 부류의 사람들을 알 수 있는 귀한 기회도 됐다. 짐의 어머니는 "자기 침대를 양보해야 했는데도 아이들은 사람들 오는 것을 좋아했다. 집에서 사람들을 자주 새로 접하다 보니 다들 활달하고 거리낌없고 남 앞에서도 수줍음을 모르게 됐다"고 말했다.

아이들의 훈육에 무엇보다 강조된 것은 순종과 정직이었다. 반면에 장난치고 까부는 것은 짐짓 못 본 체하거나 가벼운 꾸지람으로 끝났다. 부모는 말대로 시행할 뜻이 없는 한 공연히 윽박지르지 않았다. 빈말뿐인 위협은 부정직한 것이며 아이들의 정의감을 해친다고 믿었던 것이다. 좀더 심각한 벌은 아버지 프레드 엘리엇의 몫이었다. 그는 은밀하게 하려고 간혹 매질을 미룰 때도 있었다. 아이들이 열네 살이 되자 부모는 다들 예수님을 자기 삶의 구주와 주님으로 모셨으니 지금부터 자기 행동을 주님께 직접 책임져야 한다고 말했다. 어머니는 "엄마 아빠가 모른다고 행여 아무 탈 없겠거니 생각지 말아라. 하나님이 아시고 그분 방식대로 벌하신다"고 그들에게 말했다.

그들은 야외에서 보내는 시간이 소중함을 배웠다. 겨울이면 후드 산에서 썰매를 탔고 여름이면 험한 오리건 해변으로 소풍을 갔다. 워싱턴의 낡은 루긴불 농가를 방문하기도 했는데, 그럴 때면 잔디밭 언덕에서 달리기 시합도 하고 건초더미에서 구르기도 했다. 간혹 허락을 맡아 양떼를 돌보고 새끼양을 먹이기도 했다. 부모는 아이들을 가축시장에 데려갔고, 유실수와 채소와 동물을 키우는 법을 가르쳤으며, 아이들과 즐거운 시간을 함께 보냈다. 아이마다 취미가 달랐는데 짐의 취미는 모형배와 비행기 만들기, 우표수집, 책읽기였다. 짐의 미적 감각은 뜻밖의 일로 표현되곤 했다. 어머니의 회고에 따르면 어느 날 오후 장에 갔다 지친 몸으로 집에 와보니 식탁에 낙엽으로 만든 큰 꽃다발이 있었다고 한다. 짐이 어머니를 위해 만들어둔 것이었다. 짐은 집 바깥의 호랑가시나무와 장미는 물론 주택과 정원, 부엌 모서리 커튼이나 거실 양탄자 색에 남다른 흥미를 보였다. 초등학교 교사는 어려서부터 그림 그리기를 좋아한 짐을 귀여워해 교실에 짐의 그림을 쭉 붙여두었다.

그러나 짐의 학교 친구 딕 피셔의 기억은 미술에 대한 취미와는 다른 내용이었다. 그의 가장 생생한 기억은 이렇다.

"나는 운동장 감시를 맡았습니다. 아이들이 다 오면 내가 자전거를 기둥에 묶어 잠가야 했지요. 나는 항상 짐을 기다려야 했습니다. 날마다 짐이 벨을 울리며 8번가를 쏜살같이 달려와 게이블 장의사 앞 자갈밭을 미끄러지듯 지나서 안식일교회 뜰 안 통로의 담장을 돌아섭니다. 그리고는 마침내 자욱한 먼지를 날리며 학교운동장을 신나게 가로질러 오지요. 기둥 앞에서 브레이크를 밟고 자전거에서 뛰어내려 늦었다고 뭐라고 중얼거리고는, 고맙다고 말한 뒤 학교 안으로 사라지던 모습이 기억납니다. 1년 내내 내가 짐을 접한 것은 그렇게 정신없이 달려왔다 사라지던 그 모습이 전부입니다."

<h1 style="text-align:right">2. 웅변가와 청소부</h1>

무릇 네 손이 일을 당하는 대로 힘을 다하여 할지어다. (전 9:10)

1941년 벤슨 폴리테크닉 고등학교에 들어간 짐은 건축설계를 전공으로 택했다. 학교신문 「테크 펩」에는 짐의 사설이 자주 실렸고, 몇몇 교내 연극에서 주인공으로 활약한 그의 연기력에 대한 새 기사도 실렸다. 연극을 감독했던 한 교사는 "그렇게 재능이 뛰어난 아마추어는 처음 봤습니다. 연극 후 다른 선생님들이 나한테 짐을 식업 연극배우의 길로 보내라고 권할 정도였습니다"라고 말했다.

짐은 벤슨의 "웅변 왕"으로도 이름을 날렸다. 짐의 고등학교 시절이 끝나갈 무렵, 루즈벨트 대통령이 세상을 떠났을 때였다. 그날 오후 소집된 특별집합을 불과 몇 시간 남겨놓고 짐은 연설을 준비하라는 통보를 받았다. 그의 지도교사는 "내가 여태 학생한테 들었던 최상의 연설이었습니다. 아니, 실은 내가 여태 들었던 모든 연설을 통틀어 최고였습니다"라고 말했다.

짐의 초등학교 친구 딕 피셔도 벤슨에 진학했다. 그는 짐에 대한 인상을 계속해서 이렇게 들려준다. "나는 크고 말랐었습니다. 짐은 키는 나보다 약간 작았지만 체격이 아주 좋고 갈색머리에 다부지게 잘생겨서 여자들은 항상 그를 다시 쳐다봤습니다. 무엇보다 내가 감탄했던 것은 짐의 예리한 사고였지요. 짐은 공부는 물론 매사에 이해가 아주 빨랐습니다. 그에 비하면 나는 항상 저만치 뒤떨어져 있었지요. 짐은 무슨 내용이든 아주 간단한 말로 내게 설명해주곤 했습니다……."

"배관수업이 끝나고 다음 과목은 설계였는데 교실이 아주 멀리 떨어져 있었습니다. 시작종이 울릴 때까지 단 5분 만에 혼잡한 복도로 학교를 가로질러간다는 것은 쉬운 일이 아니었습니다. 짐이 턱을 쳐들고 좌우로 거침없이 길을 헤쳐가던 모습이 지금도 기억납니다. 막힘 없는 전진의 모습이라고 할까요."

"짐은 대개 교과서와 함께 작은 성경책을 들고 다녔습니다. 한두 명의 청중만 있으면 성경을 펴고 말을 시작했지요. 짐은 점심식사 전에 늘 기도했습니다. 그리고 내게 예수 그리스도에 대해, 천국과 지옥과 내세 따위를 믿는지에 대해 절대 기회를 놓치지 않고 말했습니다. 모임에 말씀을 준비해야 할 때면 짐은 나를 따로 데리고 가 연습하며 비평을 청하곤 했습니다. 처음에는 내가 하도 웃음이 나 짐이 화를 냈지만 차차 짐은 주먹을 쳐대며 지옥불과 유황 같은 설교를 하게 됐습니다(청중을 졸지 못하게 하는데 특효였지요)."

"전시 석유 배급제가 대중교통에 영향을 미치기 시작하고 날씨가 좋아지면서 짐과 나는 하교길에 히치하이크를 시작했습니다. 하루 5센트를 아꼈을 뿐 아니라 세상 돌아가는 물정을 얘기하고 생각할 수 있는 좋은 기회도 되었습니다. 어느 날 밤 짐은 제게 미국 대통령이 되겠다는 뜻을 밝혔습니다. 짐은 한동안 진지하게 그 생각을 했었습니다."

"어느 날 오후 짐은 나를 자기 집에 데려가 가족들을 만나게 해주었습니다. 첫 방문 때부터 짐에게 맡겨진 수많은 일과 그것을 처리하는 짐의 조직적 방법이 특히 눈에 띄었습니다. 짐은 닭과 토끼와 염소를 먹여야 했고 아궁이에 불을 때야 했으며, 마당을 치우고 심부름도 한두 가지 해야 했습니다. 눈 깜짝할 사이에 그 일 중 일부가 내게 할당됐습니다. 짐의 리더십 수완이 발휘되는 순간이었지요."

"짐과 더치(워너 더취)는 풋볼을 좋아했고 많은 얘기 끝에 나까지 끌어들였습니다. 짐은 수비수였지요. 나는 풋볼 유니폼을 입은 짐의 모습이야말로 정말 가관이라고 늘 생각했습니다. 영락없이 물에서 나온 커다란 안짱다리 말코손바닥사슴 꼴이었습니다. 누구보다 얼굴에 흙을 많이 묻히는 것만이 팀에서 인기를 얻기 위한 짐의 유일한 노력이었지요."

"짐은 더치와 나를 캠핑에 데리고 가지 못해 안달이었습니다.

그래서 강변의 전당포를 몇 차례 드나들며 헐값에 장비를 구입한 뒤 우리는 어느 금요일 방과후에 히치하이크에 나섰습니다. 배낭과 소총집을 메고 비에 젖지 않게 그 위에 양철깡통까지 씌운 더치와 짐과 나 세 사람의 모습을 한번 상상해보세요. 차 운전자들한테는 고약한 일당으로 보였을 것입니다. 우리는 캠핑여행을 떠나기 전 늘 기도모임을 가졌습니다. 나는 혹 우리의 수호천사가 있다면 잠도 제대로 못 자고 늘 노심초사할 것이라는 생각을 종종 했습니다."

"아무도 우리 셋을 태워주려 하지 않았으므로 두 사람은 나무 뒤에 숨어 있고 한 사람이 대표로 나섰습니다. 드디어 차가 한 대 멈춰 우리 셋이 우르르 몰려가자 운전자는 '모두 몇 명이지?' 하고 물었습니다. 우리는 체구가 아주 작은 사람 셋뿐이라고 말했습니다. 결국 우리는 이미 차 안에 타고 있던 다른 네 명과 함께 가까스로 찡겨 앉았습니다."

"이튿날 골프장 가장자리를 따라 지나가고 있는데 오리 울음소리가 들렸습니다. 우리는 골프장을 가로지르기 시작했습니다. 앞장서던 짐은 오리를 발견하고는 총에 탄알을 한 발 장전했으나 소총이 말을 듣지 않았습니다. 더치는 내 뒤에서 쏘았는데 총알이 오리 등 너머로 날아갔습니다. 내가 다음 발을 쏘아 날아가던 오리를 맞췄습니다. 오리는 호반에서 5미터쯤 호수 안쪽으로 떨어졌습니다. 짐이 막대기를 들고 건져내려 하는데 뒤에서 고함소리가 들렸습니다. 돌아보니 한 여자가 정신없이 팔을 흔들며 남의 애완용 오리를 잡으면 어떡하느냐고 소리소리 질렀습니다. 우리는 무서웠으나 짐은 포획물을 건질 뜻을 굽히지 않았고 결국 몸까지 적셔가며 성공했습니다. 자리를 뜰 때는 여자가 이미 뒤에까지 바짝 쫓아와 있었습니다. 여자가 잔뜩 화나 '살해범' 운운하며 울고 소리쳤으므로 우리는 지체 없이 골프장을 가로질러 높은 산등성이로 뛰었습니다. 너무했다 싶은 생각도 들었지만, 날 줄 아는 오리라면 당연히 야생인 줄로만 생각했지요. 그러니 우리한테는 좋은 표적이었습니다. 슬퍼하던 여자가 딱해 주님의 위로를 구하긴 했지만 말입니다."

"한번은 주말에 컬럼비아 강 루터렐 폭포에 갔습니다. 우리는 꼭대기에 올라가 손을 붙잡고 절벽 아래를 내려다봤습니다. 자기 차례가 되자 짐은 '여태까지 이렇게 무서운 것은 처음 봤다, 꼭 구름에서 내려다보는 것 같다'고 말했습니다. 우리는 폭포 뒷길로 해서 절벽 바닥의 물웅덩이 뒤쪽으로 갔습니다. 짐은 천하를 호령할 듯 멋진 포즈를 취하고는 쏟아지는 물안개를 올려다보며 묵상에 잠겼습니다. 그는 이 모두가 하나님의 작품이라면 영원은 어떻겠느냐고 말했습니다."

"이런 일도 있었습니다. 내 총에 맞고 떨어진 대머리수리를 살펴보려고 철조망을 넘어가다가 내가 실수로 총 방아쇠를 당겼습니다. 총알은 짐의 머리칼 사이로 지나갔습니다. 그 일로 한동안 우리는 섬뜩한 기분을 떨칠 수 없었습니다."

짐의 형 버트는 쓰레기 수거사업으로 짭짤한 수입을 올리고 있었는데 토요일이면 짐과 딕 피셔도 가세했다. 버트가 트럭을 몰면 두 졸개는 쓰레기더미 위에 타고 있다가 버려진 형광등으로 공중의 갈매기를 때리거나 아침 쓰레기를 주워 올리곤 했다. 이 런 식으로 그들은 벽돌을 충분히 모아 집 밖에 바비큐 화덕도 쌓 았고 빈병을 잔뜩 모아 슈퍼마켓에 가 적잖은 파이와 바꿔 먹기 도 했다. 그 밖에도 난로 몇 개, 침대 하나, 의자들, 머리 부분까지 말짱한 곰 모양 양탄자 등 쓸만한 잡동사니가 많았고 심지어 검 시檢屍장비 세트까지 있었다. 그 덕에 짐은 박제수업을 듣기도 했 다. 짐이 만든 첫 박제제품은 쓰레기를 줍다 잡은 갈매기였다.

두 사람이 빈병을 한아름 들고 슈퍼마켓에 들어가면 돈 내려 고 줄서 있던 사람들이 갑자기 사라졌다. 추운 날이면 짐은 양쪽 에 털 귀마개를 달고 헬멧 같은 모자를 쓴 채 위아래가 통으로 붙 은 작업복 위에 털 칼라가 달린 양가죽 재킷을 입고 뒤축이 닳은 낡은 신발을 신었는데, 전신에서 트럭에 실린 내용물의 냄새가 폴폴 풍겼다.

피셔는 "우리는 보통 토요일마다 하루 두 번씩 슈퍼에 갔습니 다. 그 가엾은 여자들은 우리가 오는 것을 질색했지요"라고 말한다.

피셔의 말은 이렇게 이어진다. "나중에 우리는 아프리카의 노 예문제에 관심을 갖게 됐습니다. 나는 무력으로 노예의 사슬을 끊는 것이 답이라고 생각한 반면 짐은 선교사를 보내는 쪽에 관 심이 많았습니다. 물론 나는 식인종의 국물(선교사의 몸과 물을 1:100 비율로 넣고 끓이는 전통적 요리법)이 될 위험을 즉각 지적했

지요. 거기에 반박하며 짐은 여태껏 총으로 목숨을 건진 사람보
다 주님이 구해주신 사람이 더 많다면서 주님을 믿어야 한다고
했습니다."

"누군가 짐한테 시집 한 권을 주자 짐은 명시의 구절들을 외
우기 시작했습니다. 근처에 갈 일이 있을 때마다 나는 저녁때 짐
의 집에 들렀습니다. 내가 문을 열고 들어서면 짐은 책상에 앉았
다가 '갈가마귀 하는 말이, 다시는 안돼' 따위를 읊조리기 시작했
습니다. 짐이 요란한 몸짓을 섞어가며 시 한 수를 다 외는 동안 나
는 감격하여 입을 벌린 채 앉아 있곤 했습니다."

"짐은 여자를 아주 조심했습니다. 여자란 남자를 홀려 목표에
서 이탈시킬 생각만 한다며 경계했지요. 짐은 '가정적인 남자는
모험에 나설 수 없다'고 내게 경고했습니다. 사교 자리에서 젊은
여자가 아주 상냥하게 대해 내가 미끼를 물 기미라도 보일라치면
매번 짐은 내 귀에 대고 '조심해, 피셔. 조심해' 하고 말했습니다."

"내가 포틀랜드를 떠나 워싱턴 국방부에서 일하고 있을 때 짐
은 시로 편지를 주고받자고 했습니다. 짐의 목표는 용어 선택과
문장구조를 발전시키자는 것이었지요. 나는 짐처럼 시를 잘 쓰지
도 못했고 어휘도 풍부하지 않았지만 짐을 통해 배웠습니다. 그
러다 늘 받는 입장에만 있을 것이 아니라 이번에는 나도 짐한테
뭔가 가르쳐줘야겠다는 생각이 들었습니다. 나는 치누크족 인디
언 말의 책을 한 권 입수해 짐한테 보냈습니다. 우리는 서로 치누
크 말로 편지를 쓰기 시작했습니다. 그러다 편지가 검열관에게

걸리기도 했지요."

포틀랜드에 있을 때 더치와 피셔와 짐은 함께 여행을 자주 다녔고, 간혹 부모에게 행방을 알리지 않은 채 왕창 몇 주씩 자취를 감추기도 했다. 더치가 들려준 다음 일화도 그중 하나다. 그들은 화물열차의 무개화차에 올라탔는데 얼마 후 차가 터널 안에서 정지했다. 한동안 그들은 그대로 질식하는 줄 알았다. 한번은 역시 공짜 열차를 타려고 짐이 화물차에 먼저 낚싯대를 던진 뒤 핸들을 잡고 매달려 뛰어오르려다 그만 차의 속도 때문에 땅바닥에 벌렁 나자빠지고 말았다. 남은 여행을 짐은 낚싯대 없이 다녀야 했다.

하지만 짐은 매번 이런 엉뚱한 장난에 가세할 수는 없었다. 주말이 긴 여행일 때는 특히 그랬다. 가스펠홀 교회에서 자신이 맡은 책임에 충실했기 때문이다. 아버지와 형 버트가 애리조나로 전도여행을 가고 없을 때면 짐은 주일예배 참석은 물론 가사도 거들어야 한다는 책임감을 느꼈다. 여행중 아버지는 그에게 자주 편지를 보냈다. 짐은 아버지의 편지에 크게 감동해 피셔에게 읽어주곤 했는데 그럴 때면 아버지의 성경 지식을 지적한 뒤 "의인의 간구는 역사하는 힘이 많으니라"(약 5:16) 하고 덧붙였다.

피셔가 들려주는 또 다른 사건이다. "어느 금요일 밤 짐과 나는 방과후 히치하이크를 하려 했는데 그날 따라 차가 잘 잡히지 않았습니다. 비가 왔으므로 우리는 가게 처마 밑에 서있다 차가 올 때마다 뛰어나갔습니다. 모퉁이에 '정지' 표지판이 있어 차들은 다 섰습니다. 그 바람에 몇 번 착각해 약간 머쓱해 있는데 한 노신사가 차를 몰고 왔습니다. 간선도로를 건너 진행하기 전 그가 왼편 도로상황을 살피는 동안 짐이 문을 열었고, 우리는 운전자가 상황을 알아차리기도 전에 차에 타 문을 닫아버렸습니다. 짐이 싱긋 웃으며 '어디까지 가십니까?' 하고 묻자 운전자는 '60번가'라고 더듬더듬 말했지요. 짐은 '그 정도면 됩니다'라고 말했고, 노신사는 60번가에 오자 차를 세워 우리를 내려줬습니다. 짐이 '태워주셔서 고맙습니다'라고 말하자 운전자는 마치 자기가 차를 얻어 탄 사람인 양 쳐다보더군요. 짐과 나는 배꼽을 쥐고 웃었지만 그 뒤로는 그런 장난을 다시는 하지 않았습니다."

고교시절 이런 짓궂은 장난에도 불구하고 하나님을 섬긴다는 목표에 대한 짐의 관심은 한결같았다. 벤슨 삼총사의 셋째 멤버 워너 더취는 이렇게 회고한다. "고등학교 3학년이 끝나가던 어느 날 트랙을 달리며 운동하는 짐의 모습이 보였습니다. 내가 무슨 일이냐고 물었더니 짐은 '육체의 연습은 약간의 유익이 있다'(딤전 4:8)고 했습니다. 힘든 선교사 생활을 위해 몸을 단련하고 있었던 것입니다."

또 다른 고교 동창생 웨인 맥크로스키는 교내에서 열린 큰 무도회에 대해 이런 얘기를 들려줬다. "짐과 내가 학교식당에서 점심을 먹고 있는데 학생부 간부들이 티켓을 팔러 들어왔습니다. 그중 하필 학생회장이 우리 식탁으로 오는 것을 보고 나는 겁이 났습니다. 학생회장은 키가 190센티미터의 운동선수에 시 대표

야구 겸 농구 스타였고 학교에서도 인기가 좋았습니다. 그가 무도회 티켓을 사달라고 하자 나는 너무 바쁘다며 대충 알리바이를 꾸며댔습니다. 곧 그는 짐한테 갔으나 '안 산다'는 말뿐이었습니다. 그는 짐을 아주 잘 알았고, 학생들에 대한 짐의 영향력을 감안할 때 짐한테 팔지 못하면 다른 학생들이 더 당당히 거절하리라는 것도 알았습니다. 그래서 그는 적극 매달렸습니다. 그는 '짐, 너도 나만큼 학생회에 속해 있으니 지원해야 한다'고 강변했습니다. 짐의 대답이 잊혀지지 않습니다.

짐은 '맞아. 나도 학생회에 속해 있지. 하지만 너처럼은 아니다. 나는 그리스도인이야. 성경은 내가 세상 **안**에 있지만 세상에 **속한** 것은 아니라고 했어. 그래서 난 무도회에 가지 않아' 하고 말했습니다.

학생회장은 맥이 풀린 듯 이렇게 짐의 설교를 저지하려 했습니다. '그래, 짐. 알았다…… 좋아…… 좋다고. 내가 잘못 말했어…… 그럼…….' 그는 티켓 판매도 잊은 채 슬그머니 식당을 나갔습니다."

"짐과 나는 웅변클럽 멤버였는데, 그 클럽에는 숙제를 안해 올 경우 벌로 클럽에서 추방시킨다는 규정이 있었습니다. 루즈벨트와 듀이의 대선 중 클럽 회장은 우리한테 정치연설을 숙제로 내줬는데, 짐을 시키자 짐은 연설이 없다고 답했습니다. 짐이 클럽의 중추였으므로 회장은 걱정하는 눈치였습니다.

그는 '짐, 너도 규정을 알지. 연설하지 않으면 나는 너를 쫓아

넬 수밖에 없다. 어서 올라와라. 너는 준비가 없어도 되잖아. 네가 좋아하는 후보에 대해 즉흥연설을 해보는 거다' 하고 말했습니다.

그러자 짐은 그를 똑바로 쳐다보며 '나는 좋아하는 후보도 없고 연설도 없어요'라고 한 뒤 자리에서 일어나면서 '하지만 원한다면 3분간 그 이유를 기꺼이 말할 수 있습니다' 하고 말했습니다.

갑자기 회장의 얼굴이 밝아졌습니다. 짐은 자기가 알고 있는 성경을 바탕으로 자신의 견해를 밝혔습니다. 예수님을 따르는 자는 전쟁이나 정치에 가담할 수 없다는 것이었지요. 당황하여 얼굴이 붉어진 채로 회장은 '됐다, 짐. 네 이유를 다들 이해할 줄 안다. 규정을 면제해주마. 너는 면제다' 하고 말했습니다.

나도 짐과 같은 생각이었지만 그렇게 사소해 보이는 일에 클럽 멤버 자격까지 걸 생각은 못해봤습니다. 짐의 태도는 '죽으면 죽으리라'(에 4:16)고 한 에스더의 태도였습니다."

짐의 고교시절 동안 2차 세계대전이 진행되고 있었다. 전쟁 자체에 회의를 품었던 짐은 징병소집을 받지 않아 공적으로 입장을 밝혀야 할 상황은 없었지만 그럼에도 이 문제에 대한 그의 믿음은 확고했다. 구약시대 이스라엘 공동체와 달리 그리스도의 교회는 국가적·정치적 인연을 버렸다고 그는 믿었다. 빌립보서 기자의 말대로였다. "오직 우리의 시민권은 하늘에 있는지라. 거기로서 구원하는 자 곧 주 예수 그리스도를 기다리노니"(빌 3:20). 예수께서 십자가에서 단번에 영원히 보이신 무저항 원리를 짐은 사생활은 물론 공적인 삶에서도 순종해야 한다고 믿었다.

그러나 그는 전쟁 문제에 관해 급우들과 선생님들과 긴 토론을 벌였고, 그의 견해는 당연히 그의 인기를 떨어뜨렸다. 그가 학교 조회에 젊은 중국인을 초청한 것도 그의 인기를 떨어뜨렸다. 이 젊은 설교자는 전체 교직원과 학생들 앞에서 죄와 심판에 대해 단도직입적으로 복음을 전했다. 이 두 요인 때문에 짐이 학년 회장에 뽑힐 확률(높았다고 함)이 낮아졌다는 것이 피셔의 판단이다. 그러나 그는 3학년 때 학년 부회장이 됐다.

열 살 되던 해 여름, 워싱턴 동부 루긴불 농가에서 새끼양과 어울려 노는 짐

오리건 포틀랜드 테이버 산 동쪽 기슭에 자리한 짐의 집

1946년 엘리엇 가(家). 앞줄 왼쪽부터 아버지 프레드, 제인, 짐. 뒷줄 왼쪽부터 밥, 버트, 어머니 클라라

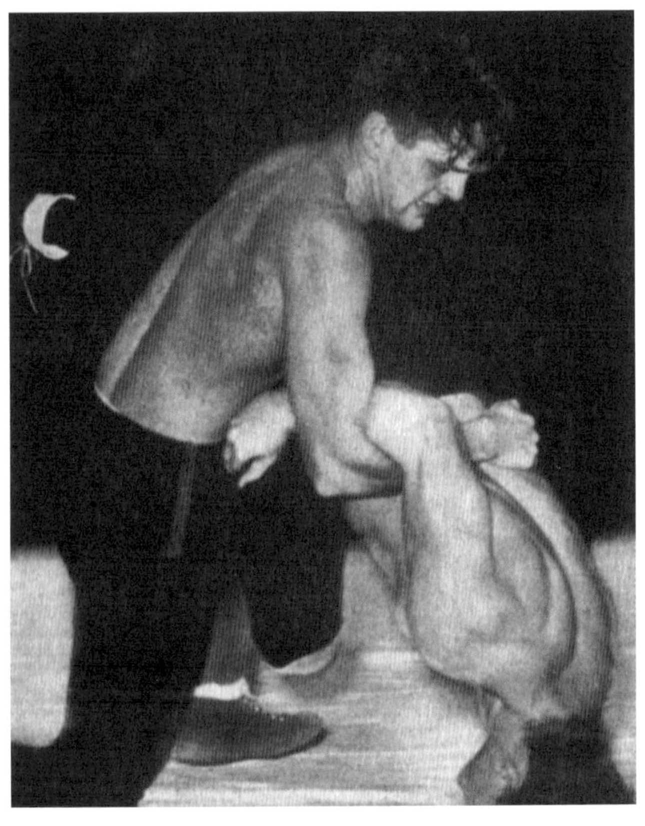

짐은 휘튼대학에서 레슬링 챔피언이었다. 대담성 있고 트릭에 능한 선수로 "인도산 고무인간"이라는 별명까지 얻었다

주말 캠핑여행을 떠난 고교 동창생 삼총사. 왼쪽부터 더치, 짐, 피셔

짐의 친구 키스 마손이 펜과 잉크로 그려준 초상화

the paragraph).
Your sense of here "at our not being
these past few months is not sheer,
tell Him about it. And such thoug
fuller, Lord..." are a consolation. And th
of non-accomplishment comes to me and
telling. For if, really, we have denied ou
each other for His sake, then should
about us the profit of such denial?
for. It comes to this: I am a single m
its more rapid advance, its more
own life. But where is that advance o
I am willing that my house on earth
unless "his house be fuller." And h

3. "하나님의 인정" 학위

지식은 교만하게 하며 사랑은 덕을 세우나니 만일 누구든지 무엇을 아
는 줄로 생각하면 아직도 마땅히 알 것을 알지 못하는 것이요 또 누구든
지 하나님을 사랑하면 이 사람은 하나님의 아시는바 되었느니라.

(고전 8:1-3)

왜 대학에 왔는지 자신도 분명히 모른 채 대학에 입학하는 신입
생들이 많다. 뭉뚱그려 "교육을 받기" 위해서라고 하지만 대학에
가지 않고도 교육을 받은 사람들이 많은 반면, 대학을 나왔는데
도 교육을 받지 못한 사람들도 많다. 신입생에게 교육의 개념은
눈이 휘둥그래질 만큼 다양한 형태로 찾아온다. 강의와 시험과
교수들의 환영파티로 이루어진 신입생 오리엔테이션, 마이크에
서 사학 115과목 B반이 마감됐다는 방송이 나오기 전에 자기가
택한 과목을 신청하려고 학생들이 부리나케 줄지어선 등록일의

혼란스런 풍경, 아직은 이름밖에 알 바 없는 교수 명단과 선택과목과 필수과목이 실린 요람, 각종 기관과 동아리 부스, 체육비와 화학 실습비와 식당티켓과 기숙사방 열쇠—이 모두가 "교육"이라는 광범위한 용어 속에 묘하게 혼합돼 있다. 사회적 용인과 평판에 높은 가치를 두는 학생들은 과외활동의 소용돌이에 휘말릴 수 있다. 거기서 벗어나기가 어렵기 때문이다.

1945년 가을 일리노이 휘튼 대학Wheaton College에 입학할 때 짐 엘리엇의 목표는 분명했다. 무엇보다 자신을 하나님께 전폭적으로 헌신한 그는 그 헌신에 훈련이 필요함을 알고 있었다. "군사로 다니는 자는 자기 생활에 얽매이는 자가 하나도 없나니 이는 군사로 모집한 자를 기쁘게 하려 함이라"(딤후 2:4). 목표에 부합한 일들에 주력하다보니 많은 문제와 많은 "좋은" 것들이 저절로 없어졌다. 그러나 궁극적 목표가 분명치 않은 다른 학생들은 눈앞에 닥쳐오는 수많은 부차적 목표를 좇을 때가 많았다.

동료 학생들에게 특히 눈에 띈 것은 짐의 이 단일한 목표였다. 짐이 그리스도에 대해 전혀 거리낌 없이 말하고 다녔기 때문에 그를 "편협한 생각"의 소유자로 본 친구들도 있었지만, 동시에 같은 이유로 그를 남달리 "영적인" 존재로 보고 신입생 학년의 '기도 반장'을 시키려 한 친구들도 있었다. 어느 쪽 의견에도 짐은 흔들리지 않았다. 짐은 "하나님이여, 내 마음을 정하였사오니"(시 108:1)라고 자주 기도했다.

한 학생의 기억에 따르면, 바람이 세게 불던 날 기차역 승강장에서 짐은 주머니에 손을 찔러 넣고 양발을 벌린 채 고개를 잔뜩 뒤로 젖히고 서서 오로라-엘진 구간 기차를 기다렸다고 한다. 바람에 당당히 맞서는 성격이라고 할까.

한 여학생은 식당에 줄서 기다리며 신약성경을 읽고 있는데 뒤에서 우렁찬 목소리로 "전위대여, 칼을 칼집에 꽂으라" 하는 말이 들려 돌아보니 짐이 다정하게 싱긋 웃고 있었다는 얘기를 들려줬다. 식당에서 짐은 식판을 밀고 가면서 조리대 뒤쪽의 여학생들, 돈 받는 사람, 식기 나르는 친구들에게 인사를 건네곤 했다. 짐은 음식을 신중히 골랐다. 신선한 과일과 주로 날야채, 약간의 곡물과 약간의 디저트가 전부였다. 너무 급히 먹긴 했지만 레슬링 훈련규율에 맞춰 소량을 지켰다. 장차 선교사 일을 위해 몸을 튼튼하게 유지한다는 본인의 소신에 따른 것이기도 했다.

짐은 하나님이 자신을 휘튼으로 인도하셨다고 믿었다. 단지 아버지가 보내서 온 것이 아니었다. 아무도 그를 "밀어넣지" 않았다. 사실 짐은 학비를 어떻게 조달해야 할지 막막했다. 그러나 하나님은 그의 믿음을 귀히 보시고 친구와 장학금과 시간제 일을 통해 학비를 채워주셨다. 그래서 11월에 짐은 이렇게 쓸 수 있었다.

"하나님이 한없이 자비로운 사랑으로 모든 것을 채워주시니 이 학업 경험을 저는 영원히 기뻐할 수 있습니다. 모든 영광과 감사를 그분께 돌립니다."

짐의 1-2학년 시절에 관해 남아 있는 기록은 가족들에게 보낸 편지가 전부다. 이 편지들은 아주 간단한 근황 소개 외에는 영원에 대한 묵상이 시종 주조를 띠고 있고, 간혹 형들이나 여동생에게 주는 충고도 조금씩 들어 있었다. 그해 초가을 여동생 제인에게 보낸 다음 편지가 좋은 예다.

"날마다 조용히 말씀을 읽고 기도하며 하루를 시작해라. '죄가 너로 성경을 멀리하게 하거나 성경이 너로 죄를 멀리하게 하거나 둘 중 하나다'라고 한 존 번연의 말이 맞다. 고등학교에 입학하거든 아예 처음부터 주변 사람들한테 전도지를 나눠줘라. 출발부터 당당히 하는 거다. 중간쯤부터 시작하는 것보다는 그편이 쉽다. 전차 안에서 성경말씀을 암송해라. 시간을 아껴라! 시간이 귀한 것은 너무 덧없이 지나가기 때문이다. '네가 진리의 말씀을 옳게 분변하며 부끄러울 것이 없는 일꾼으로 인정된 자로 자신을 하나님 앞에 드리기를 힘쓰라'(딤후 2:15).[1] 잘 아는 단순한 말씀이지만 내가 고등학교에 입학하던 1941년 노동절쯤, 누가 내게 그 말씀을 들려줬더라면 얼마나 좋았을까."

짐은 기도와 말씀묵상 시간에 일어나려고 밤마다 자명종을 맞춰두고 잤다. 그는 편지에 이렇게 썼다. "성경은 조금도 '옛날 얘기'가 아니다. 살아계신 말씀인 그리스도가 활자 속에 들어 있기 때문이다. 우리는 아침에 일어나 세수하지 않는 것은 생각도 못하면서 주님의 말씀으로 깨끗게 씻는 것은 곧잘 잊어버린다. 말씀이 우리를 깨워 책임을 직시하게 한다."

가정과 부모에 대한 새로운 인식은 대학생활 첫해의 또 다른 결실이었다. 5월에 짐은 이렇게 썼다. "열아홉번째 봄을 맞습니다. 제가 이 시점까지 온 것은 제 노력 때문도 아니고 쏜살같은 시간의 흐름 때문만도 아니라 신실한 어머니와 설교자 아버지의 보이지 않는 말없는 지도 덕임을 점차 깨닫게 됩니다. 아버지는 친자식들과 보낼 시간이 없을 정도로 다른 아이들을 가르치는 일에 시간을 몽땅 내주시지 않았지요.

달력을 보니 오늘이 어머니날이고 아버지날도 얼마 안 남았습니다. 그래서 사람들은 잠시 시간을 내서 부모님께 감사를 표합니다. 1년 365일을 자녀의 날로 살아가는 부모님, 그 영광을 위해 사랑의 수고를 아끼지 않는 부모님께 말입니다. 꽃집은 붐비고 카네이션이 넘쳐나겠지만 다음주 목요일이면 다시 내년 5월이 올 때까지 모든 것이 잊혀질 것입니다. 저도 시간을 냅니다. 하지만 꽃은 아닙니다. 부모님의 변치 않는 헌신과 참된 사랑을 생각할 때 그것은 금방 스러질 감정에 지나지 않으니까요. 부모님, 감사합니다. 그리고 알 수 없는 사랑으로 우리 모두를 사랑하시는 우리의 하늘 아버지께도 감사드립니다."

1학년이 끝나갈 무렵 짐은 이렇게 썼다. "유익한 한 해였습니다. 주님께 더 가까워졌고 말씀의 보석을 캘 수 있었습니다. 기독교가 아늑한 교회나 희미한 성당 정도가 아니라 은혜 위에 은혜로 이어지는 진정 살아있는 매일의 체험임을 안다는 것은 얼마나 놀라운 일입니까. 아울러 기독교의 목표—때로 아득해 보이지만 의의 햇빛 되신 그분의 아름다움으로 꺼질 줄 모르고 환희 빛나는 그 밝은 목표—를 안다는 것도 얼마나 놀라운 일입니까."

짐은 그해 여름 히치하이크로 집에 왔는데, 형에게 보낸 편지에 그 경험을 이렇게 털어놓았다. "월요일 밤 아이오와 시다래피즈의 퍽퍽한 포장도로를 걷고 있는데 신형 스투드베이커 픽업 한 대가 이름값을 했어요. '어디로 가십니까?' 물었더니 건장한 해병대 하사관이 '캘리포니아' 하고 받더군요. 그 말이 어찌나 반갑던지, 왠지 마음이 푸근해지고 힘이 났지요. 하나님이 모세에게 주신 '내가 친히 가리라. 내가 너로 편케 하리라'(출 33:14)는 말씀이 생각나더군요. 제 영혼에서 아멘 소리가 절로 나왔지요. 우리는 화요일 아침 트럭에서 세 시간 잔 뒤 네브래스카까지 쉬지 않고 달려 자정쯤에는 와이오밍에서 빵다운 빵을 먹었습니다. 와이오밍 캐스퍼에서 해병대원의 이전 장인이 술집을 하고 있더군요. 나는 뒷방 냄새나는 소파에서 옷을 입은 채 잤어요. 아침식사는 계란 두 개와 블랙커피. 오후 나절 30N 길과 30S 길 교차로에서 한 석탄 트럭 운전사가 나를 보고 코크빌까지 태워다줬어요. 주님은 늘 좋으신 분입니다. 그분께는 정말 '회전하는 그림자'(약 1:17)가 없습니다. 낡은 뷰익 한 대가 섰는데 운전자는 항해사였어요. 로마서 3장 말씀처럼 목구멍이 '열린 무덤' 같은 사람이었지요. 머리에 큰 흉이 있었는데 자기 고물차 때문이었대요. 아닌게 아니라 걸핏하면 서서 차에 기름, 물, 오일 따위를 넣어야 했습니다. 항해사가 잘 때는 내가 운전했어요. 보이즈 5킬로미터 지점에서 갑자기 차 앞쪽에서 요란하게 끽 하는 소리가 났어요. 목구멍이 무덤 같은 항해사를 깨웠지요. '이게 무슨 소리예요?' 하고 물었더니

'흠, 알면 좋게?' 하더군요. 우리는 새벽 여섯 시까지 잤어요. 그러다 견인차가 와 우리를 보이즈로 끌고 갔지요. 항해사는 차 안에 남고 나는 다시 30번 고속도로로 나왔어요. 포틀랜드에 도착하니 12시 20분. 총 스무 대의 차를 갈아타고 70시간이 걸린 셈입니다. 주머니에 돈이라곤 달랑 1달러 32센트. 그래도 느림보 기차보다는 빨리 왔지요! 우리 주님은 놀라우신 분 아닙니까? 그분은 '내 손으로 한 일에 대하여 내게 부탁하라'(사 45:11)고 말씀하십니다. 히치하이크를 해야겠다고 한마디만 입을 떼면 어디서 나타났는지 순식간에 차가 앞에 서있는 거예요. '그들이 부르기 전에 내가 응답하겠고'(사 65:24). 한번도 15분 이상 기다려 본 적이 없습니다. 믿음을 키워주는 경험이었지요."

짐은 여름을 집에서 보내고 9월에 휘튼으로 돌아갔다. 도착 후 가족들에게 보낸 한 편지에 그는 이렇게 썼다.

"학문적 지식의 습득('이생의 자랑', 요일 2:16)은 피곤한 과정입니다. 이 모두가 정말 가치있는 일인지 새삼 의문이 듭니다. 호기심이 칠해놓은 환한 페인트는 다 벗겨졌습니다. 인간이 과연 지식을 뛰어넘는 그리스도의 사랑보다 더 좋은 것을 알 수 있단 말입니까? 뜻 모를 철학의 수렁에 빠지느니 그분을 아는 지식에 취하고 싶습니다! 우리 철학교수는 자기 수업에서 많은 것을 배울 기대를 말라고 하더군요. '철학의 폭넓은 개론적 문제를 비판적으로 따지고 밝히기' 위해 탐구정신만 기르면 된다는 것입니다. 따분한 일입니다."

며칠 후 짐은 집으로 이런 편지를 보내왔다. "일요일이 또 지났습니다. 그날만의 기쁨과 특권과 기회도 함께 가버렸습니다. 추억의 집에 약간의 유익을 남긴 채, 지각할 수 없을 만큼 작은 성장을 남긴 채. 그것이 바로 이곳의 일상생활이 하나님의 가족인 우리의 성숙과정에 남겨주는 것입니다. '그의 얼굴을 볼 터이요' (계 22:4). 그날에 대한 소망으로 우리는 쉬고 깨끗게 되며 위안을 얻습니다."

짐은 토요일 밤에도 늘 외출을 삼갔지만("일요일 아침의 성찬을 위해 내 마음을 지켜줍니다") 오후의 풋볼게임마저 마다하지는 않았다.

10월 5일. 그의 편지 내용이다. "올 들어 첫 사교활동에 참가했습니다. 풋볼경기였지요. 군중 속에 있자니 왠지 이상합니다. 운동시합 같은 소소한 일에 흥분하는 내 모습은 더 이상합니다. 고함지르는 것도 쓸데없는 일 같습니다. 차라리 목청껏 하나님을 찬송하는 것이 훨씬 낫습니다. 혼자 있는 편이 하나님 아버지와의 교제에 훨씬 유익하다는 생각이 듭니다. 그분의 길을 점차 배워갈수록 그분은 제게 날마다 더 귀해집니다. 믿음의 눈으로 그분의 얼굴을 볼 때 우리는 그분의 형상으로 변화됩니다. 영광에서 무엇으로? 금욕주의로? 하나님을 송축합니다. 더 큰 영광을 돌립니다. 그분께 조금만 믿음을 보이면 그분은 더 큰 믿음을 주십니다."

10월 26일. "내년에 「타워」지 경영 책임자 자리를 맡아달라는 제의를 받았습니다. 수락하면 6학점을 얻고 1년간 등록금이 면제되며 1만 2천 달러의 직책수당을 받게 됩니다. 하지만 늦게까지 일해야 되고 수업을 줄여야 되며 내 원칙적 신앙 노선에 어긋나는 많은 어리석은 일에 공적으로 가담해야 합니다."

이 제의를 거절한 것에 가족들이 항의하자 짐은 11월 2일자 편지에 이렇게 답했다. "「타워」지 간부직에 대한 제 결정을 말리기에는 답장이 너무 늦게 도착했습니다. 지난 주말 저는 그 문제로 상당히 고민했지만 오랜 기도 끝에 마음을 정했습니다. 그 일을 수락하는 것이 주님의 뜻이 아니라고 믿자 평안이 찾아왔습니다. 이런 결정의 이유는 아직도 잘 모르겠지만 주님께서 시편 기자에게 생명의 길을 보이셨다는 것만은 압니다. 단순히 그분의 임재 안에 머물러 있던 그에게 말입니다(시 16:11). 저는 그분을 바랐고 응답이 왔습니다. 성령께서 주신 것으로 믿습니다. 솔로몬은 '사람이 마음으로 자기의 길을 계획할지라도 그 걸음을 인도하는 자는 여호와시니라'(잠 16:9)고 했습니다. 그분을 섬기는 것이 제 마음의 계획이었습니다. 다음 단계는 그분께 맡겨야 합니다."

주님을 섬기고사 이토록 헌신된 한 젊은 영혼을 빚으시기 위해 어쩌면 주님은 때로 그의 비전을 초점이 분명해질 때까지 좁히셔야 했는지도 모른다. 대학을 졸업하기 전 짐은 더 넓은 비전을 인정하는 법을 배웠다. 대학생활이 그에게 그런 비전을 열어주었다. 그러나 첫 두 해 동안에는 대학 프로그램을 좀처럼 순수한 축복으로 받아들이지 않았다. 부득이 교육을 중단해야 했던 짐의 아버지는 짐이 자신의 특권을 십분 깨닫기를 간절히 바랐고 그래서 그에게 교육을 예찬하는 편지를 보냈다. 짐은 이렇게 답장했다.

"아버지는 교육이 '성인으로 완성되는' 길이라 하셨습니다. 거기까지는 좋습니다. 하지만 이 교육이 '지식은 교만하게 한다'는 고린도전서 8:1의 방식에 더 가깝지 않은지 우려될 때가 있습니다. 문화, 철학, 변론, 가벼운 연극, 콘서트, 오페라, 정치 등 지성을 접할 수 있는 모든 것은, 이곳 캠퍼스의 많은 학생들의 마음을 주님을 뒤따르는 겸손한 삶에서 벗어나게 하는 것 같습니다. 입으로는 그런 삶을 가장 고상하게 노래하지만 말입니다. 아닙니다. 교육은 위험합니다. 개인적으로 저는 그리스도인의 삶에 대한 교육의 가치에 의심이 일기 시작합니다. 그렇다고 하나님한테서 오는 **지혜**를 무시하는 것이 아니라 박사학위에서 오는 지혜를 비판하는 것입니다."

그 시기에 부모님께 보낸 다른 편지들을 발췌하면 이렇다.

12월 6일. "요즘은 공부할 양이 많습니다. 밤 11시 전에 잔다는 것은 거의 불가능한 일입니다. 부모님의 기도가 더욱 요긴합니다. 아침 7시 반 헬라어 수업 때 졸음을 떨치기가 어렵습니다. 그 시간 전에 맑은 정신으로 진지한 새벽기도를 드리고 공부한다는 것은 더 말할 것도 없습니다. 하지만 바울은 예수 그리스도의 선한 군사로 고난을 받으려면(딤후 2:3) 이런 어려움도 견뎌야 한다고 말했지요."

1947년 1월 3일. "지난 몇 주간 부모님의 기도의 힘을 느꼈습니다. 제 삶에 부모님의 기도보다 큰 영향을 미쳐온 것은 아무것도 없다고 확신합니다. 아버지, 오늘은 아버지가 저희들에게 아침식사 때 부엌 구석자리에서 잠언을 읽어주시곤 하던 일이 생각났습니다. 내용은 별로 기억에 없지만, 그 경험이 제 마음에 잠언의 저자인 노령의 현자의 말에 대한 깊은 존중과 사랑을 남겨주었다는 생각이 듭니다. 아버지가 그런 시간을 내주신 데 대해 하나님께 감사드립니다. 그 가치는 따질 수 없는 것입니다."

1월 27일. "요즘은 고등부 아이들을 위해 많이 기도합니다. 그 영광과 슬픔의 겁없던 황금기에 제게 필요했던 신앙 지도를 갈수록 더 절감하면서 말입니다. 그때는 모든 문제가 거창하기만 했고 모든 시시콜콜한 애기도 큰 의미가 있었지요. 가장 흔한 슬픔이 깨진 창문이었고 가장 높은 영광이 사과 싸움이었던 그 시절. 몇 해 전의 그 시절만 되돌아봐도 지금 '문제아들'이 별 문제 아닌 것 같습니다. 1년간 인내심 있게 기도하고 돌봐주면 대부분의 양떼가 집으로 돌아올 것입니다. '꼬리를 끌며 왔다'는 동화 속 새끼양들처럼 말입니다. 방탕을 경외로 돌려놓으려면 시간이 걸립니다. 젊은 혈기를 결국 선의 통로로 아주 바꿔놓으려면 진리를 계속 반복해 들려줘야 합니다. 수고가 헛되지 않도록 조심해야지요. 가장 인내가 필요한 것은 '하나님의 뜻을 행한 후'(히 10:36)입니다."

짐은 뭐든 스포츠에 가담하면 예수 그리스도의 군사로서 훈련에 도움이 되리라 믿고 1학년 때 레슬링을 했다. "내가 내 몸을 쳐 복종하게 함은 내가 남에게 전파한 후에 자기가 도리어 버림이 될까 두려워함이로라"(고전 9:27) 한 바울의 고백처럼 말이다. 짐은 고등학교 때 레슬링 경험이 전혀 없었지만 첫해에 대학 대표팀에 뽑혔다. 매트 위의 짐은 대담성 있고 트릭에 능한 선수로 통했다. 상대에게 찰싹 달라붙는 능력이 뛰어나 "인도산 고무인간"이라는 별명까지 얻었다. 상대 선수는 짐의 팔다리가 금방이라도 덮쳐올 것을 알면서도 짐의 얼굴 표정이 너무도 태연해 당황하곤 했다.

짐은 어머니에게 이렇게 썼다. "골골대거나 축 늘어지지 않고 공부할 수 있어 기분 만점입니다. 몸이 튼튼하면 사고를 포함해 모든 신체발달에 분명 자극이 되는 것 같습니다. 욥기에 나오는 말馬처럼 사람도 제 힘을 기뻐할 수 있습니다."

그러나 어머니는 확신이 안 서 계속 짐에게 전혀 "쓸모없는" 스포츠의 위험을 경고하곤 했다. 흔히 어머니들에게 스포츠란 그렇게 보이는 법이다. 대표팀 두번째 시즌 중에 짐은 이렇게 썼다.

"할머니(휘튼에서 만난 노년의 친구)의 표현대로 이 '경건치 못한' 일의 첫 악영향이 토요일 제게 나타났습니다. 귓바퀴 안쪽이 터져 귀가 찌그러진 것입니다. 레슬링 선수들 사이에서는 별로 심각한 일이 아닙니다. 할머니는 내가 찬송가를 부르며 시합에 나가는 것이 당찮게 여겨졌대요. 시합 전에 항상 기도했다고 나중에 말씀드렸더니 할머니의 신앙이 크게 흔들리는 것 같았습니다."

짐은 곧 교육과 하나님의 뜻 등 이전 주제로 다시 돌아왔다.

2월 8일. "아뇨, 아버지. 다비Darby의 책은 접할 기회가 없습니다. 있다 해도 시간이 없을 것입니다. 제가 교육을 못마땅해하는 것이 그 때문입니다. 제 사고가 아직 쌩쌩 돌아갈 때 르네 데카르트의 합리적 인식론이니 라플라스의 성운설 따위의 주제를 공부해야 하니까요. 하나님에 관한 것을 공부하면 훨씬 더 즐거울 텐데 말입니다. 그럴지라도 하나님 아버지께서 모든 것을 가장 잘 아시고 저를 여기에 두셨다고 믿습니다. 제 본분은 구름기둥이 움직여 걸음을 인도할 때까지, 하나님의 때에 하나님의 뜻이 이루어질 때까지 조용히 노력하는 것입니다."

2월 22일. "같은 집에 사는 몇몇 친구들과 이곳 '서재'에서 함께 기도하기 시작했습니다. 정말 좋은 시간입니다! 영광의 첫열매라 할까요. '거룩한 자유토론'이라 부르고 싶은 일종의 축제입니다. 하나님이 답해주셔야 할 주제에 부딪칠 때마다 우리는 즉시 무릎꿇고 그분께 아룁니다. 대학시절의 이 시간이야말로 제게 모든 철학이 기억의 뒷문으로 자취를 감춘 시간으로 기억될 것입니다. 하나님은 여전히 보좌에 계시고 우리는 여전히 그 발 아래 있습니다. 양쪽의 거리는 무릎 하나 사이이지요!

이번 주에 성적표가 나왔는데 예상대로 지난 학기보다 떨어졌습니다. 하지만 변명은 없습니다. 솔직히 말씀드려 성경을 공부하느라 일부러 성적에 신경을 덜 썼습니다. 저는 '하나님의 인정'(딤후 2:15) 학위를 받고 싶습니다."

3월 15일. "학생해외선교회Student Foreign Mission Fellowship, FMF에서 이 지역의 모든 IVF 동아리를 순회하고 있습니다. 저는 어제 처음 갔습니다. 그렇게 기쁨에 취했던 적이 언제였나 싶습니다. 한 팀 멤버의 차로 오후 3시쯤 떠났습니다. 집회는 7시 45분쯤 시작됐습니다. 여섯이 함께 갔는데 하나는 찬양 인도자였고 나머지 다섯은 각각 10분씩 말씀을 나누기로 돼있었습니다. 하나는 인구, 사망률, 남자 선교사의 낮은 수치(여자 18명당 남자 1명)에 대한 통계를 제시하며 남자 지원자의 필요성에 대해 말했습니다. 하나님의 종들이 고루 흩어져야 한다는 논리적 도전도 빠뜨리지 않았습니다. 저는 선교에서 성령의 역할에 대해 말했습니다. 다른 친구는 라디오, 텔레비전, 의료, 교육, 사업, 영화, 항공, 건축 등 선교의 방법론에 대해 말했습니다. 아프리카에서 온 친구는 유혹과 질병을 이기는 힘, 집짓기와 땅파기에 대한 지식 등 실제적 측면을 지적했습니다. 끝으로 질의응답시간이 있었는데 다양하고 참신한 질문이 많이 나왔습니다. 돌아오는 길에 잠시 요기하러 어느 식당에 들어갔다가 고민에 빠진 한 웨이트리스를 만났습니다. 그 여자에게 애써 생명의 말씀을 전하면서 정말 마음이 아팠습니다. 새삼 이 나라를 생각해봅니다. 그렇게 고민에 빠진 사람은 물론 그보다 심한 사람들도 많이 있지요. 39번가 버스도 아프리카 못지 않은 선교지라는 생각이 들었습니다."

3월 22일. "열정과 활력이 부족합니다. 그토록 갈망하는 기도의 **생명**이 부족합니다. 라오디게아 교인들의 입술에서는 틀에 박힌 달콤한 찬사가 끊이지 않았지요. 그런 찬사에 동조하지 않는 말이면 무조건 광신이라 생각하는 사람들이 많다는 것을 압니다. 하지만 바로 그들이 자기 삶과 자기 교회의 죄에 대해서는 눈썹 하나 까딱하지 않고 잠자코 묵인할 수 있다는 것도 저는 압니다. 차가운 구혼자처럼 차가운 기도는 뜻을 이루기 어렵습니다."

3월 29일. "쏜살같이 흘러가 버린 3월도 이제 이틀만 더 있으면 지나간 세월의 대열에 합류하겠지요. 그 속에서도 저는 '지난 31일간으로 인해 하나님께 감사합니다'라고 고백할 것입니다. 그간 저는 하나님의 은혜로 찬송 두 곡을 솔직한 심정으로 부를 수 있게 됐습니다. 전에 불러보지 못한 곡들입니다. 하나는 흔히들 무심히 부르는 '예수님과 함께라면 오늘이 어제보다 즐겁다'는 합창곡입니다. 지난 몇 주는 그런 기쁨이 날로 더해 지금은 밤마다 '오늘이 어제보다 즐겁다'고 주님의 선하심을 고백할 수 있습니다. 또 하나는 찬송가 '내 기도하는 그 시간'입니다. 우리는 밤마다 이곳에 모이는데 대개 무릎을 일으킬 때면 예정시간이 지나 있습니다. 그럴 때면 주님께서 주신 작은 영광의 빛으로 인해 우리 얼굴을 가려야 하지 않을까 하는 기분이지요. 친구들과 기도하고 다음날 캠퍼스에서 기적을 목격하는 것, 이거야말로 제게 **진짜** 기독교입니다. 하루하루가 기적이 이루어지는 시간입니다."

2학년 마지막 편지. "죄란 얼마나 야비한 주인입니까. 삶의 기쁨을 앗아가고 돈과 건강을 훔쳐가며 내일의 쾌락을 약속해놓고는 결국 구덩이 위의 썩은 판자를 딛게 만드는 죄. 오늘밤 저는 정직히 하나님을 찬양하며 그분을 바라볼 수 있습니다. 저를 부질없는 좌절의 삶에서 그리고 영원한 고통―죽지 않는 구더기 속에서 이를 갈며 자책하고 후회하는—에서 건져주신 그분의 자비를 기뻐할 수 있습니다."

가서 복음을 전하라는 주 예수님의 명령을 짐이 자신에게 직접 주신 말씀으로 의식하게 된 것은 대학생활 첫 2년 중의 어느 한 시점이었다. 짐은 그 명령이 자신을 향한 것이라고 결론지었다. 그 결단의 정확한 시기는 기록에 남아 있지 않으나, 하나님이 인간을 구원하기 위해 하신 일을 한번도 들어볼 기회가 없었던 수많은 사람들에 대한 짐의 부담이, 대학시절 그의 단짝과도 같았던 작은 검은색 스프링 노트에 잘 나타나 있다. 이 노트는 짐이 죽은 후 쿠라라이 강변에서 발견됐다. 모래밭에 낱장이 여기저기 흩어져 있었는데 그중에는 잉크가 깨끗이 씻겨져나간 부분도 있었고 진흙과 빗물 자국이 있으나 아직 읽을 만한 부분도 있었다. 짐이 기도해준 수백 명의 사람들 이름 외에도 노트에는 비누 만드는 법(선교지의 개척자 생활을 기대하며 적어두었을 것이 분명한), 영어와 스페인어와 키추아Quichua족 언어로 전했던 자신의 설교 원고, 아우카족 언어의 표현들, 대학 때 적어둔 여러 페이지의 선교 관련 통계가 적혀 있었다. 그 통계를 일부 발췌하면 다음과 같다.

- 성경이 한 단어도 번역되지 않은 언어가 1,700개다.
- 선교사로 헌신한 사람 중 90퍼센트는 평생 선교지에 나가지 않는다. "주님, 가겠습니다" 이상의 것이 필요하다.

- 세상 사람 64퍼센트가 그리스도에 대해 한번도 들어보지 못했다.
- 매시간 5천 명의 사람들이 죽는다.
- 인도 인구는 북남미와 아프리카 인구를 다 합한 것과 같다. 인도의 선교사 비율은 인구 7만1천 명당 1명이다.
- 외국의 경우 인구 5만 명당 기독교 사역자 1명이지만 미국은 500명당 1명이다.

그리스도의 명백한 명령과 이런 기막힌 현실을 종합할 때 짐은 만약 자기가 미국에 남는 길을 택할 경우 그것이 정당한 일임을 보여야 하는 입증 책임을 면할 수 없다고 믿었다.

짐은 해외 선교지로 나갈 계획을 세우기 시작했다. 하나님의 인도라면 어디든 좋았다. 그 방향으로 실제 첫걸음을 뗀 것은 1947년 여름, 대학 친구 론 해리스와 함께 멕시코로 히치하이크를 했을 때였다. 론의 부모는 멕시코 선교사였다. 6월 23일 부모님께 보낸 편지에 짐은 선교지의 첫 인상을 이렇게 썼다.

"론이 저를 판테온 묘지로 데려갔습니다. 우리는 묘비를 읽고 뼈를 찾으며 묘지를 돌았습니다. 여기서는 장지가 더 필요하면 묻힌 지 오래된 사람의 자리를 그냥 다시 팝니다. 그래서 뼈가 아무 데나 널려 있지요. 여기는 부패가 빠릅니다. 곧 어제 죽은 한 형제의 장례행렬이 도착했습니다. 우리도 보러 갔습니다. 구덩이는 약간 짧았으나 손으로 짠 관은 비스듬히 잘 들어갔습니다. 줄로 관을 달아 내린 후 '화약' 딱지가 붙은 다른 상자를 그 위에 놓았습니다. 묘지 저쪽에서 방금 파온 망자의 아내의 뼈가 그 속에 들어 있다고 하더군요. 둘 다 35년 전에 죽은 자기네 할머니 무덤에 합장됐습니다!

설교가 끝나자 망자를 알았던 모든 사람들이 흙을 한줌씩 집어 관 위에 뿌렸습니다. 그들이 한 걸음 물러서자 인부들이 마저 묻었습니다. 그 다음은 꽃을 뿌리는 시간. 저마다 이런저런 꽃을 가져왔더군요. 꽃은 사방에 장작더미처럼 쌓였습니다. 아름다운 글라디올러스, 데이지, 백합, 그 밖에도 이름 모를 많은 꽃들. 정말 멋진 곳입니다!

멕시코는 제 마음을 훔쳐갔습니다. 여기 온 지 2주일 됐는데 (론의 식구들은 표현이 무척이나 영국식입니다) 얼마든지 제가 원하는 대로 있어도 좋답니다. 지금 같아서는 평생 있고 싶은 심정입니다……. 저를 이곳으로 인도하셔서 잠시나마 선교지를 보고 언어를 들어볼 수 있게 하신 주님은 선하신 분입니다. 선교사들도 지극히 평범한 인간들이군요. 그저 주님이 시키시는 대로 행할 뿐입니다. 한마디로 아무것도 아닌 자들이 모여 가장 귀하신 그분을 높이는 일이지요."

짐은 해리스 가정에 6주간 머물며 스페인어 공부를 시작했다. 그들의 사역 원리를 관찰하며 그들에게 상담을 받았고, 눈으로 본 모든 것을 기록했다. 심지어 각종 새며 꽃이며 산의 스페인어 이름까지 적어두었다.

멕시코 체류가 끝나갈 무렵 짐은 어린이집회 설교를 부탁받았다. 정확히 1개월의 스페인어 공부를 바탕으로 짐은 통역관 없이 해보기로 했다.

다음은 론 해리스의 회고다. "주제는 노아의 방주와 무지개 약속이었습니다. 짐이 30분 넘게 얘기하는 동안 150명 넘는 아이들이 아주 조용히 집중하여 들었습니다. 앞에 흑판이 있었는데 짐은 모르는 단어가 나올 때마다 흑판에 그림을 그려 아이들한테 그 단어를 말하게 했습니다. 그간 배운 것을 활용하려는 열의와 각오 때문에 짐은 짧은 시간에 스페인어에 급속도로 진전을 보였습니다."

히치하이크로 오리건에 돌아오는 동안 짐의 마음에는 하나님이 자신을 부르신 곳이 라틴아메리카라는 생각이 강하게 들었다. 그때 짐은 자기가 "평범한 삶"에 결코 만족할 수 없다는 것을 알았다. 그의 목표는 복음을 들어보지 못한 이들에게로 굳어졌다.

4. 목표로 직행하다

내가 이미 얻었다 함도 아니요…… 오직 한 일 즉 뒤에 있는 것은 잊어버리고 앞에 있는 것을 잡으려고 푯대를 향하여 그리스도 예수 안에서 하나님이 위에서 부르신 부름의 상을 위하여 좇아가노라. (빌 3:12-14)

1945년 휘튼에 처음 도착했을 때 짐은 그곳에 2년쯤만 있을 생각이었다. 그러나 1947년 가을 멕시코에서 돌아와 집에서 몇 주 머물던 중 공부를 계속할 돈이 생겼다. 짐은 그것을 학업을 지속하라는 하나님의 신호로 받아들였다. 그가 3학년이 되어 집에 보낸 첫 편지는 9월 15일자로 돼 있다.

"브룩스 박사가 제게 토요일 신입생 모임에 몇 분간 격려사를 부탁했습니다. 주님이 힘을 주셔서 권면하고 격려했습니다. 주제는 '3학년인 내가 1학년 때 누군가한테 들었더라면 좋았을 얘기'였습니다. 저는 그리스도인의 삶에는 '믿음'과 '행위' 외에 '존재'

의 차원이 있다고 말한 뒤 다음과 같은 신약성경의 가르침을 인
용했습니다.

> 무지하지 말라.
>
> 속지 말라.
>
> 깨어 있으라.
>
> 경계하라.
>
> 말씀에 착념하라.
>
> 견고하라.

주님이 제게 말씀대로 살 힘을 주시기를 기도합니다.”

이전 해에 생각했던 대로 짐은 헬라어 전공을 택했다. 자신의
깨달음을 위해 신약성경 원어를 파헤쳐 의미를 철저히 파악하고
싶기도 했지만, 헬라어를 알면 원주민 언어로 성경을 번역할 때
큰 도움이 되리라고 믿었다.

같은 이유로 나도 헬라어를 전공으로 택했다. 그해 짐과 나는
수업이 거의 똑같았다. 재학생 1,500명에 과목 선택폭도 넓은 대
학에서 그것은 보기 드문 우연의 일치였다. 어느 날 나는 투키디
데스 과목, 헤로도투스, 칠십인역, 고대사, 시인과 극작가 세미나
에 나타나는 짐 엘리엇이 곧 내 동생이 2년 동안 말했던 자기 레
슬링팀 친구 엘리엇이라는 생각이 언뜻 들었다. 동생 데이브는
내가 짐을 만나봐야 한다고 생각했다.

짐은 고대사 수업 때 통로를 사이에 두고 내 맞은편에 앉았다. 정말 레슬링 선수처럼 보였다. 키는 180센티미터쯤 돼 보였고 예상대로 목이 굵고 가슴이 두툼했다. 청회색 눈은 늘 즐겨 입던 하늘색 스웨터 때문인지 푸른빛이 더 짙어 보였고 회색 면바지에 약간 닳은 작업복 재킷을 입고 있었다. 양말과 나비넥타이는 대개 서로 잘 어울렸다. 짐은 가방을 들고 다니지 않는 스타일이었다. 나는 그 점에 약간 점수를 주었다.

우리는 간혹 수업 후 대화를 나눴다. 10월의 어느 날 짐은 내게 데이트를 청했다. 나는 즉석에서 수락했으나 나중에 취소했다. 내 친구들은 그것이 실수라고 말했다. 짐 엘리엇이 여자를 싫어하는 사람이라는 것은 나도 알지 않았던가? 나는 흔치 않은 기회를 거부했던 것이다.

짐이 스스로 그런 평판을 얻었던 것은 꼭 필요하지 않은 일이면 스케줄에서 제외시키는 단호한 태도 때문이었다. 그에게 있어 연애란 굳이 없어도 되는 일이었다. 게다가 3학년의 그 첫 몇 달간 하나님은 그에게 마태복음 19:12 말씀을 주셨다. "천국을 위하여 스스로 고자 된 자도 있도다. 이 말을 받을 만한 자는 받을지어다." 그렇다고 짐이 금욕주의자는 아니었다. 짐은 하나님이 누리라고 주신 모든 것을 최대한 누렸으나 다만 하나님의 뜻을 좇는 데 방해가 될 만한 일이라면 무조건 활동 영역에서 빼는 것이 현명하다고 생각했다. 고린도전서 7장 말씀은 그에게 피할 수 없는 교훈이었다. "영혼 수련생" 짐이 하필 그때 그 교훈을 염두에 둔 데는 그럴 만한 이유가 있었다. 짐은 하나님이 자신을 정말 "독신의 은사"(짐이 고린도전서 7:7의 "각각 하나님께 받은 자기의 은사가 있으니"에서 따온 표현)로 부르셨는지 아직 몰랐고, 적당한 구실로 자신의 그런 가능성을 배제하려 하지도 않았다. 짐은 인간 잠재력의 온전한 실현은 예수님만으로 넉넉하고도 남음이 있다고 믿었다. 그리고 글자 그대로 그렇게 그분을 의지할 각오가 돼있었다.

짐은 일기에 이렇게 썼다. "그리스도를 맛본 영혼에게 명랑한 웃음과 짜릿한 혼성음악과 매혹적 눈웃음은 모두 시시한 일이다. 나는 그분을 깊이 들여 마시리라. 오, 그리스도의 영이시여. 하나님의 모든 충만으로 저를 채우소서."

신명기 9-10장에 나오는 레위인의 구별과 그들에게 "기업이 없다"는 사실을 묵상하며 짐은 이렇게 썼다. "주님, 주님의 은혜로 제게 이런 구별된 자리를 허락하신다면 아무런 기업도 탐하지 않겠습니다. 그리스도 외에는 아무것도 바라지 않습니다."

내 남동생 데이브가 짐에게 크리스마스 휴가를 뉴저지 무어스타운에 있는 우리 집에서 함께 보내자고 하자 짐은 즉시 수락했다. (나중에 듣고 알았지만) 나를 사귈 수 있는 좋은 기회라 생각했다고 한다. 당시 짐은 그런 속뜻을 전혀 내색하지 않았다. 그 2주 동안 짐은 나에 대한 관심이 점점 커지면서도 한편 "애착"의 위험에 관해 그간 배워온 교훈 때문에 고민하고 있었다. 물론 남들은 전혀 알 턱이 없었고 나 역시 전혀 눈치채지 못했다.

짐은 우리 집에서 보낸 12월 21일자 편지에 가족들에게 이렇게 썼다.

"하나님이 왜 저를 이곳에 오게 하셨는지 지금은 모릅니다. 이 땅에서는 영영 알 수 없을지도 모르지요. 하지만 그분이 인도하고 계시며 그분의 뜻이 반드시 이루어진다는 것만은 의심의 여지없이 압니다……. 저는 여기 행복한 한 가정에 와있습니다. 큰형과 동갑인 필과 그 아내 마가렛, 휘튼 대학 졸업반인 스물한 살의 베티(엘리자베스), 남동생 데이브, 그 밑으로 열다섯의 사춘기 소녀 지니. 지니는 웃을 때 눈을 깜박이는 버릇이 있는데 그럴 때 모습이 꼭 제인 같습니다. 그리고 열세 살 토미와 일곱 살 지미는 모든 사람을 즐겁고 유쾌하게 해줍니다. 하나님의 사람들이 참 좋다는 것과 이 가족이 남달리 경건하다는 것을 새삼 느낍니다. 오늘 아침에는 교회에 갔는데, 우리가 그토록 신랄하게 비판하는 (그러면서도 때로 무의식중에 따라하는) 교회의 형식에 대해 제가 지독히도 무지함을 깨달았습니다. 저는 장로교 고유의 곡에 맞춰 송영도 부를 줄 몰랐습니다. 저를 위해 기도해주세요. 영혼과 마음에 일편단심이 필요합니다."

우리 식구들은 짐을 무척 좋아했다. 필라델피아와 뉴잉글랜드 출신의 점잖은 동부인인 우리에게는 짐의 돌발적인 시원한 미소, 힘찬 악수, 꾸밈없는 담백한 태도가 신선하게 느껴졌다. 우리 여덟 식구가 오랫동안 살아온 낡은 집에는 손볼 곳이 많았는데 짐이 수리를 도맡았다. 당시 우리 집에는 어머니를 도와 부엌에서 일하던 작은 체구의 할머니가 있었는데 짐은 할머니의 설거지도 거들었다. 할머니는 "이 젊은이는 성공하겠어. 제대로 안 닦인 포크가 있으면 나한테 시키지 않고 자기가 직접 다시 닦거든" 하고 말했다. 할머니는 귀가 먹었는데도 짐의 노래를 들을 수 있었다. 짐은 외워서 알고 있는 찬송가가 수백 곡은 됐는데, 아무 때고 구애받지 않고 그 다듬어지지 않은 우렁찬 바리톤 음성으로 찬송을 부르곤 했다.

짐은 내 십대 남동생, 여동생과 함께 썰매와 스케이트도 타러 가고 우리 아버지를 도와 눈도 치웠다. 나를 위해 한 일로는 가족들이 모두 잠자러 간 뒤 오래오래 애기하며 잠을 못 자게 한 것 말고는 별로 기억나는 것이 없다. 우리는 전쟁 문제에 대한 그의 시각, 교회의 행실에 대한 신약의 원리, 여자, 시, 기타 많은 주제에 대해 폭넓은 대화를 나누었다. 짐의 시각은 보통과 달랐다. 내가 그런 대화를 즐겼던 데는 당시 많은 주제에 대해 내 생각이 그와 달랐기 때문이기도 하다. 어쨌든 나는 짐 엘리엇이 "인물"이라는 결론을 내렸다. 나는 그가 좋았다.

휘튼에 돌아온 후 짐은 내가 투키디데스 과목 숙제를 매번 도서관의 같은 장소에서 한다는 것을 알았다. 짐은 거의 매번 끼어들기 시작했다. 숙제를 대부분 내가 도맡아하는 것 같아 약간 꺼림칙한 기분이 든 때도 있었지만 그런 실리적 측면 외에 짐에게 다른 동기가 있으리라고는 전혀 생각하지 못했다. 헬라어 고전을 함께 읽는 것도 실속있는 방법이었다.

몇 달 후 짐은 크리스마스 휴가 전부터 나에게 관심이 있었다고 말했다. 나는 놀랐다. 짐이 나름대로 자신의 원리를 지키느라 감정을 억제하고 있었음을 나는 알게 됐다. 그 원리가 부모님께 보낸 그의 편지에 잘 나타나 있다.

"젊은이들에게 아담을 본받으라고 말해주는 사람이 없습니다. 아담은 하나님이 필요하다고 여기실 때까지 기다렸습니다. 마침내 하나님은 아담을 잠들게 하신 후 배우자를 준비해 그에게 데려오셨습니다. 우리도 하나님의 뜻 안에서 이렇게 좀더 '잠들어 있을' 필요가 있습니다. 그러다 하나님의 때에 그분이 데려다주시는 짝을 받을 수 있지요. 물론 그분 보시기에 필요할 경우에 말입니다. 대신 우리는 만나는 사람마다 내 짝이 아닌가 따져보며 굶주린 자처럼 짝을 찾아다닙니다. 그러다 결국 마음이 섹스 문제에 온통 빠져 자유토론 시간에도 그 얘기밖에 할 것이 없게 되지요. 물론 남자가 여자를 무시할 수는 없으나 마땅히 대해야할 모습으로, 즉 스파링 상대가 아니라 자매로 대해야 합니다."

일정이 전보다 빡빡해졌음에도 불구하고 짐은 혼자서 성경을 묵상하는 시간이 더욱 절실히 필요함을 느꼈다. 짐은 늘 그런 식이었다. 짐은 아침식사 전 한 시간 동안 구약을 묵상하고 정오에 몇 분 동안 시편을 읽고 저녁때 신약을 묵상했다. 1948년 1월 18일 짐은 자신이 깨달은 바를 노트에 기록하기 시작했다.

"언젠가 나 말고 다른 사람들이 이 노트를 보게 될 것이다. 그래서 나는 철저히 정직하게 기록할 자신이 없다. 내 마음의 가식과 위선이 늘 가면을 쓰고 나타나 그 심연의 실상을 차마 보이지 않을 것이기 때문이다. 하지만 이 기록이 최대한 사실에 가깝게 해주시기를 주님께 기도한다. 나 자신의 마음을 알게 해주시며 흔히 모르고 지나치는 큰 모순들에 관해 단호히 기도할 수 있게 해주시기를 기도한다. 내가 이렇게 기록하는 것은 하나님과의 조용한 시간이 본 궤도를 벗어났음을 알기 때문이다. 이 노트에는 하나님의 말씀을 묵상하는 중 날마다 그분께서 주시는 새로운 생각을 적어야 한다.

창세기 23장. 하나님이 주시려는 땅에서 아브라함은 스스로 나그네요 우거한 자라 말한다. 아브라함이 지상을 집으로 삼으려는 마음을 내비친 것은 이번이 처음이다. 그런데 그것이 장차 자신이 묻힐 묘실과 작은 터와 나무라니, 얼마나 작은 것인가. 주님, 아브라함이 '하나님의 성을 바란'(히 11:10) 것처럼 저도 이 땅의 일들에 초연하고 마음 두지 않는 나그네여야 함을 일깨워주소서. 아브라함이 나그네 의식을 가지자 비로소 헷 족속이 그를 '우리 중 하나님의 방백'이라 불렀다. 아브라함은 롯처럼 인간의 방백이 되려 하지 않았다. 그의 성품과 유업(방백의 요건)이 사람에게서 온 것이 아니라 하나님께로서 온 것임을 주변 모든 사람이 알아보았을 뿐이다. 오, 더 이상 육신적 마음의 야곱이 아니라 하나님과 함께 한 방백 이스라엘로 알려질 수 있다면!

주님, 한때 소중했던 것들이 주님께 배우고 보니 실은 죽은 것에 지나지 않습니다. 그런 것들(욕망, 쾌락, 지금 제 영혼이 아끼는 모든 것)을 인해 울고 통곡하지 않게 하소서. 오히려 그것을 제 눈에 안 보이는 곳에 묻을 수 있는 마음을 주소서. 땅을 사려면 대가가 들지만 저도 시체(제 삶의 죽은 것들)를 묻을 수 있는 막벨라 굴을 갖기 원합니다(13절)."

이런 매일의 묵상 내용이 노트의 많은 부분을 차지하고 있다. 짐은 이 노트를 "주님과 함께 꺾어 책갈피에 끼워둔 꽃잎 박물관, 주님께서 나를 '백합화 가운데서 꼴을 먹는'(아 4:5) 자리로 인도하신 흔적"이라고 표현했다.

이 해부터 짐은 성경책에 직접 밑줄을 치거나 메모하는 습관을 버렸다. 짐은 성경책을 새로 샀다. 그 성경은 1년도 안되어 너덜너덜해졌지만 쓰거나 칠한 흔적은 전혀 없다. 그렇게 함으로써 늘 새로운 진리를 구할 수 있고 자신에게 필요한 특정한 말씀을 빨간 펜이 아니라 성령께서 강조해주실 수 있다고 짐은 믿었다.

그러나 짐은 언제나 뜻대로 말씀에서 뭔가 "새로운" 것을 건지지는 못했다. 기록을 시작한 지 얼마 안된 어느 날 아침, 짐은 이렇게 썼다.

"어제는 충분한 시간 동안 본문을 충실히 읽고 묵상하며 새로운 진리를 간절히 찾았지만 아무것도 얻지 못했다. 어쩌면 너무 열심히 구했는지도 모른다. 어쩌면 성령님께 대들며 내 열심으로 비둘기 같은 그분을 몰아붙였는지도 모른다. 주님, 듣는 법을 가르치소서. 아직 주님께서 열어주시지 않는 말씀에서 늘 진리를 짜내려 하지 않게 하소서. 내 묵상과 기도시간은 아직도 멀었다."

읽고 묵상하고 기록한 후 짐은 기도했다. 짐은 요일별로 목록을 정해놓고 다른 사람들을 위해 기도했다. 방에서 혼자만의 시간을 갖기 힘들면 아침 먹으러 캠퍼스로 걸어가면서도 기도했고 식당에 줄을 서서도 기도했다. 하루 중 여기저기서 아무 때나 그 사람들을 위해 기도하거나 작은 카드에 써서 주머니에 넣고 다니던 성경구절을 암송했다. 암송카드는 닳아 해어질 때까지 주머니를 떠나지 않았는데 간혹 그것 때문에 짐은 사교성이 없다는 말을 듣기도 했다. 암송카드나 기도제목 노트가 사람들과의 잡담보다 우선되곤 했기 때문이다.

정오의 시편 읽기는 다른 사람과 함께할 때도 있었다.

예컨대 이런 기록이다. "오늘 정오에는 데이브와 함께 시편 119편을 읽고 기도했다. 좋은 시간이었다. 밥, 빌, 이번에는 데이브. 하나님은 내게 그들을 향한 깊은 사랑을 주신다. 이제와 영원히 그분의 임재 안에서 우리는 두려움의 그림자가 없는 놀라운 시간을 함께하리라. '두려움은 피에 녹는다.' 하지만 성령의 간구를, 그리고 신부와 피조물의 신음을 익히 아시면서도 하나님은 아직도 기다리신다."

마르쿠스 아우렐리우스는 "생각이 영혼을 물들인다"고 말했다. 늘 주님의 말씀 안에 거하는 삶이 짐의 영혼을 물들였다. 그리고 그 색은 동료 학생들에게 감춰지지 않았다. 짐의 룸메이트는 이렇게 썼다. "짐의 삶은 내게 영향을 미쳤다. 짐이 기도하던 시간들이 기억난다. 기억할 때마다 내 마음이 찔린다. 나는 짐처럼 주님과 가까이 동행하지 못했기 때문이다."

“근본주의” 교리에 익숙한 사람들에게 짐의 사고는 충격으로 비칠 때가 있었다. 식당의 자유토론 시간에 사람들의 입에서 “엘리엇, 도대체 어떻게 그런 생각을 하게 됐지?” 하는 말이 종종 나왔다. 대답은 그의 노트에 나온다.

“디모데후서 2:9은 ‘하나님의 말씀은 매이지 아니하니라’고 말한다. 조직신학은 하나님의 말씀을 자기네가 최종 확정해둔 신조, 체계, 교의, 정리된 신학철학에 맞춰 얽어매지 않도록 조심해야 한다! 하나님의 말씀은 매이지 않는다! 사람들에게 자유로이 할 말을 한다. 누구도 말씀을 세대주의의 틀로 고정할 수 없다. 말씀을 ‘차갑게’ 식히지 말라. 참신성과 온기와 활력으로 말씀이 살아있게 하라. 그리하여 세상이 장황한 책들로 말씀을 묶지 못하게 하라. 오히려 말씀이 내 삶을 자유자재로 움직이게 하라. 세상으로 하여금 말씀 대신 차라리 나를 속박하게 하라. 그것이 사도 바울의 모습이다……. 예지나 선택 따위로 변론하는 자들은 14-26절을 읽고, 사도 바울이 그것을 기꺼이 하나의 역설로 남겨두었다는 사실을 명심하라. ‘하나님이 회개를 주시지만’ 동시에 ‘저희가 깨어 벗어나는’ 것이다. 그렇다. 나는 고지식하다. 이 경우 차라리 그것이 기쁘다.”

짐은 직접 말씀을 공부했다. 자기가 깨달은 의미가 통상적 이해에 일치하지 않아도 짐은 자신의 기준을 굽히지 않았다.

그는 이렇게 썼다. “내 행동방식은 주변 사람들의 행위를 보고 정해지는 것이 아니다. 세상 사람들을 본받지 말라. 교회에서 만나는 이들도 본받지 말라. 오직 말씀 속에서 만나는 하나님의 법만이 내 기준이 될 것이다. 주변 어디에도 이런 식으로 살아가는 이들의 예를 찾아보기 어렵다."

크리스마스 휴가로 잠시 학업에서 손을 뗀 뒤 한 달쯤 지나 짐은 일기에 이렇게 썼다. "창세기 28장. 하나님은 아브라함에게 그의 후손이 땅의 티끌처럼, 하늘의 별처럼 많게 해주시겠다고 약속하셨다. 별이라는 말을 통해 아브라함의 후손이 믿음의 후손이요 하늘의 목적과 하늘의 약속을 지닌 하늘의 백성임을 생각해 볼 수 있다. '이삭에게서 나는 자라야 네 씨라 칭할 것임이니라'(창 21:12). 야곱―후에 이스라엘―은 약속과 목적과 성품을 이 땅에 둔 이 땅의 백성에게 자기 이름을 내준다. 이 목적지의 차이가 두 백성을 현저히 달라지게 해, 새삼 법과 전쟁과 유업의 유사성을 논한다는 것은 성경을 생각 없이 읽는 것이다."

이렇듯 일부 사람들은 전쟁, 법, 신학, 철학에 대한 짐의 입장을 인습에 어긋나는 것으로 보았지만, 사실 그것은 단순하고 문자적인 성경 해석과 일상생활에의 적용에 기초한 것이다. 생일 축하의 글을 쓸 때도 짐은 평범하지 않았다. 형 버트에게 보낸 다음 글이 좋은 예다.

"형, 주님께서 형의 올 한 해를 당신의 선하심으로 둘러주시며 다시 한 해를 사는 동안 거룩하고 담대한 영을 주시고 열정이 불타오르게 하사 진리의 예리한 검을 들게 해주시기를 기도합니다. 기독교의 세련된 시민들은 그것을 '광신'이라 하지만 하나님은 그것을 거룩한 열광으로 보십니다. 그분의 아들도 그런 마음이 있었기에 피와 땀과 뜨거운 눈물을 쏟으며 험한 십자가의 고통을 당하셨고 마침내 영광을 얻으셨습니다!"

열다섯 살 여동생 제인에게 짐은 이렇게 썼다. "떠오르는 새벽별이신 주님께 네 시선을 고정시켜라. 세상일에 실망할 것도 없고 지나치게 우쭐할 것도 없다. 하루하루를 인자가 문 앞에 서 계신 것처럼 살아라. 인생이 덧없이 흘러가는 순간임을 알고 그것을 기준으로 생각해라. 그 시간을 어떻게 구속救贖할 수 있을까 그것만 생각해라. 한 발만 더 내딛으면 하늘의 문턱을 넘을 것처럼 그렇게 살아라. 기도해라. 무릎으로 전진하는 성도는 결코 후퇴하지 않는다."

짐은 그 즈음 선교지에 대해 많이 기도하고 있었다.

짐은 바울의 말을 인용하여 이렇게 썼다. "'하나님을 알지 못하는 자가 있기로 내가 너희를 부끄럽게 하기 위하여 말하노라'(고전 15:34). 그들도 들어야 한다. 주님은 중앙아시아의 복음을 듣지 못한 수많은 영혼들의 영적 필요에 대해 내게 강한 부담을 주신다. 교회는 왜 깨어나지 못할까? 누구든 '나를 보내소서'(사 6:8)라고 기도만 한다면 주님이 얼마나 귀한 소명을 주시는가.

우리 젊은이들은 선교지에 '소명감'이 없다는 이유로 전문사역 분야로 들어간다. 소명은 없어도 된다. 한 대 맞기만 하면 된다. 우리는 '그들이 오지 않는다'고 울고 있을 것이 아니라 직접 '나갈' 생각을 해야 한다. 누가 이글루 안에 들어오고 싶겠는가?

무덤도 교회보다 춥지는 않다. 하나님, 우리를 내보내소서."

학생해외선교회 멤버였던 짐은 선교회에서 모이는 새벽기도 회에 참석했다. 짐은 유럽으로 보낼 구호물자를 준비하며 밤늦게까지 일하곤 했다. 하지만 세상의 영적 필요에 대한 그의 비전에는 바로 주변 사람들도 빼놓을 수 없었다. 일요일 오후면 짐은 시카고에 나가 몇몇 큰 기차역에서 기차를 기다리는 사람들에게 그리스도를 전하곤 했다.

그는 이렇게 썼다. "아직 열매가 없다. 내게 이토록 열매가 없는 것은 무엇 때문일까? 하나님 나라로 한두 명 이상 인도해본 기억이 없다. 부활의 능력이 나타나면 정녕 이렇지는 않을 것이다. 꼭 '나로 자식을 낳게 하라. 그렇지 아니하면 내가 죽겠노라'(창 30:1) 한 라헬의 심정이다."

하나님을 사랑하는 마음은 그분을 모르는 이들을 향해서만 아니라 그분의 이름으로 행하는 자들을 향해서도 사랑으로 나타나야 한다고 짐은 믿었다. 요한은 "누구든지 하나님을 사랑하노라 하고 그 형제를 미워하면 이는 거짓말하는 자"(요일 4:20)라고 말했다. 인근 도시에 작은 그리스도인 모임이 있었는데 그들은 정기적으로 모여 쉬운 신약성경 본문을 공부했다. 짐은 조금이나마 도움이 될까 해서 그 모임에 가담했다. 일기를 보면 짐이 시카고 기차역에서 전도할 때 느꼈던 것과 같은 낙심을 거기서도 느낀 것을 알 수 있다.

"'내가 택한 자의 지팡이에는 싹이 나리니'(민 17:5). 아버지,

주님께서 저를 택하셨을진대 저도 주님을 위해 싹이 나고 꽃이 피고 열매를 맺어야 합니다."

짐의 열망에 가시적 성취가 뒤따른 것 같지는 않다. 그러나 그 과정에 소요된 영적 훈련 덕분에 적어도 짐은 평범한 대학생에게 흔히 볼 수 있는 철저히 이기적인 삶을 벗어날 수는 있었다.

짐은 하나님을 위해 사는 법을 배우고자 선배 그리스도인들에게 도움을 구했다. 그들에게 함께 기도를 청한 적도 있었다. 그 중 한 지체에 대해 짐은 이렇게 썼다. "하퍼 형제님과 교제하며 하나님의 일을 얘기하고 함께 기도했다. 복된 시간이다. 하나님, 마른 막대기 같은 제 삶에 불을 붙이사 주님을 위해 온전히 소멸하게 하소서. 나의 하나님, 제 삶은 주의 것이오니 다 태워주소서. 저는 오래 사는 것을 원치 않습니다. 다만 주 예수님처럼 꽉 찬 삶을 원합니다."

3학년 그해의 노트를 몇 군데 더 들춰보면 하나님을 애타게 찾는 짐의 마음을 엿볼 수 있다.

2월 3일. "오 하나님, 형식적 도덕관습을 따르는 불모의 삶에서 저를 건져주소서. 주님의 거룩한 생명을 생생히 영혼으로 만나게 하소서. 그리하여 열매를 맺게 하소서. 생명—풍성한 삶—이신 주님이 다시 한번 그리스도의 메시지와 사역의 최종 증거로 드러나게 하소서."

3월 10일. "주님, 주님이 제게 주님을 섬길 수도 있고 제 길을 갈 수도 있는 절대적 자유를 주셨음을 압니다. 저는 영원히 주님을 섬기렵니다. 주님을 사랑하기 때문입니다. 저는 자유인으로 나가지 않겠습니다. 제 귀를 뚫으소서, 주님. 주님의 음성에만 반응하게 하소서."

4월 16일. "오 하나님의 어린양이여. 주님은 얼마나 귀한 제물이 되셨는지요. 주님의 피처럼 능한 피가 또 어디 있겠습니까? 염소의 피로 깨끗게 할 수 없습니다. 동물은 도덕이 없기 때문입니다. 제 피도 효력이 없습니다. 저는 부도덕하기 때문입니다. 오직 주님만이 도덕적으로 흠이 없습니다. 오직 주님의 피만이 효력이 있습니다."

그날 짐은 몇몇 다른 학생들과 함께 전도팀을 이루어 인근 지역을 돌았다. 철길을 건너는데 갑자기 자동차 엔진이 멎는 바람에 마침 다가오던 화물열차에 치여 차가 박살이 나고 말았다. 다행히 불과 몇 초 사이로 일행은 안전하게 차에서 뛰어나왔다. 짐은 신문에 실린 사진을 오려 다음 말과 함께 부모님께 보냈다.

"내막은 꽤 정확합니다. 그러나 기자들은 우주의 통치자께서 우리에게 사역의 영을 주셔서 구원의 상속자가 돼야 할 자기들을 섬기도록 보내셨다는 사실은 까마득히 모릅니다. 이번에 주님께서 저를 안전히 지켜주신 것을 생각하며 더욱 정신이 바짝 들었습니다. 분명 어딘가 주님께서 제게 원하시는 일이 있습니다. 오, 저도 '예수께 잡힌바 된 그것을 잡기를'(빌 3:12) 간절히 원합니다."

이렇게 짐은 최소한 두번째 죽을 고비를 넘겼다. 첫번째는 총

알이 머리카락 사이로 지났을 때였다. 그렇게 부지된 목숨이 몇 년 후 전혀 다른 죽음을 맞게 된다. 철도 사건이 있은 지 이틀 후 짐의 일기에 묘하게도 자신의 죽음이 예언돼 있다.

"레위기 17:10. 피를 먹는 자는 영원히 하나님의 진노를 산다. 나도 마찬가지다. 내가 만일 내 생명의 피를 아껴 제물로 붓지 않을진대ㅡ그리하여 주님의 본을 거스르게 된다면ㅡ하나님의 무서운 진노가 내 뜻을 가로막을 것을 알아야 한다. 아버지, 제 생명을 취하소서. 주님의 뜻이라면 제 피를 취하소서. 주님의 삼키는 불로 제 피를 태우소서. 제 것이 아니기에 아끼지 않겠습니다. 주님, 가지소서. 다 가지소서. 제 생명을 세상을 위한 희생으로 부으소서. 피는 주님의 제단 앞에 흐를 때만 가치있는 것입니다."

학년이 거의 끝나가던 어느 날, 짐이 쉬는 시간에 복도에서 나를 불러 세웠다. 짐은 내게 가죽으로 된 작은 검은색 책을 건네주었다. 기숙사에 가서 보니 찬송가였다. 안쪽 여백에 짐은 몇 마디 말과 헬라어로 성경말씀 한 구절을 쓴 뒤 '찬송가 46장'이라고 덧붙여놓았다. 처음에는 짐 특유의 갈겨쓴 필체로 썼다가 뒷부분은 조그맣게 또박또박 정자체로 돼있었다. 얼른 46장을 펼쳐 보니 이런 찬송이었다.

제 마음 주님과 나눠놓고

불변의 주 따르지 못하게

마음의 물줄기 돌려놓을

이 땅의 목표 혹 제게 있다면
주님 속히 돌이키게 하소서.
다시금 마음 뜨겁게 하소서.
주님의 재림 지연시키며
영원한 기쁨 없는 이 땅에
제 영혼 꼭꼭 붙들어맬
아까운 소망 혹 제게 있다면
주님 거기서 자유케 하소서.
주만 바라고 기다리게 하소서.

주님 제 귀한 목표 되사
제 영혼 가득 채우시고
다시 오실 주 뵈올 소망으로
영영 주 떠나지 않게 하소서.
나뉘지 않은 한마음으로
주 따르고 섬기게 하소서.
—프레이저 G. W. Frazer

짐한테 이 찬송가를 받기 몇 주 전에야 나는 짐이 나한테 관심이 있다는 사실을 겨우 눈치챘다. 하지만 설령 내가 일말의 희망을 품었다 해도 당시 우리의 선택은 둘 다 확실했다. 우리의 선택은 오직 주님 한분뿐이었다.

어느 날 저녁 우리는 산책하며 대화를 나눴다. 그런데 주님이 우리를 이상한 길로 인도하시는 것 같았다. 우리는 데이트라곤 한번밖에 한 적이 없었다. 한 달 전 시카고의 한 선교사 집회 때였다. 우리는 많은 시간 함께 공부하고 대화했으나 어느 쪽도 소중한 우정 이상의 말이나 행동을 한 적이 없었다. 그런 우리가 지금 단순한 진실 앞에 마주서 있었다. 우리가 서로 사랑한다는 사실이었다.

발길 닿는 대로 가다가 우리는 한 문을 지나 묘지에 들어섰다. 석판에 앉아 짐은, 아브라함이 아들 이삭을 드린 것처럼 나를 하나님께 드렸다고 말했다. 나 역시 우리 관계를 생각하며 며칠 동안 아브라함을 묵상하고 있던 터라 깜짝 놀라지 않을 수 없었다. 짐도 나도 하나님의 인도하심을 공감했다. 우리 삶은 전적으로 그분의 것이었다. 그분이 "번제"로 받아 불태우기 원하실진대 우리는 우리 손으로 막지 않기로 결단했다. 더 이상 말이 필요없었다.

우리는 말없이 앉아 있었다. 불현듯 커다란 돌 십자가가 뒤편에 떠오른 달빛을 받아 우리 둘 사이에 그림자를 드리우고 있었다.

짐의 찬송가에는 다음 가사 옆에 그날 날짜가 표시돼 있다.

내게 가장 소중한 것을 버리라 하신다면
내 것이 아니니 주의 것을 주께 드리리.
주 뜻 이루소서.
　　─샬럿 엘리엇Charlotte Elliott

내가 졸업한 후 짐은 여름방학 첫 며칠을 휘튼 근교의 작은 도시 글렌엘린에 있는 이모집에서 혼자 보냈다. 그 시기에 짐은 하나님이 인도하신 그 결정을 곰곰 생각했다. 결정이 옳았다는 데 대해서는 마음에 전혀 의문이 없었으나 다음 일기에 짐의 영혼의 갈등 같은 것이 나타나 있다.

6월 18일. "여호수아 5-6장. '바침이 된다'는 것. 베티에 대해 바로 내 영혼이 해야 할 일이다. 우리 둘 사이에서 베티는 이미 '바쳐졌다.' 여리고처럼 진멸함의 의미가 아니라 하나님께 살아 있는 번제로 바쳐진 것이다. 이어 나는 하나님과의 사이에도 그 사실을 확인했다. 베티와 나를 둘 다 완전히 그분의 것으로 바친 것이다. 그런데 나는 하나님이 결국 베티를 내게 주실 것이며 하나님을 위해 각자의 길로 가기로 한 우리의 결정을 그분이 결국 철회해주실 것이라는 희망('좋은 것', 금과 은)을 품고 있었다. 거기 묘한 위험이 도사리고 있었다. 나는 그 상태로 견뎌왔다. 하지만 그것은 내가 베티를 진정으로 '바치지' 않았다는 애기와 같았다. 아직도 베티에 대해 미래를 주장하고 있었기 때문이다. 그때 주신 말씀이 이것이다. '……너희는 바칠 물건을 스스로 삼가라……. 화를 당케 할까 두려워하노라'(18절). 아, 나는 또 그랬구나. 내가 가져서는 안될 것에 대한 은밀한 갈망을 장막 안에 몰래 숨겨놓고 외로운 순간이면 위안 삼아 바라보곤 했었구나. 하지만 내 갈 길은 십자가다. 여기서 돌아설 수 없다. 반쯤 와서 멈출 수 없다. 나는 가야 한다. 내게 정말 하와가 필요할진대 하나님이 그 필요를 보실 때까지 나는 잠들어 있어야 한다. 주님, 제 마음을 온전히 바로잡아 주를 따르게 하소서. 제 것이 아닌 것에 행여 손대지 말게 하소서."

5. 불꽃으로 삼으소서

때에 그 스랍의 하나가 화저로 단에서 취한바 핀 숯을 손에 가지고 내게로 날아와서 그것을 내 입에 대며 가로되 보라 이것이 네 입에 닿았으니 네 악이 제하여졌고 네 죄가 사하여졌느니라 하더라. (사 6:6-7)

짐은 그해 여름을 어떻게 보내야 할지 기도로 주님의 인도를 구했는데 하나님이 그 기도에 응답하셨다. 기도 내용이 몇 달 전 일기에 이렇게 적혀 있다.

"유리하던 이스라엘 백성에게 하나님의 인도하심이란 너무도 분명한 것이었다(민 9장). 그들의 이동을 원하실 경우 하나님은 그 뜻을 의심의 여지없이 보여주셨다. 우리 아버지가 내게는 덜 확실하실까? 그렇게 믿을 수 없다. 나는 보이지 않아 의심할 때가 종종 있지만 정녕 성령께서 구름기둥처럼 확실히 인도해주실 것이다. 나는 그분의 뜻에 따라 즐거이 떠나고 즐거이 머물러야 한다. 하나님의 백성의 행보는 하나님의 임재가 정하시기 때문이다. '나 있는 곳에 나를 섬기는 자도 거기 있으리니'(요 12:26). 좋습니다, 주님. 이번 여름에는 어떻게 할까요?"

1948년 7월, 짐은 내 동생 데이브 하워드, 로저 루이스, 버드 홀스틴 등 세 명의 다른 휘튼 학생들과 함께 학생해외선교회 소속팀으로 전도여행에 나섰다. 미시간에서 몬태나까지 중서부 여러 주를 순회하면서 그들은 교회, 성경 사경회, 캠프, 학교 등에서 말씀을 전하며 젊은이들에게 주님께 삶을 온전히 바쳐야 할 필요성을 역설했다. 그들은 그리스도에 대해 한번도 들어보지 못한 부족들을 향한 교회의 책임을 강조했다. 짐은 이 여행이 그야말로 "노는 여행"으로 전락하는 것을 원치 않았다.

짐은 이렇게 썼다. "'〔그는〕 그의 사역자들을 불꽃으로 삼으시느니라'(히 1:7). 나는 불붙을 수 있는 자인가? 하나님, 저를 '이물질'이 가득 섞인 비참한 불연성 석면 상태에서 건져주소서. 활활 타오르도록 성령의 기름을 흠뻑 적셔주소서. 하지만 불꽃은 잠깐이며 대개 단명이다. 내 영혼아, 너는 단명을 견딜 수 있는가? 내 안에는 위대하신 단명의 주님의 영이 살아계신다. 하나님의 집을 향한 열정이 그분을 삼켰다. 그분은 성령과 불로 세례를 주시겠다고 약속하셨다. '저를 주의 연료 삼으소서. 하나님의 불꽃 되게 하소서.'"[1]

이 기도는 즉시 그리고 궁극적으로 응답됐다. 데이브는 이렇게 썼다.

"그 몇 주 동안 주님은 우리 마음속에서 일하셨다. 지금도 내 귀에는 짐의 뜨거운 설교가 들린다. 다른 사람에게 거의 보지 못했던 열정이다. 몇 년 후 나는 학생부 선교회 대표를 맡았는데 그때 학생해외선교회 전도여행 중 짐의 설교를 듣고 하나님의 부르심에 처음 응답했던 젊은이들을 전국 각지의 대학이나 성경학교에서 여러 번 만났다. 그들은 지금 선교사로 나가려고 준비중이다."

다음은 그 여행에 관해 짐의 일기를 발췌한 것이다.

"아버지, 저로 약해지게 하소서. 일시적인 모든 것을 붙들었던 손을 놓게 하소서. 제 생명, 제 명예, 제 소유. 주님, 꽉 쥐고 있는 손의 긴장을 풀게 하소서. 아버지, **매만지는** 사랑까지도 잃게 하소서. 제가 아끼던 '해롭지 않은' 갈망을 손에서 놓았다가 매만지는 손길로 다시 쥘 때가 얼마나 많은지 모릅니다. 차라리 제 손을 펴 갈보리의 못을 받게 하소서. 그리스도께서 그리하신 것처럼 말입니다. 그렇게 모든 것을 놓음으로 저 또한 지금 저를 얽어매고 있는 모든 것에서 놓여나고 벗어나게 하소서. 주님은 뭔가 손에 붙잡을 것을 생각하신 것이 아니라 천국을, 하나님과의 동등됨을 생각하셨습니다. 저도 그렇게 손을 놓게 하소서."

"요즘 영혼의 싸움이 심하다. 하나님이 세상을 돌보신다는 진리에 회의가 든다. 복음에 대한 그분의 능력의 증거가 미약하기 때문일 것이다. 어제 아침에는 내 남은 믿음이 사실에, 특히 그리스도의 부활에 기초한 것임을 깨닫고 큰 위로를 얻었다. 그분이 죽은 자 가운데서 살아나지 않았다면 내 믿음은 헛것이다.”

“아버지, 저로 분기점 같은 사람이 되게 하소서. 제가 접하는 사람들을 결단의 기로로 이끄소서. 저는 직선도로의 표지판이 되고 싶지 않습니다. 저를 갈림길로 삼아주소서. 그리하여 사람들이 제 안에 계신 그리스도를 보고 어느 쪽으로든 하나를 택해야만 하게 하소서.”

1948년 8월 16일, 어머니에게 보낸 편지는 그리스도에 대한 글로 가득 차있다는 점에서 짐이 지난 몇 년 동안 썼던 많은 편지들의 전형이라 할 수 있다. 전문을 인용한다.

“사랑하는 어머니와 모든 가족들에게. 제가 집에 도착하기 전에 받아 보실 마지막 편지가 될 것 같습니다. 여행중에 소식을 쓴다는 것이 왠지 만만치 않습니다. 우리는 브레이크를 고치느라 오후 내내 묶여 있었습니다. 그래서 지금 저 위쪽 미네소타 레드 레이크의 인디언 보호구역에서 열릴 집회에 늦은 상태입니다. 민박집에 머무는 동안에는 편지 쓸 시간을 내기가 너무 어렵기 때문에 이렇게 이동중에 타이프를 칩니다. 데이브는 허드슨 테일러의 생애를 읽고 있습니다. 저는 편지를 쓰면서 데이브가 읽어주는 줄거리를 따라가고 있습니다.

이번 여행 동안 하나님이 우리를 위해 하고 계신 일을 감히 설명할 수 없습니다. 주님이 왜 저를 매일 밤 사역하는 이 새로운 경험으로 인도하셨는지 이제 조금 알 것 같습니다……. 바울의 표현대로 ‘내 속에서 능력으로 역사하시는’(골 1:29) 그분의 비밀을 보게 하시기 위함입니다. 집에 가서 더 자세히 말씀드리겠습니다. 저는 얼마나 무익한 종입니까. 화목케 하는 말씀을 부탁받기에 얼마나 철저히 부족한 자입니까. 그러나 하나님은 지혜가 넘치시는 분이기에 저는 감히 '어찌 나를 이같이 만드셨습니까'(롬 9:20)라고 묻지 않습니다. 친구들이 독서를 멈췄습니다. 로저는 서쪽 하늘을 온통 붉게 물들이며 한창 불타는 석양에 감동해 '해지는 저편'을 우렁찬 바리톤으로 뽑아내고 있습니다. 아름답습니다. 저도 오늘 저녁처럼 석양에 취하기는 처음인 것 같습니다. 여기는 상당히 북쪽입니다. 엊그제 밤에는 북극광도 보았습니다. 어제 우리는 네 차례 예배를 드렸고 오늘 아침에는 라디오 방송에 나갔습니다. 하나님 나라의 일로 피곤할 수 있다니 얼마나 큰 영광입니까!

어머니, 지난 몇 통의 편지를 보니 다들 어머니의 건강 상태를 염려하고 있더군요. 조금이나마 격려를 드리고 싶습니다. 이 땅에서 '벗은'(고후 5:4) 우리에게 사실 무엇이 있겠습니까? 하나님의 아들의 영광으로 옷 입게 될 그날을 사모합니다. 우리는 반드시 변화될 것입니다! 힘이 나시지 않습니까? 그 변화를 생각하면 제 내면에 얼마나 평화와 능력과 위로가 넘치는지 모릅니다. 그것을 어머니께 그대로 전해드릴 수 있다면 좋겠습니다. 저도 느낄 만큼 느껴본 육신과 그 거짓된 감정들에 대해서도. 그리고 아무리 생각해도 다 깨달을 수 없는 예수님에 대해서도. 그래도 하나님은 당신을 향한 영혼의 갈망을 짓밟지 않으시니 감사합니다. 오히려 그분은 그 갈망을 더 북돋아 간절하고 숭고하게 만들어주십니다.

오, 어머니. 인내로 영혼을 지키십시오. 그분이 문 앞에 계십니다. 당신을 사랑하는 자들이 스스로 깨어나 그 노크소리에 응답하기를 기다리고 계십니다. 마라나타! 할렐루야! 머리를 드십시오! 머잖아 영광의 잔이 이 땅의 쓰디쓴 고뇌까지 씻어낼 것입니다. 천국의 여명이 밝았습니다. 길르앗에는 향유가 있습니다.

다시 목적지에 다 와갑니다. 하나님의 능력으로 다시 한번 확신을 얻고 싶습니다. 그분이 우리 속에서 능력으로 역사하신다는 사실을 말입니다. '예언하는 자들의 영이 예언하는 자들에게 제재를 받기'(고전 14:32)가 어렵습니다. 영이란 액체와 같아 쉬 흐르고 쏠려 상황의 급류와 함께 가라앉기도 하고 끓어오르기도 합니다. 모든 생각을 사로잡아 그리스도께 복종케 한다는 것은 결코 쉬운 일이 아닙니다.

화요일 아침. 금욕적 이방 인디언들에게 우리 하나님의 비할 바 없는 은혜의 복음을 전할 기회를 주셔서 기쁩니다. 오, '행복하신 하나님'의 일을 맡은 일꾼이 된다는 것은 얼마나 귀한 특권입니까. 예수님의 이름을 한번도 들어보지 못한 이들에게 말씀을 전할 기회를 주시기만을 간절히 바랍니다. 이 생에서 그것 말고 귀한 것이 무엇이겠습니까? 그보다 귀한 일은 들어보지 못했습니다. '주여, 나를 보내소서!'(사 6:8)

주님의 그 영원하신 사랑에

연약한 우리 기대게 하소서.

인간의 생각은 잊어버리고

어린아이처럼 주님 말씀 들으며

그 따뜻한 품 떠나지 말게 하소서.[2]

—사랑으로, 지미."

일기는 8월 23일로 이렇게 이어진다.

　"기차 안에서 쓰고 있다. 허드슨 테일러의 생애 「한 영혼의 성장 *The Growth of a Soul*」을 방금 막 끝냈다. 한 달의 전도여행이 끝났다. 수고의 열매가 영원 속에 드러나리라 믿는다. 이처럼 사역의 자유를 맛보기는 처음이다. 하나님은 분명 기도를 들으시고 응답해주셨다. 하나님이 어린아이 같은 내게 검을 주어 전투에 나가게 하시니 얼마나 은혜의 신비인가. 오늘도 내 영혼의 격동은 그런 유치한 모습을 잘 보여준다. 빌링즈에서 새벽 5시 반에 기차에 올라 9시까지 옅은 잠을 잤다. 잠에서 깨는 순간 내가 다시 사탄의 영역에 들어와 있음을 느꼈다. 가까이 앉은 한 여자를 보며 내 안에서 유치하고 엉큼한 욕망이 고개를 드는 것 같았다. 오, 방금 전 기도하고 말씀을 묵상한 내가 이 모양이라니 얼마나 추하고 싫은가. 그러니 진노하신 하나님의 복수로 일곱 배나 뜨거워진, 끝 모르는 욕정에 휩싸인 지옥은 도대체 어떤 곳일까? 이 여자들과 남자들, 이 즐거운 남녀 아이들이 그곳에 갈 거라고 생각하면……. 아버지, 저들을 구해주소서. 기도합니다. 저도 은혜가 아니면 저들과 하나도 다를 바 없습니다. 성령의 능력을 입어

내가 보고 들은 것의 증인다운 증인이 될 날은 언제일까?

대륙 분수령을 지나는 동안 자다가 깨보니 이제 강들이 동쪽이 아니라 서쪽으로 흐르고 있다. 친숙한 강에 장난꾸러기 바람이 잔물결을 일으키고 있다. 서부의 장관은 글로 표현할 수 없다. 너무 높아 속속들이 다 맛볼 수 없다. 성벽 같은 바위산 사이로 자리다툼하는 나무들, 먼 산에 메아리치는 천둥소리, 늘 본 듯 눈에 익은 푸른 초장, 신기하게 뒤틀리며 하늘에 닿을 듯 뻗어나간 거대한 암석층. 사자를 빚으시고 어린양을 품으신 분을 아는 자 외에 누가 그런 것들을 알 수 있으랴?

허드슨 테일러의 사랑의 승리를 읽으며 깊은 감동을 받았다. 인간이란 이해할 수 없는 존재다. 경건한 인간도 마찬가지다. 보이지 않는 능력에 이끌려 절대자의 통치를 사모한 자, 그리하여 '자신을 발견하고' 가슴속의 궁극적 갈망을 채움받은 자. 바로 그런 사람이 그것으로 모자라 한 여자의 사랑에 지배당하려 그토록 몸부림치며 아파할 수 있다니. 어쩌면 그것은 그리스도를 주로 모심으로 신기하게 모든 소유를 잃은 자의 소유욕일지도 모른다. 내 안에도 그와 똑같은 감정이 있다. 오, 그리스도만이 내 모든 것이기를, 그분만으로 충분하기를. 그분은 마땅히 그래야 한다……. 오, 예수님을 향한 삼킬 듯한 열정의 홍수에 휩쓸려버렸으면. 모든 욕망이 그분을 향해 승화되었으면.

어제 맥스웰L. E. Maxwell의 「십자가 인생 *Born Crucified*」에서 몇 줄 적어두었다. 나도 배워야 한다.

하늘의 예리한 노기를 띠고 양날 검처럼 꽂히는 십자가.

어디를 가르고 지나든 그 상처는 갑절로 크다.

죄에는 죽음이, 죄를 애통하는 모든 이에게는 생명이.

싸움을 일으키기도 하고 잠재우기도 하는 십자가.

내면에 전쟁을 심기도 하고 평화를 심기도 하는 십자가."[3]

짐은 24일 포틀랜드에 도착해 며칠만 머문 후 캘리포니아의 한 성경 사경회에 갔다가 거기서 바로 휘튼으로 돌아갔다. 다음은 8월 28일 집에 머물던 중 짐이 형에게 쓴 편지다.

"사랑하는 버트 형에게. 토요일은 7272(엘리엇가의 주소 번지 수)가 가장 북적대는 날입니다. 여자아이들이 각자 쿠키를 어디서 구워야 서로 방해가 되지 않을지를 놓고 부엌에서 입씨름을 벌이고 있어요. 자기들도 왜 이런 과자 싸움을 벌여야 되는지 잘 모르지만 어쨌든 엘리엇가의 '노래시간'에 음식대접이 풍성하게 됐습니다. 이런 사소한 일에 왜 저렇게 야단법석을 떨어야 하는지 이해가 안갑니다. 그래도 여자들은 먹는 것이 절대 필수라고 하니, 말해봐야 소용없는 일이지요. 예수님은 제자들이 알지 못하는 양식에 대해 말씀하셨지요. 우리도 그 말씀의 참뜻을 알 수 있다면 얼마나 좋을까요. 사실 그분은 제자들이 동네에서 구해온 음식을 거절하셨습니다. 아버지의 뜻을 행하실 기회가 있었기 때문이지요. 사실이 이런데도 우리는 이 말씀의 결론을 엉뚱하게 내립니다. 그래서 다들 썩을 양식에 배고파 난리지요. 그분의 말씀이 거북하게 느껴져 실족하는 자들도 있습니다. 나는 사도들의 금식의 원리를 조금 믿게 됐습니다. 아직 뜨거운 열정으로 실행하고 있다고는 말할 수 없지만 말이지요. 하지만 우리가 기억해야 할 것이 있어요. 신약의 가르침은 우상숭배나 물리적 폭력 못지 않게 '잘 먹는 것'을 경계하고 있다는 것입니다. 그러나 요즘 이런 식으로 사역하는 사람이 있다면 대번 평판이 나빠져 '광신자'란 딱지가 붙을 것입니다. 그래서 우리는 몸을 사려 그런 것을 가르치지 않지요! 오, 기독교의 좀더 고상한 진리를 신중하게 실생활에 적용하는 문제에 대해 우리는 얼마나 우유부단하고 어중간하고 게으르고 어리석고 염치없는 자인가요. 저는 금식이 측량 못할 하나님의 마음을 '여는' 유용한 도구임을 경험했습니다. 거룩함을 추구하는 마음이 너무도 진지해 일용할 양식까지 마다하고 기도하는 자를 단 하나라도 보신다면 하나님은 필히 놀라실 것이며 그런 순수한 희생을 높여주시지 않을 수 없을 것입니다. 이 얘기는 이 정도면 충분하겠군요. 모두가 부엌의 쿠키 때문에 시작된 얘기입니다.

형이 당분간 아칸소에 남아 있어야 한다는 말을 듣고 그런 상황에 약간 낙심하지 않을 수 없었어요. 하지만 주님은 제게 시편 기자처럼 '내가 주의 뜻 행하기를 즐기오니'(시 40:8)라고 고백하도록 가르쳐주십니다. 평소처럼 '이게 주님의 뜻이라면 견딜 수밖에'가 아니고요. 오, 의식적으로 주님의 뜻 가운데 행하는 그 환희가 얼마나 큰지요. 형, 그것은 얼마나 귀한 기쁨입니까! 거기서 그분의 임재를 알게 되며 안식을 얻습니다. '내가 친히 가리라. 내가 너로 편케 하리라'(출 33:14).

어젯밤은 소녀 패트리샤의 꿈이 실현되는 최고의 행사였습니다. 꿈의 성취가 늘 그렇듯 정말 볼 만했지요! 마음껏 공상의 나래를 펼치는 시인 포Edgar Allan Poe의 미사여구도 미적 감성을 그보다 더 잘 채워줄 수는 없을 것입니다. 빛과 불꽃과 파스텔풍 색조. 잠자리 날개처럼 섬세한 모자와 그 밑으로 드리운 그물 망사. 반짝이는 촛불과 전율케 하는 오르간 곡들. 미소와 웃음소리. 악수마다 넘쳐나던 사근사근한 분위기. 적 아말렉은 은근히 속셈이 따로 있는 법이지요. 주님을 위해 뜨겁게 시기하는 마음이 내게 없다면 이런 불만도 전혀 없을 것입니다. 그들은 그 행사를 주님의 이름으로 한다고 하더군요. 우리는 겉치장은 화려하지만 능력은 없습니다. 가난하고 순박한 갈릴리인 예수님, 제가 배운 그분은 그런 분위기를 풍기시는 분이 아닙니다. 그래도 한 가지 좋았던 점은 다들 대화의 기분이 무르익어 저로서는 조용히 사역할 수 있는 좋은 기회들이 있었다는 것이지요. 지금 이런 말을 쓰면서 제 속에 교만이 느껴집니다. 자비로우신 성령께서 그 교만을 씻어주시기를 기도합니다. 오, 내 속에는 은혜가 필요하며 주님께는 영광만이 있습니다.

콜린[버트의 약혼녀]은 로마의 여장부처럼 당당하더군요. 귀한 영혼의 소유자입니다. 눈에 보이는 세상의 무가치하고 초라한 것들을 초월한 모습을 그 안에서 느낄 수 있습니다. 형, 콜린을 아껴주세요. 철도종업원의 감시인처럼 배포가 크되 약간 성가신 면도 있지만 그래도 선행이 넘치고 솔직하며 잘 정리된 사람입니다. 그야말로 여자이지요. 깊이 묻힌 아름다움은 물론 아직 드러나지 않은 유별난 모습들도 차차 틀림없이 드러날 겁니다. 하와의 딸들은 꽃과 같아서 아무도 그들이 다 피어났다고 말할 수 없습니다. 여자의 궁극적 중심이 샤론의 장미이신 주님께 있을 때 어떤 남자가 감히 그런 삶의 최후 모습을 예측할 수 있을까요?

형이 관심을 두고 있다는 페루에 저도 무한한 호기심을 느낍니다. 형하고 가장 많이 하고 싶은 얘기는 사실 이 부분이지요. 요즘 저는 라틴아메리카에 대한 관심과 부담이 동양의 선교지 특히 인도로 옮겨가는 것을 느낍니다. 이유는 모르겠지만 북미 교회들이 인도를 그냥 지나치고 있다는 서글픈 사실이 저를 무겁게 짓누를 뿐이지요. 현재까지 인구 4억의 이 나라에 나간 북미 선교사는 고작 **두 명**뿐입니다. 4억이라면 북남미와 아프리카 인구를 다 합한 것보다 더 많은 수지요!

그리고 나 역시 보좌 앞에서 그리고 웨슬리의 표현대로 '거룩한 대화' 안에서 형과 교제하고 싶었습니다…….

다음 두 주의 일정에 대해서는 확실한 것이 전혀 없습니다. 아버지는 오클랜드 사경회에 가시고 싶답니다. 나는 휘튼으로 돌아가 9월 12일까지 다시 징집 대상자 등록을 해야 됩니다. 형한테 무슨 계획이 있거든 알려주세요. 휘튼에 잠깐 다녀가는 것도 좋을 것 같은데요. 물론 주님 앞에서 해야지요.

이제 말씀을 읽으며 마음을 좀 녹여야겠습니다.
하나님, 우리를

　　디셉 사람 엘리야처럼 외롭게 하시고
　　보기 드물게 사도의 기질을 가진
　　세례 요한처럼 담대하게 하소서.
　　─십자가에 붙들려, 짐.”

6. 어두움뿐이요

내가…… 나의 하나님께 부르짖었더니 저가…… 내 소리를 들으심이여……. 저가 흑암으로 그 숨는 곳을 삼으사…… 나를…… 구원하셨도다……. 주께서 나의 등불을 켜심이여. 여호와 내 하나님이 내 흑암을 밝히시리이다. (시 18편)

1948년 9월 둘째 주에 대학으로 돌아온 짐 엘리엇은 수강신청과 기숙사 방 상황에 대해 부모님께 이런 편지를 보냈다.

"세 시간 늦어 월요일에 수강신청을 전혀 할 수 없었지만 무사히 도착했습니다. 그래서 50년도 졸업반과 함께 화요일에 시작했습니다. 이번 학기 제 과목은 헬라어 8시간(교회 교부, 크세노폰, 그리고 교과서가 14달러나 되는 테니 교수의 명강좌 고급문법), 초급 히브리어, 본문 비평 2시간입니다.

제 방은 약간 좁지만 그런대로 좋습니다. 룸메이트가 기숙사

여사감의 조카라 아래층에서 공부하고 먹는 바람에 저한테는 잘 됐습니다. 그런데 침대시트가 없습니다. 담요는 많고 수건도 충분합니다. 베개는 너무 많습니다. 편하실 때 시트 석 장만 보내주십시오. 지금 쓰고 있는 것은 빌린 것입니다.

이번 방학 때 집에 다녀올 수 있어 정말 기뻤습니다. 집에 있는 동안 배운 것은 글로 표현할 수 없습니다. 가정과 교회와 개인 생활에서 그리스도의 중심성에 관한 것이지요. 오, 그분으로 얼마나 충분한지요. 제 모든 세포를 채워주십니다. 우리 모두 그분께 합당한 자리를 내드리는 법을 배웠으면. 그리하여 그분의 통치를 받았으면…….

시간이 다 됐습니다. 자리도 옮겨야 하고요(영원에 들어갈 때처럼). 히브리어 첫 수업에 들어가야 합니다.

—가족 모두에게 사랑으로, 짐.”

일주일 후 나는 캐나다 가는 길에 며칠간 휘튼에 들렀다. 나는 봄학기를 끝으로 휘튼을 졸업한 상태였다. 짐과 나는 여름 동안 서신을 주고받지 않기로 했었다. 그러나 9월에 다시 만났을 때 우리는 3개월의 침묵이 좋은 시험이었음을 알았다. 서로를 향한 우리의 사랑은 더 자라 있었으나 하나님의 뜻에 관한 한 계속 별다른 징후가 없었다. 짐은 이사야서 말씀을 빌어 이렇게 말했다. “우리가 빛을 바라나 어두움뿐이요 밝은 것을 바라나 캄캄한 가운데 행하므로”(사 59:9).

어느 날 저녁 짐은 내게 자신의 첫 일기장을 읽게 해주었다.

1948년 1월에 시작해 그해 9월까지 쓴 노트였다. 일기장과 함께 짐은 내게 이런 편지를 주었다.

"이 일기에 대해 몇 가지 말하고 싶은 것이 있습니다. 형식을 이해해주십시오. 타인을 의식하고 쓴 기억은 한번도 없습니다. **당신**이 읽게 될 줄이야 더 몰랐고요. 그러니 맞춤법도 많이 틀리고 구두점도 엉망인데다 어떤 묵상들은 표현이 서툴러 뜻이 애매할 수도 있습니다. 일기의 배경으로 대개 새로 묵상한 말씀의 내용을 함께 적었다는 점도 염두에 두십시오. 참조구절을 하나하나 찾아보지 않고는 연결이 안되겠지만 지금 당신에게는 그럴 만한 시간이 없다고 생각됩니다. 남들이 이 일기를 읽을 수도 있다는 가능성을 서두에 밝혀두기는 했지만 지금 다시 훑어보니 생각보다 솔직하게 표현된 곳들이 많습니다. 이 책을 읽으면 당신은 누구보다 나를 잘 알게 될 것입니다. 대부분의 내용은 아버지를 향한 어린아이의 간절한 부르짖음입니다. 나는 그분을 알고자 애썼습니다. 나머지는 순전히 학교 얘기니 당신에게 도움될 게 없을 것입니다. 일기장에 나타난 것보다 실제로 당신 생각을 많이 했다고 할 수 있습니다. 이 노트는 내 체험이나 감정을 담은 일기라기보다는 '기념책'(말 3:16)에 가깝습니다. 억지로라도 그리움을 글로 표현했더라면 분명히 질문에 맞설 수 있었으련만 저는 그 일을 너무도 못했습니다. 하지만 지금 사과하지는 않겠습니다. 제가 구한 것을 다 받지는 못했습니다. 아버지께서 아직 주시지 않을수록 제 갈망은 더 커져갑니다. 그분은 굶주린 사람일수록 음식을 더 귀히 여기게 된다는 것을 아십니다. 올해의 체험에서 내가 얻은 것이 딱 하나 있다면, 하나님께서 제게 그분을 향한 굶주림을 주신 것입니다. 전에는 느껴보지 못한 것입니다. 그분은 목마른 자에게 물을, 만족이 없는 자에게(불만을 품은 자가 아니라) 만족을, 의에 주린 자에게 배부름을 그저 약속만 하십니다. 이렇게 그분은 자신을 감추심으로 제게 그리움을 주셨습니다. 시편 17:15가 실현되는 날에만 풀릴 수 있는 그리움입니다. 베티, 당신과 내가 그리움으로 서로를 보았던 것처럼 우리는 그분을 대면하여 보게 될 것입니다. 그리고 그 시선으로 그분은 우리가 이 땅에서 몰랐던 사랑을 말씀하실 것입니다. '너의 눈은 그 영광 중의 왕을 보며 광활한 땅을 목도하겠고'(사 33:17).

> 샤론의 붉은 장미 곱게 피어나고
> 그 진한 향기 천국에 흩날리네.
> 활짝 핀 꽃향기 곳곳에 퍼지니
> 임마누엘 주님의 영광의 그 나라.[1]

그분은 우리의 사랑을 아시며 우리 마음의 사랑에 감동하십니다. 나는 하나님이 우리를 그분께 가까이 이끄시려고 서로 떼어두심을 느낍니다. 우리 각자 '나를 이끄소서……'라고 기도합시다. 그제야 우리는 '우리가 주를 따라 달려가리라'(아 1:4) 하고 함께 고백할 수 있게 될 것입니다.

'이제 야곱 집에 대하여 낯을 가리우시는 여호와를 나는 기다리며 그를 바라보리라'(사 8:17).

'오직 주만 바라보나이다'"(대하 20:12).

짐은 그때까지 부모님께 나에 대한 얘기를 거의 안했으나 9월 26일 두 분에게 이런 편지를 보냈다.

"베티 하워드와 긴 대화를 마치고 막 돌아오는 길입니다. 그동안 제가 베티에 대해 뭐라고 썼고 어떤 인상을 줬는지 모르겠지만 베티와 함께 있으면 왠지 깊은 만족을 느낍니다. 그렇다고 베티는 얼굴이 곱거나 몸매가 예쁜 것도 아니고 언변이 좋은 것도 아닙니다. 외모에 대해서라면 별로 매력이 없습니다. 언변에 대해서라면 분명히 표현력은 있지만 그렇다고 눈에 띌 정도는 전혀 아닙니다. 정말 이상합니다. 객관적으로 보기에는 제 관심을 장악할 만한 것이 사실상 하나도 없습니다. 하지만 수많은 주요 이슈에서는 물론 많은 소소한 일에서도 우리는 사고방식이 같습니다. 다른 사람들한테서 별로 경험하지 못한 생각의 유대감이 있습니다. 그리고 하나님에 대한 깊은 갈급함은 여러 모로 나보다 더할 것입니다. 서로 마음이 맞고 둘 다 관심이 있으면서도 그런 얘기를 나누는 것은 약간 두려워하고 있습니다. 원치 않는 쪽으로 관계가 발전될까 우려되는 것이지요.

루비[짐의 형수]의 웃음소리가 들리는 듯하지만, 지난봄에 주님은 우리를 둘 다 독신생활에 대한 생각으로 인도하셨습니다. 베티는 이사야 54장을 통해서였고 저는 마태복음 19:12과 고린

도전서 7장을 통해서였습니다. 베티는 심리전을 벌일 사람은 아닙니다……. 저는 이런 감정을 향해 자주 '물러가라' 명했고 지금도 그것 때문에 내 사고가 흐려지지 않기를 바랍니다. 그럼에도 그것은 집요하게 저를 떠나지 않습니다. 성가신 '짐'으로서가 아니라 마치 집요한 기도의 부담처럼 영혼의 압박으로 제 감정 속에 더 선명히 살아납니다. 베티는 화요일 떠납니다. 차라리 감사합니다. 히브리어와 헬라어를 공부하려면 명료한 생각이 필요하거든요.

주님은 제가 오래 전 이 '사랑-생명' 사업을 그분께 드린 것을 아십니다. 주님께서 결국 그분의 길로 인도하시리라는 확신이 오늘밤 강하게 듭니다. 사랑하는 가족들, 짐을 위해 두 배로 더 간절히 기도해주십시오. 주님의 뜻만을 구합니다. 지금은 그것으로 족합니다. 제 위선의 버릇이 재발될지 모르지만, 궁금한 점이 있다면 뭐든 최대한 솔직히 대답해 드리겠습니다."

며칠 함께 있는 동안 한 찬송가의 다음 절이 특별히 우리에게 의미있게 다가왔다. 짐은 열아홉 절 전체를 외우고 있었다.

어둔 밤 달빛과 이슬에 꽃 피듯
주님도 때때로 그 빛 거두시네.
빛을 잃은 내 영혼 슬피 헤매나
밝은 영광 빛나는 주님의 그 나라.[2]

내가 캐나다로 떠날 때 짐은 서신 교환을 시작하자고 했다. 1948년 10월 2일자로 된 짐의 첫 편지는 하나님 앞에서 그의 목표가 여전함을 잘 보여준다.

"이 편지에 관해 내 생각 속에 몰려든 구름을 떨쳐내기가 어렵습니다. 당장 당신을 감동시킬 만한 몇 가지 기발한 착상도 그래서 시도하지 않겠습니다. 차라리 내가 이런 모습으로 늘 편지를 써왔던 것처럼 그렇게 읽어주십시오. 수요일 오후에 당신의 카드 잘 받았습니다. 정말 기발한 생각입니다. 지난 며칠간 제 마음속에 일어난 일을 표시해줄 수 있는 '감정 측정기'라도 있었으면 좋겠습니다. 마지막날 아침 당신과 함께 채플에서 보낸 시간을 얘기하며 제가 '떨렸다'는 말로 말문을 열었었지요.

나처럼 터프가이가 떨 일이 무엇이 있을까요? 세 가지입니다. 당신, 나, 그리고 하나님. 당신에 대한 내 감정을 섣불리 털어놓다가 당신의 삶 전체에 영향을 미치지 않을까 생각하면 떨립니다. 당신이 나에 대한 혼미한 생각과 감정으로 고생하지 않고는 주님의 뜻을 분별하기가 거의 불가능하리라는 생각이 듭니다. 본격적 시험에서 당신의 감정이 믿음을 앞서면 어떻게 되겠습니까? 누구 책임이 되겠습니까? 당신만의 책임은 아닙니다. 그래서 두렵습니다. 내가 한순간 주님의 길을 벗어났다가 당신까지 끌어내 결국 두 '길 잃은' 삶을 책임지게 될까 두렵습니다.

내 안에는 하나님을 향한, 하나님이 주신, 하나님으로 채워질 갈급함이 있습니다. 그분이 내 안에서 그분 뜻대로 행하심을 알

때 나는 비로소 행복할 수 있습니다. 내가 내 하나님의 자리를 다른 것에 (이를테면 당신에게) 내줄까봐 떨립니다……. 내 영원한 연인이신 그분을 어떤 식으로든 아프시게 해드릴까봐 떨립니다. 당신과 나 사이에 뭐가 있든 이것만은 명심합시다. 그분이 명하시면 모든 것을 버린다는 것입니다……. 무엇보다 나는 하나님이 내 안에서 영혼의 수고를 보시고 기뻐하셨으면 좋겠습니다. 요즘 느헤미야를 읽고 있습니다. 우리는 한 손에 검을 들고 한 손에 삽을 들고 일할 각오가 돼있을까요?"

우리의 편지는 아주 뜸했다. 짐은 이렇게 썼다. "내가 훈련의 가치를 모르는 자라면 당신한테도 권하기를, 마음 내킬 때마다 충동대로 말하라고 했을 것입니다. 그러나 인내를 배우는 최선의 길은 인내하는 것입니다."

그 시기의 일기를 들춰보면 짐의 영혼의 상태가 일정치 않았음을 알 수 있다.

9월 28일. "나를 이끌어 흑암에 행하고 광명에 행치 않게 하셨으며'(애 3:2). 하나님이 나를 보며 흡족해하실지 나는 보이지도 않고 확실한 느낌도 없다. 하지만 그렇게 어둡다는 이유만으로 그분의 인도를 의심할 수는 없다. 그럼에도 불구하고 그분의 인도는 엄연한 사실이다. 다만 그 길이 내가 예상하거나 구하지 않은 곳으로 나있을 뿐이다."

9월 29일. "아침에 일어나 사도행전 5장을 묵상했다. 아나니아와 삽비라가 땅 판 값 일부를 감춰둔 사건. 그들이 죽은 것은,

드리지 않았기 때문이 아니라 말로는 모두 드렸다고 하면서 실은 그렇지 않았기 때문이다. 성령님, 제가 감히 성령님을 속이지 않게 하소서. 사람이 아니라 하나님을 말입니다. 베티에 대한 제 마음을 어떻게 알 수 있을까요? 저는 모릅니다. 내 아버지는 아십니다. 제게 제 모습을 보여주소서. 그리하여 주님이 보시는 것을 저도 보게 하소서.

> 캄캄한 내 영혼 강퍅한 마음
> 보이는 것도 없고 느낌도 없네.
> 나 참빛과 참생명 얻으려
> 순전한 믿음으로 주께 구하리."[3]

10월 1일. "오늘 아침 하나님의 얼굴을 구하는 내 속에 평안이 밀려온다. '또 오셔서 먼 데 있는 너희에게 평안을 전하고'(엡 2:17). 주 예수님, 십자가 위에서 멀고 가까움의 원리를 없애버리신 주님께 감사드립니다. 주님은 저를 가깝게 이끄시려고 하나님께 밀려나고 버림받으셨습니다. 은혜! 모두가 은혜입니다."

10월 3일. "마음이 무겁고 슬프다. 내 차가움, 불성실, 열매 없음 때문이다. 오, 나는 얼마나 궁핍하고 공허한 자인가. 영광 중의 왕을 뵈올 준비가 돼있지 않다. 오늘밤 그분을 만난다면 부끄럽다. 그래도 주님은 자비롭게 말씀하신다. '심령이 가난한 자는 복이 있나니'(마 5:3). '웅크리고 주저앉은(프토코이πτωχοι)' 자가 행복한(마카리오이μακάριοι) 자가 된다. 어떻게 가능할까? 그렇다. 하나님은 끝을 보신다!"

10월 8일, 부모님에게 보낸 편지에는 당시 짐의 두 가지 당면 이슈가 언급돼 있다. 하나는 징집 가능성이고 또 하나는 선교지에 나가고 싶은 불타는 열망이다. 그 편지를 일부 발췌한다.

"함께 후사된 가족들에게. 어머니의 생일 축하편지와 5달러가 막 도착했습니다. 벌써부터 제게 위안이 됩니다. 지난 며칠간은 왠지 그분의 사랑 안에 쉬기가 어려웠지만 우리의 기쁨과 평강이 '믿음 안에' 있다는 로마서 15:13 말씀의 진리를 새삼 깨닫습니다. 저한테는 그것이 어려웠습니다. 하나님이 빛 가운데 환히 밝혀놓으신 것을 어둠 속에서 의심하고 있었던 것입니다. 하지만 영혼은 고난을 견디도록 지어졌으며, 성령께서 위로하시고 붙들어주십니다. 하나님이 제게 베풀어주신 모든 복과 그분이 제 삶을 이끌고 계시다는 모든 징후를 생각할 때 저는 얼마나 못되고 배은망덕한 자입니까. 믿음이야말로 의인의 혈관에 흐르는 피여야 하건만 제 영의 순환계는 약간 기능이 둔한 것 같아 두렵습니다.

오늘은 제 스물한번째 생일입니다. 마냥 좋아하며 분위기라도 잡아야 될 것 같지만 그럴 기분이 아닙니다. 워너가 보내준 스웨터가 잘 맞습니다. 소포는 오늘 오후에 도착할 것 같습니다. 미리 감사드립니다. 5달러를 보내준 아줌마에게도 깊이 감사드립니다. 이런 선물들 뒤에 가족들의 기도가 있다는 것을 압니다.

(어떤 형제가 적용한 것처럼) '네 보물이 있는 그곳에는 네 마음도 있는'(마 6:21) 법이니까요! 닐의 주소를 알려주셔서 감사합니다. 가족사진은 아직도 기다리고 있습니다. 시트를 잘 사용하고 있습니다. 베개는 원래 쓰지 않으니까 걱정하실 것 없습니다.

어제 저는 내년 생일을 맞기 전 페루나 브라질로 보내달라고 하나님께 기도했습니다. 물론 제 육신은 본국에 남아 다른 사람들을 훈련시키는 일을 더 원하리라는 것을 속으로 압니다. 어쩌면 그 일이 제게 더 맞을지도 모릅니다. 이곳의 학생들도 다들 그런 계획을 세우는 것 같습니다. 하지만 이 순간에도 죽어가고 있는 수많은 사람들을 생각하면! 그들도 주님에 관해 들어야 합니다! 그러니 우리가 어떻게 기다릴 수 있겠습니까? 오, 추수의 주님. 일꾼들을 보내주소서. 제가 여기 있나이다, 주님. 저를 보소서. 저를 보내소서. 복음을 한번도 들어보지 못한 귀는 얼마나 막힌 귀일까요. 그리스도의 빛을 보지 못한 자는 얼마나 눈먼 소경일까요. 영광의 소망이 없는 영혼은 얼마나 눌려 있을까요. 캄캄한 밤밖에 모르는 인간의 운명은 얼마나 끔찍할까요! 하나님이 우리를 깨워 그들을 보게 하십니다. 그분 자신의 심정을 품고 그들에게도 복을 나누게 하십니다."

일기는 이렇게 계속된다.

10월 9일. "매시간 주님이 필요하오니.'[4] 내 사랑은 약하고 내 열정은 사실상 전무하다. 그분이 오신다는 생각이 명멸하며 나를 떨게 한다. 오, 그때 내가 빈손이 아니기를. 기쁨과 평강은 믿음으로만 얻을 수 있다. 그것이 오늘밤 주님께 드릴 수 있는 내 고백의 전부다. 주님, 믿습니다. 저는 사랑이 없습니다. 느낌도 없습니다. 이해하지도 못합니다. 그저 믿을 뿐입니다. 위대한 추수의 주님께서 이 믿음에 결실을 주소서. 기도하오니 제 안에 열매를 맺으소서. 오늘 묵상중에 떠오른 생각을 적어본다.

> 주께서 제 모든 소유를 가져가시고
> 주님 자신을 주시니 어인 일입니까?
> 이제 주 외에는 내 것이 없으니
> 오직 주님만이 제 보배 되십니다.
> 전부 취하시고 주님을 다 주시되
> 이 땅의 썩을 재물과 같지 않은
> 모든 영원한 것과 함께 주십니다.
> 생명과 경건에 속한 모든 것을 얻고
> 주와 함께 부요한 천국의 후사된 나
> 이제 하나님의 옷을 입었습니다.
> 십자가 지신 주님을 친구 삼아
> 모든 것을 잃고 모든 것을 얻으니
> 참으로 신기한 고백입니다."

10월 10일. "오늘 인간의 칭찬을 구하는 것에 대해 깊이 생각했다. 오늘밤 주님께서 친히 마태복음 6장을 통해 말씀하신다. 주님, 저 자신을 잊게 하소서. 저는 인간의 칭찬으로 자기 상을 이미 받은 자들처럼 될 수 없습니다. 은밀한 중에 보시는 나의 하나님, 제 안에서 무엇을 보십니까? 깨끗게 하소서! 껍질을 깨뜨려 조각조각 부숴주소서. 아버지, **지금** 아버지께 보이고 싶지 않은 것이 솔직한 제 심정입니다. 저를 제 안에 계신 성자 예수님의 밝은 빛 안에 감춰주소서. 그리고 주 예수님이 친히 일러주신 것처럼 일곱 가지에 관해 단순하게 기도하는 법을 가르치소서.

하나님의 이름.
하나님의 나라.
하나님의 뜻.
나의 양식.
나의 죄.
내게 죄 지은 자들.
악에서의 구원.

내게는 일편단심과 단순함이 필요하다. 보배도 하나, 시선도 하나, 주님도 하나면 된다.”
그리스도께 대한 사랑이 더 깊어지면서 짐은 다른 많은 사람들이 발견했던 것을 체험하게 된다. 여태 보지 못했던 아름다움에 그의 눈이 열린 것이다. 누군가 그것을 이렇게 표현했다.

위로 천국은 연한 하늘색

사방의 땅은 은은한 녹색

모든 색조 속에 생명 있으니

주를 모르는 자는 보지 못한 것.

새들은 더 기쁘게 지저귀고

꽃들은 더 아름답게 빛난다.

나 주의 것, 주 나의 것임을

비로소 깨닫고 난 후부터.[5]

10월에 짐은 내게 이런 편지를 보내왔다.

"내게 색깔을 표현할 재주가 있다면 좋겠습니다. 그 큰 떡갈나무를 기억할 것입니다. 깊고 은밀한 곳에서 빨아올린 수액을 줄기에서 저만치 먼 활엽수 잎들에까지 보내 튼튼하게 해주는 나무 말입니다. 밤 기온이 차지면서 그 과정이 더뎌지고 이제는 작고 억척스런 초록색 이파리들도 다가온 이별 앞에 몸부림치고 있습니다. 길가 옻나무 관목 숲은 울긋불긋 빨간 옷을 입었습니다. 사방의 풍경은 그야말로 현실세계가 아닌 것만 같습니다. 주홍으로 물드는 낙엽수 옆에 끄떡없는 침엽수가 초록을 뽐내며 서있고, 가운데서 노란색이 화해를 시도해보지만 헛수고입니다. 어딘지 기괴한 노을의 장관에 까만 찌르레기들이 마치 후추처럼 떠다닙니다. 사실 석양에는 양념이 필요없는데도 말입니다. 가을의 아름다움을 이처럼 만끽했던 기억이 없습니다. 전보다 약간 눈이 뜨였나 봅니다."

다음은 부모님께 보낸 그 다음 편지다.

"저번 편지에 금방이라도 페루에 갈 것처럼 말했는데, 편지를 보낸 뒤 제가 너무 서두르지 않았나 걱정됐습니다. 그러나 오늘 아침 주님께서 '서두름'에 대한 생각을 주셨습니다. '달려갈 때에 실족하지 아니하리라'(잠 4:12), '달음박질하여도 곤비치 아니하겠고'(사 40:31). 그렇다고 제가 무턱대고 당장 선교지로 가야 한다는 뜻이 절대 아니라는 것은 저도 압니다. 하지만 설령 제가 서두르더라도 하나님의 인도하심만 있다면 서두름 자체는 전혀 잘못이 아니라는 뜻도 분명합니다. 제가 긴박성을 느끼는 가장 큰 이유는 언어의 어려움 때문입니다. 제게 남미 인디언들 사이에서 사역할 의향이 있을진대 스페인어 못지 않게 부족 언어들도 배울 각오가 돼있어야 합니다. 스물다섯 살 때보다는 스물한 살 때 더 빨리 배울 수 있지요."

같은 날 짐의 일기에 이런 내용이 들어 있다.

"아버지, 저를 남미에 보내셔서 주님과 함께 일하다 죽게 하시려거든 기도하오니 어서 보내주소서. 그럼에도 불구하고 제 뜻대로 마옵소서."

이즈음 짐은 나에 관해 부모님께 보냈던 편지에 회답을 받았다. 짐의 아버지는 이렇게 썼다. "짐, 하나님 우편에 계신 주님은 가장 높고 영광스러운 분이다. 그분께 온전히 헌신된 삶과 영원한 부를 향한 네 진보를 지연시킬 일이나 사람이 있다면 나는 거기에 시샘을 느낀다."

짐은 이렇게 회답했다. "지금 누리고 있는 제 영혼의 안식을 말로 표현할 수 있다면 좋겠습니다. 저는 상황의 실가닥을 풀어가시는 하나님을 믿습니다. 베티에 관해서라면 다른 길은 원치 않습니다. 하나님은 독신사역의 길에 대해 제게 전보다 더 깊은 열망을 주십니다. 주님의 넘치는 은혜를 찬송하며 하는 말이지만, 베티를 다시는 못 본다 해도 저는 얼마든지 좋습니다. 우리 교제는 깨끗했고 전적으로 유익했습니다. 하지만 제가 결혼한다는 것은 생각만 해도 끔찍합니다! 앞으로 제가 어떤 사역을 하게 될지 아직 분명한 인도하심이 없습니다. 그런 상태에서 아내를 결정할 수는 없는 일이지요. 오히려 아버지가 걱정됩니다. 아버지, 아버지 마음은 잘 압니다. 아버지의 심장은 제 심장과 같이 뛸 때가 많고, 아버지의 기도 덕에 하나님은 제게 그리스도처럼 외로운 길을 걸어갈 각오를 주셨습니다. 하지만 모든 문제를 그분께 맡길 수는 없을까요? 길가다 방향을 틀어야 한다면 반드시 표지판을 주실 것입니다."

하나님께 대한 짐의 확신은 10월 24일 내게 보낸 편지에 잘 표현돼 있다.

"빌립보서 1:6의 확신이 제 모든 회의를 없애줍니다. 그분은 절대 우리를 저버리시지 않습니다. 오, 그분은 우리를 각자 이역만리 먼 곳으로 인도하실 수도 있습니다. (그래도 우리는 그분을 믿을 수 있지 않습니까?) 그러나 우리는 너무 유치합니다('어린아이 같다'는 말과 다릅니다). 예수님의 길을 계획하신 하나님이 연약한 순례자들을 그들이 감당 못할 상황으로 이끄실 것이라 생각할 정도로 말입니다. 당신은 하나님이 내 마음의 기도를 응답해주신다고 믿습니까? 예, 나는 믿습니다. 그렇다면 '주님, 인도해주세요'라고 쉬지 않고 부르짖는 당신의 기도도 그분이 가장 확실히 응답해주시지 않겠습니까? 나는 하나님의 구원만큼이나 그분의 인도하심을 확신합니다. 그분이 우리를 '믿음이 적은 자'라고 부르실 일이 너무 많지 않았으면 좋겠습니다!"

일기는 이렇게 계속된다.

10월 26일. "오늘 이상한 기도를 드렸다. 나를 통해 최선의 수준으로 영광을 받으시든지 아니면 나를 죽이시든지 둘 중 하나를 하시도록 아버지와 언약을 맺은 것이다. 그분의 은혜로 나는 차선의 길은 거부할 것이다. 그분이 내 기도를 들으셨다고 믿는다. 따라서 이제 나는 아들로서 희생의 삶을 살든지 (우리 주님도 그렇게 하나님을 영화롭게 하셨다) 아니면 곧 천국에 가든지 그 외에는 바랄 것이 없다. 당장 내일 죽을 수도 있다! 얼마나 놀라운 미래인가!"

10월이 끝날 때는 짐의 어조가 월초보다 밝아져 있었다. 마지막 날짜로 내게 보낸 편지가 그 증거다.

"일요일 저녁, 일주일 내내 편지를 한 통도 못 받았으니 의당 기분이 가라앉을 만큼 우중충하고 스산한 10월의 하루입니다. 느헤미야는 '여호와를 기뻐하는 것'(느 8:10)이 우리의 힘이라고 말했지요. 이전에 하나님이 내게도 그 마음을 주셔서 우중충한 10월과 빈 편지함과 그 밖의 많은 것들이 달라 보였던 적이 있습니다. 그런 체험이 없다면 오늘 같은 날 누구라도 우울해질 것입니다. 내 우편함은 텅 비어 있는데 우체국장한테서 우편물 발송이 다 끝났다는 말을 듣고 나는 기분이 상할 뻔했습니다. 하지만 이 신기한 '기쁨'은 이런 병까지도 다스리는 강력한 만병통치약입니다. 당신의 마지막 편지의 날짜를 보면서도 마냥 즐거운 마음에 나 스스로 놀랍니다.

그분이 내게 주시는 것들이 너무 좋아 이 이상 더 바랄 게 있을까 의아할 정도입니다. 요즘은 전쟁의 승자 편에 부름받은 것이 더 없는 복으로 느껴집니다. 자매님도 생각해보십시오. 언젠가 주님이 피묻은 옷을 입고 불꽃같은 눈으로 이 땅에 오셔서 20세기의 똑똑한 척하는 자들을 비웃으실 그날, 당신과 나는 약속된 승리에 그분과 동참할 것입니다. 그때 가서 행여 우리의 불신이 드러나지 않도록 큰 기쁨으로 그분을 따릅시다. 그분이 더뎌 보입니까? 목숨이 안개에 지나지 않는 진토 같은 인간의 지혜와 생각 때문에 '조금 있으면'(요 16:16)이라는 말을 절대 다른 뜻으로 해석해서는 안됩니다. 그분은 반드시 오실 뿐 아니라 홀연히 금방 오십니다!…… 우리가 믿자마자 그분은 오십니다. 그분은 '때가 오나니'(요 5:25)라고 말씀하십니다. 문제는 오늘날 겨자씨를 좀처럼 보기 힘들다는 사실입니다."

7. 비척거리게 하는 포도주

그는 보이지 아니하시는 하나님의 형상이요…… 또한 그가 만물보다
먼저 계시고 만물이 그 안에 함께 섰느니라. (골 1:15, 17)

힘든 학업에도 불구하고 짐은 정오에 시간을 내서 말씀을 읽었
다. 다음은 11월 7일 가족들에게 보낸 짐의 편지다.

"사랑하는 가족들에게. 다시 일요일 밤, 벌써 편지 쓸 때가 됐
습니다. 끊임없이 제게 보이시는 하나님 아버지의 한없는 신실하
심을 가족 모두에게 전합니다. 자질구레한 일로 요즘처럼 바쁜
때도 없었지만(모두 '참된 일'[빌 4:8]), 그래도 영혼은 마냥 행복
한 안식을 누리고 있습니다. '여호와를 앙망하는 자는 새 힘을 얻
으리니'(사 40:31). 주님은 자신이 사신 이 '밭'에서 저도 주님과
나란히 멍에를 메게 해주십니다. 물론 영광의 종이신 주님을 섬
긴다고 하면서도 제가 드리는 것은 지극히 보잘것없지만, 그래도

성령의 공급을 통해 지속적 능력의 원천을 만끽하고 있는 것만은 분명합니다. 요즘은 정오에 시편을 주로 묵상하고 있습니다. 그래서 말이지만, 사랑하는 주님과 한낮에 잠시 시간을 보낼 것을 우리 가족들에게도 권하고 싶습니다. 아가서에 나오는 여인의 습관처럼 말입니다. '너의 양떼 먹이는 곳과 오정에 쉬게 하는 곳을 내게 고하라. 내가 네 동무 양떼 곁에서 어찌 얼굴을 가리운 자같이 되랴'(아 1:7). 대개 정오쯤이면 영혼이 세상 지식의 구름과 속세의 막에 '가려지는' 경향이 있습니다. 잠시 목자 앞에 앉아 그분의 사랑의 침묵을 듣고, 설령 우리 영혼에 그분을 향한 열정이 없더라도 그 모습 그대로 말씀드리는 것, 단순한 고백으로 짤막하게 아뢰는 것―그것이 제게 큰 복이 되고 있습니다.

크리스마스 때 집에 가는 문제라면, 저는 이곳 일리노이 대학교에서 열리는 학생선교사대회에 참석해야 할 부담을 느끼고 있습니다. 그 이유를 가족들은 잘 모르겠지만 굳이 지금 말하지 않겠습니다. 다만 하나님이 이번 집회에서 놀라운 능력으로 일꾼들을 내보내시며 아울러 저한테도 구체적 선교지에 대해 말씀해주실 것으로 저는 믿고 있습니다. 회교권 사역과 특히 복음이 전해지지 않은 인도에 대한 강한 부담을 떨칠 수 없습니다. 하지만 하나님만이 아시며 저는 기다릴 뿐입니다.

어머니, 지난봄에 제가 베티에 대해 쓴 말을 지적하시니 우습기도 하고 저 자신에 대해 약간 화도 납니다. 생각 같아서는 나중에 밝히고 싶지만 어머니는 막내아들을 훌륭한 위선자로 키우셨습니다. 그 편지는 제가 일부러 효과를 노리고 그렇게 쓴 것입니다. 제가 보기에 그 성과는 무난히 달성됐지요. 실은 우리 식구들을 모두 감쪽같이 속이려 했었습니다. 나중에 보내오신 부모님의 한 편지를 보니 제가 그 작전에 성공해 8월까지도 멀쩡히 가면을 쓰고 있었던 것으로 돼있군요. 봄에 그 편지를 쓸 때만 해도 제가 베티에게 좋은 감정을 갖고 있다는 것을 눈치챈 사람이 아무도 없었습니다. 베티도 5월 31일 제 말을 들을 때까지는 전혀 몰랐고요. 심지어 베티의 동생 데이브도 나중에 귀띔을 받고는 소스라쳐 놀랐습니다. 왜 제 감정을 아무에게도 말하지 않았는지 이유를 묻지 마세요. 솔직히 두려웠습니다. 그 문제에 관해 저도 제 마음을 알 수 없었거든요. 제가 남녀관계에 대해 늘 강경한 입장을 밝혔던 것은 어머니도 잘 아실 겁니다. 주님께만은 모든 과정을 다 말씀드렸습니다. 한두 번 '무대 설정'으로 베티를 감동시켰는지는 몰라도 베티의 사랑을 얻으려 하지는 않았습니다. 데이트라곤 이른봄에 딱 한번뿐이었고, 그 밖에는 다 오가며 부딪쳤거나 공부하느라 만난 것입니다. 이렇게 말하면 궁금증이 더 많아지겠지요. 지금부터는 더 솔직해지도록 하겠습니다. 어머니, 베티가 비판적이고 대장 기질이 강하다고 한 점에 대해서는 사실 그렇지 않습니다. 베티는 저한테 한번도 그런 모습을 보인 적이 없습니다. 그 정보는 데이브한테서 교묘하게 얻어낸 것인데, 물론 데이브는 내막을 전혀 몰랐지요. 베티는 첫눈에는 얌전해 보이지만, 아는 사람들한테는 주관이 강한 성격입니다. 당차고 무뚝뚝하다 보니 위압적 인상을 풍기기도 하지요. 제가 뭐라고 설명할 수 없네요. 어머니가 직접 대해 봐야 합니다. 물론 그럴 필요가 전혀 없을 수도 있습니다. 제 삶과 베티의 삶은 '바쳐진' 상태니까요. 아무튼 조금이라도 다른 행동을 취하려면 그전에 하나님과 상황에서 보다 확실한 증거가 필요합니다. 그런 쪽으로 기도하라는 주님의 인도는 아직 없습니다."

다음은 11월 16일자 짐의 편지다.

"아버지, 편지 잘 읽었습니다. 하지만 저의 진짜 관심사, 즉 내년에 선교지에 나가는 것에 대해서는 아버지 입장을 통 모르겠군요. 다음에 무슨 영감이 떠오르시거든 저의 출국 가능성에 대한 아버지의 생각을 간략히 적어주시기 바랍니다. 그리고 어머니, 본국에 머물며 사람들에게 선교의 '필요성'을 심어주는 것에 대해서는 더 이상 말하지 않았으면 합니다. 그럴수록 필요성은 더 커질 뿐입니다. 잃어버린 세상에 대해 밤마다 사람들을 꾸짖으면서도 자신은 희생적 해외사역의 도전에 한번도 맞서 보지 않은 멀쩡한 설교자들은 너무도 많습니다. 어머니가 주신 이 몸으로 호강이나 하며 강단에 붙어 있어야 할 이유를 저는 전혀 못 느낍니다. 할 일이 있습니다. 하나님의 집을 완성하려면 숙련된 일꾼들이 필요합니다. 그분이 저를 그중 하나로 삼아주시기를 빕니다. 귀하신 구주께 영광의 교회를 드리는 데 일조할 수 있다면 그보다 더 큰 특권이 어디 있겠습니까?"

다음은 일기 발췌문이다.

11월 18일. "'헛된 생명의 모든 날을 그림자같이 보내는 일평생에……'(전 6:12). 이제 이 말씀이 그대로 진리임이 일상 속에서 느껴진다. 창밖으로 일출에 비낀 탑 그림자가 보이는 듯하더니 어느덧 하루가 저물어 잿빛 11월에 달빛이 녹아든다. 내 심장은 앞으로 얼마나 더 뛸 수 있을까. 그 짧은 시간이 지나면 곧 보이지 않는 것이 중요해지는 진짜 세계가 찾아온다. 오, 내 영혼이여. 그날 너는 호흡으로 너를 빚으신 하나님 앞에 어떤 모습으로 설 것인가?"

짐은 학생해외선교회 교내 대표로 뽑혔다. 다른 과외활동들과 더불어 그 일로 일정이 더욱 빡빡해졌다. 내게 보낸 다음 편지에 잘 나타나 있다.

11월 20일. "'나를…… 포도원지기를 삼았음이라. 나의 포도원은 내가 지키지 못하였구나'(아 1:6). 내가 곧 아가서의 남자 꼴입니다. 내가 날마다 그것을 어떻게 경험하고 있는지는 오직 내 직무를 아는 자만이 이해할 수 있습니다. 무슨 얘기인지 궁금하겠지요. 전형적인 예를 몇 가지 소개하면 이렇습니다. FMF팀에서 오로라 대학에 다녀옴(세 번의 집회와 기획과 기도). FMF 문서 재정비 완료. 윈저 교수와 마틴 박사의 새 선교 실습과목에 대한 홍보계획. 일요일 밤 복음팀에서 시카고 침례교회에 다녀옴. 월요일 밤 학생회 모임. 화요일 기도그룹 인도자 모임과 구제위원회 모임. 수요일 FMF. 목요일 학생회 모임 후 학생회와 함께 노스센트럴 대학에 다녀옴. 금요일 FMF 간부기도회. 기도회 후 밤

11:30까지 작업실에서 800개의 책 꾸러미를 동문 선교사들에게 발송하는 작업을 했는데 우표는 아직 못 붙였습니다. 그 정도면 감이 잡히겠지요. 예레미야애가 3:27에 의하면 젊었을 때 멍에를 메는 것은 좋은 일입니다. 목에도 좋고 의지에도 좋지만 그래도 열정을 품은 영혼에는 짐이 됩니다. 특히 나는 우등생이 돼야 하는데 '이 과목만은 꽉 잡았다'고 말할 과목이 단 하나도 없는 상황이라 더 그렇습니다. 올슨 코치가 던지고 간 말이 귀에 쟁쟁합니다. '엘리엇, 어젯밤에는 왜 연습하러 안 나왔지?' 이런 상황이야말로 성령의 열매를 맺기에 아주 제격인 줄 압니다."

이와 관련해 짐은 부모님께 이렇게 썼다.

"이 일이 즐겁지 않다거나 직책에 대해 불평하려는 것이 아닙니다. 다만 머리는 커지고 흐리멍덩해지는 반면 심령은 차갑게 식을까봐 그것이 두렵습니다. 어디를 가든 똑같은 고민에 부딪치기 쉽겠지만 바라건대 활동이 좀 줄어 학사학위 졸업장—그것이 어떤 의미이든—이상의 결실이 나왔으면 좋겠습니다."

이 편지는 신자들간의 연합을 망쳐놓는 당파심에 대해 계속 이렇게 이어진다.

"이전 어느 때보다 깊은 확신이 듭니다만, 우리는 하나님의 말씀에 개별적으로 반응하며 하나님도 소속 교회와 **무관하게** 우리를 개별적으로 대하십니다. 그래서 요즘은 정작 강조해야 할 것은 교회의 예배형식이 아니라 성경을 부지런히 살펴 순종하는 것이라는 생각이 듭니다. 그것이 없다면 하나님의 사람은 결코 모든 선한 일을 행하기에 '온전케 될'(딤후 3:17) 수 없습니다.

낙심은 사탄의 도구인데 저한테 그런 성향이 있는 것 같습니다. 원수도 그것을 압니다. 제가 교회에서 일한 지 4년 가까이 되는데 주님께 인도한 영혼이 단 한 명도 없으니, 정말 다 때려치우고 그만두고 싶은 마음이 굴뚝같습니다. 복음집회를 잇달아 열지만 모르는 사람은 아무도 나오지 않습니다. 그것 때문에 깊이 고민하는 성도가 하나도 없어 보인다는 것이 더 심각한 문제지요. '주께서 언제나 내게 임하시겠나이까'(시 101:2; 계 6:10 참조). 왜 그분은 저녁때 우리에게 오시지 않고 밤 사경까지 기다리다 오시는 것일까요? 내 회의와 두려움(지옥문이 열리고 닫히는 돌쩌귀)이 아무리 커도 그것이 주님을 보좌에서 밀어낼 수 없고 교회를 세우시는 그분의 일도 막을 수 없습니다."

일기는 이렇게 계속된다.

11월 24일. "인류는 상상을 초월할 정도로 방대하고 복잡하며 영혼들은 자신도 모를 절규를 토하고 있건만 그 절규에 응하는 우리 어리석은 '근본주의자들'의 태도는 무심하고 무력하기만 하다. 그런 생각에 심령이 다시 답답해진다. '하나님이 사람의 마음에 세상을 주셨다'(전 3:11, KJV)는 전도서 기자의 말이 무슨 뜻인지 몰라도 지금 내 심정이 그런 것 같다. 온 세상이 내 안에 있다! 거대하게 들끓는 온갖 사소한 일들까지 모두. 격동의 시간도, 무한해 보이는 공간도, 움직임도, 변화도. 심리적 요인과 생리적 요인을 통틀어 '훨씬 깊이 배어든 그 무엇'에 대한 느낌도. 이 모두와 그 이상이 내 안에 있다. 무엇이 이 모든 것을 설명하고 의미를 부여할 수 있을까? 겨우 교회나 다니고 교리나 배우는 우리는 정녕 아니다. 나는 그저 압도될 뿐이다. 다음과 같은 말씀이 없다면 난 절망하고 말 것이다. '그가 만물보다 먼저 계시고 만물이 그 안에 함께 섰느니라'(골 1:17)."

11월 25일. "오늘로부터 1년 후 내가 무슨 일을 하고 있을지는 완전히 미지수다. 아파서 누워 있을지 관 속에 들어갔을지―어쨌든 영광이다! 둘 중 어느 것이든 좋다. 하지만 후자는 불멸이다. 생명이신 주님께 삼킨바 되는 것이다. 내가 가장 바라는 바다."

내게 보낸 11월 27일자 편지에, 짐은 추수감사절 오후에 한 동료 학생과 나눴던 대화에 대해 기록했다.

"그리스도의 이름으로 자행되는 모든 일을 보며 극도의 혼란에 빠진 그는, 기독교를 깨끗이 버리고 현대주의자로 전향할 참이었습니다. 지난 화요일 우연히 그 친구를 만났지요. 그의 고민이 조금은 느껴져 어제 시간을 내서 같이 얘기했습니다. 지금은 자신과 나 둘만이 이곳의 이단자라는 생각이 든다나요. 나 같은 자유주의자를 만나 다행이라고 하면서요. 나로 말하자면 불신자가 하나님의 가족이 될 때 반드시 격한 감정과 온몸을 부들부들 떠는 흥분을 수반하며 한순간에 회심할 필요는 없다고 믿는 사람이니까요. 개인적으로 나도 한순간에 '구원받지' 않았습니다. 하나님의 진리에 대해 현재의 확고한 믿음을 갖기까지 몇 년 걸렸습니다. 그러니 다른 사람들에게 즉흥적 회심을 요구해야 할 까닭이 무엇입니까? 예수님은 각기 다른 방식으로 사람들을 고쳐 주셨습니다. 부재중에 말씀 한마디로 하신 적도 있습니다. 그래 도 반응은 번개처럼 빨랐습니다. 그런가하면 만지시고 침을 뱉어 진흙을 바르고 말을 거시고 물으셔서 비로소 '나무 같은 것들의 걸어가는 것'(막 8:24)이 보이게 되자 전 과정을 다시 반복하신 경우도 있었습니다. 순식간에 빛을 받아들인 자는 몇 달씩 어둠 속을 더듬는 자를 멸시해서는 안됩니다. 열두 제자는 예수님이 보여주신 것을 깨닫는 데 3년이 걸렸습니다. 자연계를 보면 치유 와 성장과 심지어 출생도 모두 과정입니다. 영적 세계에 대한 좋 은 예시입니다. 강단 앞에 초청하는 데 익숙한 우리들은 서둘러 '결과'를 보려 하다가 낙태를 행할 때가 많다고 나는 봅니다.

거기까지가 아침 10시까지 있었던 일입니다. 추수감사절. 두 어 시간 히브리어를 공부한 뒤 학교식당에서 칠면조 고기를 먹었 습니다. 정오에 말씀을 묵상하고(아직 시작하지 않았다면 꼭 시작할 것을 권합니다) 한동안 교부학을 공부한 뒤 4시 반에 론과 함께 이 모집에 가 칠면조 만찬을 먹었습니다. 7시 15분에 집에 돌아와 데이브, 아트 존스턴, 밥 위버, 밥 소여와 함께 신령한 교제의 시 간을 보냈습니다. 얼마나 좋은 시간인지요! 서로 격려하고 영혼 을 살피며 기도하던 이런 시간을 내 삶의 기초가 된 주춧돌로 회 상하게 될 것입니다. 우리는 이런 친밀함이 그리워 모이기를 힘 씁니다. 소수지만 분명 '그분의 이름으로' 모였기에 그분이 우리 가운데 계심을 확실히 알지요……

하나님은 제게 어떤 상황에서도 웃는 묘한 버릇을 주셨습니다. 가끔 도에 지나칠 때가 있긴 하지만요. 타당하지 않을지 모르지만 헬라어 '마카리오스μακάριοσ'를 '행복하다'로 번역하는 것에 대해 어떻게 생각합니까? 그것이 사전 편찬자들의 기준에 통과된다면 디모데전서 1:11을 '행복하신 하나님의 복음'으로 옮기면 좋을 것 같습니다. 내가 낙심될 때마다 주님은 내게 찬양의 약을 먹이십니다."

이튿날 짐이 부모님에게 쓴 편지는 그리스도와 영원이 주조를 이룬다는 점에서 다른 많은 편지들의 전형이다. 거의 전문을 소개할 가치가 있다.

"11월이 다 갔지만 여기는 아직 본격적인 겨울에 접어들지 않았습니다. 아침에는 제법 쌀쌀하지만 낮에는 대개 화창합니다. 날씨만 보면 기운이 부쩍 나지만 공부와 일이 하도 많아 자투리 시간 하나도 놓치지 않고 본전을 뽑고 있습니다. 시간은 언제나 지금처럼 빨리 지나갔겠지요. 시간의 속성은 언제나 '흐르는' 것이며 우리 또한 요람에서 무덤까지 같은 속도로 그 기류에 실려가는 것이고 보면, 새삼 '물같이 흐르는 세월'을 논한다는 것은 어리석은 일이고 세월의 흐름에 놀랄 것도 없을 것입니다. 할 일이 많을수록 그 속도가 더 실감나면서, 성취를 가로막는 안팎의 커다란 장애물들이 눈에 띌 뿐이지요. 인생이란? '잠깐 보이다가 없어지는 안개'(약 4:14)입니다. '잠시 잠깐 후면 오실 이가 오시리니 지체하지 아니하시리라……. 보라 내가 속히 오리니 내가 줄상이 내게 있어'(히 10:37; 계 22:12). 이런 말씀을 묵상하면 정신이 번쩍 납니다. 얼마나 강한 도전입니까! 그날 제 상은 무엇이 될까요? 그분의 '불꽃같은 눈'으로 한번만 보아도 불타버릴 것이 얼마나 많을까요? 그분께 영원히 칭찬받을 일은 겨우 조금밖에 남지 않겠지요. 제 하루하루를 보면 인생은 짧은데 열매는 적고 온통 지엽적인 일들뿐이라서 추수의 주인께 바칠 알곡은 거의 없습니다.

오늘 오후는 론과 함께 E.의 집에서 보냈습니다. 다들 대접이 후했고 우리 식구들, 특히 어머니에게 긴히 안부를 전했습니다. E.는 어머니 같은 사람은 고사하고 그에 견줄 만한 사람도 만나 본 적이 없답니다. 저도 힘찬 아멘으로 동의하는 바입니다. 집도 좋고 가재도구도 좋고 귀여운 두 자녀도 있었지만 일반 사람들과 너무나 비슷해 그것이 다시 제게 낙심이 됩니다. 우리는 20세기가 인정하지 않는 능력의 하나님을 안다고 고백하면서도 너무 평범하고 너무 다를 바 없습니다. 다만 적에게 '무해한' 자이며 따라서 해를 입지도 않습니다. 정사와 공중의 권세 잡은 자를 상대로 한 이 필사의 전투에서 우리는 영적 반전주의자요 전투 불참자요 양심적 병역 거부자입니다. 사람들을 대할 때는 온유함이 필요합니다. 그러나 십자가의 전우가 되려면 당돌하고 거침없는 용기가 필요합니다. 우리는 '방관자'입니다. 자기는 한가하게 앉아 하나님의 적들을 그대로 방치하면서 실전에 뛰어든 전사들에 대해서는 비판과 훈계를 일삼지요. 세상은 우리를 미워할 수 없습니다.

세상과 너무 닮았기 때문입니다. 오, 하나님이 우리를 위험한 존재로 만드시기를!

어머니가 그렇게 기력이 없으시다니 상상이 안갑니다. 이모가 어머니한테 이쪽에 한번 오시라고 합니다. 좀 쉬실 시간이 필요하다고요. 물론 꿈같은 일이지만 그래도 고마운 생각이지요. 어머니가 저를 위해 그토록 희생하셨는데 이렇게 결과가 미흡한 것을 생각하면 안타까운 마음 금할 수 없습니다. 하나님이 꼭 보상해주실 겁니다. 저는 못하지요. '은밀한 중에 보시는 네 아버지께서 갚으시리라'(마 6:6).

시카고에서 큰 수련회가 열리고 있는데 참석할 짬이 안 납니다. 형제교회에서 오랜 전통을 따라 해마다 모여 신앙을 다지는 집회지요. 점잔빼지만 무력한 형제교회 사람들에게 제가 약간 냉소적이 되는 것 같아 걱정입니다. 그들은 좋을 때는 정말 좋지만 점잔뺄 때는 지독합니다. 여기서 다양한 배경의 진지한 아이들을 꽤 만났는데 다들 신약성경의 기독교와 '근본주의'를 혼동해 극심한 혼란에 빠져 있습니다. 진화만 해도 그렇습니다. 옛날부터 내려온 종별 이름이 없었던들 어떻게 지금 와서 그 많은 종들을 알아볼 수나 있단 말입니까. 제 속에 불길이 타오르는 것을 느낍니다. 그것 때문에 광신적 반골로 비칠지 모르지만 누군가의 기도처럼 저도 이렇게 기도합니다. '주님, 우리를 이 고약하고 지독한 냄새나는 자아에서 건져주소서.' 지금도 우리 주변의 무수한 영혼들이 매시간 지옥으로 쏟아져 들어가고 있음을 뻔히 알면서

'책임 연령'(그 말이 무슨 뜻이든) 이하의 어린이들이 천국에 갈지 여부를 두고 논란이나 벌이고 있는 이유가 도대체 무엇입니까?

베티한테 포틀랜드 집에 와달라고 하면 오겠느냐고 물으셨지요. 그 얘기를 했더니 베티는 아무 말 없었습니다. 겨울에 뉴저지 자기 집에 가지 않는 것은 거의 확실합니다. 제 생각에 확실한 반응을 얻어내는 유일한 방법은 무조건 초청하는 것입니다. 분명 베티는 자청해서 가지는 않을 것입니다. 저도 부모님이 먼저 초대하시지 않은 상황에서 베티를 우리 집에 보내고 싶은 마음은 없습니다. 당연히 저는 부모님이 베티를 만나보시기 원하지만 한두 주 만에 베티를 알 수는 없을 것입니다. 저는 아무래도 좋습니다. 베티에 대해서나 우리 가족 모두에 대해서나 전혀 부끄러울 것 없고, 부모님을 존경하는 제 마음도 당당하니까요. 주님의 인도하심대로 알아서 하십시오.

로슬러 여사한테서 혹 작년에 우리가 얻었던 가벼운 항공우편 편지지를 구할 수 있다면 좀 보내주시면 좋겠습니다.

'그 전에서 모든 것이 말하기를 영광이라 하도다'(시 29:9). 주님은 깐깐한 주인이십니다. 삶이 힘들 때도 기뻐하며 시의 찬미를 부르라 하시지요. 당연히 저는 잠언 25:20을 인용하며 반항합니다. '마음이 상한 자에게 노래하는 것은 추운 날에 옷을 벗음 같고.' 저는 '좀 불쌍히 봐주세요' 하고 외치지만 주님은 내 자기 연민의 겉옷을 벗기시며 '얘야, 찬양해라. 그러면 네 속이 따뜻해질 것이다'라고 말씀하십니다. 그런 적 있으시지요? 내가 위로를 원할 때마다 그분은 '온전히 기쁘게 여기라'(약 1:2)고 말씀하십니다. 신기하게도 말씀대로 하면 정말 모든 것이 좋아집니다.

> 우리 사랑이 좀더 단순할진대
> 그분의 말씀을 그대로 취하리.
> 그때 아름다우신 주님 안에
> 우리 삶은 온통 밝게 빛나리.[1]

아, 단 한번 순수한 마음으로 '나무'와 거기서 최악의 고통을 겪은 사랑을 쾌히 바라봄으로 '마라'의 물이 달아진 적이 얼마나 많았던가요. 예, 물을 달게 하는 그 나무는 곧 십자가입니다. '사랑은 언제까지든지 떨어지지 아니하나…… 이 사랑은 많은 물이 꺼치지 못하겠고'(고전 13:8; 아 8:7).

그 사랑 안에 쉬면서 그리고 마지막 나팔 때 우리 모두 그 안에 거한 모습으로 발견되기를 기도하면서 저는 사랑하는 아들이요 형제 짐으로서 기다립니다."

일기는 12월 4일에 이렇게 계속된다. "성령님의 간섭하심이 없다면 어떻게 될까? 나의 하나님, 저를 붙드시니 정말 잘하신 일입니다. 주님이 붙잡아주시지 않는다면 내 정욕이 온 세계를 불사르리라. 지금도 내가 행여 그런 정욕에 빠져 공공연히 죄를 짓고 주의 크신 이름을 욕되게 할까 두렵다. 내 영혼아, 들으라. '내가 두려워하는 날에는 주를 의지하리이다. 내가…… 두려워 아니하리니 혈육 있는 사람이 내게 어찌하리이까'(시 56:3-4). '주께서 내 생명을 사망에서 건지셨음이라. 주께서 나로…… 실족지 않게 하지 아니하셨나이까'(시 56:13).

12월 5일. "오늘 아침 내가 무익한 자임을 절감한다. 기도시간은 좋았다. 일꾼들을 보내달라고 기도하기보다는 그들의 심령을 준비시켜주셔서 그리스도를 알아가는 법을 배우게 해달라고 기도했다. 오, 기독교는 초라하고 볼품없게 되었는가. 인간과 수단과 장소와 무리에 연연해하고 있으니 말이다. 오 주님, 저를 이 믿음 없는 세대의 사조에서 건져주소서. 나는 신약성경의 단순하고 강하고 아름다운 교제가 재생되기를 그토록 간절히 바라건만 이곳에는 나처럼 그런 문제로 고민하는 사람이 아무도 없는 것 같다. 그러니 기다릴 수밖에. 오 그리스도여, 저로 **주님**을 알게 하소서. 영광 중에 좌정하여 기다리시는 주님 자신을 보게 하소서. 주변의 모든 잘못된 물결에도 불구하고 그 안에서 쉬게 하소서. 기도하오니 저를 옳은 길로 인도하소서.

여기까지 쓴 뒤 곧바로 주님의 말씀이 분명히 주어졌다. '너는 삼가며 종용하라…… 낙심치 말라…… 만일 너희가 믿지 아니하면 정녕히 굳게 서지 못하리라'"(사 7:4, 9).

다음은 같은 날 짐이 쓴 편지다.

"사랑하는 가족들에게. 이번 주에 아버지와 밥 형의 편지 두 통과 동봉된 어머니의 쪽지를 받고 큰 힘을 얻었습니다. 가족들이 함께 저를 위해 기도해주니 얼마나 기쁜지 모릅니다. 저도 일 일이 가족들을 생각하고 있음을 알아주십시오……. 형, 추수할 밭에 보냄받기 위해 주님을 바라보는 훈련을 하고 있다고 했지요. 우리가 그런 소명에 합당한 자로 여김받기를 정말 간절히 바랍니다……. 형, 가서 수술을 받게 되든 뼈가 부러지든 열대 풍토병에 걸리게 되든 걱정하지 말고 가십시오. 형의 생명과 마찬가지로 형의 인생의 날들도 주님 손안에 있습니다. 사명이 완수되는 날까지 형이 불멸의 존재임을 잊지 마세요. 다만 시간의 흐름 속에 형의 시각이 흐려져 아직도 어둠에 있는 이들을 못 보게 돼서는 안됩니다. 그들은 반드시 **들어야만 합니다**. 아내들과 가정들과 신앙 습성과 교육이 모두 '죽은 자들로 자기의 죽은 자들을 장사하게 하고 너는 가서 하나님의 나라를 전파하라'(눅 9:60)는 원리로 훈련될 필요가 있습니다.

어머니가 이번 주에 시사이드에 가계신지 궁금하군요. 한 6개월쯤 어디든 진짜 푹 쉬실 만한 곳에 가계실 수 있다면 좋을 텐데요. 집에 가서 안에 처박혀 조금이나마 도와드리고 싶은 마음뿐입니다. 하지만 그곳에 필요한 것은 도울 사람이 아니라 좀더 확실한 훈련이 아닐까요. 주님과 함께 앉아 날마다 조금씩 더 '따로 잠깐씩 쉬는'(막 6:31) 훈련 말입니다. 사람이 한 명 느는 것보다 그편이 하루하루를 훨씬 더 원활하게 해줄 것입니다."

12월 7일 일기. "오늘밤 주님이 아주 부드럽게 가까이 다가오신다. 자신이 한없이 부족하다는 느낌과 함께 감사의 영과 깊은 평안이 밀려오니 감히 말로 표현할 수 없다. 오늘은 일본과 전쟁이 벌어진 지 7년째 되는 날. 내면의 평안과 확신을 인해 감사드린다."

12월 8일. "'주께서…… 비척거리게 하는 포도주로 우리에게 마시우셨나이다'(시 60:3). 생명이신 주님의 힘에 묘한 흥분을 느낀다. 관심사도 많고 행동의 열망도 강하게 '부어주신' 것 같은데 실제로 해낼 힘과 시간이 턱없이 부족하다. 예를 들어, 레슬링. 지금이라도 매트에 올라가고 싶다. 누구한테 보이기 위해서가 아니라 그저 힘을 다해 내 모든 역량을 쏟아보고 싶다. 하지만 오후 2시 45분인데도 나는 여기 이렇게 무릎꿇고 앉아 일기를 쓰고 있다. 히브리어. 원어 구약성경을 아무 페이지나 집어들고 줄줄 읽을 수 있다면 그보다 더 바랄 게 없으리라. 헬라어는 어느 정도만 알면 별로 어렵지 않다. 베티. 방금 베티한테서 편지가 왔다. 함께 있고 싶다. 아니 적어도 자리에 앉아 베티에게 편지라도 쓰고 싶다. 이렇게 몸과 마음과 영혼은 각기 버젓이 살아있고, 공부할 기분은 전혀 안 난다. 어쩌면 이것이 '비척거리게 하는 포도주'일지도 모른다. 오 아버지, 본질이 아닌 것들로 산만해지지 않게 하소서. 말씀으로 능력을 입혀주소서. 그리스도께 순종하고 싶은 이 갈급한 심령을 받아주소서. 무엇보다 거룩한 자가 되고 싶습니다. 제게 믿음의 길을 가르치소서."

다음은 12월 9일 내게 보낸 편지다. "오늘밤 레슬링 연습을 하고 체육관을 나서는데 반가운 눈이 내렸습니다. 가는 눈발은 가을이 휩쓸고 간 시든 잔디밭 위로 살포시 내려앉았고, 무수한

다이아몬드처럼 내가 걷는 쓸쓸한 보도를 덮었다가는 종종걸음
치듯 사라졌습니다. 이렇게 계절이 바뀔 때면 서부의 울뚝불뚝
솟은 거대한 산들이 그리워집니다. 태고의 모습을 그대로 간직한
상록수들, 날쌘 다람쥐들만 다니는 인적 없는 산길에 남겨지는
발자국들. 약간 향수병이 생겨 로버트 서비스Robert Service의 시
를 읽었습니다.

> 세상은 그대를 관습 속에 가두고 설교를 주입했다.
>
> 세상은 그대를 인습에 흠뻑 적셔 진열장에 넣었다.
>
> 그대는 세상의 가르침이 키워낸 훌륭한 제자이려니.
>
> 하지만 그대를 부르는 야성의 소리 들리지 않는가?
>
> 어떤 행운이 닥칠지 모를 침묵의 땅으로 가보자.
>
> 내가 아는 외로운 나라로 우리 함께 길 떠나보자.
>
> 밤바람의 속삭임과 길을 밝혀줄 빛나는 별이 있다.
>
> 그렇게 야성은 부르고 또 부르니…… 어서 나서보자.[2]

이런 생각이 마냥 머리 속을 맴돌며 때로 심각한 덫이 되기도 합
니다. 이 시인의 '안 어울리는 자들'이라는 시는 그야말로 내 심정
같습니다.

어제 당신의 편지가 왔습니다. 솔직히 말해서 기다리고 기다
리다 걱정은 물론 의심까지 일던 차였지요. '소망이 더디 이루게
되면 그것이 마음을 상하게 하나니'(잠 13:12)라는 솔로몬의 말

도 있지만 이번 주에 제 영적 상태가 평소 같지 않았던 것도 그 때문인 듯합니다. 한동안 신나게 떠들며 체육관에서 레슬링을 하거나 잡담을 나눌 의욕이 일다가도 돌연 히브리어를 읽어야 한다는 가책에 '망연한 시름'(워즈워드의 '수선화'에 나오는 표현)에 젖지만 장시간 꾸준히 공부하는 고역을 견뎌낼 의지가 별로 없었습니다. 기쁨과 자신감이 있다가도 금세 아무 일에나 심사가 뒤틀려 입을 악다물곤 했지요. 솔직히 부모님에 대한 그리움과 외로움을 느낍니다. 이곳의 모든 책임에서 벗어나고 싶은 충동도 느낍니다. 하지만 지난밤 어둠 속에 이불을 뒤집어쓰고 있자니 주님이 한없이 가까이 느껴져 한동안 말없는 교제를 나눴습니다. 이것이 바로 '적은 믿음은 영혼을 천국에 데려가지만 큰 믿음은 영혼에 천국을 가져온다'는 유명한 스펄전의 말 중 후자의 믿음이 태어나는 신호가 아닌가 생각됩니다."

12월 11일, 짐은 가족들에게 이렇게 썼다.

"일주일만 있으면 방학입니다. 주말까지 논문 하나만 제출하면 됩니다. 남은 엿새가 지나는 동안 방학 중에 쉴 생각이 더욱 간절해지겠지요. 방학을 어떻게 보낼지는 아직 미정입니다. 데이브가 뉴저지 자기 집에 가자고 했고 저도 가고 싶지만 비용이 생각보다 많이 드는데다가 기간도 일주일뿐이어서 갔다오면 끝날 것 같습니다. 우리는 학생선교사대회가 열리는 어바나로 27일 월요일까지 돌아와야 합니다. 이모가 방학 때 놀러 오라고 했는데 아무래도 그렇게 되기가 쉬울 것 같습니다. 지금은 무엇보다도 쉬고 싶은 마음뿐이니까요. 모든 것이 전능하신 '인생 설계자'의 손 안에 있으니 저는 마음이 편합니다.

우리는 오늘 첫 레슬링 시합에서 일리노이 정규팀에게 졌습니다. 그쪽에서 우리를 이긴 것은 기억에 남는 것으로는 역사상 처음이니까 일대 파란이었지요. 게다가 우리 팀에는 경험자들이 많았습니다. 저는 제 경기에서 14대 3으로 판정승을 거뒀지만 한 판 승부로 이기지는 못했습니다. 아주 재미있고 제 건강에도 좋습니다.

요즘 보내신 편지들을 보니 제가 행복하지 않은 것처럼 생각하시는 것 같군요. 제 편지들이 어떤 뉘앙스를 풍겼는지는 모르겠지만 아무래도 잘못 해석한 듯합니다. 어느 때보다 학업과 직책의 중압감이 큰 것은 사실입니다. 불투명한 내년 계획 때문에 생각도 많고요. 하지만 그 모든 것들이 아니라면 '장애물을 제해주시는' 주님을 부를 일도 없을 것입니다. 걱정하지 마십시오. 제가 어려움을 부풀려 말하는 성향이 있고 역경을 놀랍게 풀어주시는 주님께 영광을 돌리지 못할 때가 종종 있지만 그래도 제 영혼은 하나님 안에서 기쁩니다.

함께 모여 예배드리는 신약성경의 단순한 원리에 대해 제 믿음이 흔들리고 있나 해서 다들 걱정하고 계시군요. 제 주관심사는 신약성경입니다. 얼마든지 날카로운 비평도 할 수 있습니다. 저의 충실한 교회 소속에 대해서는 걱정하지 마십시오. 하나님의 뜻이 설교되는 곳이 교회라고 확신하기 때문입니다. 물론 설교만 아니라 실천도 있어야겠지만 말입니다. 솔직히 '설교'와 실천이라면 이곳 휘튼의 독립단체들이 훨씬 뛰어나지요. 하지만 그들의 설교는 인간의 뜻을 전할 때가 많습니다. 커다란 오류는 동료 신자들을 상대로 '너희는 저희 중에서 나와서 따로 있으라'(고후 6:17)고 설교하는 것입니다. '너희'가 모임에서 분리되어 나와 '우리' 쪽으로 와야 한다는 의미겠지요. 그런 권고는 전능하신 하나님만이 하실 수 있다고 저는 강하게 확신합니다. 그분만이 우리의 모든 편협한 당짓기의 벽을 초월하시기 때문입니다. 우리의 권고는 '그[예수]에게 나아가자'는 히브리서 13:13 말씀으로 그쳐야 합니다. 이 말씀대로만 전한다면 우리는 분리되지 않고 연합될 것입니다. '우리 있는 데로 나오라'는 것은 우리가 할 말이 못됩니다. 각자 자신의 입장에 대해 인간의 한계를 인정하면서 '그에게 나아가자'고 말할 수 있을 뿐이지요. 베티 얘기라면……베티는 신약성경의 진리를 글자 그대로 하나님의 말씀으로 받아들이는 사람입니다. 그것 때문에 인습을 떨치고 값비싼 대가를 치르면서도 말입니다. 베티가 그런 사람이 아니라면 저도 처음부터 전혀 매력을 느끼지 못했을 것입니다. 사실 이제 와서 드는 생각이지만 베티가 제 마음에 가장 끌리는 부분은 그렇게 일반 사람들과 다른 모습입니다."

다음은 12월 18일 짐이 가족들에게 보낸 다른 편지다.

"새로 정한 [버트 형의] 결혼식 날짜를 보고 깜짝 놀랐습니다. 학기의 한중간이라서 말이지요. 1월 21일부터 시험이 시작되는데 어쩌면 저는 일찍 치르고 화요일이나 수요일까지 집에 도착할 수 있을 것도 같습니다. 학교는 2월 3일 목요일에 다시 시작되는데, 과목을 하나라도 놓치지 않도록 수강신청도 미리 하면 됩니다. 하지만 늘 그렇듯 이번에도 비용 문제가 가장 큰 현실이 되겠군요. 다음 학기 등록금 마련이 빠듯하다는 얘기를 들으니 더 그렇습니다. 즐거운 결론에 이르기 전 기도를 많이 합시다. 당연히 가고 싶지만 추가로 100달러를 더 쓴다는 것은 현재로서는 너무 출혈이 큰 것 같습니다…….

'의의 공효는 화평이요 의의 결과는 영원한 평안과 안전이라'(사 32:17). '너희가…… 잠잠하고 신뢰하여야 힘을 얻을 것이어늘'(사 30:15). 마귀는 소음, 급함, 군중이라는 세 요소를 장악하고 있는 것 같습니다. 우리로 하여금 라디오든 험담이든 대화든 하다못해 설교라도 계속 듣게 할 수만 있다면 마귀는 행복합니다. 하지만 조용함만은 절대 허용하지 않지요. 우리는 믿지 않을지라도 마귀는 이사야 말씀을 믿기 때문입니다. 사탄은 침묵의 힘을 잘 압니다. 하나님의 음성은 집요하지만 부드럽습니다……. 어머니, 잠을 충분히 자라는 말씀이 정말 제 실생활과 크게 관련됨을 느낍니다. 그래야 하루를 힘차게 살고 푹 쉴 수 있겠지만 그뿐 아니라 영적 깨달음과 민감함 면에서도 복을 받으려면 우선 몸이 가뿐해야 합니다. 최대한 소음을 피하고 의식적으로 혼자만의 시간을 가지며 말씀 안에 **자신을 비춰봄으로** 이 부분에서 마귀를 대적합시다……. 사탄은 우리가 어디서 힘을 얻는지 잘 압니다. 그것을 빼앗겨서는 안됩니다!"

일기는 이렇게 계속된다.

12월 22일. "요즘은 하루하루가 아무렇게나 지나가는 것 같다. 이 수렁에서 벗어나고 싶은 마음 간절하다. 아버지, 이런 강한 기류가 육신에서 비롯된 것이라면 깨끗이 뿌리뽑아 주소서. 하지만 그것을 주님께 유익한 쪽으로 돌려 승화시킬 수 있다면 오히려 강하게 결집시켜 방향을 잡아주소서. 하루하루의 삶을 통해 주님의 신부인 제가 온전하고 흠 없게 되기를 원하기 때문입니다(얼마나 간절히 원하는지 아버지께서 아십니다). 예, 주님. 설사 그것 때문에 이 생에서 신부를 얻지 못한다 할지라도 주님의 은혜와 능력으로 어린양께 그 받으신 고난의 보상을 드리게 하소서. '이 땅의 제 집을 좀더 비움으로 사랑하는 주님의 집이 가득 차게 된다면 그 얼마나 풍성한 상급인가요!'"[3]

다음은 같은 날 짐이 내게 보낸 편지다. "거룩한 기쁨의 근원이신 그분이 당신 안에서 잘 준비된 밭을 보시게 될 줄 믿습니다. 그분의 촉촉한 단비를 잘 빨아들일 수 있는 밭을 말입니다. 에이미 카마이클은 작은 기쁨들을 노래한 적이 있지요. 찾는 이 외에는 아무에게도 눈에 띄지 않는 길가의 꽃처럼 말입니다. 저번 편지를 보낸 후로 저도 그것을 맛보고 있습니다. 조용히 저무는 해나 붙임성 있는 개나 밝은 미소 같은 작은 것들. 유치원 때 불렀던 짧은 노래 중에 지금도 잊혀지지 않는 것이 있습니다.

이 세상엔 뭐든지 다 있고요

우린 모두 왕처럼 행복하지요.[4]

간단하지만, 불평하는 마음을 호되게 꾸짖는 가사입니다! 그리스도 안에 있는 우리의 기쁨이 너무 귀하게 느껴집니다. 위로 천국과 아래로 이 땅이 점점 밝고 아름다워집니다. 우리는 그저 그 소유를 한껏 기뻐할 따름이지요.

이번 주에는 작년 크리스마스 때가 자꾸만 생각났습니다. 그날 밤 필라델피아에서 썰매를 타던 일을 생각하면……. 우리는 마주칠 때마다 서로 '형제님', '자매님' 하고 불렀었지요. 당신의 집 부엌과 거실에서 밤늦도록 나누던 대화는 꼭 이맘때가 아니라도 자주 생각납니다. 여름에도 내내 그 생각을 하면서 공상 속에 빠질 때가 많았습니다. 전도자의 표현으로 '헛되고 헛된'(전 1:2) 일이지요. 그렇게 회상에 잠길수록 묵상의 깊이와 집중력이 떨어지니까요. 하지만 추억은 얕은 의식의 해안에 계속 찰싹찰싹 잔물결을 일으키고, 그래서 저는 주님만을 바라보아야 합니다. 그분께 마음을 고정시킬 때 좌우로 흔들리지 않을 수 있음을 떠올리며.

금요일 오후 스톤 박사 과목의 세미나 논문을 끝냈습니다. 신약성경에 나타난 특정 헬라어 단어의 특수용법에 관한 것입니다. 토요일은 수련회에 게시할 표지판들을 색칠하느라 다 지나갔습니다. 월요일에는 편지를 쓰고, 교부학 헬라어를 좀 들여다보고,

이모네 집 아이들과 썰매도 타고 눈싸움도 했습니다. 크리스마스 때 입을 내 옷이 필요하다는 이모와 이모부의 결정에 따라 어제는 얼 이모부와 함께 시카고에 나가 새 옷을 샀습니다. 그분들이 있어 다행이지요. 저는 옷이 필요한 줄도 모르고 있었거든요! 어젯밤 우리 패거리는 시카고 IVF 사무실에 가 수련회를 위한 물품들을 샀습니다. 밤 1시에 자서 오늘 아침 9시에 일어났습니다. 아침에는 크리스마스 트리를 장식하며 내 세상적 본능을 (그리고 이모를) 기쁘게 해주었지요. 이제 다시 이모집에 가봐야 합니다. 트리니다드에서 잠시 돌아온 한 선교사를 저녁식사에 초대했거든요. 그분한테 한두 가지 물어보고 싶은 것이 있습니다.

사람들은 저마다 크리스마스에 대해 얘기합니다. 여기저기 뜯겨나간 상록수에 반짝이는 불과 순록인형과 화장지를 얼기설기 둘러 만든 괴상한 흉물. '고요한 밤'을 부르며 '바람을 잡으려는 수고'(전 5:16)로 세일에 휩쓸려 부산하게 몰리는 인파. 이들이 임마누엘에 대해 무엇을 알까요? 먼 옛날 강보에 싸이셨던 하나님을 그들이 어떻게 이해할 수 있을까요? 주님, 얼마나 더 지나야 그들이 주님 앞에 무릎꿇을까요?

이번 주에 당신의 생일이 있군요. 올해로 스물둘이 되겠지만 축하받을 만한 일은 아니라고 생각합니다. 그보다 오래 사는 사람들이 부지기수니까요. 하지만 지금 상황에 꼭 맞게 해줄 수 있는 말이 있습니다. '주의 은택으로 년사에 관 씌우시니 주의 길에는 기름이 떨어지며'(시 65:11). 사랑하는 자매님께 권합니다. 새로운 한 해도 **하나님**의 교훈을 구하며 사십시오. 내년은 우리 둘 다에게 위기의 한 해가 될 것입니다. 우리는 각자 그분의 길을 찾아야 합니다. 그분의 말씀은 분명합니다. '주의 교훈으로 나를 인도하시고 후에는 영광으로 나를 영접하시리니'(시 73:24). 그분의 이름은 기묘자, 모사입니다. 첫 단어가 다음 단어를 수식한다고 생각합니다. 그분의 이 말씀도 들으십시오. '내가 너를 권하노니…… 금을 사라'(계 3:18). 대가를 생각하지 마십시오. 그분의 금을 얻으십시오. 그러면 당신의 부는 영원할 것입니다."

8. 양의 갈 곳은 제단

자기 백성을 양같이 인도하여 내시고 광야에서 양떼같이 지도하셨도다.
저희를 안전히 인도하시니 저희는 두려움이 없었으나. (시 78:52-53)

1948년 말에 짐은 일리노이 대학교에서 열린 국제 학생선교사대회에 참석했다. 그때의 인상이 부모에게 보낸 편지에 담겨 있다.

"이제 수련회가 중반을 넘어섰는데 심경이 착잡합니다. 영혼을 깊이 살피고 깨뜨려 그 결과 좀더 진정한 것—보이지 않는 보배—에 삶을 바치게 될 것을 얼마간 기대하며 이곳에 왔습니다. 어떤 의미에서는 그것이 제 마음속에 그대로 이루어졌다고 할 수 있습니다. 정오마다 캠퍼스 근처의 한 작고 조용한 감독교회에서 기도하고 묵상하면서 주님의 임재를 생생히 느끼고 있으니까요. 하지만 하나님의 뜻을 행하려는 절박한 심정이 아직 참석자 1450명 전원을 휘어잡지는 못했습니다. 그리스도께서 품으셨던 불가피한 **당위** 의식, 그 깊고 절실한 심정이 우리에게는 없습니다. 그분을 삼켰던, 하나님의 집을 향한 열정이 말입니다. 학생회관의 이 편안한 라운지를 쭉 둘러보면 다양한 부류의 사람들이 있습니다. 토론토에서 온 두 성공회 사제가 한쪽 구석에서 대화하고 있습니다. 작고 단정한 메노나이트 주교 한 분이 지나갑니다. 얼굴이 거무스름한 라틴 사람이 내 바로 앞에서 일간지를 읽고 있습니다. 불안한 표정의 한 영국인은 내 왼편의 화장한 미국인 여학생의 귀에 빠른 런던 사투리로 나직이 속삭입니다. 회색 머리칼의 투박한 여자 선교사들이 뭔가 기다리듯 주변을 둘러봅니다. 성경을 읽는 사람들도 있고 갖가지 주제에 대해 뭘 쓰거나 신나게 떠드는 사람들도 있습니다.

전국 각지와 세계 여러 곳의 학생들이 특별히 선교를 공부하려고 이곳에 모였습니다. 그 잠재력을 한번 생각해보십시오. 하나님이 우리를 능력으로 붙잡으셔서 아직 복음을 듣지 못한 15억의 사람들에게 내보내시기까지 우리는 얼마나 더 이렇게 앉아 분석하고 질문하고 변론하고 토론해야 하는 것일까요? 다만 우리는 기도할 수 있습니다. 가족들 모두에게도 부탁합니다. 어두운 곳곳마다 주님의 이름을 위해 이 선교사대회의 여파가 울려 퍼지도록 온 힘을 다해 추수의 주님께 간구해주십시오."

짐은 선교사대회가 자신에게 개인적으로 미친 의미에 대해 내게 이렇게 썼다.

"이번 주 동안 주님은 제가 구하던 일을 해주셨습니다. 무엇보다 나는 인디언 개척사역에 대해 마음에 평안을 원했었지요. 지금 내 심정을 살펴보건대 남미 정글의 부족사역이 내 선교 취지의 전체적 방향임을 담담히 고백할 수 있습니다. 아울러 하나님이 내게 독신으로 정글사역을 시작하기 원하신다는 확신도 듭니다. 이런 굵직한 이슈들이 한 주간 동안 최종 정리됐습니다.”

1월 18일에 짐은 계속해서 이렇게 썼다.

“내 결심은 브라질 중부 정글에서 온 한 선교사와의 만남에 기초한 것입니다. 그의 사역은 내가 준비해온 분야와 얼추 맞아 들어갑니다. 그는 자신의 특정한 상황에서 결혼이 불가능하다고 말하더군요. 그뿐입니다. 특별한 음성도 없고 성경말씀도 없고, 그저 흔히 준비된 영혼에 찾아오는 잔잔한 결단의 평안뿐입니다. 그렇다고 하나님이 나를 독신생활로 인도하신다는 말은 **아닙니다. 이 시점에서 알아야 할 만큼만 안다**는 말이지요. 즉 주님은 그분의 분명한 신호가 있기 전에는 내가 아내를 찾아 나서기를 원하시지 않습니다. 현재로서 그런 신호를 기대할 만한 직접적 이유는 전혀 없어 보입니다.

얘기 하나 해드릴까요. 지난 1월 당신의 집에서 돌아온 뒤로 나는 당신에 대한 애착에 빠졌습니다. 전부터 있었는데 그때를 계기로 더 깊어졌는지도 모르지요. 하나님은 그분의 나라를 위해 스스로 고자 된 자들을 쓰십니다. 나는 그것과 관련해 내 심령을 살피면서, 당신에게 끌리는 마음을 아무에게도 내색하지 않기로 결심했습니다. 둘이 함께 있는 시간이 많으리라는 것은 분명했지만 말입니다. 주님께 '그녀를 향한 내 사랑'을 고백하던 일과 날마다 잊고 억누르려 애쓰던 일이 기억납니다. 침묵을 지키기로 결단하던 그때, 나는 마치 내 인생 전체를 봉해버린 심정이었습니다. 고백건대 내가 무슨 순교자라도 된 기분이었지요. 그때 마음에 와닿았던 찬송이 있습니다.

> 주 늘 곁에 계시니 나 슬퍼 낙심할 것 없네.
> 어려운 일이 닥쳐도 내일이 전혀 두렵잖네.
> 끝까지 내 십자가 지고 오직 주님만 따르리.
> 조롱과 멸시도 주님과 나 갈라놓을 수 없네.[1]

내 찬송가에 파란 줄이 그어져 있고 날짜가 표시돼 있습니다.

사랑하는 베티. 우리의 신실한 친구 되신 주님의 이름으로 권합니다. 조금도 흔들리거나 당황하거나 놀라지 마십시오. 당신은 **십자가**를 얻고자 모든 것을 버린 자입니다. 주님과의 연합에 대한 확신으로 모든 것을 극복하십시오. 그러면 시험을 묵상하고 핍박이나 외로움을 견딜 때 '그 앞에 있는 즐거움'(히 12:2)의 복을 알게 될 것입니다. '우리는…… 그의 기르시는 양이로다. 감사함으로 그 문에 들어가며 찬송함으로 그 궁정에 들어가서'(시 100:3-4). 양은 문에 들어가 무엇을 합니까? 궁정 안에서 양의 용도는 무엇입니까? 즐겁게 노래하며 양떼와 함께 즐기는 것입니까? 아닙니다. 양떼의 운명은 결국 **제단**으로 가는 것입니다. 초장에서 배불리 먹은 것도 한 가지 목적을 위해서입니다. 양을 키우고 살찌워 피의 제물로 삼기 위한 것이지요. 그러니 그분의 제단에 합당하게 여김받은 것에 감사하십시오. 찬양으로 사역에 들어가십시오."

이 편지를 받고 나는, 내가 짐을 하나님의 뜻에서 멀어지게 만드는 것 아닌가 하는 예전의 두려움이 되살아났다. 그래서 그런 계속적인 서신 교환이 바람직한 일인지 답장을 통해 물었다. 짐은 확실했다.

"하나님은 편지를 통해 우리를 함께 인도해 오셨습니다. 그분께 그 밖의 다른 뜻이 있다는 징후는 전혀 없습니다. 이런 서신 교환이 결국 지금 당장 연락을 끊는 것보다 더 쓰라린 절교로 이어진다면 그 쓰라린 길이 하나님의 길이 될 것입니다. 마라를 잊지 마십시오. '여호와께서 그에게 한 나무를 지시하시니 그가 물에 던지매 물이 달아졌더라'(출 15:25). **구름**이 이스라엘을 마라로 인도했습니다."

9. 자극하시는 하나님

내 아들아 네 아비의 훈계를 들으며 네 어미의 법을 떠나지 말라. 이는 네
머리의 아름다운 관이요 네 목의 금사슬이니라. (잠언 1:8-9)

형 버트의 결혼식 참석을 위한 짐의 서부여행 계획은 1월 들어
가시화됐다. 교수들이 짐에게 기말고사를 앞당겨 보게 해주기로
했던 것이다. 이 소식을 들은 짐의 부모는 짐에게 기차표 값을 보
내며 꼭 올 것을 당부했다. 짐은 이렇게 답장했다.

"제가 산다면 한 가지 꼭 부탁할 것이 있습니다. 결혼식 전에
식사 약속을 **전혀** 계획하지 말아주십시오. 우리의 외식도, 누가
우리 집에 오는 것도, 모두 말입니다. 최대한 가족들과만 진짜 조
용한 시간을 보내고 싶습니다. 영광에 들어가기 전 이번이 마지
막 가족모임이 될지도 모르므로 특별히 가족간의 시간으로 삼아
식구들끼리 기도하고 성경공부하는 시간을 충분히 가졌으면 합

니다. 일주일간 사람들과 시끄럽게 지낼 거라면 집에 가지 않겠습니다. 그런 거라면 이곳 캠퍼스에도 얼마든지 많습니다. 약속 해주시겠습니까?"

짐은 집에 갔다. 그리고 짐의 예언처럼 그것은 엘리엇가의 마지막 가족모임이 되었다. 짐은 아버지와 함께 많은 시간을 보냈다. 다음은 짐이 내게 보낸 편지다.

"베티, 내가 성경의 가르침을 꽤나 아는 것처럼 말했던 일들을 생각하니 부끄럽습니다. 나는 아무것도 모릅니다. 우리 아버지의 신앙은 내가 여태 어디서도 보지 못한 것입니다. 아버지는 신학이 온전하게 개발된 상태가 아니지만 내가 접했던 모든 '조직' 신학을 무너뜨릴 만큼 생생하고 실제적입니다. 아버지는 유신론을 정의할 수 없지만 하나님을 아십니다. 우리는 함께 즐거운 시간을 보내고 있습니다. 아버지와 몇 달만 함께 일한다면 내가 실제적으로나 영적으로나 얼마나 풍성해질지 가히 상상이 안 됩니다."

일기에 이런 내용이 더 들어 있다.

1월 29일. "아버지는 그리스도 안에 감추인 하나님의 풍성한 뜻에 아주 깊이 들어가 계신다. 그것을 생각하면 부끄러워 입이 다물어진다. 오, 주님. 제 심령에 주님을 아는 열매인 민감함과 침묵을 가르쳐주소서. 저를 불태우소서. 부담을 주소서. 깨뜨려 주소서.

주님을 향한 내면의 쓰라린 굶주림으로

오, 나를 자극하시는 하나님.

내 마음의 가장 소중한 버팀목을 없애시고

주 안에서 사랑하는 부자간의 막간의 우정,

거룩한 말씀, 노래, 세세히 얽힌 거미줄 등

당신의 사랑의 덩굴손으로 나를 두르신다.

모두 내 심령을 보이는 세상에서 힘껏 들어올려

보이지 않는 하늘의 기둥에 묶어 안식하게 하신다.

지혜롭게 자극하시는 하나님,

저를 가르쳐 사랑 안에 쉬게 하소서."

짐의 다음 일기 내용은 말할 것도 없이 아버지와의 교훈에서 비롯된 것이다.

1월 31일. "삶의 헌신이란 한순간에 되는 것이 아니다. 평생의 것은 평생에 걸쳐서만 드려질 수 있다. 하나님의 뜻에 헌신한다고 해서 (그 자체로) 그리스도의 충만한 능력이 따라오는 것도 아니다. 성숙이란 세월 속에 이루어가는 것이다. 하나님의 뜻이 무엇인지 알 때에만 나는 그분의 뜻에 복종할 수 있다. 따라서 성령충만은 순간적인 것이 아니라 점진적인 것이다. 말씀의 충만을 받아 하나님의 뜻을 깨우치면서 점차 이루어지는 것이다.

성령충만한 사람은 그 주제에 대한 책을 쓰지 않고 성령께서 나타내시는 인격인 예수님에 대한 책을 쓰게 된다. **그리스도께**

사로잡히는 것이 하나님의 뜻이다."

포틀랜드에서 일주일간 지낸 후 짐은 형 부부에게 작별하고 기차 편으로 돌아왔다. 버트 부부는 곧 미국을 떠나 페루에 가게 된다.

짐은 부모님께 이렇게 썼다. "어제처럼 집을 떠나기 힘들었던 적은 없었습니다. 전에는 항상 초연함을 자랑삼는 젊음의 허세 같은 것에 꽉 차있었지요. 어제의 이별은 왠지 달랐습니다. 열차가 설리번 협곡을 유유히 달리는 동안 내내 애써 입술을 깨물어야 했습니다. 두 시간 반 연착하는 동안 '포틀랜드 시'는 평소의 모습 그대로였습니다. 오늘 새벽잠에서 깨자마자 시야에 들어온 것은 눈 내리는 아름다운 풍경이었습니다. 곡선을 그리며 어지러이 난무하는 눈발은 마치 반짝이는 바다 같았습니다. 야트막한 널빤지 방설책柵이 눈발의 소용돌이 위로 몇 센티미터밖에 보이지 않는 곳들도 있었는데, 그때마다 눈이 길게 꼬리를 물고 바람에 날렸습니다. 하늘은 이제야 파란빛이 돌고 간혹 구름이 덮였다 사라지곤 합니다. 언덕에는 양들이 지나다니던 길이 딱딱하게 얼어 있고 잡목이 우거진 숲이 보입니다. 그러나 기차에 탄 사람들은 대부분 바깥을 감상하지 않습니다. 카드놀이, 서부소설, 만화책, 담배, 닳아버린 시간표 따위가 대다수의 관심을 사로잡고 있습니다.

지난 한 주간 집에 다녀올 기회를 주신 하나님께 지금도 얼마나 감사한지 모르겠습니다. 제 사역과 관련시켜 생각한다면 하나님이 왜 이런 기회를 허락하셨는지 모르겠습니다. 오히려 제가 정도 이상의 섬김을 받았으니까요. 제가 착하고 충성된 종이신 그리스도의 영께 더 사로잡혀 있었다면 그렇게 마냥 받고만 있지는 않았을 것입니다."

휘튼에 돌아온 짐은 대학 마지막 학기에 들어갔다. 첫날 일기는 이렇게 돼 있다.

"1년 전 일기를 들춰보니 내 모든 실수를 잊게 될 날을 고대하고 있다. 이 점에서 시편 107편이 마음에 큰 평안이 된다. 오늘 묵상한 내용이다. 하나님은 내 모든 죄에도 불구하고 여전히 사랑하시며 우리를 '소원의 항구'(시 107:30), 곧 천국으로 인도하실 것을 약속하셨다. 그때 나는 그런 생각을 하고 있었다. 그분은 그날까지 일하실 것이다. 그때 가서는 나그네 아담이 무슨 문제이랴. 내 부푼 자존심이 무슨 상관이랴. 내 안에서 내통하여 나를 수시로 적에게 팔아 넘기는 정욕의 공격이 무슨 소용이랴. 온전한 사랑은 두려움을 내어쫓는다. 그 모든 와중에도 그분이 우리를 사랑하심을 안다. 그 복된 안식을 생각하면 모두가 한낱 일고의 가치도 잃고 만다. 나는 실수와 죄와 문제를 안다. 하나님도 아신다. 나는 그것을 고백한다. 그분은 용서하신다. 오, 어찌하면 그분께 합당한 찬양을 드릴 수 있을까!"

2월 23일. "마지막 일기를 쓴 지 오랜 시간이 지났다. 너무 바빠 시간을 내기 어렵다…… 날마다 새로운 내용이 있지도 않았다. '너무 바쁘다'는 말은 저주받은 말이다. 아버지, 공부와 물리적 삶에 너무 매달리는 제 모습을 용서하소서. 지식과 외적 요인에 연연하느라 영적인 삶에 대한 참된 관심이 시들해짐을 용서하소서."

레슬링도 바쁜 삶에 한몫했다. 짐은 2월 26일 편지에서 어머니를 이렇게 격려하려 했다.

"휘튼 초청 레슬링 토너먼트가 열리고 있습니다. 저는 오후에 있었던 준결승 시합 후 스테이크를 잔뜩 먹고서 지금 제 방에 앉아 있습니다. 한 시간 후에 결승전이 있습니다. 제 적수들은 저보다 몸무게가 4.5킬로그램이나 더 나가는 79킬로그램 급이지만 지금까지는 다행히 쉬운 상대가 걸렸습니다. 아침에 한 사람을 한판 승부로 이겼고 오후에는 판정승으로 이겼습니다. 오늘밤 시카고 대학교의 79킬로그램 급 상대와 싸우게 됩니다. 수많은 관중들이 마지막까지 자리를 지키고 있는 가운데 우리 쪽 승리가 확실시되고 있습니다. 오늘밤 체육관에 한바탕 난리가 나겠지요. 어머니, 안심하십시오. 앞으로 남은 대회는 3월의 클리블랜드 초청대회 하나뿐입니다. 갑자기 제가 급부상해 코치가 저를 보내기로 결정하지 않는 한 어쩌면 저는 참석하지 않을 것입니다. 설사 가더라도 별 위험은 없습니다."

2주 후 짐은 부모님께 이렇게 썼다.

"클리블랜드에서 2위를 하고 돌아왔습니다. 주님이 얼마나 운동을 사용해 세상에 당신의 이름을 높이시는지는 아직 확실히 잘 모르겠지만 이번 대학시절 마지막 시합이 주님의 뜻이라 믿고 싸웠습니다. 그리고 내 손의 일을 확실케 해달라고 기도했습니다."

같은 날 일기에는 이렇게 돼있다.

"클리블랜드 토너먼트에서 준우승했지만 그것이 무엇인가? 영원한 것은 없다. 보라, 하나님의 아들이 오신다! 그분이 불꽃같은 눈을 한번만 깜박이면 인간의 모든 번쩍이는 대리석과 빛나는 금이 무無로 녹아버린다. 그분이 의로운 입술로 한마디만 발하시면 인류라고 하는 거대한 반역 세력이 파멸을 맞는다. 그분이 복수의 웃음을 한번만 터뜨리시면 인간의 모든 지혜와 지식이 요동하다 쓰러져 잿더미가 되고 만다. 지혜로운 자는 제 꾀에 넘어갈 것이고 산들은 낮아질 것이다. 그날 영원히 남을 것은 무엇인가? 보라. '오직 하나님의 뜻을 행하는 이는 영원히 거하느니라'(요일 2:17). 하나님의 교회여, 신랑을 향해 깨어나라! 미국이여, 행여 마음속에 '우리는 평민들을 떠받들었다. 우리는 경건한 선조들이 있다. 우리는 종교를 존중한다'고 말하지 말라. 내가 말하거니와 하나님은 길가의 돌들을 들어 의인을 일으키실 수 있다. 미국은 장차 오실 그분 앞에 적나라하게 드러날 수밖에 없다. '여호와여, 주의 하늘을 드리우고 강림하시며'(시 144:5). 라오디게아여, 그분 없는 부는 벌거벗은 가난임을 언제나 깨닫겠느냐? 오, 그리스도가 아직 바깥에 계시다면 충만하다는 삶도 얼마나 끔찍한 공허일 뿐인가."

짐은 매주 있는 학생해외선교회 모임에 강사를 초청하는 일을 맡았다. 그러나 짐은 일부 강사들이 선교지에 가기 위해 '리더십'과 훈련을 강조하는 데 불만을 느꼈다. 다음은 짐이 내게 보낸 편지다.

"요즘 FMF 모임에 오는 분들은 하나같이 우리가 이전 세대 선교사들보다 교육을 많이 받아야 한다고 말합니다. 하지만 신약 성경에는 '리더십 훈련'에 대한 말이 한마디도 없지요. 성경이 말하는 모든 훈련은, 누구를 만나든 그의 종이 되는 것입니다. 훈련이란 이끄는 법이 아니라 따르는 법을 배우는 것입니다. 그런데도 우리는 '남을 지도할 그리스도인들'이 필요하다고 말합니다. 예수님은 '먼저 된 자로서 나중 된다'(막 10:31)고 말씀하셨습니다. '제자가 그 선생 같으면…… 족하도다'(마 10:25). 그것이 우리에게 필요한 훈련입니다. 그분이 거부당하셨듯이 우리도 심지어 선한 의도의 근본주의자들에게까지 거부당하며 그분처럼 되는 것입니다."

형이 선교사로 페루로 떠나면서 짐은 그 선택에 뒤따르는 대가를 새삼 생각하게 됐다. 버트의 출발 날짜를 앞두고 짐은 어머니에게 이렇게 썼다.

"어머니, 버트 형과 콜린 형수가 떠나게 되면서 어머니를 위해 더 기도해야겠다는 부담을 느낍니다. 어머니가 겪으실 이 모정의 시험과 가슴아픈 씨름을 저는 영영 모를 것입니다. 다만 제가 아는 것은 어떤 시험도 어머니를 이길 수 없으며 하나님께서 신실하게 피할 길을 내셔서 어머니로 하여금 능히 이겨 그분께 영광 돌리게 하신다는 것입니다. 제가 마치 모든 대가를 알기라도 한다는 듯 건방지거나 잘난 척할 생각은 없지만, 잊지 마십시오. 우리는 십자가를 지신 그분과 언약관계에 있으며, 제자들에게 사역하실 때 그분이 강조하신 것은 세상의 물질이나 **가족간의 인연**이 아니라 희생이었음을 잊어서는 안됩니다. 그 아들의 본을 따라 우리도 강하게 시험에 맞서는 것이 하나님의 뜻이요 진리입니다. 그 어떤 것도 우리를 거기서 돌아서게 할 수 없습니다. 다른 길은 없습니다. 우리의 유약한 자아는 부인좀認을 배워야 합니다. 에이미 카마이클의 시구입니다.

오, 십자가를 통해 그 아들들에게
영광을 가져다주시는 영광의 왕이여.
어떤 고난과 치욕과 손실 앞에서도
우리로 뒤로 물러나지 말게 하소서."

그런즉 누구든지 사람을 자랑하지 말라. 만물이 다 너희 것임이라……. 너희는 그리스도의 것이요 그리스도는 하나님의 것이니라.
(고전 3:21, 23)

고교시절 이후 짐은 나중에 '금지규범'이라 부른 기준으로 자신의 행동을 스스로 판단했고 필시 남들의 행동에 대해서도 그랬을 것이다. 대학 4학년 후반에 접어들면서 짐은 그것이 사도 바울의 가르침에 어긋난다는 것을 비로소 깨달았다. 뿐만 아니라 그런 태도 때문에 짐은 자신이 알고 싶었던 상당수의 학생들로부터 외면당하고 있었다.

바울은 말한다. "어떤 사람은 모든 것을 먹을 만한 믿음이 있고 연약한 자는 채소를 먹느니라. 먹는 자는 먹지 않는 자를 업신여기지 말고 먹지 못하는 자는 먹는 자를 판단하지 말라. 이는 하나님이 저를 받으셨음이니라. 남의 하인을 판단하는 너는 누구뇨.…… 이는 저를 세우시는 권능이 주께 있음이니라. 혹은 이 날을 저 날보다 낫게 여기고 혹은 모든 날을 같게 여기나니 각각 자기 마음에 확정할지니라"(롬 14:2-5).

이런 원리를 새로 깨달으면서 짐은 그때까지 거룩함의 선결조건으로 생각했던 일부 옛날의 금지사항들을 버렸다. 물론 나중에 그가 깨달은 것처럼 성경의 가르침이 언제나 바로 적용된 것은 아니지만 어쨌든 짐은 새로운 자유로 여러 활동에 가담했다. 그중 49년 졸업반과 50년 졸업반 간의 경쟁도 빼놓을 수 없다. 3월 19일 짐은 이렇게 썼다.

"수요일은 개교 100주년 기념일이자(마침 우리 49년 졸업반이 졸업하는 해) 우리 학교의 연례 여학생의 날이기도 했습니다. 여자들이 친구들과 데이트하며 숙소를 개방하고 대체로 숙녀답게 행동하는 날이지요. 속에 널따란 테두리와 버팀장치를 받치고 겉에 겹겹이 레이스를 단 거창한 스커트 차림에 머리를 위로 말아 올린 여학생들은 남자들보다 훨씬 재미있었습니다. 그중 한 명이 저를 학생 대 교수 농구시합에 끌어들였습니다. 저는 이모집에 가서 이모부의 전통 각반과 예식용 모자와 날개 달린 딱딱한 칼라와 검은 나비넥타이와 꼬리 달린 옛 앨버트 왕자풍 코트와 지팡이(개의 머리가 새겨져 있고 총 탄약실이 들어 있는 멋쟁이 지팡이)를 빌려와 멋있게 차려입었습니다. 그리고는 '49년 졸업반 만세!'를 당당히 외치며 출전했지요. 총장부터 수위까지 온 휘튼 가족이 그렇게 흥겨워하는 모습은 감히 상상조차 못해봤습니다. 교수들은 전반전이 끝난 후 막간에 촌극을 보여주어 우리 모두를 포복절도하게 만들었습니다. 신기하게도 저는 4년 동안 학교가 그렇게 단합된 모습은 처음 보았습니다. 저는 20명가량의 다른 의리파와 함께 3주 동안 끝까지 참고 턱수염을 기른 공로로 넥타이를 상으로 받았습니다."

3월 26일 짐은 이렇게 썼다.

"사랑하는 부모님과 가족들에게. 이번 주에는 편지를 두 통이나 받아 기쁩니다. 월요일 어머니의 편지를 받았고 오늘 아침 어머니와 아버지의 동봉된 편지를 받았습니다. 2달러와 우표를 보내주신 것도 감사합니다. 우표를 정리하거나 분류할 짬이 언제나 날지 지금으로서는 막막합니다만 어쨌든 잘 모아두겠습니다.

실비아 맥앨리스터가 막 잭슨 광장으로 가는 길에 제 창가를 지나가면서 편지를 방해하는군요. 옛정을 생각해 큰소리로 답례하지 않을 수 없네요. 이모가 실비아를 주말에 초대했었으나 마침 이모 가족이 다른 곳에 저녁 초대를 받는 바람에 제가 오늘밤 실비아를 채플 성가대 공연에 데려가기로 자청했습니다. 기숙사의 남자들이 다 데이트를 나갔으므로 우리는 공연 후 이곳에 와 과자와 아이스크림을 먹을까 합니다. 저를 포함해 네 명이 재미로 작은 하모니카 4중주단을 만들었습니다.

하모니카는 지난 주 맥스웰 가에서 산 겁니다. 독일제 더블리드 제품 새 것이 1달러 50센트에 나와 있잖아요. 클리블랜드에서 알아봤던 같은 제품의 반값도 안되는 것이었지요. 그래서 바로 샀습니다.

오늘 처음으로 새싹이 움트는 것을 보았습니다. 바깥은 우중충하고 빗발이 들고 있지만 이번 주에 푹한 봄날씨가 이틀이나 있었습니다. 바야흐로 모든 것이 기지개를 켜고 있는 것이지요. 수업은 딱 10주 더 남았습니다. 3-4학년 간의 활동에도 위험한 경쟁의 싹이 나타나고 있습니다. 저마다 상대 쪽에 맛을 톡톡히 보여주겠다고 벼르고 있거든요. 우리 49년 졸업반은 작년 3학년 때 정말 대단했었고 이번 100주년 기념행사에서도 실력을 유감없이 발휘했지요. 그래서 50년 졸업반은 질투심에 불타고 있습니다. 제 룸메이트는 3학년 후배입니다. 3학년은 어젯밤 큰 파티를 열었는데, 나중에 룸메이트가 들어올 때 보니 우리 졸업반 선배들을 마구 깔아뭉개는 야만적 노래들이 적힌 종이를 들고 있더군요. 갑자기 기숙사의 조명이 희미해지더니 청중들에게 '쉿' 하는 소리가 났습니다. 그리고는 제1막의 막이 올랐지요……"

다음은 그로부터 한두 주일 후의 편지다.

"내일 밤 레슬링부 파티가 있습니다. 즐거운 시간이 될 것 같습니다. 저는 남부 출신의 파트너 '텍스' 칼슨과 함께 옛날 노래를 몇 곡 부른 뒤 댄 맥그류의 '저격'과 샘 맥지의 '화장火葬'에 나오는 말을 인용할 생각입니다. 그녀는 우쿨렐레라는 기타 비슷한 악기가 있어, 우리는 화음도 맞추고 익살도 부려 친구들을 즐겁게 해줄 참입니다. 학생들은 바보짓으로 청중을 웃기는 기질이 조금만 보이면 누구한테나 반드시 무대를 내줍니다. 제게 가장 신경 쓰이는 것은 제가 이런 시간을 즐긴다는 사실입니다."

바울은 "그런즉 너희 자유함이 약한 자들에게 거치는 것이 되지 않도록 조심하라"(고전 8:9)고 권면했다. 턱수염을 기르면서까지 학급활동에 참여하게 된 짐의 자유는 적어도 한 동료 학생에게 거침돌이 되었다. 어느 날 아침 한 여학생이 짐을 찾아와 그의 턱수염이 허영의 표출로 보인다고 말했다. 짐은 부모님에게 "수염은 다음날 아침 하수구에 떠내려갔습니다"라고 썼다.

일기는 이렇게 계속된다.

4월 14일. "친구들과의 교제는 늘 신나고 재미있지만 오늘밤은 영혼까지 흥분하며 푹 빠졌던 것 같다. 나쁜 것은 아니지만 그렇다고 좋은 것도 아니다. 종합시험 공부를 하려고 앉아서도 로버트 서비스의 옛 노래들이 귓전을 떠나지 않는다. 내 영혼이란 참 묘한 곳이다. 영혼이 **인격**보다는 **장소**로 느껴진다. 좌정하신 그리스도의 고결한 생각이 들어오든 이런저런 시인의 쓸데없는 시구가 들어오든, 영혼은 자기 안에 들어온 것을 반향할 뿐이다. 영혼은 자기 안에 무엇이 들어오는지는 상관하지 않는 것 같다. 항상 무엇인가로 채워져 있기만 하다면 말이다. 선택에 관한 한 영혼은 수동적이다. 내가 선택하면 영혼은 반응한다. 그 반응은 귓전에 맴도는 웃음소리일 수도 있고 감정일 수도 있고 순결한 예배일 수도 있다. 영혼은 장인匠人이 아니라 연장이다. 그래서 영혼은 통제돼야만 한다. 영혼은 침대처럼 도덕이 없다. 그러나 침대는 불륜관계의 장소가 될 수 있다. 하나님의 아들이시여. 내 면을 깨끗하게 하시는 분이여. 내 앉고 일어섬을 살피시는 분이여. 제 영혼을 거룩하게 하소서. 선택은 제 몫이라고요? 아, 그렇습니다. 선택은 제 몫입니다."

다음은 4월 16일 가족들에게 보낸 편지다.

"4학년 친구들과 함께 미시간 호 모래밭에 갔었습니다. 좋은 시간이었습니다. 수업이고 뭐고 다 빼먹고 계속 친구들과 함께 있고 싶은 마음 간절하더군요. 철저히 주 예수님을 위해 그리고 그분과 함께 사는 삶을 이해하는 친구들이 극히 적습니다. 그들을 바로 대하는 법을 알았더라면 하는 아쉬움이 지금도 남습니다. 이 봄을 나 혼자만 만끽하고 있는 것 같습니다."

5월 10일 편지에는 이렇게 썼다. "이번 주말에 4학년 친구들이 록포드에 가 한 여학생의 농장에서 야영하기로 했습니다. 일요일 밤에 떠나 월요일 수업을 빼먹을 생각입니다. 정말 멋진 시간이 되겠지요. 저한테 말씀묵상 시간을 인도해달라고 하는군요. 제가 도움이 되도록 기도해주십시오. 다음다음 주말은 금요일에 떠나 월요일에 돌아오는 '비밀'여행입니다. 친구들은 제게 성찬 예배 인도를 맡겼습니다. 그런 일은 처음이니 기도해주십시오.

버트 형 부부가 떠날 때가 됐지요. 어제는 우리 가족들이 하나하나 떠올랐습니다. 어머니 아버지, 분명 힘드실 줄 압니다. 하지만 주님이 이유를 아십니다. 이런 상황에서는 어떻게 기도해야 할지 막막합니다. 에이미 카마이클의 말처럼 다들 선하신 주님

안에서 힘을 얻게 되기를 빌 뿐입니다.

> 내 사랑하는 자로 인해 나 염려하지 않으리.
> 늘 그랬듯 사랑은 그를 위한 일을 알기에.
> 내 마음이 아끼는 그들이라면
> 주님의 마음에도 소중한 것을!

주님께서 친히 하셔야만 합니다. 저는 할 수 없습니다. 부모님을 위해 올바로 기도조차 할 수 없습니다. 하지만 주님께서 형 부부를 부르셨다면 우리가 무슨 권리로 편안함과 잠자기를 좋아하는 우리 영혼에게 '무슨 의사로 이것을 허비하느뇨'(마 26:8)라고 중얼거릴 수 있겠습니까? 그럼에도 우리는 그들을 위해 말로 기도하는 법을 배워야 합니다. 하나님은 은혜로 우리에게 중보기도의 수고를 가르쳐주십니다. 먼저 그들의 영혼을 세워주시고 힘 주시도록 기도한 뒤 그 다음에 그들이 섬길 사람들을 위해 기도해야 할 것입니다. 바울은 빌립보 교인들에게, 그들이 옥에 갇혔거나 적과 직접 맞붙어 싸우고 있지 않다 할지라도 그들의 믿음은 그런 상태에 있다고 말했습니다. 아울러 그는 그들에게 복음의 싸움에 가담할 것을 권했습니다. 그들에게 주신 복음은 믿으라고만 주신 것이 아니라 그리스도를 위해 고난받으라고 주신 것이기 때문입니다. 그러니 우리도 형 부부를 위해 함께 수고하는 법을 배웁시다.

오늘밤 달이 거의 보름달입니다. '생각에 잠긴 듯 푸른' 달빛을 거의 온종일 볼 수 있었습니다……. 생각해보십시오. 오늘로부터 한 달쯤 후면 제가 가족들을 보게 됩니다. 어머니, 그때 여기서 즐겁게 머무실 수 있도록 건강이 좋으시기를 빕니다."

5월 말은 '졸업반의 비밀여행' 시간이었다. 49년 졸업반이 보란 듯이 50년 졸업반을 따돌리고 위스콘신에 올라가 주말휴식을 즐긴 것이다. 1년 전만 해도 짐은 자신이 그런 재미난 일에 가담하는 것을 허락하지 않았을 것이다. 그러나 짐은 내게 이렇게 썼다.

"지난 3개월간, 다분히 내 행동의 동인이 되었던 이전의 경건한 '금지규범'이 무너져 내렸습니다. 주님은 나를 많은 일들에서 자유롭게 해주셨습니다. 한때 내 행동을 지배했던 '신성하고' 선량한 태도, 융통성 없는 자잘한 법칙들에서 말입니다. 지금 저는 새로운 교제와 새로운 자유와 새로운 낙을 누리고 있습니다. 하지만 내 추가 너무 급히 움직였나 봅니다. 어떤 일에서는 내 자유가 방종이 되었고 일부 사람들에게 걸림돌이 되기도 했습니다."

짐은 '비밀'여행중인 5월 22일 부모님에게 이렇게 썼다.

"아름다운 일요일 오후 학급 친구들과 함께 미시간 호반에 앉아 있습니다. 정말 최상의 경험입니다. 북부 위스콘신의 공기와 야외 풍경에 모든 제약이 스러지니 모든 것이 자유스러울 뿐입니다. 자세한 보고와 사진은 나중에 보내드리겠습니다. 3학년 후배들은 우리의 짐이나 행선지를 감쪽같이 몰랐습니다. 복수의 비밀여행이라고나 할까요.

지난 주에 가족들 생각을 많이 했으나 미처 편지를 보내지 못했습니다. 로스앤젤레스까지의 여정과 작별은 어땠는지 궁금합니다. 우리 졸업반 학생회장 에드 맥컬리는 지난 주 프리스코에서 열린 전국 웅변대회에서 우승했습니다. 밀워키 교회 출신인데 저의 좋은 친구지요. 그가 어제 비행기로 돌아왔는데 우리는 우승을 축하하며 다짜고짜 그를 호수에 빠뜨렸답니다.

형과 형수는 선교지로 가는 동안 주님이 가까이 계심을 느끼며 확신과 평안을 누릴 줄 믿습니다. 오늘 '각 족속'(계 5:9)의 복음을 모르는 자들을 새삼 생각했습니다. 개척사역이 필요한 지역들에 대한 관심이 더 널리 퍼져나갔으면 좋겠습니다. 하지만 그런 사역에는 확실한 부르심이 있어야 하는데 저는 주님이 어느 지역을 위해 저를 준비시키고 계신지 아직 잘 모르겠습니다…….

점수는 아직 모르지만 종합시험에 큰 어려움 없이 통과했습니다. 다음주 전까지 아직 리포트가 두 개 더 있어서 그때까지는 바쁘게 움직여야 할 것 같습니다……. 이것저것 내게 소중한 활동들이 너무 많아 꾸준히 기록하는 일을 소홀히 했습니다. 그런 일에 너무 빠져 저 자신을 말씀에 비춰보지 못하고 모든 말씀을 저 자신에게 적용하지 못하는 일이 없도록 기도해주십시오."

다음은 5월 26일 짐이 내게 보낸 편지다.

"비밀여행이 끝났습니다. 나로서는 거기서 얻은 유익을 아직 다 정리하지 못하고 있습니다. 정말 신나고 재미있었고, 영적인 면에서도 내가 늘 알고 싶었던 친구들과 사귈 수 있었지요. 다만 유감스럽게도, 개인적으로 꾸준히 말씀을 묵상하지 않고도 좋은 시간을 보낼 수 있으리라 믿었던 내가 너무 어리석었습니다. 그 자리를 대치할 수 있는 것은 아무것도 없습니다.

지난 주말 우리의 성찬예배에 당신도 함께 있었다면 좋아했을 것입니다. 큰 포도주병과 유난히 큰 빵덩이를 준비했지요. 서두에 간단한 나눔이 있은 후 몇몇이 돌아가며 모임을 이끄는 동안 우리는 기도하고 잘 아는 찬송들을 불렀습니다. 맥컬리가 떡을 떼고 포도주를 위해 감사기도를 드렸습니다. 단 하나의 잔과 접시가 총 180명에게 돌아가느라 오랜 시간이 걸렸습니다. 성찬이 도는 동안 우리는 '주의 성령 내 마음에 임하니', '주 달려 죽은 십자가', '나 같은 죄인 살리신', '날 붙드시는 주 사랑', '면류관 가지고' 등 찬송을 불렀습니다. 영혼에 깊은 은혜를 받아 그분을 예배하지 않은 자가 없었습니다. 오, 성령께서 왜 좀더 자주 우리를 이렇게 인도하실 수 없는 것일까요? 언제까지나 우리는 사람들의 영혼 안에 성령의 일을 이루기 위해 인간의 프로그램을 믿으려 들까요?"

짐이 자신의 '르네상스' 경험을 통해 배운 한 가지 교훈이 나중에 내게 보낸 편지에 잘 나타나 있다.

"내 르네상스 경험 중 하나는 나와 신앙 수준이 다른 친구들 속에 함께 있으면서 그들과 즐겁게 교제하는 것이었습니다. 거기에는 아주 미묘한 덫이 있다는 것을 알았습니다. 처음에 나는 그들을 섬기고 '연약한' 그들에게 '도움'이 되려는 마음으로 그들과의 교제에 나섰습니다. 그러다 내 진짜 동기를 느끼며 큰 책망을 받았습니다. 바로 **내가** 섬길 수 있다는 생각이었지요. 사랑은 그런 태도를 즉각 잘라냈습니다. 사랑은 자기를 내세우지 않기 때문입니다. 나는 굳이 '영적인 쪽'을 의식하지 않고 단순히 모든 그룹에서 순전히 **사랑하는** 법을 배웠습니다. '도와주려는' 태도에는 이미 선행의 냄새가 들어 있어 순수하지 않습니다. 우리의 동기는 오직 함께 **있는** 것입니다. 아무것도 하거나 알지 않고 아무 행동도 없이 그저 아버지의 사랑으로 태어난 한 죄인 된 육신으로 곁에 있는 것입니다. 베티, 그럴 때 우리는 비로소 패배가 있을 수 없음을 알게 됩니다.

우리, 승리를 얻을 때나 재난을 만날 때나
그 두 사기꾼을 똑같이 대할 수만 있다면······.[1]

그러므로 지식이 나를 교만하게 하든 육신의 절망이 나를 오그라들게 하든, 그리스도의 사랑이 나를 '강권합니다'(고후 5:14). 그제야 모든 작은 사건들도 의미를 띕니다. 마지막 순간까지 사랑할 수 있을 때에만 말입니다. 케블Keble의 시는 큰일을 앞두셨던 그리스도를 우리에게 일깨워줍니다.

'그리스도가 본분을 잊으셨는가?'
많은 사람들 다급하게 물어대도
묵묵하게 겸손히 의무를 다하시며

긴 세월 마리아 옆에 거하신 주님."

졸업을 불과 몇 주 앞둔 시점, 짐은 여름을 어떻게 보낼지 주님의 뜻을 구하고 있었다. 짐의 형 밥은 자기네 부부가 살 집을 지을 계획을 편지로 알려왔었다. 짐은 그 일을 돕게 될 날을 기다렸다.

"3개월간 건물을 짓는 것이 다시 3개월간 책을 보는 것보다 선교지 생활에 훨씬 요긴한 준비가 되리라 확신합니다. 물론 지금의 제가 있게 해주고 아무 말 없이 모든 학비를 대준 집에도 막중한 책임감을 느낍니다. 하나님이 가장 잘 아십니다. 하나님은 자신의 뜻을 불이나 지진으로 보여주시지 않고 우리가 그분의 임재 안에 조용히 거할 때 보여주십니다. 그분의 자녀들은 자기 삶 속에서 그 임재를 해석하는 법을 금방 배우게 됩니다. 이상하게도 우리는 '길들여지기에' 얼마나 더딘 자들인가요. 끈질긴 육신은 우리 내면에 물든 반역의 화신입니다. 그것을 굴복시키려면 오랜 세월 깨뜨리고 치유하는 작업이 둘 다 필요합니다.

하나님 앞에서 진지하게 그런 결단을 내립시다. 올해는 우리 집에나 나라에나 위기의 한 해임을 다들 느낄 수 있을 것입니다. 우리는 삶의 기초도 없이 내던져진 이 땅의 방랑자들이 되어서는 안됩니다. 우리는 다윗이 형통할 때 고백한 것처럼 '내가 영영히 요동치 아니하리라'(시 30:6)고 자랑할 수 있습니다. '내 마음이 저를 의지하여 도움을 얻었도다. 그러므로 내 마음이 크게 기뻐하며'"(시 28:7).

3부 | 포틀랜드, 오클라호마, 위스콘신
인디애나, 일리노이, 포틀랜드
(1949–1952년)

11. 자유시간의 시험

그 아들을 이방에 전하기 위하여 그를 내 속에 나타내시기를 기뻐하실 때에 내가 곧 혈육과 의논하지 아니하고…… 오직 아라비아로 갔다가…… 그후 삼 년 만에 내가…… 예루살렘에 올라가서. (갈 1:16-18)

최우등으로 휘튼을 졸업한 후 짐은 최소 3개월간 집에서 보낼 생각으로 부모님과 함께 자동차 편으로 서부로 돌아왔다. 대학의 "정든 친구들"을 떠나기란 쉽지 않았다. 졸업 후 자신에 대한 하나님의 뜻을 아직 몰랐기 때문에 특히 더 그랬다. 졸업생들에게 흔히 던지는 "앞으로 뭘 하실 겁니까?"라는 질문 앞에 짐은 대답할 말이 없었다. 그러나 그 답을 어디서 찾아야 할지는 알았다. 1949년 7월 8일 일기에 짐은 이렇게 썼다.

"드디어 집에 왔다. 4년간 하나님의 모든 은혜에 대한 감사와 왠지 '내 자리'가 아닌 것 같은 기분이 묘하게 엇갈린다. 하나님,

일반 사람들의 인생 흐름에 따라 살지 않도록 저를 지켜주소서. 홀랜드J. G. Holland의 말처럼 '공적 직무에서나 사적 사고에서나' 세상을 초월해 살게 하소서. 서비스의 시에 나오는 인물과 같은 그리스도인들이 얼마나 될까.

> 마지막 운 좋은 실족에서 일어났다.
> 그러나 왠지 삶은 내 생각과 다르며
> 왠지 황금이 모든 것도 아니다.[1]

제 삶의 길을 누구에게 가 물어야 할까요? 누구에게서 본을 찾아야 할까요? 주님이지요? 그렇습니다. 저는 주님께 갑니다."

이번에 주님이 짐에게 주신 가르침은, 1년간 포틀랜드에 머물며 교회에서 힘닿는 대로 돕되 무엇보다 집중적 성경공부를 통해 자신의 영혼을 준비하라는 것이었다. 짐은 우선 교회당 건물의 페인트칠을 거드는 일로 시작했다. 그러나 그 시간조차도 그는 영적 유익을 위해 활용했다. 7월 12일 빌 캐더스에게 보낸 그의 편지가 그 점을 잘 보여준다.

"저번 날 아버지와 함께 페인트 붓을 들고 흔들리는 발판을 딛고서 높은 탑에 올라갔을 때 아버지와 나는 젊은이들을 주님의 일을 위해 준비시키는 방법에 대해 얘기했습니다. 우리는 성경학교의 인위적 분위기로는 만족할 수 없다는 데 동감이었습니다. 곧 바울이 자기 주변 사람들을 또 다른 사람들을 가르치는 자로 훈련시켰던 방법에 대한 얘기가 나왔습니다. 밧줄을 잡고 도르래를 굴려 아직 페인트칠이 안된 쪽으로 내려올 때쯤 아버지는 이렇게 말했습니다. '짐, 한번 기도해봐라. 주님의 뜻이라면 내년 여름에 너하고 빌과 함께 몬태나로 들어가보고 싶구나.' 형제님, 어떻습니까? 물론 그것은 졸업 후 한동안까지 형제님이 결혼을 계획할 수 없다는 뜻이지요. 신혼부부들에게는 안정될 때까지 실전의 짐을 덜어주는 것이 하나님의 명이라 생각돼서요. 그 점에 대해서는 신명기 24:5을 보기 바랍니다. 한번 기도해보십시오. 나도 기도하겠습니다. 비용은 우리 힘으로 대야 합니다. 천막집회도 좋고 야외집회도 좋고, 아무튼 말씀을 들을 사람이 하나라도 있다면 어디든 갈 겁니다. 그리고 우리한테 그런 관심이 생기고 영혼들에게 도움이 될 수 있는 경우라면, 필요한 대로 얼마든지 머물며 그들을 세워주고 교회 형체를 갖추어줄 것입니다. 우리는 남의 말로 하기 전에 먼저 우리말로 이런 일을 하는 법을 배워야 합니다. 그렇지 않습니까?

바울과 바나바처럼 함께 주님을 섬기는 것에 대한 형제님의 말은 나도 처음 생각하는 일은 아닙니다. 사실 종종 내 은밀한 소원이기도 했지요. 서로의 믿음을 통해 우리를 그런 길로 인도하시는 것이 우리의 위대한 목자이신 하나님의 뜻 가운데 있다 해도 나는 놀라지 않을 것입니다. 하지만 이 일에서도 우리는 그분의 때를 기다려야겠지요.

지난번 편지를 보낸 후로 내 영혼 속에 뭔가 작은 역사를 경험하고 있습니다. 사도행전 묵상에 많은 시간을 들이면서 그분의 길, 즉 그분이 일하시는 방법을 알고 싶은 갈급함을 느낍니다. 오, 우리에게 얼마나 성령이 필요한지요. 라오디게아에 대한 경건한 혐오를 그분이 주셔야 합니다. 그리고 마음이 비딱해지는 것이 아니라 여호와를 자기 하나님으로 삼은 자들의 특징인 심령의 기쁨을 간직하게 해주셔야 합니다.

장엄하고 즐거운 놀람에 마음이 매혹되어
이후로 모든 이들 속에서 자신을 견뎠다.
사람들의 조롱과 웃음에 말없이 돌아서며,
오직 진지하게 듣는 눈빛에만 이끌렸다.[2]

우리가 서로의 영혼을 향해 품고 있는 관심과 하나님의 사랑으로 형제님께 권합니다. 내 어두운 육신으로 보지 못하는 심령의 돌아섬을 내 안에서 보거든 인내로 내게 경고하고 지적해주십시오. 빌리, 매사에 주님이 형제님을 위해 일하심을 알기에 평강이 있기 바랍니다. ―충심으로, 짐."

다음은 7월 19일 짐이 내게 보낸 편지다.

"요즘은 이상한 기다림의 나날인 듯합니다. 형식적 과정이 마무리될 때까지 제자리걸음하는 시간 같다고 할까요. 하지만 주님의 뜻을 놓친 것은 아니라고 확신합니다. 건축[형의 집]은 아직 착수하지 못했습니다. 집터 경계선을 놓고 시청과 가벼운 실랑이도 있고, 융자받는 문제도 있고, 설계도 세목에 대해 피차 합의하는 문제도 있기 때문입니다. 그동안 아버지와 나는 주변 잡일도 하고 집 페인트칠도 하고 차도 고치고 교회 청소도 하고 있습니다. 사소하고 자질구레한 일 같지만 어쨌든 필요한 일이군요.

이럴 때 얼마나 영적으로 게을러지기 쉬운지요! 물론 성도들을 가르쳐 일깨워야 하는 일도 있고 매번 주일이면 감옥집회와 노방집회로 바쁘지만 그래도 하루하루 덧없이 허송하는 성향이 아주 강하게 나타나고 있습니다. 지난 토요일 밤 주님은 시편 84편 말씀으로 제게 도전하셨습니다. 5절에 보면 '주께 힘을 얻고 그 마음에 시온의 대로가 있는 자는 복이 있나이다' 했습니다. 저한테는 이런 의미로 다가왔습니다. '네 마음은 그 곁길에서 나오려고 정말 애쓰고 있느냐? 아니면 남들이 도움을 기다리고 있는데 그저 안주하며 지척거릴 셈이냐?' 현재 나는 어쩌다 그 대로를 벗어나 있습니다. 차라리 제 상태는 제단 밑에서 쉬는 3절의 참새에 더 가깝습니다. 그렇다고 제 심령이 대로를 향한 열망을 잃어서는 안되겠지요. '힘을 얻고 더 얻는다'는 7절 말씀은 경고이자 약속입니다. 결국 모든 사람이 하나님 앞에 각기 나타난다고 했습니다. 그때 내 영혼은 어떤 모습일까요?

국내사역에서 나 자신을 입증할 때까지는 미국에 머무는 것을 감수할 수밖에 없습니다. 다른 형제들이라도 마찬가지일 것입니다. 그래서 아버지와 함께 영국령 가이아나에 나가지 않는 한〔잠시 그런 가능성을 고려했었다〕 나는 외국에 대한 길을 분명히 보여주실 때까지 기다려야 합니다. 그래도 시간 낭비는 아닙니다. 누구보다도 베티 당신이 잘 이해하리라 믿습니다……. 주님의 반가운 약속을 확신합니다. '여호와께서 **은혜**와 **영화**를 주시며 정직히 행하는 자에게 좋은 것을 아끼지 아니하실 것임이니이다'"(시 84:11).

일기는 이렇게 계속된다.

7월 23일. "오늘 교회당 일부에 페인트를 칠했다. 너무 바빠 주님의 일에 직접 관련된 다른 일들은 하지 못했다. 다윗과 요나단의 교제를 나눌 친구가 그립다. 종일 먹고 일하느라 마음을 새롭게 할 영적 힘이 부족하다. 말씀을 읽으며 하나님을 구하는 시간도 있지만 열망이 시들해진다. 주님, 들꽃 같은 저를 붙들어주소서. 여호와여, 저를 지탱해주소서. 주님의 오른팔은 강하나 제 손은 약함입니다! 다시 토요일 밤. 일에 지쳤지만 지금 주님께 뭔가를 구하고 있다. 주님, 이 약하고 무른 손으로 무엇을 지을 수 있을까요?"

7월 26일 화요일. "자만심의 고백—어제 데이비드 브레이너드의 일기에서 읽은—은 내게 매시간 필요한 일이다. 요즘 내 생각은 얼마나 더럽고 추해졌는가. 친절이나 동정을 잃은 정도가 아니라, 단순히 없애려는 **의지**만으로는 극복될 수 없는 부패하고 음란한 생각이다. 이런 상태로 어찌 감히 하나님의 성도들을 섬길 수 있단 말인가? 주님, 제 육신을 꾸짖어주시고 제 심령을 악에서 구하소서."

8월 4일. "오, 인내의 목자여. 오늘은 더욱 메마른 제 영혼을 고백합니다. 일이 더디다고 화내고 심기가 틀어지고 비판이 치밀었던 적이 얼마나 많았던가요. 그런 삶의 영향이 자신에게만 미치는 것이 아니라 불평불만의 작은 누룩이 단체 속에 퍼져 전체 모양을 바꿔놓는다는 사실을 오늘밤 깨닫습니다. 온유하신 구주여, 사나운 혀와 악한 입술도 주님 앞에 드리오니 깨끗게 해주소서. 오, 거룩하기 원합니다! 주 예수님, 아무리 미약할지라도 제가 조금이나마 주님의 성품을 닮았다는 것을 한순간이라도 느껴볼 수 있다면 얼마나 좋을까요. 오늘밤 호레이셔스 보나Horatius Bonar의 말이 마음에 와닿습니다. '거룩함이란 금욕이나 침울함이 아니다. 그 둘은 경박함과 경솔함 못지 않게 거룩함과 무관한 것이다. 거룩함이란 현재 순간에 의식되는 **평안**의 결실이다.'"

8월 21일. "하나님의 뜻은 나를 통해 선한 일을 하시는 것이다. 큰 사람이 되려는 내 열망은 그분의 그런 뜻을 꺾어놓기 쉽다는 것을 오늘밤 깨닫는다. 오, 주님. 진지하고 정직한 마음으로 다시 한번 기도합니다. 저는 큰 사람이 되지 않겠습니다. 오직 하나님의 **선하심**을 제게 주소서."

짐 어머니의 거듭된 초청에 나는 9월에 캐나다 앨버타에서 집으로 돌아가는 길에 포틀랜드를 방문했다. 앨버타의 농촌 선교 사역으로 여름을 보낸 후였다. 터미널로 마중나온 짐은 나를 데리고 타볼 산으로 갔다. 그의 집이 눈 덮인 후드 산을 마주보고 서 있는 곳이었다. 엘리엇가가 1922년 처음 이사온 이후로 집이 크게 늘어났다고 했다. 이제 집은 가파른 산중턱에 아늑하게 펼쳐져 있었고 주변에는 각종 과일나무와 꽃이 둘려 있었다. 유리문 현관에는 저마다 설명이 붙은 화분에 꽃과 식물들로 가득했다.

안에 들어서 나는 처음으로 짐의 어머니를 만났다. 부드러운 회색머리와 한없이 인자한 미소가 전체적으로 푸근한 인상을 풍겼다. 다음 아버지가 나를 맞아주었다. 억세고 다부진 체격에 이전의 빨간머리는 회색으로 변해 있었다. 이어 '프로스티 아줌마'를 만났다. 엘리엇 여사가 20년 넘게 보살펴온 왜소한 할머니로, 점잖고 키가 작았으며 말투에 약간 영국 억양이 있었다. 짐의 열여섯 살 여동생 제인과 척추교정 의사인 형 밥도 함께 있었다.

어느 날 짐은 나를 아름다운 오리건 해변으로 데려갔다. 우리는 거대한 바위 곳 밑에서 수영하다가 나중에 유목을 모아 지핀 모닥불가에 앉아 태평양의 낙조를 구경했다. 이후 여러 날 동안 우리는 후드 산에 등산도 가고, 컬럼비아 강에서 카누도 타고, 차를 몰아 멀트노마 폭포에 다녀오기도 했다.

짐은 나중에 이렇게 썼다. "묘하면서도 정말 행복한 나날이었다. 나의 하나님, 주님께서 주신 날들이 아닌가요? 우리가 알아온 이 사랑에 결실을 주시지 않을 건가요? 주님의 뜻대로 되기 원합니다. 하지만 기다린다는 것이 얼마나 불가능해 보이는지요. 그래도 하나님과 함께라면 불가능한 일이 없습니다."

고속버스 터미널에서 헤어진 후 짐은 일기에 이렇게 썼다.

9월 13일. "베티가 떠난 지 한 시간밖에 안됐다. 그 짧은 시간에 아픔이 천둥처럼 내 속을 훑고 지난다. 버스에서 돌아서는데 네온사인을 읽을 수 없었다. 지나가는 사람들을 마주볼 수도 없었다. 베티를 보내기가 정말 힘들다. 티즈데일Sara Teasdale의 시가 생각난다.

내 사랑에게 무엇을 줄 수 있을지
별이 빛나는 하늘에게 물었네.
하늘은 내게 침묵으로 답했네.
저 위의 침묵으로.

물고기들 유유히 헤엄치는
어두운 바다에게 물었네.
바다는 내게 침묵으로 답했네.
저 아래 침묵으로.

그녀에게 눈물도 줄 수 있고
노래도 줄 수 있건만
어찌 내 한평생
침묵을 줄 수 있으리.[3]

베티를 볼 때마다 나는 들려줄 대답이 없다. 오직 기다려야만 한다. 얼마나? 무엇을 위해? 나는 모른다. 오 내 쓰라린 순간들의 하나님, 눈물 흘리신 그리스도의 아버지여. 주께서 직접 저를 인도하소서. 성령께서 주신 믿음으로 이렇게 구해도 될까요? 다시는 우리가 침묵으로 헤어지지 않게 하소서. 표현되지 않는 사랑은 얼마나 쓰라린 것인지!

언덕의 전나무 아래 앉아 해가 지고 달이 뜨도록 나는 울었다. 마음에 이런 말이 떠올랐다.

> 바퀴는 그녀를 내 손닿지 않는 곳
> 침묵 속으로 데려갔다.
> 우리를 둘러싼 어둠이 우리 영혼을 삼킬까,
> 그리하여 우리가 진짜 중요한 것을
> 보는 시각을 잃을까 두렵다.
> 하지만 아니다. 밤을 주관하도록
> 저 달에게 빛을 주신 햇빛이
> 낮을 주관하시는 우리 하나님이시기에."

10월 7일. "내가 아주 힘든 시험을 받고 있음을 오늘에야 깨닫는다. 바로 자유시간의 시험이다. 주님은 외적인 활동을 모두 가져가셨다. 작업도 없고, 쓸 돈도 없고, 할 일도 없다. 이런 날들을 허비할까 두렵다. 오늘 하루는 읽고 쓰고 잠시 기도하며 보냈다."

10월 16일. "오늘밤 주님 안에서 아주 행복하다. '풍부에 처할 줄 아는'(빌 4:12) 문제에서 시험받고 있음을 느낀다. 모든 것이 나한테 좋게 돌아가고 있는 것 같다. 집에 와 살면서 생기는 소소한 일들을 빼고는 아무런 할 일도, 의무도 없다. 건강도 너무 좋다. 교회 상태도 행복하고, 비록 기적은 별로 없어도 교제 안에 형통함의 증거가 있다. 물론 이곳 집에서도 내가 희생의 길을 택하기만 한다면 해결해야 할 부담은 얼마든지 많이 있다. 주 예수님, 풍부에 처할 줄도 알고 비천에 처할 줄도 알았던 그 사도의 주님이시여. 이번 주에도 제게 신실함을 주소서. 후퇴하지 않게 하소서."

10월 18일. "어젯밤, 하나님의 영광을 사모하는 깊고 간절한 열망이 나를 사로잡았다. 앞지르는 생각을 기도의 말로 따라잡을 수 없는 시간. 부족함 때문에 숨막힐 것만 같은 내 모습. 열망은 간절하지만 이럴 때일수록 말은 별로 없다. 그리고 믿음도 그다지 크지 않음을 솔직히 고백한다."

10월 24일. "오늘 브레이너드의 일기를 많이 읽다 보니 오늘 밤 그리스도인 전기의 가치를 새삼 느낀다. 그 책에 깊은 자극을 받아 더 기도하게 된다. 그리고 자신에게 하나님의 능력이 없는데도 냉담한 내 태도에 놀란다. 방금 히브리서 13:7 말씀을 묵상했다. 하나님의 말씀을 우리에게 이른 자들을 기억하며 '저희 행실의 종말을 주의하여 보고 저희 믿음을 본받으라'고 돼 있다. 문득 1947년 여름 고포스Goforth의 「삶 *Life*」과 「내 영으로 *By My Spirit*」를 읽으며 받았던 도전, 허드슨 테일러의 「영적 비밀 *Spiritual Secret*」과 「한 영혼의 성장 *The Growth of a Soul*」에서 얻었던 격려가 생각난다. 지난겨울에 읽은 페이턴J. G. Paton의 전기 내용이 요즘 새롭게 교훈을 줄 때도 있다. 그리고 이번에는 신선하게 영혼을 일깨우는 브레이너드의 생애. 오 주님, '저희 믿음을 본받을' 은혜를 제게 주소서."

10월 27일. "지난 몇 달간 브레이너드의 생애를 읽으며 (그의 표현대로) '깊은 아름다움을 맛본다.' 그의 생각은 '이 말세의 참 신앙과 거짓 신앙'에 관한 내 생각과 그대로 일치한다. 그의 글을 읽으며 이런 기록의 가치를 느꼈다. 그리고 경건한 삶을 '이른 나이의 죽음'의 맥락에서 깊이 생각해볼 계기가 됐다."

10월 28일. "천국의 큰 축복 중 하나는 이 땅에서 천국을 맛본다는 것이다. 영원한 것을 얻고자 영원할 수 없는 것을 버리는 자는 바보가 아니다."

10월 29일. "윌프레드 티드마쉬Wilfred Tidmarsh가 버트 형한테 보내온 편지를 읽고서, 나는 단순한 충동으로 그곳 에콰도르 사역에 나 자신을 내놓겠다는 답장을 썼다. 오늘 아침에야 그런 행동이 다분히 주제넘은 것임을 깨닫고, 주님의 분명한 말씀이 있기 전에는 편지를 부치지 않겠다고 속으로 그분께 약속했다. 티드마쉬는 아내의 건강 문제로 부득이 키추아족 인디언 사역을 그만둬야 하는 상황인 것 같다.

얼마 후. 에베소서 4-6장을 읽다가 '세월을 아끼라'(엡 5:16) 는 말씀이 가슴에 와닿았다. '기회를 사라'는 난하주 말씀은 더 큰 힘을 주었다. 헬라어 원어를 살펴본 후에 나는 편지를 부쳐야겠다는 확신을 얻었다."

다음은 10월 31일 짐이 내게 보낸 편지다.

"오늘 기독교학교에 가서 대리교사 원서를 제출했습니다. 오늘밤에는 인근 소년원에 가 아이들 할로윈 파티에서 포Poe의 추리 이야기를 들려주었습니다. 내일 저녁에는 변두리의 한 교회에 가서 불신자 어린이들을 위해 새로 시작한 공작교실을 도와주기로 했습니다. 수요일 오후에는 교회에서 어린이집회가 있었고, 금요일 아침에는 굿월 공업 직원들을 위한 예배가 있었습니다. 낮에는 독서하며 보냅니다. 당신의 아버님께 내가 데이비드 브레이너드의 일기에 깊은 감명을 받았다고 전해주십시오. 지난 주 그 책이 끝났습니다. 그 외에도 밴 린Van Ryn의 에베소서 주해, 오르Orr의 「하나님관과 세계관 *View of God and World*」, 브로드벤트Broadbent의 「순례자 교회 *The Pilgrim Church*」, 번연의 「거룩한 전쟁 *The Holy War*」 같은 책들을 읽고 있습니다. 날마다 조금씩 읽는 방법을 시도하고 있습니다. 저는 그것을 '버림받은 독서법'이라 부르지요. 그냥 틀에 박힌 인습적 독서방법을 피하고 싶어서요. 니체의 「차라투스트리는 이렇게 말했다」, 서비스나 포의 시, 오마르 카이얌Omar Khayyám의 「루바이야트 *Rubeáiyát*」, 존 메이즈필드John Masefield의 글 중 어딘가에 언급된 방법일 것입니다. 오전에 말씀묵상과 기도에 마음을 집중하려니 엄하고 세심한 훈련이 필요하군요. 남은 하루는 성속의 다른 일들로 더럽혀집니다."

다음은 일기 내용이다.

11월 6일. "한없이 달콤한 하나님의 은혜! 성도들과 죄인들과 함께 보낸 행복한 하루였다. 밤에 노방집회에서 한 성공한 남자를 만났는데 마음이 텅 비어 있었다. 내 영혼에서 일어나는 형언할 수 없는 거룩한 은혜의 기적에 어찌 다 하나님을 찬양할 수 있으랴. 그것을 다른 사람들에게 어떻게 설명할 수 있으랴. 그 남자의 영혼을 하나님과 그분의 말씀에 맡겼다. 언젠가 이 일기장에 그가 주님께 돌아와 큰 평안을 얻었다는 사연을 기록할 날을 기대하면서. 지금도 제 글을 읽으시는 주님. 이 글이 믿음으로 쓰여진 것인지, 주님이 제 판단자가 되십니다.

요즘 영원에 대해 생각한다. 영원은 순식간에 우리 눈을 확 뜨게 하고 우리 입을 말없이 다물게 할 것이다. 영원은 모든 불의를 (세상에는 불의가 얼마나 많은가!) 바로잡고, 순교자들의 피를 신원하며, 이 땅의 무의미한 파멸에 삼켜진 평생의 수고를 해명해줄 것이다. 주님, 저를 탁상공론의 교리에서 건져주소서."

11월 8일. "갈라디아서, 에베소서, 빌립보서에 바울이 사용한 '열매καρπὸσ'라는 헬라어 단어의 용례를 막 깨우치고 있는 순간, 어머니가 불러 거실 청소를 하라 하신다. 청소를 마치자 초라한 식탁 장식이 눈에 띄어 밖에 나가 호랑가시나무 잔가지를 꺾어온다. 그러다 보니 밤나무 아래 새로 돋아난 어린 나무들이 생각난다(새들이 나무에서 떨어뜨린 씨앗이 싹튼 것). 나무가 자라려면 그것을 잘라내야 한다. 잘라낸 어린 밤나무로 제인의 방 둘레에 울타리를 쳐줄 생각에 우선 바위 정원까지 뻗어 있는 진달래를 뽑아낸 다음 호랑가시나무를 여남은 그루 가져다 심는다. 아이고! 오늘 아침 헬라어 공부는 그렇게 날아간다!"

11월 9일. "자정이 다 됐다. 잠이 오지 않는다. 저녁 내내「리더스 다이제스트」와 워즈워스William Wordsworth와 콜리지Samuel Coleridge의 시를 읽었다. 성화聖化에는 유익하지 않아도 시각을 넓히는 데 좋다. 방금 막 편지를 부치러 밖으로 나섰다. 달빛이 창백하다. 흩어진 엷은 구름 사이로 노란빛이 새어나온다. 집 앞길 포장 부분의 건조가 더디다. 수채에 썩은 낙엽들이 축축이 젖어 있다. 미동도 없는 차가운 모습이지만 그 차가움보다는 조용함 속에 강인한 힘이 들어 있다."

11월 10일. "그리스도를 얻는다는 것은 안으로 상실을 인정함과 동시에 밖으로 그 상실을 감수하는 것이다. 나도 그분을 위해 잃은 것이 있지만 속으로는 은근히 아끼곤 한다. 바울은 '내가 그를 위하여 모든 것을 잃어버리고 배설물로 여긴다'(빌 3:8)고 고백했다."

11월 11일. "이슬비 내리는 오후, 브로드벤트의「순례자 교회」를 읽고 있다. 책에서 눈을 뗄 때 비에 젖은 옆 뜰을 골똘히 바라본다. 내 속을 훑고 지나는 이 긍휼의 마음과 격정과 자기 성찰의 물결을 어찌 말로 표현할 수 있으랴. 나는 옛날에 쓰여진 이 주제들을 현대화해보려고 줄곧 애쓴다. 재세례, 명목뿐인 개혁으로부터의 분리, 금식, 퀘이커의 자유 등을 오늘의 내 삶에 적용하려 애쓴다. 하지만 '여호와여, 어느 때까지니이까'(시 6:3).

무엇이든 은혜의 원리를 따른 것이 아니면 하나님께로서 온 것이 아님을 이제 분명히 깨닫는다. 내 연약한 간구도 은혜 안에 있다. 내 담대한 기도도 그 안에 있다. 시험에서 건져주심도 그 안에 있다. 결국 내가 천국에 가는 것도 은혜 안에 있다. 은혜로 온 것이 아니라면? 하나님한테서 온 것이 아니다. 오, 지존하신 하나님. 하나님의 영광과 그 아들 예수님의 명예도 그 안에 있습니다. 제가 기도로 구해온 각성도 이 원리를 좇아 믿음으로 말미암아 은혜로 주님의 때에 올 것입니다. 그러니 주님, 제 믿음을 온전케 하소서. 주님의 은혜에만 의지하는 법을 가르쳐주소서. 포틀랜드에서 주님의 거룩한 일이 곧 시작되게 하소서."

11월 19일. "주님의 일에 한없이 연약하고 무딘 내 모습에 그저 놀랄 뿐이다. 성령님과의 교제가 부족한 듯하다. 그러니 영적으로 힘이 없을 수밖에. 주님, 제 부족함과 뒤로 물러서는 부분을 보여주소서. 자신의 잘못을 스스로 깨달을 수 있는 자 누구이겠습니까? 오늘밤 내가 쓸모없는 자임을 느끼며 마음이 우울해진다. 프리츠(11월 6일자 일기 참조)가 주님 안에 들어와 형제가 되어 기쁘다. 그를 구원해주신 하나님께 감사드린다!"

11월 24일. "주님, 저로 완고함 없이 견고하게 하시고, 독단적 태도 없이 올곧게 하시며, 나약함 없이 사랑하게 하소서."

11월 25일. "1년 전 오늘의 일기를 보니 내가 오늘 어떤 길을 가고 있을지 궁금해하는 대목이 있다. 지금의 내 삶은 그때 생각했던 여섯 가지 가능성 중 어느 쪽도 아니다. 처음 두 길은 지금도 가장 절실하게 생각하고 있는 길이다. 그럼에도 그 두 길(페루 또는 인도)을 묵상하노라니 두려움이 몰려온다. 내 부족하고 준비되지 않은 모습, 그런 삶에 대해 너무도 열정이 식은 모습. 지금 주님께서 나를 선교의 길로 인도하고 계시다고 도저히 믿어지지 않을 정도로 그런 내 모습이 강하게 다가온다. 그럼에도 고백한다. '오 영원하신 왕이여, 인도하소서. 나 두려움 **없이** 따르리다.'[4]

오늘 아침 '시와 찬미와 신령한 노래'(골 3:16)를 부르는 진리를 맛본다. 기도가 기도 같지 않을 정도로 기도제목들이 너무 밋밋해 옆으로 밀쳐두고 IVF 찬송가를 집어들고는 심령을 뜨겁게 해주는 노래들을 목청껏 부른다. 내 상태에 꼭 맞는 것 같은 찬송들. 찬송이야말로 그 어느 것 못지 않게 하나님이 그 백성들에게 주신 은혜의 방편이건만 우리는 그것을 활용할 때가 얼마나 적은가!"

11월 29일. "하나님의 모든 은혜 중에 그분의 침묵만큼 놀라운 것은 없을 것이다. 인간들이 그분의 이름으로 거짓을 일삼아도, 하나님의 아들의 권위를 사칭하여 그분의 참 자녀들을 죽음에 몰아넣어도, 굳이진 학문으로 성경을 우화와 거짓말로 와전시켜도, 합리적인 과학의 뒷받침을 내세워 근거 없는 이론들로 하나님의 창조질서를 설명해도, 사실상 하나님을 그분의 우주 밖으로 몰아내도, 하나님이 주신 힘을 가지고 인류의 자율과 독립을 주장해도, 이 위대하신 침묵의 하나님은 아무 말씀이 없다. 양심과 율법과 그리스도를 통해 말씀하신 후 그분은 인간들이 헛된 주장을 버리고 언제라도 그분께 돌아와 성령의 세미한 음성을 듣기를 기다리실 뿐이다. 자신의 피조물을 향한 그분의 참으심과 사랑은 그 정도다. 자멸로 치닫는 피조물들의 신성 모독을 그분은 전능하신 온유함으로 견디신다. 그렇게 오래오래 목소리를 아끼신다. 하지만 오랜 침묵의 그 음성은 마침내 타락한 인간의 귀와 양심과 마음과 생각을 어떻게 깨뜨릴 것인가? 짓밟혔던 정의의 힘으로 뇌성을 발할 것이다. 화인 맞은 양심에 번갯불을 때릴 것이다. 장난치는 먹이를 향해 오래 웅크리고 있던 사자처럼 포효할 것이다. 교만한 인류의 헛된 이론들을 짓밟고 쳐부수고 멸하여 완전히 불사를 것이다. 승승장구하는 강한 용사의 전투의 함성처럼 울려 퍼질 것이다. 한밤중 가위눌린 자의 비명보다 강하게 영혼들을 공포와 위험에 몰아넣을 것이다. 오 하나님, 이 땅에 그 음성이 다시 들려올 때 첫 음조는 어떤 것일까요? 그리고 그 파장은 어떤 것일까요? 전쟁의 함성과 천사장의 소리와 함께 하나님이 친히 나팔을 부시며 하늘에서 내려오시니 인간들은 겁에 질려 혼비백산하겠지요. 그 음성은 오래 참아온 침묵으로 인해 얼마나 더 무서워져 있을까요."

12월 1일. "내가 무직자로 먹고 논다는 주변 사람들의 애기를 듣고 낮에 마음이 몹시 괴로웠다. 이 부분에 관한 한 그들 모두보다도 내 수고가 더 많았다고 믿는다. 1년이라도 내가 직장생활을 해야 한다고 생각하는 이들도 있다. 내게 그럴 마음이 있다는 것을 하나님도 아신다. 이런 말들이 날카로운 비판으로 다가왔다.

그들 앞에서 나를 변호함으로 복수하고 싶은 충동도 강하게 느꼈다. 최근 세 곳의 직장에 지원했던 일, 영국령 가이아나에 갈지도 모르는 상황, 내 말씀묵상, 독서, 집안일들—물론 자질구레하지만—등을 얘기할 수도 있으리라. 하지만 주님께서 내게 말씀을 주셨다. '너희는 사람 앞에서 스스로 옳다 하는 자이나'(눅 16:15). 그런 모습으로 드러나고 싶지 않아 무릎꿇고 기도하며 정오에 오늘의 시편을 읽었다. 17편이었다. 2절이 강하게 와닿았다. '나의 판단을 주 앞에서 내시며…… 주께서 내 마음을 시험하셨으나…… 나의 걸음이 주의 길을 굳게 지켰사오며…… 금생에서 저희 분깃을 받은 세상 사람에게서 나를 주의 손으로 구하소서(14절). 그는…… 자녀로 만족하는 자니이다. 나는…… 깰 때에 주의 형상으로 만족하리이다.' 그렇습니다, 주님. 저는 주의 손안에 있습니다. 주님께서 저를 이끄시고 살피시고 감찰하시고 시험하신 것을 이제 믿음으로 고백합니다. 지금 제가 마땅히 해야 함에도 하지 않고 있는 일이 있다면 그것을 제게 숨기지 마소서. 주의 종이 주를 따르겠습니다."

12월 5일. "'읽는 것에 착념하라'(딤전 4:13). 파라과이와 아마존 강줄기를 따라 사역한 앨런 스미스 선교사의 짧은 전기를 다 읽었다. 에콰도르 키추아족 사이에서 일하는 티드마쉬의 사역에 다시 관심이 끌린다. 구체적인 발걸음의 인도를 통해 어서 보내달라고 기도했다. 시편 18:36 말씀이 믿음을 더해준다. '내 걸음을 넓게 하셨고 나로 실족지 않게 하셨나이다.'"

짐이 내게 보낸 12월 17일자 편지를 보면, 선교지의 비전이 드디어 좁게 가닥이 잡히는 것을 볼 수 있다.

"그간 두 선교사와 구체적인 서신 교환을 나눴습니다. 하나는 에콰도르의 윌프레드 티드마쉬인데(네이트 세인트가 조종하던 선교사 비행협회의 비행기 추락으로 아내가 부상을 입었음) 키추아족 인디언들 사이에 자리잡은 정글사역을 곧 그만둬야 한다고 합니다. 또 하나는 인도 뱅갈로어의 롤랜드 힐Rowland Hill입니다. 양쪽 선교지 모두에 깊은 관심이 끌립니다. 두 사람 다 나에 대한 주님의 인도하심을 간절히 기다리고 있습니다. 한편으로 보면 양쪽 사역은 거의 정반대입니다. 에콰도르 사역은 원시 문맹부족들을 상대로 한 것인 반면, 인도 사역은 영어로 공부하는 고등학생과 대학생 연령의 힌두교 상류층을 상대로 한 것이지요. 힐 형제님은 일부 학생들을 위해 성경학교를 시작하려 하는데, 헬라어 등을 가르칠 자격을 갖춘 사람을 찾고 있습니다. 현지의 일반학교에서도 얼마든지 일할 수 있다고 합니다. 자격도 양쪽 일에 다 맞고 마음도 양쪽 일에 똑같이 끌리니 이럴 때는 어떻게 결정해야 합니까?"

1년 전 짐이 학생선교사대회에서 남미 인디언에게 가기로 결단했던 사실에 비추어볼 때 이것은 새로운 믿음의 시험이었다. 그러나 짐은 자신이 당면한 일들에 계속 충실할 때 하나님이 때가 되면 길을 밝히 보여주실 것이라 믿었다. 조지 맥도날드의 말처럼 "순종할 때 앞길이 보이는 법이다."

12월 19일 일기에는 이런 내용이 들어 있다.

"나는 거룩한 방식으로 움직여야 한다. 즉 보상이나 외관 때문이 아니라 하나님의 성품 때문에 해야 한다. 율법서가 늘 내게 일깨우는 바지만, 계명을 지킬 때도 계명 자체를 위해서가 아니라 하나님을 위해 지켜야 한다. 그럴 때 나는 의롭게 된다. 하나님의 성품이 의로우시기 때문이다. 그분의 성품이 내 품행을 결정한다. '이것을 행하라……. 나는 여호와니라'"(레위기의 계명들을 암시하는 말. 레 19:30 참조).

짐은 12월 27일, 내게 이런 편지를 보내왔다.

"저번 편지에 깜박 잊고 당신의 생일을 언급하지 못했습니다. 선물을 주고받는 것에 대해 함께 얘기한 적이 있는지 기억에는 없지만 그것은 왠지 아주 값싼 일처럼 보입니다. 우리의 관계에 큰 자리를 차지하기에는 너무 시류에 편승하는 관행에 지나지 않지요. 크리스마스의 풍습도 완전히 상업성 장난으로 변질됐습니다. 모든 그리스도인들이 일제히 그런 풍습을 버린다면 나는 정말 기쁘겠습니다. 들뜬 기분으로 주말을 보낸 우리도 오늘밤 저녁식사 때는 다들 피곤한 눈으로 아무 말이 없더군요. 누군가 '크리스마스 이브'의 공상과 마술적 효과를 상쇄하는 의미에서 '크리스마스 이튿날 밤'에 대한 현실적인 시를 쓴다면 이 절기에 대한 우리의 태도가 훨씬 나아지지 않을까 생각됩니다."

그날 밤 일기는 이렇게 돼 있다.

"'영혼에 일어나는 갈증은 하나님의 물을 원한다.'[5] 오늘 아침, 버림받은 기분이었다. 안에 사람들이 너무 북적거려 전혀 기도도 할 수 없었다. 어젯밤 가족모임에서 너무 흥분했다. 지난가을에 주셨던 '흙무더기'(느 4:10)에 대한 교훈이 생각났다. 이 땅의 것에 대한 욕망이 커지고 강해졌다. 그럼에도 만일 그것이 채워진다면 내게 안식이 있을 수 없음을 절감했다. 헬라어를 접어두고 전도서를 본다. 앞부분을 조금 읽었다. 나와 비슷한 비관론이 내게 꽤 도움이 되지만 그 이유는 모르겠다. 내 느낌을 말해주는 듯한 구절들이 눈에 띈다.

'만물의 피곤함을 사람이 말로 다 할 수 없나니 눈은 보아도 족함이 없고 귀는 들어도 차지 아니하는도다'(1:8).

'내가 웃음을 논하여 이르기를 미친 것이라 하였고 희락을 논하여 이르기를 저가 무엇을 하는가 하였노라'(2:2).

'이러므로 내가 사는 것을 한하였노니 이는 해 아래서 하는 일이 내게 괴로움이요 다 헛되어 바람을 잡으려는 것임이로다'(2:17).

'하나님이 인생들에게 노고를 주사 애쓰게 하신 것을 내가 보았노라'(3:10).

'한 손에만 가득하고 평온함이 두 손에 가득하고 수고하며 바람을 잡으려는 것보다 나으니라'(4:6).

어느 외로운 곳에서 내 마음에 문명의 자극과 이기에 갈증이 생길 때 읽어야 할 말씀이다. 내 영혼아, 그때 이 말씀에서 교훈을 받아라. 삶이란 철저히 허무한 것이며, 인간은 밝은 문명 속에 있다고 더 행복해지지 않는다. 불행과 고독은 비참할 수 있지만 공허한 행복과 군중 속의 인파도 실은 그보다 더 비참하다. 이 모두에 대해 의당 한숨지으며 이렇게 말할 수 있다. '언제나 끝날 것인가?' 셸리Shelley의 '오지만디아스Ozymandias'가 제격이다.

고대의 나라에서 온 한 나그네가 들려준 말.
돌로 된 두 개의 거대한 다리가 몸통 없이
사막에 있고 그 근처 모래밭에는 일그러진 얼굴이
반쯤 파묻혀 있는데, 그 찌푸린 눈살과
주름진 입술과 냉엄한 조롱의 명령을 보아
그것을 만든 조각가도 그 열정을 잘 알았음직하다.
생기 없는 파면에 찍혀 여태 살아있는 그 열정을.
그것을 비웃었던 손, 그것을 불어넣은 마음.
받침대에는 이런 글귀가 씌어 있다.
'내 이름은 만왕의 왕 오지만디아스.
힘센 자들아, 내 위업을 보고 절망하라!'
곁에는 아무것도 남아 있지 않다.
썩어가는 거대한 잔해 둘레로는 벌거벗은
평평한 사막만이 외롭게 끝없이 뻗어 있다.

'허무한 쓰레기더미 속에서의 한순간'(오마르 카이얌).
'주께서 내게 잠잠하시면 내가 무덤에 내려가는 자와 같을까 하나이다'(시 28:1).

나중 저녁시간에 큰 위로를 받았다. 물론 죄가 느껴지기는 했지만. 히브리서 전체를 영어로 낭독했다."

12월 31일. "새해 전날. 종일 편안하고 아무 일 없었다. 다시 진지한 기도를 드린다. 오, 주님. 주님은 제 안의 숨겨진 곳들을 보십니다. 제 방황과 은밀한 생각까지 모두 아십니다. 에콰도르에 대한 주님의 뜻을 밝히 보여주소서. 제 안에 그 뜻을 조금이라도 가리려는 부분이 있다면 기도하오니 모두 들춰내주소서."

다음은 내게 쓴 편지다.

"오늘 인도에서 편지를 받았습니다. 편지는 이런 말로 끝납니다. '새해에 형제님이 이곳에 올 수 있다면 저는 그 생각만으로도 기쁩니다.' 나는 아직도 기다리고 있습니다. 오늘밤 히브리서를 읽다가 아브라함에 대한 말씀에 도전을 받습니다. '갈 바를 알지 못하고 나갔으며'(히 11:8).

'내가 알거니와 인생의 길이 자기에게 있지 아니하니 걸음을 지도함이 걷는 자에게 있지 아니하니이다'(렘 10:23).

당신의 1950년을 위해 기도합니다. 그리스도의 뜻으로 인도함받고 그분의 능력으로 행하게 해달라고 말입니다. ─짐."

12. 사역의 시험

내가 이를 때까지 읽는 것과 권하는 것과 가르치는 것에 착념하라. 네 속에 있는 은사 곧…… 받은 것을 조심 없이 말며. (딤전 4:13-14)

1950년 1월 3일, 짐은 내게 이렇게 썼다. "통상적 계산대로 20세기 후반부를 맞아 역사의 새 장이 시작됐습니다. 하지만 **나는** 여기서 뭘 하고 있는 걸까요? 말세를 당해 택함받은 자들 중 하나가 됐다는 것이 내게 무슨 의미가 있을까요? 주님의 재림이 이토록 임박한 시대에 살고 있다고 생각하니 스테이시 우즈C. Stacey Woods가 말한 '운명' 의식이 생깁니다. 어젯밤 기도회에서 장로들이 예언에 대해 말하고 있는데 갑자기 길Gill 형제가 나를 똑바로 쳐다보며 '예수 그리스도의 천년통치가 앞으로 40년도 안 남았습니다. 그것도 최대한 길게 잡은 것입니다!' 하고 말하더군요. 오늘 저녁식사 때 아버지도 '요즘 태어나는 아이들은 시대의 종

말을 보게 될 것'이라고 말했습니다. 베티, 여기에 대해 생각해보십시오. 한번에 몇 분씩 천천히 생각하십시오. 실제적으로 나는 말세와 어떤 상관이 있습니까? 우리 눈이 큰 복을 받아 '가심을 본 그대로'(행 1:11) 다시 오실 그분을 본다고 생각하니 가슴이 벅찹니다. 이 시대에 재림의 주님을 믿는 큰 믿음에는 무슨 의미가 있을까요? 그분이 다시 오실 때 그리스도의 인격에 대한 살아 있는 전폭적 믿음 외에 다른 것들은 모두 얼마나 초라해 보일까요? 다른 빛을 따라 산 자들은 영원히 잃어버린바 될 것입니다!

예. 지난 주말 「라이프 *Life*」지 사설을 아주 열심히 읽었습니다[죄의식의 부족 때문에 미국이 위대한 예술작품을 만들어내지 못한다는 내용]. 그 허무맹랑한 잡지에 20센트까지 투자했을 정도니까요! 철저한 현실주의에서 약간 두루뭉실하고 정의가 불확실한 사고방식으로 바뀐 격변의 흐름을 지적해놓았더군요. 모든 범신론의 진통제인 비관론은 쓰디쓴 약일 뿐, 웃음의 포유동물인 인간에게는 잘 맞지 않습니다……. 잔인한 현실을 겪어보지 못한 관념적인 미국인들에게는 거짓 선지자의 달콤한 속임수가 솔깃하게 다가올 것입니다. 신정통주의가 크게 유행하겠으나 바울의 정통은 아니고, 교회 연합이 곧 애국으로 통하겠지만 그리스도의 교회는 아니며, 하나님이 대화의 공통 주제가 되겠지만 나의 하나님은 아닙니다. '민족들이 허사를 경영'(시 2:1)합니다!"

이 문단에 대한 내 답신을 읽고 짐은 나중에 다음과 같은 편지를 보내왔다.

"「라이프」지 사설에 대한 당신의 소감에 나도 동감입니다. 내 어조에 비웃음이 섞여 있지 않았기를 바랍니다. 경멸하는 자는 의의 길에 선 것이 아닙니다. 니체는 자기 제자들에게 위대한 경멸을 가르치려 했겠지만 그리스도는 위대한 긍휼을 가르치셨지요. 악감정이 아니라 애정을 가르치신 것입니다. 존 번연은 '동정심이 있어야 순례자가 된다'고 했습니다. 맥스웰도 이번 달에 비슷하게 칼라일Thomas Carlyle의 말을 인용했습니다. '경멸은 자랑 삼아 해보기에는 위험한 요소이며 습관적으로 행하며 살기에는 치명적 요소이다.' 우리 둘 다 이것이 필요하다고 봅니다. 전반적 사물에 대한 비판적 자세는 그리스도를 닮은 모습과 거리가 멉니다. 루스Luce 씨가 최근 신념에 관해 말했지요. 그의 말에 대한 건강한 태도는, 그냥 기뻐하는 것이라 믿습니다."

1월 3일자 편지는 이렇게 계속된다.

"지난 수요일, 휴화산인 줄만 알았던 후드 산의 화산 분출은 푸른 하늘을 배경으로 눈부시게 빛나는 순백색이었습니다. 어제도 우리는 한 차 가득 타고 산으로 가 종일 스키를 탔습니다. 가을철에 레슬링을 하려고 몸을 풀고 난 바로 다음날 같은 기분입니다. 나는 스키라고는 숙맥이라서 자꾸 눈 둔덕을 들이받곤 했답니다. 부드럽긴 했지만 차갑더군요. 스키보다는 스케이트를 잘 타는 편이지만 그래도 지형을 가리지 않고 탈 수 있는 스키가 훨씬 스릴 만점입니다.

지난 일요일 밤에 눈이 왔습니다. 지금까지 5센티미터쯤 쌓였는데 내일은 비가 오고 날씨가 풀린다는 예보가 있습니다. 눈 덮인 상록수 위로 떠오른 보름달, 호랑가시나무의 주홍빛 열매, 그리고 침묵. 서비스의 시구가 연달아 떠오릅니다. 당신이 그의 시를 인용할 때마다 나는 왠지 즐겁습니다. 그의 시를 진지하게 대하는 사람을 당신 말고는 못 봤거든요. 여태까지 내가 얘기해 본 문학교수들은 하나같이 똑똑한 표정을 지으며 '이 사람 시는 미적 감각이 부족하다'고 말하곤 했지요. 새해 연휴에는 책을 읽을 만큼 마음이 차분하지 않았지만 이제 주변이 조용해졌으므로 다시 책을 붙잡아야겠습니다.

캠프 위클리프[1]에서 이번 여름 과정에 나를 받아준다는 편지가 왔습니다. 나중에 인도로 가든 남미로 가든 일단 주님께서 제가 그 과정에 참여하기를 원하시는 것 같습니다. 영국령 가이아나 일은 진전이 없으므로 올봄도 여기서 보내게 될 것 같습니다. 말씀을 좀더 자주 보도록 기도해주십시오. 오, 하나님. 말씀이 '달음질하여 영광스럽게 되게'(살후 3:1) 하소서. 이곳 기독교 고등학교 이사회에서 내게 정기적으로 2주 단위의 교내집회를 열게 해주기로 결의했습니다. 이 일을 위해 주변 사람들에게 기도를 부탁해주십시오. 이번 집회는 1월 15일에 시작되는데, 오전에 30분씩 모이게 됩니다. 이런 일은 처음입니다. 생각이 왕성한 고등학생들 무리 앞에 서자니 나 자신이 준비가 안된 느낌입니다. 성령께서 역사하셔서 그들 앞에서 그리스도를 찬미하고 높이며 생생하게 전하도록 기도해주십시오."

다음은 1월 4일 일기다.

"이 땅의 일들의 점증적 파장은 위험하기 짝이 없다. 요즘 묵상하는 내용이다. 예컨대 남자라면 얼마든지 아내를 원할 수 있고 합당한 방법으로 얻을 수도 있다. 그러나 아내가 생기면 호박을 즐겨먹는 동화 속 피터의 뻔한 딜레마가 수반된다. 아내에게 살 곳을 마련해줘야 하는 것이다. 대부분의 아내들은 피터가 생각해낸 방법 정도로 만족할 수 없다. 그러니 아내가 있으면 집이 필요하고, 집이 있으면 다시 커튼과 양탄자와 세탁기 등이 필요하다. 이런 가재도구를 갖춘 집에는 곧 식구가 늘어난다. 계획대로 아이들이 태어나는 것이다. 필요는 채우면 채울수록 많아진다. 차가 있으면 차고가 필요하고, 차고를 지으려면 땅이 필요하고, 땅이 있으면 정원을 가꿔야 하고, 정원을 가꾸려면 연장이 필요하고, 연장은 제때 날을 갈아줘야 한다. 지금이 몇 세기인가. 요즘 같은 때 얽매이지 않는 삶을 살려는 자에게는 화, 화, 화가 있다. 그러나 아내를 고집하는 한 디모데후서 2:14은 미국에서는 불가능한 삶이다. 이런 묵상을 통해 깨닫는 것이 있다. 가장 현명한 삶은 가장 단순한 삶이다. 삶의 기본요건, 즉 의식주만 채우며 사는 삶이다. 조심하지 않으면 그것마저도 다른 필요들을 계속 유발시킬 수 있다. 내 영혼아, 성장할 시간도 여유도 없을 정도로 환경을 복잡하게 만들지 않도록 조심하라!

하나님이 젊은 생명을 취하신다 해도 나는 이상하게 생각해서는 안된다. 나라면 젊은 사람들을 나이들 때까지 이 땅에 두고 싶겠지만 말이다. 하나님은 영원의 나라로 사람들을 이주시키고 계신다. 내가 그분의 이주 대상을 나이든 사람들로 국한해서는 안된다."

1월 10일. "이번 주 아인슈타인의 새로운 중력이론 발표―나로서는 통 이해가 안가는―는 뉴스에 이렇다할 반향을 불러일으키지 못했다. 나로서는 '통합과정'의 움직임, 윌키Willkie의 '단일 세계' 개념을 다시 한번 확인할 뿐이다. 세계정부, 세계교회협의회, 이상의 통일, 그리고 이제 모든 현상을 하나의 공식으로 설명하려는 시도―모두가 말세의 조짐이다. 인간은 사회, 종교, 정치, 기술 분야에서는 통일을 이룰지 모른다. 하지만 도덕의 통합자, 선악의 공통분모는 어디서 찾을 것인가? 기독교의 하나님을 생각하지 않고는 그런 통일은 있을 수 없고 그런 이해조차 불가능하다."

1월 11일. "오늘 프리츠의 편지를 받고 얼마나 큰 힘이 됐는지 모른다. 11월의 그 밤에 그에게 첫 믿음을 주신 하나님께 감사드린다. 프리츠는 나날이 자라고 있는 것 같다. 나의 하나님은 얼마나 신실하신 분인가!"

1월 15일. "오전을 다 허송했다. 무릎꿇고 오랜 시간을 보냈으나 기도할 마음이나 열정이 전혀 없었다. 말씀을 묵상할 때도 전혀 집중하거나 경청하는 자세가 없었다. 그리스도를 위한 마음이 없을진대 헬라어와 주석과 깨달음과 은사와 나머지 모든 것이 무슨 소용이란 말인가? 지금도 내 마음은 축 늘어져 있다. 한나절을 허비했다. 기독교 고등학교에서 채플시간에 다시 말씀을 전하기로 돼있었으나 눈 때문에 휴교조치가 내려졌다. 차라리 다행이다. 어차피 아이들에게 해줄 말도 없었다."

1월 18일. "간호사들과 의대생들 모임에서 하나님과의 교제에 대해 말했다. 지엽적인 애기와 농담이 너무 많았던 것 같다. 주님, 저는 이런 진지한 문제에서 좀더 심각해지는 법을 배워야 합니다. 나는 거룩한 말씀을 얼마나 함부로, 얼마나 위험하게 준비 없이 다루는가. 주님, 도와주소서. 제 사역이 성령의 능력을 입게 하소서. 제 성격으로 때우지 말게 하소서. 설교 작성에 너무 매달리느라 정작 성경이 내게 들려주는 말을 충분히 듣지 못해 주님을 실망시켜드린 기분이다."

일기 곳곳에 등장하는 이런 절망에 가까운 심경에도 불구하고 짐은 자기 방의 접뚜껑이 달린 책상 앞에서 많은 시간을 보내며, 실은 이후의 싸움들을 위해 더 강해지고 있었다. 1월 19일 짐은 낙심 중에서도 내게 깊은 격려의 편지를 썼다. 그때 나는 상당히 두려운 결정을 눈앞에 두고 있었다. 다음은 내 편지에 대한 짐의 답장 내용이다.

"당신을 위해 기도합니다. 당신의 모든 염려가 감사로 녹아지게 해달라고 말입니다. 흔히 그림자는 실물보다 훨씬 크다는 것을 잊지 마십시오(햇빛이 지평에 가까울수록 더 그렇지요). 때로 바짝 다가서서 보면 미래에 대한 두려움에 눈앞이 캄캄할지 모르지만, 멀찍이 떨어져서 보면 그 실체는 작은 점에 지나지 않습니다.

주님께서 우리에게 '멀리서 보는 눈'을 회복시켜주셔서 우리도 매사를 주님이 보시는 것처럼 볼 수 있다면 얼마나 좋을까요. 그분이 우리를 자녀로 대하신다는 사실을 잊지 않을 수 있다면 얼마나 좋을까요. 에이미 카마이클의 고백이 생각납니다.

> 주님 여태 내게 실망 주신 일 없고
>
> 앞으로도 그 사랑 나를 잊지 않으리.
>
> 오, 두려워하거나 염려하지 말라.
>
> 네 마음에 근심하지도 말라."

하나님은 짐에게 자신이 배우고 있던 것들을 계속 남에게 나눠줄 기회를 주셨다. 짐의 일기에 그것이 잘 나타나 있다.

1월 20-21일. "제닝스 숙소에서 IVF 멤버들과 함께 네 차례의 집회를 가졌다. 신약의 의미론에 대해 그리고 신자, 제자, 형제, 성도, 그리스도인 등 그리스도인의 여러 명칭과 그 상호관계에 대해 얘기했다. 성령의 붙드시는 힘을 느꼈다. 내게는 그분이 얼마나 필요한가!"

1월 23일. "오늘밤 내 훈련 부족 때문에 힘이 빠진다. 어떻게 감히 그렇게 아무렇게나 말씀을 전할 수 있단 말인가? '사람이 선을 행할 줄 알고도(자신에게 엄격해야 한다. 나도 그렇게 배웠고 남들에게도 그렇게 가르쳤다) 행하지 아니하면 죄니라'(약 4:17). 하루종일 무절제하게 우표만 만지는 죄를 범했다. 당장이라도 손을 뗄 수 있다고 계속 합리화하면서 말이다. 이 위선. 나를 기만하는 죄의 마음! 아버지, 용서하소서. 주를 의지하는 자들이―내일 있을 고등학교 채플과 관련―저로 **인해** 부끄러움을 당치 않게 하소서. 저를 이 깊은 죄의식에서 건져주소서. 그것이 저를 지배하지 못하게 하소서. 기도하오니 죄 사함의 영을 주소서."

자신의 영혼의 상태뿐 아니라 자기 세대의 상태도 짐에게 그런 안타까운 애통의 주제가 되었다.

1월 24일. "무분별하게 무엇이든 받아들이는 이 세대여. 선지자들을 돈으로 회유하며 네게 파송된 자들을 데리고 노는구나. 화가 있을 것이다. 차라리 그들이 네 손에 죽었더라면 너한테나 그들한테나 얼마나 더 나았겠느냐? 유다처럼 포옹하는 네게 저주가 있을 것이다. 너의 그 친근한 태도에 화가 임할 것이다. 그것은 네 쪽에 유리한 증거가 못되며, 오히려 너희 선지자들을 무섭게 정죄하는 것이다.

아, 들어도 느끼지 못하는 세대여. 들어도 아파할 줄 모르고 고통도 모르고 그 고통에 대한 상쾌한 치유의 향유도 모르는구나. 말해봐라. 지옥을 빼고는 모든 불이 다 꺼졌단 말인가? 이 미지근함에 저주가 있을 것이다. 우리는 미워할 불도 없단 말인가? 우리 선지자들은 불꽃에 휩싸이지 않는단 말인가? 불타는 심령 하나만 내게 보여다오. 땅에 속한 자들 중에 참된 열정에 불타는 사람, 하늘에 속한 자들 중에 하나님의 영원한 불에 타버린 사람을 하나만 내게 보여다오. 한 사람만 있어도 내 너를 꾸짖지 않으리라. 기만과 속임수를 일삼고 기쁨을 모르는 이 세대여. 네 세대의 시인이 잘 말하였구나. '거슴츠레한 눈의 기운 없는 소처럼'[2] 살다가 죽는 자들아."

2월 4일. "말씀을 읽어도 도무지 건지는 것이 전혀 없다. 기도의 열정도 없다. 산만한 집안 분위기, 추운 날씨, 간간이 찾아오는 두통 때문에 일주일 내내 영적인 삶이 해이해졌다. 이렇게 열망이 없을 때일수록 성경에서 뭔가를 얻어야 한다는 양심의 '당위'에 따라 의지적으로 말씀을 묵상해야 할 것 같다. 내 영혼의 상태가 경건함을 지키려면 '내적 당위감'을 존중하고 거기에 순복하는 법을 배우는 것이 중요하다. 더 이상 즐거운 충동에 이끌려 주님 앞에 나가지 못할 수도 있다. 그러나 즐거움이 있든 없든 나 자신이 옳다고 믿고 있는 원리에 반응해야 한다.

칼을 뽑아들었다는 의식, 마귀의 세력에 맞선 전쟁 냄새 등 선교사들의 글에 등장하는 내용을 나는 왜 미국 땅에서 한번도 못 봤는지 이해가 안간다. 서신 교환은 선교지 그리스도인들을 하나로 이어주는 끈이다. 선교현장에 퍼붓는 적의 맹습은 살아있는 현실이다. 우리는 마귀가 '인격체'임을 믿는다고 떠벌리지만 실은 마귀를 실체로 대하지 않는다. 그 결과 우리의 전투는 그림자와의 거짓 싸움이며 지루한 말의 냉전에 지나지 않는다. 함성은 없고 하품뿐이다. 우리 모임에서 웃음이 울음을 삼킨 지 이미 오래다. 우리에게 화, 화, 화가 있으리라. 우리는 희생에 헌신하지 않았다. 하나님이 부르신 그 소명의 능력을 깨닫지 못했다. 파괴하고 다시 살리는 능력, 살육하는 그 힘을 말이다. 서비스의 '유콘의 법칙The Law of the Yukon'에 하나님이 부르신 삶에 꼭 맞는 내용이 나온다.

> 미련한 약자를 보내지 말고 강하고 온전한 자를 내게 보내라.
> 참혹한 전투를 견딜 강한 자, 쓰라린 고통을 이길 온전한 자를.
> 전투에 단련되되 머리끝부터 발끝까지 단련된 자를 보내라.
> 승리할 때 팬더처럼 신속하고 패배할 때 곰처럼 맹렬한 자를,
> 새끼 낳은 어미 불독처럼 뜨거운 용광로에 달궈진 자를.
>
> 나를 이길 자들을 기다리나 나를 하루 만에 이길 수는 없다.
> 약하고 여리고 유하고 밋밋한 자들은 나를 이길 수 없다.
> 바이킹의 심장과 어린아이 같은 믿음이 있어야 이길 수 있다.
> 두려움과 패배에 굴하지 않고 사력을 다해 힘껏 도전하는 자,
> 그들에게 내 보화를 꾸며주고 내 진미를 맛보게 하리라."[3]

2월 10일. "기독교 고등학교 채플집회가 끝났다. 주님, 제가 섬겼던 아이들이 제 말을 주님의 말씀으로 받아들일 만큼 어리석지 않게 해주시고, 주님의 말씀을 제 말로 알고 거부할 만큼 무모하지 않게 하소서."

짐이 그 집회의 결실을 조금이나마 알았는지 나로서는 알 수 없다. 그러나 짐이 죽은 후 나는 기도응답을 보여주는 편지를 한

통 받았다. 당시 그 고등학교 학생이었던 이블린 코컴의 편지 내용은 이렇다.

"저는 그때 고1이었어요. 보통 아이들보다 약간 더 보수적이었지요. 그때 짐이 얘기했던 몇 가지 내용이 그후로도 줄곧 구체적으로 제 마음에 남아 제 성품과 생활방식을 형성하는 근간이 되었습니다."

"그때 짐은 매일 디모데전후서를 본문으로 설교했어요. 젊은 이한테 쓰여진 편지라서 그 책을 택했다고 말했지요……. 그 집회를 통해 저는 결국 날마다 꾸준히 주님을 만나는 시간을 갖기 시작했어요. 짐은 아침에 5분만 시간을 내서 성경을 대충 보고 서둘러 기도하라는 얘기 따위는 아예 하지 않았어요. 오히려 식구들보다 45분 먼저 일어나 가능하면 방해 없이 주님과 단둘이 있을 곳으로 가라고 우리한테 도전했습니다. 그때 제게 45분은 큰 희생처럼 보였어요. 하지만 짐은 학생들의 반응을 의식해 기준을 **낮춰줄** 의향이 전혀 없었습니다."

"어느 날 짐은 이성관계에 대해 터놓고 말했어요……. '자신의 저항력을 테스트하지 마십시오. 스스로 그런 상황에 처해서는 절대 안됩니다. 유혹이 오는 것이 느껴지거든 즉시 **그 자리를 피하십시오!**'……짐처럼 잘생긴 사람이 주님께 온전히 사로잡혀 있는 것을 저는 처음 봤어요. 짐의 성격에는 사람을 끌어들이는 힘이 있었어요. 짐은 신앙심이 깊었지만 그렇다고 '재미없거나 구식 같은' 느낌은 전혀 없었어요."

"짐은 우리한테 그리스도께 헌신하라고 도전했습니다…….

제 부모님을 제외하고 제 인생에 가장 큰 영향을 미친 사람을 하나만 꼽는다면 단연 짐이에요. 절대 과장이 아닙니다. 그때 짐의 도전을 진지하게 받아들인 것에 대해 지금도 후회가 없어요. 그것 때문에 제 삶이 충만해졌고 주님의 인도를 알게 됐으며 지금도 체험하며 살고 있다고 저는 믿습니다."

짐의 일기는 이렇게 계속된다.

2월 11일. "오늘밤 나는 일꾼의 성품이 일의 질을 좌우함을 깨닫는다. 무엇보다도 영적 사역에서 특히 그렇다. 셸리와 바이런은 도덕에 얽매이지 않으면서도 훌륭한 시를 쓸 수 있을지 모른다. 바그너는 호색가이면서도 명곡을 작곡할 수 있을지 모른다. 하지만 하나님의 일만은 그럴 수 없다. 바울은 자기가 데살로니가 교인들에게 들려주는 말의 증거로 자신의 성품과 생활방식을 가리켜 보일 수 있었다. 데살로니가전서에만 '너희가 알거니와'라는 말이 아홉 번이나 나온다. 바울의 사생활과 공생활에 대한 데살로니가 성도들의 직접적 목격을 지칭하는 말이다. 데살로니가에 간 바울은 자신의 설교보다 더 훌륭한 삶을 살았다. 그의 삶은 설교를 뒷받침한 정도가 아니라 설득력 있는 증거였다. 오늘날 하나님 나라의 일이 다분히 볼품없는 것도 무리가 아니다. 일꾼의 도덕적 성품을 보라."

2월 13일. "오늘밤 기독교 학교협회 분기별 모임에서 말씀을 전했다. 교실 내의 귀신의 능력에 대해('우리의 씨름은 혈과 육에 대한 것이 아니요'〔엡 6:12〕) 그리고 길들여진 아이에 관해 언급했다.

그런 방법으로 바른 품행은 길러줄 수 있을지 모르나 경건한 헌신은 심어줄 수 없고, 교육은 줄 수 있을지 모르나 신앙은 줄 수 없으며, 진실하고 순수한 생각은 길러줄 수 있을지 모르나 강력한 신앙의 동기는 심어줄 수 없다. 내 표현력의 어눌함을 느꼈다. 말한 내용이 모두 유익한 것인지도 잘 모르겠다. 오, 내게도 사무엘의 입술이 있었으면. 여호와께서 그 말로 하나도 땅에 떨어지지 않게 하셨던 것처럼!"

2월 18일. "꼬박 일주일간 기독교학교에서 중학교 1-2학년 학생들을 가르쳤다. 이사회는 내게 올 가을 계획을 곧 결정해줄 것을 바라고 있다. 1년간 내게 교사 일을 맡길 마음이 있는 것이다. 오, 하나님. 길도 너무 많고 모퉁이도 너무 많고 구덩이도 너무 많습니다! 인간을 생각하지 말고 주의 뜻을 행하도록 도와주소서. 주님, 주님의 말씀을 듣기 전에는 아무 결정도 내릴 수 없습니다."

같은 날 짐은 고등학교 친구 딕 피셔에게 편지를 보냈다. 짐은 딕이 자기 삶을 향한 하나님의 계획을 놓치고 있다고 생각했다.

"휘튼 입학원서는 접수했어? 너는 지금 돈 번답시고 공부할 소중한 기회를 놓치고 있다. 딕, 제발 부탁인데 자질구레하고 시시한 일들일랑 당장 그만두고 빚 청산하고 바로 대학에 들어가라. 휘튼이 안되면 다른 데라도 넣어봐. 너한테 동성과 이성 그리스도인 친구들과의 건강한 교제가 절실히 필요하다는 생각도 든다. 기독교대학의 환경이야말로 현재 너한테 부족한 그런 부분을 채워주는 데 제격일 것이다. 하나님의 사람들과 더 많이 접하지 않고도 잘 살아갈 수 있다는 착각에 빠져서는 안돼. 지금까지는 너에게 그런 만남이 부족했지. 신중하게 생각해보지 않고 그냥 하는 말이 아니다. 우리 둘이 함께 있는 시간이 더 많았어야 한다는 생각이 전에 너와 같이 있을 때 자주 들었어. 아니면 적어도 「천로역정」의 성도처럼 너도 친구들 곁에서 경건함을 배워야 한다는 생각이 들었다. 물론 내가 너한테 이래라 저래라 할 입장이 아니라는 것 안다. 하지만 형제로서 너를 위해 강하게 드는 생각이야. 양떼를 돌보시는 선한 목자의 뒤를 따르지 않고 불신자 무리와 친하게 어울리는 것은 위험한 일이다. 그쪽 지역에서 네 앞에 수많은 희망과 계획이 있을 수도 있겠지. 하지만 나는 네가 그 모든 것을 주님께 드려야 한다고 생각한다. 네가 원하는 것이 직장생활의 성공 이상임을 고백해야지. 사실 이것은 너의 신상에 너무도 긴박하고 중요한 문제다. 더 이상 전화회사에 네가 필요 없다고 말할 수 있을 정도로 말이지. 회사에 몇 년 더 있는다 해도 분명 모든 고생에 비해 남는 것은 거의 없을 거야. 분명 그 일은 그간 영적으로 네게 별 유익이 되지 못했어. 그렇다고 돈을 많이 모은 것도 아니고. 감히 말하건대 너는 처음 입사할 때보다 개인적으로 조금도 더 행복하지 않아. 한마디로 방향 없는 삶이지.

내 말이 좀 심한 것 같기도 하지만 오늘 이 일로 심각하게 고민한 결과 지적해주는 편이 좋다는 생각이 들었다. 마지막날이 속속 다가오고 있잖아. 미처 생각지 못했을 수 있지만 그날이 오면 너도 당장 그분께 네 삶을 보고해야 된다. 조만간 함께 자세히 얘기했으면 좋겠다. 올 여름에 내가 이곳에 있지 않을지도 모르거든. 그래서 너와 많은 시간 함께 보낼 기회가 없을지도 모른다. 쓸데없이 네 일에 참견한다고 생각되거든, 내가 네 영혼의 영원한 유익을 생각해서 하는 말임을 잊지 말아라. 주님께서 이 편지를 쓰도록 내 마음에 부담을 주셨다는 것도.

그리스도께 자신을 바치고 그분의 일에 겁 없이 삶을 던질 젊은이들, 그분께는 그런 사람들이 필요하다. 피셔, 너도 그중 하나가 돼야지. ─주 예수 안에서 너의 진실한 짐."

2월 22일, 아버지에게 보낸 편지에는 신약성경의 교회상을 현대에 실천하고 싶은 짐의 진지한 의도가 잘 나타나 있다. 그때 짐의 아버지는 워싱턴 주 동부에서 말씀을 전하던 중이었다. 아울러 이 편지를 읽으면 짐의 시간이 학문과(가르치는 일과 공부) 신앙에만 바쳐진 것이 아님도 알 수 있다.

"사랑하는 아버지께. 짧게라도 안부를 전하라는 아버지의 간곡한 부탁에 달리 빠져나갈 핑계가 없어 몇 자 적습니다. (시간이 꽤 지났습니다.) 첫 문장을 너무 서둘러 쓴 것 같습니다. 마지막 글자를 마치기가 무섭게 난데없이 네덜란드인 워너 더취가 문간에 불쑥 들어서지 않겠습니까. 어머니한테 스코틀랜드 양말 짜는 법을 배운다고 자기 어머니와 두 누이를 데리고 온 것입니다. 저녁은 그렇게 지났습니다. 지금은 늦은 밤입니다. 어젯밤 늦게 자는 바람에 오늘은 하루종일 바쁘게 뛰어야 했습니다.

(더 긴 시간이 지났습니다.) 목요일은 종일 일하고 공부했습니다. 편지 쓸 시간이 없었습니다……. 오늘 기독교학교에서 첫 월급을 받았습니다. 일당 10달러에 세금을 제한 금액입니다. 제법 괜찮군요. 돈 관리의 책임이 더 늘었습니다. 아이들을 좀더 이해하게 되면서 일도 점점 쉬워지고 있습니다. 훈육이 문제로 남아 있습니다. 타락은 인간의 마음에 모든 학습을 거부하는 마음을 심어주었을까요? 학생들 본인한테 좋은 일인데도 왜 위에서 밀어붙이고 다그쳐야만 할까요? 세상적 지식을 배우는 학교에서까지 말입니다. 인간의 마음은 하나님에 대한 지식뿐 아니라 모든 깨달음에 반항하는 것 같습니다.

2주 전 스타크 가의 노방집회는 전처럼 참석 인원이 많거나 뜨겁지는 않았지만 그런대로 좋았습니다. 연단에 사람들이 올라서 있으면 아무래도 일반 참석자들의 참여가 위축됩니다. 그래서 저는 우리 복음집회를 옛날 성도들의 방식대로 진행하려 해봤습니다. 지도자를 세우거나 찬양 인도자를 지명하지 않고 각 개인을 통해 역사하실 주님을 기대하는 식이지요. 몇 해 전 포레스트 그로브 밤집회에서는 그 방법이 잘 통했습니다.

닭들이 하루 대여섯 개씩 계란을 낳고 있습니다. 밤에 불을 꺼놓아도 계란 수에 아무 영향이 없음을 알고 우리는 불을 켜두던 관습을 버렸습니다. 오늘은 길이가 7센티미터나 되는 대형 계란이 나왔습니다.

뷰익 차가 저속 후진중에 다시 미끄러졌는데 형이 몇 분 만에 고쳤습니다. 전에 보즈만 차에 생겼던 것과 똑같은 고장이지요. 플리머스 차는 기어에 요란한 소리가 납니다. 당장 어떻게 될지 몰라 별로 사용하지 않고 있습니다.

브라이슨은 자기네 터에 남아 있던 나무 두 그루를 잘랐습니다. 잘라진 나무들을 아침에 제가 밤나무 있는 데까지 끌고 왔지요. 아직 적당한 길이로 톱질할 시간은 없었지만 어쨌든 지금은 나무가 별로 필요하지 않습니다. 주변에 온통 꽃봉오리들이 돋고 있지만 앞으로 2-3주는 더 있어야 필 것 같습니다.

학생들 숙제도 채점해야 되고 다른 편지들도 써야 되므로 오늘은 이만 줄일까 합니다. 오늘 아침 요한일서 2:7-8을 제가 이렇게 번역해봤는데 아버지 보시기에 어떻습니까? '사랑하는 자들아. 나는 너희에게 새계명을 쓰는 것이 아니라 너희가 처음부터 갖고 있었던 옛 계명을 쓰는 것이다. 너희가 들었던 말씀이 곧 옛 계명이다. 그래도 내가 이것을 새계명처럼 쓰는 것은 어두움이 지나가고 있고 참빛이 비치고 있기 때문이다.' 맨 뒷부분은, 새 빛 가운데 들어설수록 서로 사랑하라는 계명이 새로운 의미를 띠면서 어두움이 사라진다는 의미인 것 같습니다. 사랑의 의미를 더 깊이 알고 배워갈수록 더 많은 상황 속에 그 사랑을 적용해야겠다는 다짐이 듭니다. —사랑하는 아들 짐 드림."

2월 25일. "어제 저녁, 멀트노마 성경학교 3학년 학생들에게 디모데후서 2:4을 바탕으로 영적 세력과의 전쟁, 얽매이지 않는 삶, 봉사에의 부르심 등에 관해 말씀을 전했다. 아무 결실도 없는 것 같고 괜히 비웃음만 산 기분이다!…… 이번 주에는 내내 주님이 멀게 느껴졌다. 그런데도 피곤함과 죄에 젖어 그분께 가까이 다가가지 못했다. 열정이 식은 것 같다. 내 영혼은 퀴퀴한 쓰레기나 핥으며 무력하게 누워 있다.”

2월 26일. “다음주 일요일 아침 ‘예배’를 위해 성찬식 집회를 포기하라는 지시를 받았다. 얼마나 어리석은 일인가! 아, 러더포드Rutherford의 정신이 그립다.

> 앤워스Anwoth도 천국이 아니고
> 설교조차 그리스도가 아니었다.

불쾌감을 주지 않고 어떻게 설명할 수 있으랴. 나는 거절로 불쾌감을 표시했다. 오, 그래도 주님은 오늘밤 저 달빛 아래 살아계셨다. 봄을 잉태한 2월의 밤이다.

> 사방으로 뻗은 수많은 곁갈래 길.
> 이 광활하고 낯선 미지의 땅에서
> 주님 손으로 나의 손 붙잡아주소서.”[4]

3월 6일. “지난 주말 데이브가 왔었다. IVF와 학생해외선교회 간사 일과 관련해 내 답변을 원하고 있다. 몇 가지 제약을 느낀다. 무엇보다 선교회 이사회에 의견을 제시하는 과정에서 나는 어쩔 수 없이 타협을 요구받게 될 것이다. 하지만 하나님의 길은 조직화된 방법과 거리가 멀다. 이사회의 어느 누구도 나만의 태도와 내가 제시할 수밖에 없는 의견의 견실성을 알아주지 않을 것이다. 게다가 1948년 여름의 경험으로 보건대 일정 수준의 안정된 지역기반 없이 오늘은 여기, 내일은 저기 하는 식으로 떠돌아다니는 방식은 별 효과가 없었다.

내 훈련은 이제 뜨거운 불 속을 통과하고 있는 것 같다. 어제 저녁, '보내심을 받지 아니하였으면 어찌 전파하리요'(롬 10:15) 한 바울의 말의 진리를 새삼 절감했다. 오, 하나님. 제가 여기 있습니다, 보내주소서. 선교지에 보내주소서."

그러나 아직도 준비가 더 필요했다. 짐이 보냄받은 곳은 "선교지"가 아니라 오리건 남부의 한 작은 마을이었다. 연속 집회에서 말씀을 전하게 된 것이다. 보름간의 집회를 시작하며 짐은 이렇게 썼다.

"시편 65:5의 성취를 꿈꾼다. '우리 구원의 하나님이시여. 땅의 모든 끝과 먼바다에 있는 자의 의지할 주께서 의를 좇아 엄위하신 일로 우리에게 응답하시리이다.' 내 영혼의 상태가 안좋다 보니 왠지 그런 일이 있으리라 믿어지지 않는다. 하나님을 힘껏 붙잡아야 하건만 지금 내게 그런 믿음이 없다."

3월 26일. "오늘 아침, 승리의 입성에 대해 설교했다……. 막힘은 없었지만 괜히 소리를 너무 많이 지른 것 같다."

3월 27일. "마가복음 14장으로 말씀을 전했다. 집회를 위해 많이 기도했지만 외면당한 기분이었다. 앞에 나온 불신자가 둘밖에 없었다. 그후로 마음이 많이 낮아졌다."

3월 28일. "오후에 페어스를 만나 파송 국가에 대해 얘기했다. 도전이 됐다. 금방이라도 현지로 떠나는 '걸음걷는 소리'(대상 14:15)가 들릴 것만 같다. 그러나 참석자들 사이에는 대체로 죄의 깨달음이 전혀 없다. 오, 하나님. 죄인들의 마음을 녹이시고 구원하셔서 주님의 영원한 영광에 이르게 하소서!"

3월 31일. "겟세마네에 대해 전했다……. 죄의 무서운 실상에 떨며 집회에 들어섰다. 죄의 자각이 느껴졌으나 영혼들은 우리가 기대한 만큼 두려워 떨지는 않았다. 하나님의 선하심을 의심하며 숙소에 돌아와 다음 응답으로 책망을 들었다.

첫째, 하나님은 우리의 기도를 저버리시지 않는다. 그분은 들으셨으나 다만 당신의 지혜를 좇아 특별한 역사를 아끼신 것이다. 하나님의 지혜를 내 머리로 이해할 수는 없으나 묵상하면 힘이 된다. 하나님이 복을 거두심은 오직 지혜로 인함이요 나쁜 뜻이 있거나 우리를 멀리하심이 아니다.

둘째, 기도에 대한 야고보의 말이 마음에 와닿았다.

1) 내 기도는 간절함이 부족했다. '너희가 얻지 못함은 구하지 아니함이요'(약 4:2).

2) 내 기도는 순수함이 부족했다. '구하여도 받지 못함은 정욕으로 쓰려고 잘못 구함이니라'(약 4:3). 나는 아직

도 내 관심사가 있었고, 사역과 내 이름을 연결시키고 있었다. 이대로 하나님이 기도를 들어주셨다면 나는 그 응답을 교만하게 이기적으로 받아들였을 것이다."

아버지께 보낸 4월 13일자 편지를 보면 그 집회에 결실이 없지 않았음을 알 수 있다.

"사랑하는 아버지께. 이곳 윌리엄스에서 있었던 주님의 역사를 간략히 보고합니다. 자정부터 8시간 동안 버스를 타고 와 이제 막 집에 들어왔습니다. 아직 짐도 풀지 못했습니다.

주님의 도우심으로 대체로 막힘 없이 말씀을 전했습니다. 분명 주님께서 그 산간 전역에서 역사하셨습니다. 어느 날 오후 그 지역 최고의 주정뱅이가 아내와 함께 주님께 나왔고, 어젯밤에는 둘 다 공개적으로 믿음을 고백했습니다. 한두 명의 청년들도 구원의 확신을 얻고 말씀묵상을 잘 시작하는 중입니다. 어젯밤 집회를 마치고 버스에 오르기 전에 페어스와 함께 고등학생 나이 이상의 젊은이들 25명을 따로 만나 개인별 말씀묵상, 거룩한 삶, 그리스도를 위한 현실생활 등에 대해 진지한 얘기를 나눴습니다. 하나님께서 놀랍게 역사하셨습니다. 감정적 뜨거움은 없었지만 (저 혼자만 예외, 제 내면의 타락한 모습을 통감했습니다) 성령 안에서 건전하고 성경적인 세움의 과정이었다고 믿습니다.

주님이 죽으시고 이후에 높아지신 사건의 의미가 이처럼 생생히 와닿기는 처음입니다. 은혜의 교리를 쉬운 말로 전하게 해주신 하나님을 찬양합니다."

일기는 이렇게 계속된다.

4월 16일. "주말에 IVF 수련회가 있었다. IVF 간사일에 관해 의견을 밝혔다. 해외 선교지에 대해서는 별다른 인도가 없다. 집회 때문에 3주간 손을 놓았던 헬라어를 오늘 아침 다시 시작한다."

4월 17일. "1년간 중학교 1학년 교사로 일해달라는 학교이사회의 제의를 거절했다. 주님의 뜻을 분별하기 어려웠으나 주께서 인도하셨다고 믿는다. 인도하심의 **원리**를 자꾸 되새기지 않는 한 결정의 기로에서 작은 요소에(큰 것은 물론) 휩싸이기 쉽다. 최근 깨달은 세 가지 원리가 있다. 전체 기준의 좋은 초석이 될 것이다.

첫째, 하나님이 내게 지속적 사역의 중요성을 가르쳐주셨음을 언제나 잊지 말라. 한 단체에 꽤 장기간 머물며 일정한 내용을 일관성 있게 강조하는 것이야말로 하나님을 위해 지속적 사역을 이룰 수 있는 최선의 길이다.

둘째, 개인이나 단체에 의존하는 상황에 처하지 말라. 하나님 앞에서 나 자신의 분별을 통해 결정해야 될 정책을 타인의 지시에 맡겨서는 안된다. 어느 단체도 내게 하나님의 뜻을 정해줄 수 없다. 덫에 걸리기 쉬운 그런 거취는 하나님이 내게 주신 길일 수 없다.

셋째, 종류 여하를 막론하고 영적인 사역과, 역시 종류 여하를 막

론하고 세상의 직업 사이에서 양자택일해야 할 상황이 온
다면 언제나 내 선택은 재정 형편과 무관하게 전자가 돼야
한다."

4월 19일. "이번 달과 다음 달에 대해 하나님의 인도하심을 믿는
다. 그 믿음을 하나님이 받아주신다는 약속을 받고 싶다. 이사야
42:16 말씀이 힘이 된다. '내가 소경을 그들의 알지 못하는 길로
이끌며 그들의 알지 못하는 첩경으로 인도하며.' 주님, 이번만은
저도 자격이 됩니다. 어느 모로 보나 저는 소경이니까요."

4월 20일. "하계 언어학연구소SIL[5]에 가는 것에 대해 인도하
심의 징표를 보여달라고 간절히 기도했다. 아무 징표도 없다. 당
장 그런 인도가 없더라도 잘 해나갈 수 있음을 오늘밤 분명히 깨
닫는다. 하나님은 내게 구체적 인도하심을 보여주시되 내가 구할
때 주시는 것이 아니라 내게 필요할 때 주실 것이다. 그때까지는
안 주실 것이다."

5월 18일. "유명한 개혁가 윌리엄 파렐William Farel의 「생애
Life」를 집어들어 대충 훑어보았다. 말씀묵상과 기도를 시작하려
니 이미 세 시간이나 지났다. 말씀의 능력이 좀처럼 와닿지 않아
상당히 애먹었고, 특별한 집중이 필요했다. 여기서 한 가지 교훈
을 배웠다. 아무리 좋은 것이라도 참생명의 말씀을 묵상하기 전
에 하는 일은 덫이 된다. 아침마다 말씀이 내게 신선한 양식이 되
려면 그런 일을 한사코 삼가야 한다.

어젯밤 언덕길을 걸었다. 진흙 같은 나를 다시 그분께 드리며, 하나님의 임재를 계속 더 느끼게 해달라고 기도했다. 나타날 결과와 무관하게 바른 모습이 되려고 하기보다는 인간들 앞에서 하나님을 위해 뭔가 해보려는 내 기본 욕망을 다시금 분석하고 거부했다. 서편 산자락 위를 지나는 구름이 내게 '네 생명이 무엇이냐? 잠깐 보이다 없어지는 안개니라'(약 4:14)하고 말하는 것 같았다. 태양의 힘으로 망망대해에서 피어올라 바람따라 뭍으로 밀려가는 한줌 안개 같은 내 모습이 보였다. 이 땅에 임할 하나님의 복도 비 같아야 한다. 먼저 하나님이 위로 올리셔야 한다. 성령을 통해 태어나야 한다. 하나님의 방법을 좇아 하나님이 정하신 곳에 쏟아져야 한다. 그리고 다시 바다로 흘러가야 한다. '물같이 쏟아졌으며'(시 22:14). 안개 같은 내 연약함도 이 땅을 새롭게 하시는 하나님의 도구가 될 것이다. 그분이 보여주신 그대로 됐으면 좋겠다."

다음은 짐이 내게 보낸 편지다.

"사역에 관한 한 조용한 나날이지만 속사람에는 감격이 넘칩니다. 의인의 길을 돋는 햇볕처럼 지키셔서 점점 빛나 원만한 광명에 이르게 하시는 하나님을 알기에 기쁨이 넘칩니다."

13. 이 목소리들에 떠밀려

정직한 자에게는 흑암 중에 빛이 일어나나니. (시 112:4)

하계 언어학연구소 참석에 대해 하나님의 인도하심을 구했던 짐 엘리엇의 4월의 기도는 긍정으로 응답됐다. 1950년 6월 2일, 짐은 오클라호마로 가는 길에 다시 휘튼을 찾았다. 이 여정을 통해 짐은 인도하심에 대해 새로운 것을 배웠다. 그것이 일기에 이렇게 기록돼 있다.

"'주의 뜻이 무엇인지 이해하라'는 에베소서 5장 말씀과 '하나님의 뜻이 무엇인지 분별하도록 하라'는 로마서 12장 말씀이 은혜가 된다. 매순간 자신이 하나님의 뜻 안에 있음을 알 수 있고 기뻐할 수 있다니. 주시는 명령마다 순종만 하면 그 레일에 들어설 수 있고 계속 그 자리를 떠나지 않을 수 있다. 물론 수시로 결정을 내려야 한다. 하지만 기찻길과 마찬가지로 인생길의 경우도 정지

신호, 곧 위기는 특별한 필요가 있을 때만 불이 켜진다. 언제나 '초록색' 불이 보이지는 않을 수 있으나 레일만 떠나지 않으면 다음 지점으로 가게 된다. 주님의 뜻을 이해한다는 것은 그분을 믿는 것이다. 어떤 상황에서든 순종만 하면 그분이 그 길을 당신의 길로 삼아주셔서, 영원에 영향을 미치게 하실 것을 믿는 것이다."

짐은 수백 명의 선교사 지망생들과 현역 선교사들과 함께 10주 동안 오클라호마 대학교에 머물며 문자 없는 언어를 연구하는 법—말을 분석하여 글로 표기하는 법—을 배웠다. 다른 사람들의 억양과 방언을 흉내내는 천부적 소질이 있던 짐인지라 음운론(음성 연구)은 어렵지 않았다. 형태론(단어구조 연구)과 의미론(문장구조 연구)의 문제에도 분석적 사고로 아주 열심히 매달렸다. 과정중에는 각 학생마다 모조현장 상황에서 실습할 수 있는 기회도 주어졌다. 다양한 언어집단 출신의 정보 제공자들이 현지에서 오클라호마 대학교에 초빙돼 왔고, 학생들은 그들과 개별적으로 짝을 이루어 언어 데이터를 수집하고 분류하는 작업을 했다. 현지에서 문자체계가 없는 언어를 다룰 때 일하는 방식 그대로였다. 이 공부에서 짐은 에콰도르 정글의 키추아족에 선교사로 다녀왔던 사람과 한 조를 이룰 수 있었다. 특정언어로 작업을 시작할 수 있는 절호의 기회였다. 짐은 벌써부터 그 언어가 장차 자신이 사역할 언어라는 예감이 들었다. 짐에게 아우카족 얘기를 처음 들려준 사람도 바로 에콰도르에 다녀온 이 선교사였다. 짐의 마음은 즉시 불타올랐다. 문명을 접하지 않은 부족? 백인들이 다가가려 할 때마다 물리친 사람들? 생각만 해도 짐의 개척자 정신이 뜨겁게 달아올랐다. 짐에게 낭만적 기질이 있었다고 말할 사람들도 있을 것이다. 맞는 말일 것이다. 하지만 인도 남부의 개척자 래글랜드Ragland는 이렇게 말했다.

"사도 바울은 고린도에서 보수 없이 일하는 것을 오히려 보수로 여겼고, 아직 그리스도의 이름이 알려지지 않은 곳에서 전도해야 한다는 느낌(다른 사람들에게 그런 느낌이 있었다면 우리는 그것을 낭만적 느낌이라 했을 것이다)이 있었다……. 사실 다른 모든 천성적 느낌 못지 않게, 소위 '낭만적' 느낌이라 해서 그것이 성화되어 그리스도의 일에 활용될 수 없다고는 말할 수 없다."

짐은 티드마쉬 박사와 주고받았던 편지를 생각했다. 많은 지역에 아직 복음이 들어가지 않았다는 키추아족 지역도 생각했다. 그리고 이번에는 아우카족. 자신의 표현대로 "상황의 실가닥을 풀어가시는" 하나님을 기대하는 데 익숙해 있던 짐에게 그것은 단순한 우연의 일치로 보이지 않았다.

그렇다면 짐이 가야 할 곳은 인도가 아니라 에콰도르일까? 이번 경우에 하나님의 인도하심은 확실하고도 놀라웠다. 7월 4일 짐은 하나님의 분명한 응답을 찾아 열흘간 작정기도에 들어가기로 했다.

짐은 일기에 이렇게 썼다. "주님, 제 길을 밝혀주소서. 제 걸음을 확실케 하소서. 주님의 때에 주님이 뜻하신 곳으로 보내주소서. 주님이 제 인도자 되심을 만인에게 알게 하소서."

나흘 후 짐은 이렇게 덧붙였다. "비전의 날들이다. 그리스도께서 영광을 받으시려면 반드시 이루어져야 하는 위대한 '당위', 그것이 내게 계시되는 날들이다. 그 당위는 하나님의 말씀을 떠나 실무에 임할 때 내 주변에 보이는 일들을 통해 계시되기도 한다. 그 당위는 성경을 읽으며 지난날의 이상과 아름다움을 보는 중에 계시되기도 한다. 오, 지금 임하는 이런 계시에 비추어볼 때 우리는 어떤 사람이 되어야 하는가! 주님, 주님께서 제 영혼에 다시 한번 말씀하셨습니다. 당위는 현실이 될 수 있습니다. 저는 믿습니다. 아직은 제 눈에 멀게만 보이는 이 많은 '당위'를 성취하소서. 그리하여 주의 이름과 주의 말씀과 주의 역사를 입증하소서."

7월 14일. "열흘 전 하나님께 말씀을 구했었다. 에콰도르로 가라는 인도하심의 말씀을. 오늘 아침 뜻하지 않은 곳에서 말씀이 주어졌다. 별 뜻 없이 출애굽기 23장을 읽고 있는데 20절이 생생히 다가왔다. '내가 사자를 네 앞서 보내어 길에서 너를 보호하여 너로 내가 예비한 곳에 이르게 하리니 너는 삼가 그 목소리를 청종하고.' 지금까지의 느낌으로 그리고 약속에 대한 단순한 믿음으로 나는 이렇게 주어진 말씀을 하나님의 인도로 받아들인다. 하나님의 뜻에 따라 에콰도르로 가겠다고 티드마쉬에게 편지를 쓰라는 인도하심으로 말이다."

짐이 이런 인도하심을 받은 것은 자신의 기도에 대한 응답만은 아니었다. 불과 며칠 후 짐은 일리노어 밴드보트의 편지를 받았다. 대학 친구로 당시 아프리카 선교사로 나가 있던 자매였다.

그녀는 짐에 대해 특별히 강한 기도의 부담을 느꼈다고 말했는데, 짐이 작정기도를 하던 때와 시기가 일치했다. 다음은 짐이 그녀에게 보낸 답장이다.

"일리노어 자매님께. 수단은 지금 이른 새벽이겠지요. 막 자리에서 일어나 그리스도와 새 하루를 맞고 계시거나 성령님의 품 안에서 아직 자고 있을지도 모르겠군요. 어느 경우든 에이미 카마이클의 기도의 4행시로 지금 자매님을 위해 기도합니다. 전자의 경우라면 이 기도를 드립니다.

미명의 바람을 헤치고 오소서, 주님.
뽀얗게 깨어나는 아침 속으로 오소서.
주 모습 제게 보이사 그 얼굴에서
오늘의 시련을 이길 힘 찾게 하소서.

후자의 경우라면 이 기도를 드립니다.

사랑의 주, 내 마음의 영원한 빛이여.
사랑하시는 자 위에 밤새 비춰소서.
제 생각을 비춰사 이 밤 꿈속에서도
거룩한 땅에서 주의 일 찾게 하소서.

……자매님의 편지는 7월 12일자로 돼있습니다. 그 무렵 제가

마음에 큰 부담이 됐다고 하셨지요. 하나님이 주신 부담입니다. 그때 저는 에콰도르에 가는 문제로 7월 4일부터 15일까지 열흘간 특별기도를 드리고 있었습니다. 최근 선교사의 철수로 키추아족 선교지부가 비어 있으니 누구든 후임자로 오라는 제의가 있었습니다. 그쪽 사역을 잘 아는 분들이 여기 있는데, 하나님이 열어주신 문일지 모르니 두드려보라고 우리에게 권해주었습니다. 하나님이 문을 여시면 누가 닫을 수 있겠습니까? 그분이 '가라'고 하시면 누가 남아 있을 수 있겠습니까? 제가 강건한 믿음으로 적들의 반대를 물리칠 수 있도록 기도해주십시오."

곧이어 7월 25일, 짐은 이 결정의 추가 확증에 대해 부모님께 이런 편지를 보냈다.

"이것이 저를 향하신 주님의 뜻이라는 확신이 날마다 깊어지고 있고 모든 면에서 확증되고 있습니다. 언제나 거창한 방법으로가 아니라 아주 작은 일들을 통해서 말입니다. 난데없이 키추아족 언어자료가 교실에 놓여 있기도 했고, '빌립보서 4:19. 하나님의 복을 빕니다. 에콰도르를 위해 쓰십시오'라고 쓰인 익명의 쪽지와 함께 20달러가 든 봉투가 편지함에 들어 있기도 했습니다. 어제는 티드마쉬 박사의 답장을 받았습니다. 키추아족에 대한 우리의 전반적 관심을 알고 힘을 얻었지만 마음이 마냥 들떠 있지는 않다고 했습니다. 하나님께 감사하지만 하나님이 당장 우리를 샨디아로 데려다 놓으실 거라고는 생각하지 않는답니다.

하나님의 뜻이라면 저는 당장이라도 갈 준비가 돼있습니다.

다만 포틀랜드 장로들의 결정만 기다리고 있습니다. 밥 형은 선발위원회에 대해 염려하지만 저는 조금도 걱정이 안됩니다. 내 앞에 열린 문을 두신 그분께서 '닫을 사람이 없으리라'(계 3:8)고 약속하셨습니다. 제 그런 생각이 너무 순진해 보일지 모르지만, 그렇다고 저한테 '무슨 수를 내거나' 실가닥을 풀 길이 있는 것도 아닙니다. 순전한 자들을 지키신다는 주님의 약속이 제 경우에도 적용된다고 봅니다. 하나님은 당신의 사역에서 왕과 군주들조차 시시한 요소로 보시는 분입니다. 우리도 그분과 함께 그런 태도를 가질 수 있다고 생각합니다. 문을 닫으려는 자가 없을 거라는 말이 아닙니다. 다만 아무리 누군가 열심히 문을 닫으려 해도 하나님이 계속 열어두실 거라는 말입니다.

가족들 모두를 인해 진정 하나님을 찬양합니다. 어려서부터 제 주변 환경에는 하나님의 말씀의 빛이 있었고 제 영혼을 위한 가족들의 기도와 관심이 저를 떠나지 않았습니다. 얼마나 귀한 유산입니까. 오늘도 키추아 땅에서 채찍에 맞아가며 감자를 캐는 어린아이들을 잠깐만 생각해보십시오. 그중에는 자기 아버지가 누구인지 모르는 아이들도 많습니다. 가톨릭교가 그들의 영혼을 지배하고 있고 알코올 중독이 그들의 몸을 지배하고 있습니다. 오, 하나님이 우리 집안에 은혜로 성령을 주신 것처럼 그들 가족에도 성령을 심어주셔서 그들도 지금의 우리처럼 하나님을 위한 삶의 축복과 보상을 알았으면 좋겠습니다. 선교사들 말에 따르면 너무나 오랫동안 끔찍한 학대를 당하며 노예생활을 해오느라 사람들

의 영이 상할 대로 상해 있다고 합니다. 그들은 자신들의 고충을
덜어볼 의욕조차 전혀 없이 그저 죽도록 술만 마시고 있습니다.

> 단순한 아사가 아니라 꿈 없이 굶어 죽고
> 단순한 파종이 아니라 수확이 거의 없고
> 단순한 숭배가 아니라 숭배할 신이 없고
> 단순한 죽음이 아니라 양처럼 죽고 있다.[1]

살아있되 자기가 무엇을 위해 지음받았는지 전혀 모르는 이들은
성경의 말대로 사실상 '죽었다'고 할 수 있습니다. '비전이 없으면
백성이 망합니다'"(잠 29:18, KJV).

짐을 잘 아는 다른 사람들과 마찬가지로 짐의 부모는 그가 미
국 내 젊은이들을 상대로 사역해야 할지도 모른다는 의문을 떨칠
수 없었다. 대학생 사역과 라디오 설교와 전도집회에서 드러난
바와 같이 성경을 가르치고 말씀을 전하는 짐의 은사는 출중한
것이었다. 두 분은 짐에게 편지로 자신들의 느낌을 알렸고, 아들
을 멀리 떠나보낼 때 느낄 서운함도 내비쳤다.

짐은 8월 8일, 이런 답장을 보냈다. "제가 남미로 간다는 말에
부모님이 슬퍼하시는 것은 충분히 이해가 됩니다. 하지만 이것은
예수님이 우리에게 이미 경고해주신 상황에 지나지 않습니다. 그
분은 제자들에게 마치 세상의 다른 모든 의무들이 존재하지 않는
것처럼 될 정도로 하나님 나라에 전심을 바쳐 그분을 따라야 한다

고 명하셨습니다. 물론 그분은 가족간의 인연도 제외시키지 않으셨습니다. 사실 우리가 가장 가깝다고 여기는 그 사랑이야말로 주님의 뜻을 받들려는 열망에 비하면 차라리 미움이 돼야 한다고 그분은 말씀하셨습니다. 그러니 아들들이 부모님을 버리는 것 같다고 슬퍼하지 마십시오. 오히려 즐거이 하나님의 뜻이 이루어지는 것을 보며 기뻐하십시오. 시편 기자가 자녀를 어떻게 묘사했는지 기억나십니까? 자식은 여호와의 기업이요 화살통에 자식이 가득한 자는 복이 있다고 했습니다. 화살통에 가득한 것은 화살이 아니고 무엇이겠습니까? 그리고 화살은 쏘라고 있는 것이 아니겠습니까? 그러니 힘센 기도의 팔로 활시위를 당겨 화살을 쏘아 보내십시오. 부모님의 화살 전부를 곧바로 적진으로 쏘십시오.

> 네 자녀를 바쳐 영광의 메시지를 전하게 하라.
> 네 재물을 바쳐 자녀의 걸음을 신속하게 하라.
> 네 영혼을 바쳐 자녀의 승리를 위해 기도하라.
> 네가 바친 모든 것을 예수께서 갚아주시리라.[2]

제 말이 너무 냉정하게 들립니까? 한없이 뜨거운 여호와의 마음을 아는 자들이라면 정녕 인간의 사랑을 부인하고 그분의 사랑 표현에 동참해야 합니다. 위로 보좌에서 들려오는 부름을 생각하십시오. '너희는 가라'(마 28:19). 주변에서 부르는 소리를 들어보십시오. '건너와서 우리를 도우라'(행 16:9). 아래서도 저주받은 영혼들의 부르짖음이 들려옵니다. '나사로를 내 아버지의 집에 보내소서. 저희로 이 고통받는 곳에 오지 않게 하소서'(눅 16:27-28). 그러므로 이 목소리들에 떠밀려 저는 뻔히 멸망하는 키추아족을 두고 국내에 남아 있을 수 없습니다. 고국의 살진 교회에 도전이 필요하면 어떻게 하지요? 그들에게는 성경과 모세와 선지자와 그 밖에 많은 것들이 있습니다. 그들을 향한 정죄는 은행통장과 성경책 표지의 먼지 속에 씌어 있습니다. 미국 신자들은 인생을 다 팔아 부의 신을 숭배하고 있습니다. 하나님은 라오디게아의 영에 굴복하는 자들을 당신의 의로운 방법으로 처리하실 것입니다."

짐의 넓은 비전은 일기에도 잘 나타나 있다.

8월 9일. "이번 가을은 아닐지라도 조만간 에콰도르 동부 저지대 사역에 동참할 젊은 일꾼이 하나 더 필요하다. 하나님은 그 사람을 구할 믿음을 내게 주셨다. 거기서 우리는 첫째는 스페인어와 키추아 언어를 배우고, 둘째는 서로를 배우며, 셋째는 정글과 독립생활을 배우고, 넷째는 하나님을 그리고 고지대 키추아족에 다가가실 하나님의 방법을 배워야 한다. 거기까지 되면 그때부터는 하나님의 큰 도우심을 따라 각자 몇몇 젊은 인디언을 데리고 에콰도르 고지대로 이동해 80만의 고지대 사람들 속에서 사역을 시작해야 한다. 하나님이 시간을 지체하시면, 원주민들을 가르쳐 왕되신 그리스도의 메시지를 남쪽으로 전파하며 곳곳마다 신약의 모임을 만들도록 해야 한다. 거기서 말씀은 다시 페루

와 볼리비아로 남하해야 한다. 하나님을 위해 키추아족에게 복음
을 들고 가야만 한다! 정책은 이 정도면 됐다. 이제 기도와 실천
에 나설 때다."

14. 신약성경 교회상을 실험하다

각각 어떻게 그 위에 세우기를 조심할지니라. 이 닦아둔 것 외에 능히 다른 터를 닦아둘 자가 없으니 이 터는 곧 예수 그리스도라. (고전 3:10-11)

언어학 과정이 끝났으나 "구름기둥"(출 13:21)이 움직이는 것 같지 않았으므로 짐은 한두 달 정도 빌 캐더스와 함께 오클라호마 노먼에 남아 오클라호마시티의 작은 교회와 대학 캠퍼스의 성경 공부 그룹을 돕기로 했다. 이 시기에 짐은 여권을 신청했다. 에콰도르의 티드마쉬 박사는 가을에 휴가를 계획하고 있다며 짐과 빌이 최대한 빨리 왔으면 좋겠다는 내용의 편지를 보내왔다.

짐은 8월 31일, 내게 이런 편지를 보내왔다.

"우리는 이곳에 먹고 살 곳이 필요합니다. 하나님만 믿고 있습니다. 지역 일간지에 '잡역부'로 광고를 냈습니다. 페인트, 수리, 잡일 따위로 그런대로 생활비를 충당하고 있습니다. 노먼의 고등학생들, 사방의 가난한 시골 사람들 등 이 지역에는 사역의 기회가 너무 많습니다. 교회에서도 우리를 반기고 있고, 학기가 시작되면 대학 캠퍼스에도 할 일이 있습니다.

하나님의 뜻이라면 우리는 여권이 준비되는 대로 본가에 한 번씩 다녀와서 바로 에콰도르로 나갈 생각입니다. 모아야 할 물품들이 있지만 결혼한 부부들한테 필요한 것에 비하면 대부분 아무것도 아닙니다. 구체적으로 당신이 기도해줄 수 있는 것들은 무전기 세트, 치과용품, 의료장비(티드마쉬 박사가 나중에 우리에게 사용법을 가르쳐줄 것입니다) 등입니다. 물론 경비도 빠뜨리지 말아야겠지요. 바나나 운반배의 선원으로 현지에 가는 방법을 추진 중입니다."

일기는 이렇게 계속된다.

9월 7일. "빌과 내게 요즘은 기다림의 나날이다. 우리 바람대로라면 지금쯤 여권도 나오고 물품 마련도 시작됐어야 하지만 하나님은 다른 일들을 생각하고 계셨다. 우리는 고향 교회로부터 선교사 임명에 관한 말을 기다리며 기회가 주어지는 대로 이것저것 준비했다. 내일 J. M.이 돌아오므로 그의 아파트를 비워줘야 한다. 이제 어디로 갈 것인가? 노먼은 일하기 좋은 곳이지만 자취방을 찾기란 쉽지 않다.

시편 31:15이 축복이 된다. '내 시대가 주의 손에 있사오니.' 시편 139:16도. '나를 위하여 정한 날이 하나도 되기 전에 주의 책에 다 기록이 되었나이다.' 그렇다. 기다리든 일하든 무엇을 하든, 날이 정해져 있다. 우리는 인도하심을 구했고, 알려주신 만큼 순종했고, 이제 다음 발걸음을 위한 지시를 기다리고 있다.”

9월 29일. “오늘 에드 맥컬리한테서 연락이 왔다. 학교를 그만 두고 전임사역의 열린 문을 찾으려고 주님께 기도하고 있다는 내용이었다. 그 말을 듣고 얼마나 하나님을 찬양했는지! 주님이 다루신 내막을 읽으며 눈물까지 흘렸다. 은사의 활용면에서 에드의 신앙이 크게 자랐을 뿐 아니라 그를 향한 내 열망도 커졌기 때문이다. 하나님이 우리와 함께 에콰도르로 보내실 사람이 에드가 아닐까 하는 생각이 든다. 나는 그 사역에 한 사람을 더 달라고 기도했었다. 이것이 하나님의 응답일지도 모른다. 주님, 그렇다면 감사합니다. 정말 감사합니다.”

10월 18일. “하나님의 뜻이라면 내일 휘튼으로 간다. 이유는 아직 모르겠지만. 여기는 일손이 딸린다. 오클라호마시티 집회에는 현재 우리의 기도보다 훨씬 많은 기도가 필요하다. 심방할 곳도 많다. 최근 대학 캠퍼스에서 만난 몇몇 아이들도 개인적으로 찾아가 도와줘야 한다. 페인트 일도 여기저기 주문이 들어오는데 아직 못하고 있다. 그럼에도 밀워키에 올라가 에드 맥컬리를 만나야 한다는 부담이 느껴진다. 먼 옛날, 바나바가 다소에 가 바울을 만난 것처럼.

주님, 제 전심을 다해 주님을 믿었습니다. 지금 제가 따를 수 있는 인도하심이 전혀 없음을 고백합니다. 휘튼 동창회에서, 밀워키에서, 인디애나 헌팅턴에서 제 앞길을 열어주소서. 우선 에드와 저를 하나로 엮어주소서. 신자들의 마음을 성소의 진리를 향해 열어주소서. 주님, 헛걸음이 되지 않게 하소서. 제 길에 빛을 비추시고, 그 길로만 걸으며 주님을 기쁘시게 할 수 있는 은혜를 주소서."

위스콘신으로 올라가는 길에 교통사고가 났다. 짐이 운전하던 차가 길가의 높은 턱을 들이받는 바람에 차가 완전히 뒤집힌 것이다. 그 차는 짐의 친구가 불과 며칠 전에 산 것으로 아직 보험도 없었다.

짐은 이렇게 썼다. "몸이 욱신거렸지만 어쩔 수 없는 사고였습니다. 이 안에도 하나님이 주실 교훈이 있음을 압니다. 이럴 때 시편 121편을 알고 있어 다행입니다. '너를 지키시는 자가…… 졸지도 아니하고 주무시지도 아니하시리로다.'

맥컬리네 집은 나를 거의 페인트공으로 고용해주었습니다. 나는 그 일을 수락해 지금 잘 진행중입니다. 에드는 시내 호텔에서 야간 사무원으로 일하고 있습니다. 나는 이틀에 한번씩 밤에 그곳에 가 에드와 함께 성경을 공부합니다. 에드가 장부 정리를 하는 동안 눈을 붙인 뒤 3시간 반 동안 둘이 집중적으로 성경공부에 들어갑니다. 서로 생각을 나누며 좋은 자극을 받고 있습니다.

이제 여기서 어디로 가야 할지 묘연합니다. 주님은 모든 필요를 풍성하게 채워주셨습니다. 내 모든 '출입'(시 121:8) 속에 그분이 임재하심을 알기에 기쁩니다."

몇 주 후에 다시 보낸 편지는 이렇게 돼 있다.

"에드와 함께 보내는 시간이 아주 좋습니다. 주님이 우리를 선교지에 함께 보내주셨으면 좋겠습니다. 하지만 그 결정이 내가 여기 있는 중에 내려져서는 안될 것입니다. 우리는 서로 너무 쉽게 영향력을 주고받기 때문에 조심하지 않으면 그런 자연스런 의기투합이 주님의 인도를 가로막을 수 있습니다.

티드마쉬는 이번 달에 휴가차 영국으로 간다고 합니다. 우리는 그의 지도하에 산디아에 들어가야 할 것 같기 때문에 아무래도 그때까지 기다렸다 내년에 그와 함께 선교지로 가지 않을까 생각됩니다."

이때 짐은 빌 캐더스로부터 곧 결혼한다는 전갈을 받았다. 짐은 '둘씩둘씩'(막 6:7) 나갔던 신약성경의 틀을 따라 빌과 함께 에콰도르에 갈 것으로 기대하고 있던 터였으므로 그 소식은 충격이었다. 짐은 부모님께 편지로 그 얘기를 한 뒤 이렇게 덧붙였다.

"저는 반지며 꽃이며 파티며 집안살림 등 결혼 얘기에 관심 없습니다. 선교에 대한 제 현실론 때문에 정말 결혼하고 싶은 마음이 들 정도로 누군가에게 홀딱 빠질 일이 없을까봐 가끔 걱정도 되지요. 설마 그렇기야 하겠습니까! 저는 내 앞가림 하나에도 책임감이 모자란 보헤미안 부랑자랍니다."

짐의 어머니는 결혼제도를 두둔하는 내용의 답장을 보내왔다. 아울러 짐의 태도가 괜한 오기 같다는 점도 살짝 꼬집었다. 짐은 이렇게 맞섰다.

"어머니, 사랑하는 빌의 결혼을 제가 시기한다면 그거야말로 생전 듣지 못한 신종 시기로군요. 결혼에 관해서라면 (어머니의 지난번 편지에 그 얘기가 많았으므로) 저는 아직도 심각한 문제에 봉착해 있습니다. 아내가 없는 독신자라고 해서 반드시 자기 중심적이고 삶에 균형이 없고 수다스럽고 고압적이라는 법은 없습니다. 물론 그런 사람도 있겠지요. 저도 몇 사람 알고 있으니까요. 하지만 기혼자 중에도 그런 사람들이 있습니다. 그뿐 아니라, 주 예수님 자신과 역사 속의 다른 경건한 남자들은 차치하고라도 바울과 디모데와 (우리가 배운 대로) 기타 신약성경 인물들은 기혼자가 아니었습니다. 결혼만이 균형을 잃은 젊은 남자의 만병통치약이라면 그 사람들도 틀림없이 균형을 잃은 자들이겠지요. 하지만 그들의 사역을 보면 누구도 감히 그렇게 말할 수 없습니다. 그러므로 바울의 발자취를 따르려는 제가 꼭 결혼해야 하는지는 여전히 문제입니다. 열대림 상황의 특수한 난관 때문에 그 문제는 더 커집니다. 빌은 결혼으로 인도함받았고 저는 그것이 기쁩니다. 기뻐하는 자들과 함께 기뻐합니다. 빌을 시기한다면 그것은 그를 향한 인도함을 (그리고 은사를!) 탐낸다는 것인데, 성경은 탐심을 우상숭배로 지적하고 있습니다."

"열대림 상황의 특수한 난관"에 관해 짐은 직접 이렇게 설명했다.

"사람들 속에 들어가 언어와 관습을 배우고 기후에 익숙해지고 정서적으로 적응하는 것만도 이미 어려운 일입니다. 결혼생활에 적응하는 엄청난 과제를 더하지 않더라도 말입니다. 여자의 경우는 더 어렵습니다. 아내가 가사의 책임에 너무 파묻혀 끝내 선교사다운 선교사가 되지 못한 사례들이 있습니다. 갖가지 자질 구레한 집안일 때문에 사회적으로 적응할 시간조차 없는 것이지요. 바인W. E. Vine도 제가 읽었던 책에서 같은 견해를 보이고 있습니다. 현지에서 웬만큼 사람들과 관계가 형성될 때까지는 남자와 남자가 함께 가야 한다는 것이지요. 결혼은 그렇게 전도의 효과적 기반이 분명히 잡힌 후의 문제입니다."

11월에 짐은 밀워키에서 인디애나의 한 소읍으로 갔다. 그곳의 젊은 부부들 모임이 성경공부에 관심을 보였다. 짐으로서는 최근 새롭게 묵상하고 있던 진리를 가르칠 수 있는 기회였다.

첫 성경공부에 대해 짐은 이렇게 썼다.

"마음에 있는 것을 거리낌 없이 말했습니다. 신약성경의 교회상을 단호히 선포했지요. 대부분 깜짝 놀랐지만 더 배우고 싶다며 진지하게 다시 나왔습니다. 지금까지 몇 가정을 심방했는데, 대여섯 가정에 깊은 깨달음과 말씀에 대한 갈급함이 있는 것을 보았습니다. 전통적 교회상에 매여 있는 사람들이 많습니다. 그들은 뭔가 잘못된 것을 느끼면서도 통용된 예배방식을 깨뜨리기를 겁냅니다. 물론 나는 이미 신종 이단의 선전자로 낙인이 찍혔습니다. 하지만 나는 사도 바울의 말로 거기에 기쁘게 응수합니다. 바울은 비슷한 비난을 들었을 때 이렇게 말했지요. '그러나 이것을 당신께 고백하리이다. 나는 저희가 이단이라 하는 도를 좇아 조상의 하나님을 섬기고'(행 24:14).

이곳 성도들을 위해 기도해주십시오. 그리스도가 그들의 삶의 중심이 되도록 하나님께서 일하셔야만 합니다. 성도들의 사고력을 막으려는 성직자들의 못된 수작 때문에 성경을 잘 아는 사람이 하나도 없습니다. 제게 지혜와 은혜를 더하시도록 기도해주십시오. 하나님 우편에 앉으신 인자의 영광을 위해 제 증거에 결실이 있도록 말입니다.”

지역교회 구조에 신약성경의 틀을 따라야 한다는 짐의 확신은 그곳에서 사역하는 동안 혹독한 시련을 겪었다.

다음은 12월 6일 짐이 집으로 보낸 편지다. “신약성경의 교회상이 이상적이라는 것을 다들 인정할 마음은 있으나 실제로 거기에 헌신하려는 사람은 아무도 없습니다. 남자들이 특히 그렇습니다……. 신약교회를 따라야 한다고 주장하는 사람들이 명심해야 할 것이 있습니다. 우리는 신약성경의 요건에 부합되고 그 안의 모든 원리에 지배받는 생활방식에 헌신해야 한다는 것입니다. 그러니 이 사람들을 위해 기도해주십시오. 열망이 없는 것은 아니나 실제적 헌신, 일에 부딪치려는 자세가 없습니다.”

그 소그룹과 한 달간 공부한 후 짐은 부모님께 이렇게 썼다.

“전반적으로 제가 아주 무익한 자로 느껴집니다. 물론 제가 여기 있는 것이 그들에게 도움이 되지요. 하지만 진리에 대한 철저한 무지가 이 지역의 교회 다니는 사람들의 전반적 상태입니다. 제 시간은 한계가 있습니다. 누군가 다른 사람이 이곳에 와 그들을 돕지 않는다면 그들이 나아질 가능성은 희박합니다. 오,

하나님이 그곳 포틀랜드의 기혼 부부들을 몇 가정만 흔들어 깨워 주신다면 얼마나 좋을까요. 이곳의 영혼들은 그들이 아는 것을 몰라 굶주리고 있는데 그들은 영혼과 성도에 무심한 채 깍쟁이처럼 땅, 집, 직장, 아기, 식기류 따위로 희희낙락하고 있으니 어찌 하면 좋습니까. 하나님은 우리를 무죄한 자로 여기시지 않을 것입니다. 우리는 '해를 받을'(고전 3:15) 것입니다. 이곳에 필요한 것은 한 가정이 이사와 일자리를 잡고 가정을 개방해 이단분파 인상을 주지 않으면서 진리를 가르치는 것입니다. '하나님의 어린양들에게 위로와 평안'을 준다는 시시한 잡지 나부랭이들에 통렬한 비판기사를 쓰고 싶은 충동도 종종 느낍니다. 부질없는 짓이지요! 우리는 언제나 용사처럼 일어나 당당히 세상에 맞설까요? 이 배교의 시대는 활동 없는 게으름을 묵과하고 있습니다. 그 어리석고 가당찮은 모습에 숨어 있는 지독한 불경의 마음은 조금만 시련이 닥쳐도 탄로나게 돼있습니다. 우리는 주님의 식탁에 바짝 둘러앉아 마치 그 식탁이 하나님의 제단의 마지막 불씨라도 된다는 듯 거기에 손을 녹입니다. 그렇게 하면 그리스도의 타오르는 진노가 진정될 줄로 생각합니다. 그러나 그분은 지금도 크리스마스 쇼핑에 바쁜 불신자 세대를 가리키며 우리를 책망하십니다. 그들은 복음을 접한 적도 없고 도전과 가르침을 받지도 못했습니다. 우리는 말로는 능력을 고백하지만 행동은 무력하기 짝이 없습니다. 그것을 생각하면 피가 끓습니다. 우리가 아는 것의 1/10밖에 모르는 신자들이 하나님의 은혜 속에 그분을 위해 100

배나 더 많은 일을 하고 있습니다. 그런데도 우리는 그들을 책잡습니다. 오, 글과 설교와 말과 그림으로 이것을 조금이라도 표현할 수 있다면. 우리 가운데 하나님의 영광이 드러날 수만 있다면! 사라진 영광이여!"

나는 외국의 한 친구한테서 받은 편지를 짐에게 보냈다. 그곳 그리스도인들의 상태에 관한 내용이었다. 짐의 답장에는 교회의 공동체적 행동의 중요성에 대한 그의 생각이 잘 나타나 있다.

"J의 편지, 재미있게 읽었습니다. 하나님의 교회에 대한 그녀의 태도는 대다수 근본주의자들과 비슷합니다. '아무러면 어떠냐'는 식이지요. 관건은 하나님이 신약성경에 보편적 교회상을 계시해주셨는지 여부에 있습니다. 그런 계시가 없다면 '아무러면 어떠냐'가 맞겠지요. 교회가 운영만 된다면 말입니다. 하지만 그리스도의 심장에 신부인 교회처럼 소중한 것이 없는데 그 교회의 공동체적 행동에 대해 분명한 지침이 없을 수는 없다고 저는 확신합니다. 아울러 저는 20세기 신자들이 '교세'를 확장하는 방식에서 전혀 그 틀을 따르지 않았다고 확신합니다. 따라서 정말 하나님의 영광과 기쁨을 위해 '운영되는' 일은 하나도 없습니다. 게다가 그곳에서든 미국에서든 지금껏 사람들이 교회를 어떻게 해왔는지는 저한테 조금도 중요하지 않습니다. 하나님이 주신 교회상이 있을진대 무슨 수를 써서라도 그 틀을 찾아내고 확립하는 것이 제 의무일 뿐입니다.

근본주의의 성직제도는 가톨릭의 직접적 계승이며, J의 말에도 불구하고 성경에는 그런 제도의 기본원리가 전혀 없습니다. 성경은 모든 신자가 제사장이라고 가르칩니다. 나아가 J는 '나는 혼자 예배드릴 때 가장 만족스럽다'고 했습니다. 그것과 이것이 도대체 무슨 관계가 있단 말입니까? 좋아하고 싫어하는 그녀의 개인적 취향에 하나님의 거룩한 교회의 방법을 지정해줄 권리라도 있단 말입니까? 우리의 현질서에 가망 없는 혼란을 불러온 것이 바로 그런 태도입니다. 성경 해석과 오류 분별도 혼자서 할 때 가장 만족스럽다는 자들이 있으니까 말입니다. '하나님은 진실하시되 인간은 다 거짓말쟁이다' 그거지요. 그것이 그분의 길입니까? 그렇다면 저는 제 개인적 취향은 쓰레기통에 갖다 버리겠습니다. 그분이 주시는 은혜로 따르겠습니다. 특정집회 제도를 찬동하거나 비난하는 것은 J의 일도 아니고 제 일도 아닙니다. 성경의 원리를 살펴 가장 중요한 '여호와의 말씀이니라'를 찾는 것만이 우리 모두의 책임입니다."

이런 강한 확신에도 불구하고 짐에게도 의구심이 드는 순간들이 있었다. 그런 원리가 실천되는 모습을 기대하는 것이 부질없는 일로 보였던 것이다.

짐은 일기에 이렇게 썼다. "최근 마음에 갈등이 있었다. 정리되지 않은 죄도 있었고, 상황에 대한 낙심도 있었다. 하나님의 교회에 '모형의 원리'가 있다는 생각 자체가 어리석어 보였다. 교회 사역이 바울의 방법대로 되든 말든 요즘 그런 데 신경 쓰는 사람이 누가 있는가? '복음만 전하면 된다. 일을 정착시키는 방법에 대해 왈가왈부할 시간이 없다.' 사방에서 그런 말이 들려오는 것 같다.

우선 역대상 28:9 말씀으로 격려를 얻었다. '내 아들아. 너는 네 아비의 하나님을 알고 온전한 마음과 기쁜 뜻으로 섬길지어다. 여호와께서는 뭇 마음을 감찰하사 모든 사상을 아시나니 네가 저를 찾으면 만날 것이요 버리면 저가 너를 영원히 버리시리라. 그런즉 너는 삼갈지어다. 여호와께서 너를 택하여 성소의 전을 건축하게 하셨으니 힘써 행할지니라.'

자비의 하나님. **제게도** 실제로 그렇게 말씀해주소서. 복의 약속과 화의 경고까지 이 말씀의 모든 능력이 제게 임하게 하소서.

하나님은 먼저 인간에게 틀을 제시하시지 않고는 그들 속에서 일하신 적이 없다. 모세, 노아, 다윗, 바울이 모두 그랬다."

신약교회의 틀을 따르려는 짐의 다음번 실험은 일리노이 남부 체스터라는 소읍에서 이루어졌다. 에드도 밀워키에서 내려와 둘은 12월 13일 그곳에 도착했다. 그날 밤 짐의 일기는 이렇게 돼 있다.

"하나님이 에드와 나를 분명 그곳으로 인도하신다는 느낌이 든다. 두 가지를 기도한다. 첫째는 교회가 세워지도록, 둘째는 라디오, 의료, 교육 쪽에 경험을 주시도록. 외부적 도움의 가능성에 관한 한 이제 와서 그런 것들을 구한다는 것이 황당한 일이다. 하지만 불가능한 것을 구할 때 하나님이 영광을 받으실 것이다."

12월 16일. "다시 헌팅턴에 돌아와 우체국에서 일하고 있다.

이쪽은 영혼사역이 더디지만 좋은 조짐들이 있다. 교리가 확실치 못한 사람들이 문제를 더 복잡하게 만든다. 아, 성경이 왜곡되지 않은 곳이 그립다! 주님, 저를 에콰도르로 보내주소서!"

체스터행 결정에도 다른 모든 결정과 마찬가지로 즉시 시험이 따랐다. 이번에는 포틀랜드로 돌아와 그곳 성경공부와 전도사역을 도와달라는 초청이었다. 짐은 이렇게 답장했다.

"하나님이 제게 체스터 개척사역을 원하신다고 굳게 믿습니다. 아직도 저는 포틀랜드에 영적 진리가 너무 많이 몰려 있다고 생각합니다. 그곳에는 도시 전체를 하나님께 돌아오게 할 만큼 신자들의 수가 충분합니다. 그들 자신부터 그리스도께 나와 그간 그분의 일을 무시해온 부끄러운 죄를 고백하기만 한다면 말입니다. 지금은 하나님의 능력을 나타내 보여야 할 때입니다. 거기에는 비싼 대가가 따릅니다. 희생적 삶과 기도의 수고가 필요하며 사사로운 즐거움도 버려야 합니다…….

체스터에 복음의 문, 일자리의 문, '교회를 다녀본' 신자들을 향한 사역의 문이 열리도록 기도해주십시오. 우리는 다른 사람이 닦아둔 기초 위에 세울 뜻이 없습니다. 그래서 우리의 증거를 통해 그곳 영혼들이 구원받게 될 것과 그들이 하나로 모이는 과정에서 우리가 진정한 신약성경의 틀을 따라 일할 것을 위해 기도하고 있습니다."

"사사로운 즐거움을 버리는" 면에서 짐은 크리스마스가 될 무렵 자신의 권면을 그대로 실천했다. 그러자 가족들이 넌지시

속뜻을 비쳐왔다. 집을 떠난 지 7개월이나 됐으니 크리스마스 때 온다면 정말 좋겠다는 것이었다.

"집에 가면 정말 좋겠지요. 가족들에게도 기쁨이 될 줄 압니다. 하지만 우리는 마음을 굳게 먹고 즐거이 희생해야 합니다. 하나님의 나타난 뜻이 무엇인지 알기에 기뻐해야 합니다. 주 예수께서 사마리아 여인과 말씀하실 때 맛보신 신령한 양식이 곧 그분의 뜻이지요. '나의 양식은 나를 보내신 이의 뜻을 행하는'(요 4:34) 것입니다. 무정한 태도라고 생각지 맙시다. 너무 원칙적일 수 있고 그래서 우리 감정에 서운할 수 있겠지요. 하지만 하나님의 뜻을 행하는 것이야말로 언제나 최선의 길입니다. 하나님의 뜻이라는 확신만 있다면 우리는 자기 행동을 변명하거나 변호할 필요가 없습니다. 지금으로서는 주님께서 제가 여기 있기를 원하신다는 것이 제 확신입니다."

15. 모든 길을 막으심

내 반석이신 하나님께 말하기를 어찌하여 나를 잊으셨나이까……. 내 뼈를 찌르는 칼같이 내 대적이 나를 비방하여 늘 말하기를 네 하나님이 어디 있느냐 하도다. (시 42:9-10)

짐의 일기는 1951년 1월 6일 일리노이 체스터에서 다시 시작된다. "목요일 에드 맥컬리와 함께 이곳에 다시 왔다. 오는 길에 주님께서 복 주셨다. 지켜주시고 채워주시고 격려해주셨다. 지금 우리는 시편 90:16-17의 기도로 그분의 얼굴을 구하고 있다. '주의 행사를 주의 종들에게 나타내시며…… 우리 손의 행사를 견고케 하소서.' 무엇보다 우리는 이 지역을 향한 주님의 접근을 보고 싶고 그분의 방법을 알고 싶다. 그 다음, 그 일이 우리 손을 통해 견고케 되는 모습을 보고 싶다. 진리를 전하는 것이 큰 특권임을 느낀다. 능력으로 말씀을 전할 수 있도록 은혜를 더해주시기를 바란다."

1월 9일. "어젯밤 에드와 폴리와 함께 세인트루이스에 다녀왔다. 세인트루이스 교회에서 노령의 모리 박사와 청년들을 만나 유익한 시간을 가졌다. 주님, 사역의 가능성이 무궁무진합니다. 하나님의 영이여, 그들 속에서 역사하소서. 그들의 영혼을 구태의연한 인습과 규정과 전통에서 건져주소서. 그 단체 중에서 몇몇 하나님의 사람들을 일으켜주소서."

1월 10일. "청년에게는 특별한 고충이 있다. 그때야말로 내면의 힘과 외부의 힘의 싸움이 가장 치열할 때다. 속박이 한없이 곤혹스러워 마냥 해방이 그립다. 그 점에 대한 보상으로 청년에게는 특별한 힘이 있다. '청년들아, 내가 너희에게 쓴 것은 너희가 강하고 하나님의 말씀이 너희 속에 거하시고 너희가 흉악한 자를 이기었음이라'(요일 2:14). 출중한 힘은 청년의 자랑이다. 기민함과 기억력도 청년 때 왕성하다. 가장 통쾌한 승리도 청년의 몫이다. 주님, 마지막 한순간까지 아낌없이 소멸하는 삶을 살게 하소서. 한줌 재가 될 때까지 온 힘을 불사르게 하소서. 솔로몬의 지혜대로 청년의 때를 즐거워하되 제 창조자를 기억하겠습니다."

1월 15일. "오늘 아침 내 안에 깊은 불안과 견딜 수 없이 요동하는 불만이 있다. 말씀의 젖이 내 앞에서 엉겨붙거나 내 속에서 쉬어지는 것 같다. 모든 속박에 대한 혐오와 반항심이 부글부글 끓어오른다. 이럴 때 혼자 있지 않아서 다행이다. '나를 시험에 들게 하지 마옵시고 다만 악에서 구하옵소서.'"

1월 16일. "오늘밤 하나님께 뭔가 기쁨과 찬양의 글을 남겨야 할 것 같다. 별다른 일 없이 조용히 하루가 흘렀다. 물건 세일즈에 대한 회의가 두 차례 있었고, 라디오 프로그램 계약서에 서명했고, 부족하나마 원고를 대충 작성했다. 모두 하나님을 바라는 마음으로 했다. 그분의 때, 그분의 시간을 기다리는 심정으로. 종일 햇살에 봄기운이 돌았다. 해질녘 가게에서 돌아오다가 자줏빛 곱게 물든 오자크 산자락을 또렷한 샛별이 지켜주는 모습을 보고 얼마나 기뻤는지 모른다. 까만 밤하늘에 초롱초롱 별들이 피어났다. 방금 막 걸어서 언덕으로 나왔다. 마음까지 맑아지는 상큼한 공기. 그렇게 서있자니 낯익은 나무 그림자가 나를 감싸고 바람이 옷자락을 끌어당긴다. 내 심령을 부르는 천국의 소리. 바라보고 기뻐하며 다시금 나를 하나님께 드린다. 인간이 그 이상 무엇을 바라랴. 오, 이 땅에서 하나님을 안다는 것의 이 충만함, 환희, 벅찬 감격이여. 그분을 사랑하고 기쁘시게 해드릴 수만 있다면 내 평생 다시 그분을 위해 목청 높일 수 없다 해도 좋으리. 혹시 자비의 하나님이 내게 많은 자녀를 주시면 나는 그들을 저 광활한 별나라로 데려가 그분의 솜씨를 보여주리라. 그분이 손가락 끝만 움직여도 그들은 마음이 달아오르리. 그러나 그렇지 않다 해도, 나 그분을 뵙고 그 옷자락을 만지고 사랑하는 주님의 눈을 보며 웃을 수만 있다면. 아, 그렇다면 별들도 자녀도 다 없어도 좋다. 그분 한분으로 족하다."

1월 17일, 짐은 부모님께 이렇게 썼다.

"사랑하는 어머니, 아버지, 그리고 모든 가족들에게. 소식 반갑습니다. 제가 세상에서 가장 사랑하는 우리 가족들에게 여전히 하나님의 은혜가 넘친다니 기쁩니다. 자비의 하나님을 안다는 것, 당신을 의지하는 자들을 절대 버리시지 않고 늘 강하게 붙드시는 그분을 안다는 것은 말할 수 없이 복된 일입니다. 요즘 에드와 저는 하나님의 필요성을 더욱 절실히 느끼고 있습니다. 많은 사람들이 곁에서 격려해줄 때에 비해 이렇게 이곳에 단둘이 있으니 싸움이 쉽지 않습니다. 하지만 그분이 친히 우리의 힘이 돼주십니다. 우리는 주님의 이름으로 이곳에서 깃발을 들었습니다.

금요일 오전부터 우리의 라디오 프로그램이 시작됩니다. 어제 계약서에 서명했지요. 에드가 금요일 15분 순서를 맡고 제가 일요일 오후 30분 순서를 맡아 설교합니다. 서로 상대방 프로를 광고해주기로 했습니다. 세인트루이스에서 열심 있는 청년들 몇이 와 남성중창을 불러줄 것입니다. 하나님을 위해 제대로 말하고 행동해야겠다는 책임감이 이렇게 강하게 느껴지기는 처음입니다. 프로그램 제목은 '주의 진리가 행진한다'는 찬송가 가사를 따 '진리의 행진'이라고 했습니다. 저희들과 함께 이 일을 위해 매일 기도해주십시오. 우리는 날마다 그분의 은혜를 더 알아가야 합니다. 예수께서 친히 주신 약속이 우리를 통해 실현되도록 말입니다. '나를 믿는 자는 나의 하는 일을 저도 할 것이요 또한 이보다 큰 것도 하리니 이는 내가 아버지께로 감이니라. 너희가 내 이름으로 무엇을 구하든지 내가 시행하리니 이는 아버지로 하여금 아들을 인하여 영광을 얻으시게 하려 함이라'(요 14:12-13). 얼마나 귀한 약속입니까!"

다음은 일기 내용이다.

1월 18일. "체스터에서 일자리를 구하는데 오랜 시간이 걸린다. 아직까지 세일즈나 수입이 전혀 없다. 자원이 점점 바닥나 앞으로 일주일 이상 못 버틸 것 같다. 선교지를 위해 돈을 좀 저축할까 했지만 현재 상황으로 본다면 세일즈 일로는 불가능하다.[1] 이곳 라디오 사역과 다른 지역 전도사역의 자금 조달에도 동참하고 싶었으나 하나님이 모든 길을 막으셨다. 주님 자신 외에는 가진 것도, 할 일도, 바라는 것도 없게 만드셨다. 주님, 주님은 제 소망들이 불가능한 상황을 보십니다. 며칠 내로 주님의 도움의 손길을 바랍니다."

1월 29일. "일요일 아침 주립감옥에서 예배를 드렸다. 좀도둑에서 무차별 살인에 이르기까지 갖가지 죄목의 죄수 350명에게 말씀을 전했다. 마가복음 2장에 나오는 용서의 말씀을 선포하려니 가슴이 뭉클하다. '오직 하나님 한분 외에는 누가 능히 죄를 사하겠느냐?' 용서 없는 양심과 주변의 따가운 시선을 동시에 감내해야 하는 사회의 밑바닥 인생들에게 그 말씀은 특별한 의미가 있었다.

저녁식사 후 빌리 그레이엄의 설교방송을 듣고 '산 밑'(강변을 다들 그렇게 부른다)의 작은 선교센터로 내려갔다. 거기서 손이 꾀죄죄한 작달막한 배관공이 이런 얘기로 사도 바울의 영성에 대해 역설했다. '사도 바울이 감옥을 나와 단두대에 올라가는 동안 35명의 영혼이 구원받았다고 합니다. 사람들이 도끼로 사도의 목을 자르자 머리가 세 번 튄 다음 굴렀지요. 머리가 튄 곳마다 세 개의 샘이 터져 지금도 맑은 물이 솟아나고 있다고 합니다!'

오늘 '종교' 얘기는 그걸로 족한 것 같아 우리는 인근 커피숍에 가 고등학생들을 만났다.

30킬로미터쯤 떨어진 마을에서 목요일 밤마다 집회를 갖고 있다. 그곳 고등학교에서도 집회를 열 기회가 주어졌다. 전단에는 우리 집회가 '도덕과 종교 함양을 위한 프로그램'으로 소개돼 있다. 하나님의 은혜로 우리는 부활을 전할 것이다."

나중에 보낸 편지에 그 프로그램에 대한 설명이 나온다.

2월 23일. "오늘 에드와 함께 스파르타 고등학교에서 집회를 가졌습니다. 실패작이었습니다. 우리는 하루종일 수심에 잠겼습니다. 이해가 안됩니다. 우리는 기도했고 믿었습니다. 그러나 메시지와 음악은 아이들에게 거의 가닿지 않는 것 같았습니다. 우리가 생각 없이 어떤 부분에 소홀했거나 믿음이 부족했거나 기타 다른 이유로 그 시간—귀한 특권으로 주어진—을 망친 거라면 정말 가슴 아픈 일입니다. 오늘밤 인근의 부자 과부 한 사람을 찾아가 주일학교 사역에 빈 가게를 사용해도 좋다는 허락을 받아냈습니다. 지정된 장소를 확보한 셈입니다. 가게는 많은 사람들이 거주하고 물건을 사는 지역이 아니라 강 아래쪽 옛 부둣가 마을에 있습니다. 이런 문을 열어주신 하나님께 감사드립니다. 솔직히 그간 모든 일이 많이 어려웠습니다. 라디오를 청취하는 불신자들의 좋은 반응을 기대했으나 사실상 아무런 반응이 없었습니다. 공공 장소를 구하려는 시도도 이래저래 막혔고요. 그래서 속상합니다. 전에도 여러 번 그랬지만, 하나님이 왜 우리를 이곳에 보내셨는지 회의에 빠지기 쉬운 상황입니다. 지금까지 6주가 지났으나 다른 고장에서 온 세일즈맨 하나를 빼고는 현지인들 중에 회심자가 하나도 없습니다. 하나님이 우리를 시험하고 계시다는 느낌이 듭니다. 우리의 필요를 채워주신 것 외에는 지금까지 이번 이동이 그분의 뜻이라는 아무런 특별한 증거도 주시지 않았거든요. 하지만 우리가 무슨 일을 할 수 있겠습니까? 최선을 다해 기도하고 기다리고 숙고한 후에 의심할 수 있습니까? 그러고도 성령의 역사를 의지할 수 있겠습니까? 아니지요. 우리는 의심할 수 없습니다. 우리 마음을 살피며 더 기도하고 더 믿을 뿐입니다……. 적의 영토에서 하나님의 생산적 아들이 되기보다는 평범하게 직장에 몸담고 종교심 많은 착한 사람이 되는 편이 쉬울 것입니다. 시간이 다 됐군요. 위를 바라보십시오. 그리고 저를 위해 기도해주십시오."

짐은 2월 24일 일기에 이렇게 적었다.

"에드와 함께 체스터에 온 지 6주가 지났다. 시작된 일은 전혀 없다. 그저 하나님이 보내셔서 왔다는 확신만 있을 뿐이다. 여호와께서 말씀하셨다. '내가 행하리니 누가 막으리요'"(사 43:13).

다음은 짐이 내게 쓴 편지다.

"요즘은 뭔가 절망적 외로움이 감돌고 있습니다. 거리와 건물들에 가득 찬 소리가 들리는 듯합니다. 바로 다윗을 괴롭혔던 '네 하나님이 어디 있느뇨'(시 42:3)라는 말이지요. 죽는소리하고 싶지는 않지만, 자유케 하는 진리가 전혀 선포되지 않는 이런 곳은 황량하기만 합니다. 교회마다 사람들이 가득하지만 현실과 동떨어진 속 빈 강정입니다. 이 땅의 밝다는 부분이 이 정도로 암담하다면 어두운 그늘은 얼마나 더하겠습니까? '터가 있는 성'(히 11:10)을 바라는 마음을 주신 하나님께 감사드립니다. 이 땅의 터를 볼수록 그 마음 더욱 간절합니다. 사업세계는 냉혹한 곳이며 어떤 면에서 거의 동물적입니다. 나 같은 신출내기한테는 막강한 위력을 행사하지요. 이익을 남기고 물건을 판다는 개념 자체가 때로 역겹지만 지금으로서는 그것이 제 직업인 셈입니다. 수요일 몇 건의 세일즈가 성사돼 지금까지 마련된 선교자금이 총 700달러에 육박했습니다. 기쁘고도 허탈합니다.

지난 월요일 밤 우리는 빈민촌을 방문했습니다. 쉽지 않았지만 '복된 가난한 자들'(마 5:3) 사이에 있으니 위안이 됐습니다. 자력으로 살아갈 수 있을 때는 예수님과 함께 있어도 어떤 의미에서 우리는 그런 복된 자가 아니지요. 곧 다시 가기로 했습니다. 그곳에 가보니 왠지 허영심이 가소로워 보이고 이생을 사랑하지 않게 됩니다. 특히 은행, 청구서, 이자율, 퍼센트 따위로 복잡한 이 삶을 말입니다."

밤마다 세일즈 일을 마치면 짐과 에드는 작고 비좁은 아파트로 돌아와 거기서 차례로 돌아가며 저녁을 지었다. 고기는 일주일에 한번이나 먹을까 했고 대신 정성들인 샐러드가 빠지지 않았다. 저녁 후 설거지를 하면서 두 남자는 함께 시를 외우곤 했다. 에드는 체스터 시절 이전에는 이런 즐거운 세계를 전혀 몰랐었다. 셸리의 오지만디아스로 시작해 오마르 카이얌, 콜리지, 포 등의 시인들을 그때 처음 "발견했던" 것이다. 둘은 암기에 도움이 되도록 시를 베껴 적어 테이프로 벽에 붙여놓기도 했다.

둘은 언제나 심각하기만 했던 것은 아니다. 한번은 둘이 체스터에서 버스를 기다리고 있을 때였다. 짐은 길모퉁이의 땅딸막한 할머니 곁에 서있고 에드는 근처 가게로 들어갔다. 양복칼라를 목 위로 빳빳이 세우고 모자를 눈 밑까지 푹 눌러쓴 에드가 한순간 가게에서 불쑥 튀어나왔다. 에드는 짐을 밀치며 목소리를 내리깔고 "오늘밤 9시에 그 술집에서 보자구" 하고 엄포를 놓고는 모퉁이를 돌아 사라져버렸다. 할머니는 겁에 질려 자기 옆의 "불량배"를 흘끗 쳐다보고는 슬슬 꽁무니를 뺐다.

이런 사건은 에드와 짐의 심심찮은 연극 중 하나에 지나지 않았다. 둘은 사전계획이나 연습이 전혀 없이 그런 일을 벌이곤 했다. 둘은 함께 일하는 진정한 팀이었다.

일기는 이렇게 이어진다.

3월 5일. "어제부터 청소년 주일학교를 시작했다. 열일곱 명이 나왔다. 사역이 부질없는 것임을 배우고 있다. 하나님이 나를 통해 말씀하시지 않을진대 차라리 설교를 그만두는 것이 낫다. 하나님은 오늘날 대부분의 설교자들을 통해 말씀하시지 않는 것이 분명하다. 시편 51:15의 기도로 기도하고 있다. '주여, 내 입술을 열어주소서.' 예레미야에게 주셨던 약속도 믿는다. '내가 네 입에 있는 나의 말로 불이 되게 하고 이 백성으로 나무가 되게 하리니'(렘 5:14). 아무리 설득력 있는 달변이라 해도 인간의 말만으로는 불을 붙일 수 없다. 하나님이 하나님의 사람을 통해 말씀하셔야만 불이 붙는다. 주님, 제게 이 사람들을 위한 주님의 말씀을 주소서."

3월 22일. "주님께서 나를 에콰도르로 보내신다는 확신을 새삼 느낀다. 이곳 국내에는 이미 너무 많은 사람들이 너무 많은 진리를 소유하고 있기 때문에 더 이상 있을 곳이 없다. 지난 주 여권 발급 진행상황을 다시 확인했다."

다음은 짐이 부모님에게 보낸 3월 31일자 편지다.

"부활절이 되자 체스터의 모든 사람이 교회에 나왔습니다. 청소년 주일학교 참석자 수도 기록을 경신해 총 43명이었습니다. 진짜 초보자들이라 하나님에 대한 지식이 전혀 없습니다. 제가 해본 모든 사역 중 지금 이 일이야말로 복음을 들고 이방문화에 들어가는 것에 가장 근접한 것 같습니다. 어제는 아이들이 학교에 안가는 날이라 우리는 고물 자동차로 두 차례 아이들을 커다란 운동장으로 실어 날라 야구를 했습니다. 아이들은 오늘도 똑같이 해달라고 졸랐지요. 그렇게 이틀간 연달아 던지고 뛰고 난 덕에 우리는 온몸에 알이 박였습니다. 내일 아침 10시면 우리의 방법에 얼마나 성과가 있는지 알게 될 것입니다. 하나님이 이 아이들 속에 들어가서서 주 예수님의 영광을 위해 삶을 헌신할 자들을 주시기를 기도하고 있습니다. 아이들은 도덕적 생활 따위에는 관심이 없습니다. 우리가 함께 놀아준 뒤로 욕설이 줄어들기는 했지만 말입니다.

세일즈가 조금씩 되고 있습니다. 사실 저는 세일즈에 너무 매달리지 않고 있습니다. 사람들이 「레터스」지에 실린 우리 전도사업에 대한 기사를 읽고 정성어린 후원금을 보내오고 있습니다만 저희는 그것이 별로 기쁘지 않습니다. 우선 잡지 정보는 우리가 실은 것이 아닙니다. 우리는 홍보할 마음이 없었습니다. 아울러 사역이 극히 미미하고 결실도 미약하기 때문에 그런 재정 후원을 받을 자격이 없다는 생각이 듭니다."

이렇게 몇 달간 에드와 함께 일하면서 짐은 에콰도르 정글사역을 함께할 독신 파트너를 만나게 해달라는 자신의 기도에 에드가 곧 하나님의 응답이었으면 하는 생각이 들었다. 그러나 그 희망도 꺾이고 말았다. 4월 28일, 짐이 부모님께 보낸 편지에 그 내용이 들어 있다.

"오늘 아침 에드의 다이아몬드가 도착했습니다. 이 편지를 받으실 때쯤이면 에드는 정식으로 약혼한 상태일 것입니다. 약혼녀 마릴루가 일주일 예정으로 월요일 이곳에 오기 때문이지요. 주변의 수많은 신부감 후보들은 말할 것도 없고 벨 장식이다 반지다 옆에서 시끄러운데도 불구하고, 왠지 저는 지금도 결혼 생각이 전혀 없습니다. 제 상황이 너무 유동적이라서 지금 이대로 결혼한다면 여자에게나 주님의 일에나 공정한 처사가 못된다고 생각합니다. 결혼생활이란 서로의 전부를 요구하는 것이니까요. 솔직히 오랜 친구들이 결혼해 흩어지는 모습을 속절없이 앉아 지켜보는 것도 쉽지 않습니다. 하지만 아내가 아무리 합법이라 해도(심지어 때로 그립다 해도) 지금 저한테 결혼이란 편의주의를 따르는 길입니다.

체스터 고등학교 체육관에서 두 차례 집회가 열리는데, 첫 집회가 어젯밤 있었습니다. 80명쯤 나왔습니다. 대대적인 광고를 감안하면 예상인원의 1/3밖에 안됩니다. 하지만 우리는 이 성읍의 피에서 우리 영혼을 구하고 있다는 심정입니다. 이곳 사람들은 우리가 여기 와있다는 것과 주 예수님의 실체에 대해 집회를 열고 있다는 것을 압니다. 그런데도 들을 마음이 없다면 그 피가 자기들 머리 위로 돌아갈 것입니다."

이런 집회에서의 짐의 설교는 대개 간략하고 아주 직접적이고 진지했다. 짐은 우스갯소리로 설교를 시작하는 사람들을 못마땅하게 생각했다. 언성을 크게 높이는 것이 짐의 초창기 설교의 특징이었는데 경험이 쌓이면서 짐은 그 습관을 버렸다. 원고가 필요할 때면 짐은 작은 메모지에 적어 성경책 갈피에 끼워두곤 했다. 짐은 강대상 뒤나 옆에 서서 몸을 앞으로 내밀고 청중을 똑바로 바라보며 말씀을 전했다. 무슨 내용을 말하든지 시종 말씀을 읽거나 암송했으므로 성경말씀 자체가 줄줄 흘러나왔다. 짐은 청중들에게 메시지에 대한 공개적 반응을 요구하지 않았다. 성령께서 집회 동안 듣는 이의 마음과 생각 속에 역사하셨다면 그후에도 계속 역사하실 것이라 믿었던 것이다.

4월 16일, 짐은 내게 이런 편지를 보내왔다.

"당신의 지난번 편지에는 바울이 고린도 교회에 보낸 서신처럼 책망과 위로가 한꺼번에 들어 있군요. 그 점 감사합니다. 베드로는 믿음의 **시련**이 금보다 더 귀하다고 했습니다. 그 시련은 신자들에게 평생 계속되는 재판과도 같지요. 이곳에서도 시련은 금보다 귀했습니다. 믿음에 불시험이 임했으나, 그 출처가 그리스도이기에 오히려 믿음이 강해졌고 귀한 것으로 입증됐습니다. 새로 생긴 문제들이 이전의 해결되지 않은 문제들과 어우러져 나를 낙심시키기에 충분했으나 하나님은 신실하십니다. 그리고 내 믿음이 떨어지지 않기를 위해 기도하시는 아들 예수님의 기도는 헛되지 않습니다."

체스터에서 함께 일하던 마지막 달에 짐과 에드는 시내에서 천막집회를 열었다. 모인 무리는 적었지만 그리스도를 따르려는 열망을 보인 사람들이 꽤 있었다.

짐은 이렇게 썼다. "적의 옆에는 수많은 무리가 있건만 하나님의 군대는 왜, 왜 이리 적고 약합니까? 주님, 언제까지 이렇게 자신을 숨기시렵니까? 인간들이 주님을 우습게 보도록 언제까지 이렇게 주님의 능력을 감추고 계시렵니까? 주님의 **이름**을 위해 일어나셔서 역사하소서! 저를 움직여주소서. 성령충만을 알게 하소서."

6월 14일. "체스터 천막집회가 끝났다. 사도행전 1:11의 '이 예수는 그대로 오시리라'는 말씀으로 설교했다. 하나님이 체스터에 하신 선한 일을 다 기록할 수 없다. 1월에는 몰랐으나 지금은 여기 오게 된 이유가 몇 가지 보인다. 분명 주님의 인도였다. 물론 복음의 사역에 '크고' 특별한 일은 여전히 없다. 그러나 그것은 오직 내게 열정과 끈질긴 기도가 부족했기 때문이라 판단한다. 주님, 저를 높은 열망으로 들어올리시며 기도를 가르쳐주소서.

졸업 후의 지난 2년을 돌아보면 우습게도 내가 무용한 존재라는 기분이 든다. 분명 내가 걸어온 길은 통상적이지도 않았고 예측을 불허하는 것이었다. 그러나 나는 하나님의 뜻을 구했고 그 점에서 평안하다. 일이 이렇게 저렇게 풀렸다면 지금쯤 어떻게 됐을까를 따지는 것은 부질없는 짓이다. 우리는 그저 명령받은 대로만 하면 된다. 그것이 아무리 작고 이상하고 단순한 일이라 해도 말이다. 우리에게 주어진 명령은 순종이며 그 점에서 내 양심은 깨끗하다. 나는 육신을 따라 행하려 하지 않고 온전함을 지켰다. 내 길이 '예, 예, 아니오, 아니오'가 되게 하려 했다. 그렇게 그리스도 안에서 그분을 기쁘시게 하려 할 때 나는 지극히 작은 뜻밖의 일에서 그분의 인정(예)과 인치심(아멘)을 받는다. 이곳 체스터에서 보낸 지난 몇 달이 특히 그랬다. 누가 의심하거나 우리의 수고가 헛되다 말할 수 있으랴. '항상 우리에게 이김을 주시는 하나님께 감사하노니'"(고전 15:57).

16. 선을 이루는 정확한 타이밍

우리가 알거니와 하나님을 사랑하는…… 자들에게는 모든 것이 합력하여 선을 이루느니라. (롬 8:28)

짐은 두 친구 에드 맥컬리와 빌 캐더스의 결혼식에 참석한 뒤 한 번 더 서부행에 올라 주머니에 달랑 2달러 20센트를 들고 7월에 포틀랜드에 도착했다. 짐은 곧바로 이것저것 닥치는 대로 일을 시작했고, 8월에 가족들과 함께 워싱턴 오션파크에서 잠시 휴가를 보냈다. 나는 그때 뉴햄프셔에서 휴가를 보내고 있다가 짐의 이런 편지를 받았다.

"티드마쉬 가족이 열흘간 이곳을 다녀갔습니다. 그들의 방문을 통해 나는 에콰도르에 대한 뜻을 굳힐 수 있었습니다. 일이 진행되고 있습니다만 속도는 더딥니다. 에콰도르 비자를 받기 위해 제 여권번호가 수속에 들어갔습니다. 교회 선발위원회도 제게 미국을 떠나도 좋다는 허락을 내렸습니다. 항해 예정일은 대략 12월 1일이며 출발지는 로스앤젤레스가 될 것입니다. 그전에 동부에 먼저 갑니다.

9월 21일부터 10월 12일까지 빌과 함께 뉴욕-뉴저지 지역에 집회가 예정돼 있거든요! 사역도 해야 되고 선교사들도 만나겠지만 대부분 신자들을 사귀기 위한 시간입니다. 빡빡한 일정이지만 며칠 시간이 있습니다. 주님이 허락하신다면 당신을 꼭 만나보고 싶습니다. 그때 뉴저지 무어스타운 집에 와있을 건가요?

에드는 마릴루와 함께 올해 로스앤젤레스 성경학교 의학부에 들어갈 예정입니다. 그 부부가 우리를 따라 내년에 에콰도르에 오도록 우리는 기도하고 있습니다. 하나님이 에드에게 분명한 확신을 주시도록 함께 기도해주십시오. 나는 여전히 샨디아 학교로 나와 동행할 독신남자를 찾고 있습니다. 시애틀의 한 젊은 형제가 관심을 보이고 있습니다. 워싱턴 대학교 출신의 똑똑한 멋쟁이 피트 플레밍을 당신도 기억할지 모르겠습니다. 최근 우리는 몇 차례 알찬 시간을 보냈습니다. 피트는 분명 주님의 명령만 기다리고 있습니다!"

같은 날 짐은 피트에게 이렇게 썼다.

"사랑하는 피트 형제님께. 지난 주 목요일 보내준 편지, 감사합니다. 티드마쉬와 즐거운 시간을 보냈다니 기쁩니다. 애덤스 산에 갈 때 형제님이 없어 섭섭했습니다. 제가 미리 기별하지 못해 죄송합니다. 등산로가 후드 산보다 훨씬 험하더군요. 눈 덮인 지면에 굴곡도 심하고 경사도 더 가파르고 거리도 3킬로미터쯤 더 멀었지만 다행히 날씨가 아주 맑고 푹했습니다. '좌절의 봉우리'라는 별명의 가짜 정상이 있더군요. 아침 7시에 등산이 다 끝난 줄 알았는데 등성이를 도는 순간 1.5킬로미터 거리에 450미터의 진짜 정상이 나타난 겁니다. 어쨌든 좋았습니다. 정상에 올라 낮잠을 잘 때까지 다들 몸이 욱신욱신했지만 말입니다. 실은 우리에게 허락된 삶도 그렇게 좋은 것이겠지요.

우리 가족들은 이번 한 주간 쉬기로 했습니다. 그래서 지금 막 해변에 왔습니다. 토요일 밤까지는 집에 없을 것 같고 그래서 이번 주말 시애틀에 갈 수 없게 됐습니다. 게다가 이번 일요일에는 두 곳의 집회와 특별한 저녁 데이트가 예정돼 있습니다. 노동절 주말에는 수련회에 가려고 합니다. 주님께서 형제님도 함께 갈 수 있도록 길을 열어주시기를 저는 바랍니다. 우리는 아직 할 얘기가 많지요. 타자기나 펜으로는 술술 얘기가 잘 안 나오는군요.

에콰도르에 대해서는 따로 할 말이 없습니다. 하나님이 형제님을 설득하셔서서 함께 가게 해주신다면 너무 기쁘겠지요. 하지만 설득은 그분의 몫입니다. 보냄을 받지 않고 어떻게 전할 수 있겠습니까? 추수할 주인께서 형제님을 움직이시지 않는다면 차라리 그냥 국내에 남아 있기를 바랍니다. 뛰어넘어야 할 벽들이 너무 많기 때문에 하나님의 뜻에 대한 철저한 확신이 없으면 곤란합니다. 제가 할 수 있는 일은 형제님의 분명한 길을 위해 기도하는 것뿐입니다. 명령은 분명합니다. 온 세상에 나가 기쁜 소식을 전하는 것이지요. 그것은 특정 시대나 사람에게 국한된 일도 아니요 굳이 정당화할 필요도 없는 일입니다. 그것은 분명한 명령이며 명령하신 분의 뒤이은 약속으로 인해 반드시 실현될 일입니다. 제게 있어 에콰도르는 그리스도의 단순한 말씀에 대한 순종의 차원일 뿐입니다. 그곳에 제가 일할 자리가 있으니 저는 당연히 나갑니다. 물론 다른 많은 곳들도 마찬가지겠지요. 하지만 '장소' 문제로 수년간 기도하며 인도를 기다리던 중 그곳의 필요를 알게 됐고 마음에 평안을 느꼈으므로 이제는 '아버지여, 은혜로 가겠습니다'(마 21:29)라고 편안히 고백할 수 있습니다. 저의 이런 과정이 형제님의 확신에 절대 제약이 돼서는 안됩니다. 형제님의 경우 확신에 필요한 주관적 증거가 더 많을 수도 있고 적을 수도 있겠지요. 하나님이 형제님을 어떻게 어디로 인도하실지 저는 털끝만큼도 모릅니다. 하나님이 형제님을 인도하실 것과 그 신호를 놓치지 않게 하신다는 것, 그것만은 확신합니다. 그 안에서 평안을 누리십시오. 표현이야 어떤 것을 사용하든 인도하고 명령하고 재촉하고 보내시고 부르시는 것은 그분의 일입니다. 역시 표현이야 어떻든 순종하고 따르고 움직이고 반응하는 것은 우리의 일입니다. 제 말이 형제님께 의미 없고 설득력 없고 '구태의연하게' 들릴지 모르지만 오히려 그게 정상입니다. 한 인간의 의견일 뿐이니까요. 강한 바람과 지진이 다 지난 후에 들려오는 '세미한 음성'만이 궁극적인 하나님의 말씀이 될 것입니다. 그것을 간절히 기다리십시오.

주님께서 우리 계획대로 인도하신다면 우리는 9월 7일 동부로 떠납니다. 10월 말에 돌아올 예정이며, 11월 하순에 로스앤젤레스에서 배편으로 출국할 것을 기대하고 있습니다.

그렇게 금방 떠난다니 정신나간 것처럼 보일 수 있겠지만……사실 정신이 나갔거나 믿음이거나 둘 중 하나일 수밖에 없습니다. 하지만 에이미 카마이클의 말이 기억나십니까? '하나님의 서원이 내게 있으니 내 일을 다 마치고 그분께 보고를 올릴 때까지 나는 이 땅의 꽃이나 꺾으며 그늘 속에 놀고 있을 수 없다.' ─노동절 주말을 고대하며, 짐."

동부로 가는 길에 짐은 시카고에서 내게 짧막한 편지를 보냈다.

"당신을 다시 만날 기회를 주시는 주 예수님께 감사드립니다. 할 얘기가 많습니다. 데이브 말을 들으니 남태평양에 갈 가능성이 있다고요. 저도 기도하고 있습니다. ─기쁨으로, 짐."

9월 20일. 우리 집에서 짐은 일기에 이렇게 썼다.

"베티의 집에 도착했다. 어느 때보다 베티와 가까이 있지만 하나님이 우리를 각자 딴 길로 인도하신다는 확신이 더욱 든다. 나는 피트와 에콰도르로 갈 것이고 베티는 남태평양으로 갈지 모른다! 묘한 일이다."

그날부터 짐이 우리 집을 다시 찾게 되기까지 나의 남태평양 행 문이 닫혔음을 보여주는 몇 가지 사건이 일어났다. 우리 둘의 관계가 진행되는 동안 하나님의 인도하심에 대한 우리의 체험이 실제와 달랐다면 답은 간단해 보였을 것이다. 둘이 약혼하고 에콰도르에 함께 가면 될 것이었다. 결혼이 하나님의 뜻일진대 결혼 상대가 누구일지에 대해서는 짐도 나도 전혀 이의가 없게 된 지 오래였다. 그러나 그것이 하나님의 뜻이라는 그분의 말씀이 있었는가? 우리 둘 다 대답은 아직 아니었다. 그럼에도 짐은 그것 때문에 하나님이 나를 남미로 보내실 가능성을 우리 마음속에서 배제해서는 안된다고 생각했다. 짐은 내게 주님 앞에서 그 문제를 심각하게 생각해볼 것을 권했다. 그렇게 될 경우 비난과 오해가 뒤따르리라는 것을 익히 알면서도 말이다. 우리는 우리의 걸음을 인도하시는 분을 알았고 지금까지 매번 그분의 분명한 인도를 체험해왔다. 아울러 그분이 "그들이 알지 못하는 길로 이끄시는"(사 42:16) 분이라는 것도 알았다. 사실 이미 아는 길로 갈 거라면 인도자가 필요할 까닭이 무엇인가?

그래서 우리는 기도에 들어갔다. 우리의 소원이 그렇게 강한 상태에서 하나님의 뜻을 분별한다는 것이 어려운 일인 줄 잘 알면서 말이다. 버마의 네이선 브라운Nathan Brown의 기도가 곧 우리의 기도가 되곤 했다.

아버지의 뜻을 제 뜻에 맞춰
바꿔달라고 기도해야 할까요?
주님, 반대로 제 인간적 뜻을
주님의 뜻으로 바꿔주소서.

성급한 제 갈망을 잠재우시고
격한 욕망을 가라앉혀 주소서.
제 속의 많은 소원을 보시고
뜨거운 마음을 깨끗게 하소서.

주님 뜻대로 행하게 하시고
제 영에 깊은 평안을 주소서.
젖뗀 아이처럼 언제까지나
주의 기쁨에 족하게 하소서.

짐은 집회차 뉴욕으로 돌아가 며칠 후 내게 이런 편지를 보내왔다.

"오늘밤 하나님의 뜻이 너무 아름답습니다. 온통 '선하시고 기뻐하시고 온전하신'(롬 12:2) 그 뜻. 우리를 위한 주 예수님의 세심한 사랑이 지금 너무 따뜻해 보입니다. 늘 그런 줄 알면서도, 따뜻해 보이지 않을 때면 그 길이 **어째서** 현명한 길인지 의아했었지요. '자비와 지혜로 내 인생을 짜신 주님, 슬픔의 이슬조차 그 사랑에 빛나네…….'[1] 이 안식을 당신도 압니다. 내가 때로 그분의 자상하신 사랑을 느끼지 못할 때면 당신이 다시 일깨워주십시오.

국화꽃을 기르는 퀸즈의 한 형제와 밤을 보냈습니다. 국화꽃은 다른 모든 꽃들이 서리에 이미 졌거나 지고 있을 때까지도 피지 않는다고 하는군요. 그래서 나는 서리가 국화꽃을 피우나보다 생각했는데 그의 말로는 밤이 길기 때문에 핀답니다. 러더포드의 말의 의미를 이제야 알 것 같습니다.

> 어둔 밤 달빛과 이슬에 꽃피듯
> 주님도 때때로 그 빛 거두시네.[2]

안식을 위해서만 아니라 개화를 위해서도 밤이 필요했던 겁니다. 비유적 의미가 분명하지요?

……그분을 기다리는 것은 결코 헛된 일이 아닙니다.

─그분을 기다리며, 짐."

"어둔 밤"과 기다림의 연속이었던 다음 네 주 동안의 기도에 대한 응답은 나도 에콰도르로 가야 한다는 것이었다. 이 결정에 힘입어 짐은 우리의 결혼이 하나님의 궁극적 뜻이기를 바라게 되었으나 나한테는 전혀 내색하지 않고 묵묵히 자기 길을 갔다. 자기가 직접 정글에서 살아보고 그곳 생활의 요건을 평가해보기 전에는 어떤 것도 의지해서는 안된다고 믿었던 것이다. 짐은 오직 하나님만 의지했다. 바울처럼 "나의 의탁한 것을 그날까지 저가 능히 지키실 줄을"(딤후 1:12) 믿었기 때문이다. 우리에게 그 이유는 충분하고도 남음이 있었다. 그것이 하나님의 길이었다.

피트와 함께 차를 몰아 서부로 가는 도중 짐은 내게 이런 편지를 보내왔다. 피트는 비행기로 뉴욕에 와 짐의 집회에 동참했었다.

"내가 단순히 내 뜻을 좇아 선교지에 나가는 것이라면 당연히 중단해야 합니다. 하지만 베티, 이것은 하나님이 인도해오신 일입니다. 당신과 함께 가고 싶어하는 제 마음을 하나님도 아십니다. 그분이 더 좋은 길을 명하시지 않는 한 말입니다."

짐은 인생의 다른 모든 일과 마찬가지로 그 일도 기쁘게 받아들였다.

"하나님께 감사드립니다. 제게 삶은 한없이 풍요롭고 충만합니다. 썰물 없는 바다 같다고 할까요. 자연, 몸, 영혼, 우정, 가족—모두가 제게 충만합니다. 게다가 많은 사람들에게 없는 기뻐할 줄 아는 마음까지 있습니다. '저희에게 이르시되…… 부족한 것이 있더냐. 가로되 없나이다'(눅 22:35).

과거는 지나갔습니다. 지나갔다는 사실과 지나간 방식 모두가 제 맘에 듭니다. 하나님은 안팎으로 철저히 우리를 최선의 길로 인도하셨습니다. 그리스도인은 무슨 일에든 **선을 이루는 정확한 타이밍**을 기대할 권리가 있다는 사실이 특히 실감납니다. '하나님의 길은 완전하고'"(시 18:30).

17. 손에 쟁기를 잡고

손에 쟁기를 잡고 뒤를 돌아보는 자는 하나님의 나라에 합당치 아니하니라. (눅 9:62)

포틀랜드에 돌아온 짐은 에콰도르에 가지고 갈 물품을 구입하여 짐을 꾸리고 북서부지역에서 말씀을 전하느라 바빴다. 이때도 짐은 혼자만의 기도와 묵상시간을 지속했고, 남들에게 말하기 힘든 부분을 일기에 적었다. 다음은 11월 23일자 일기다.

"아브라함의 기사를 다시 읽는다. 지금 내 식생활은 편하다. 새삼스레 다른 필요에 대한 의식이 절실히 느껴진다. 따뜻함과 여자에 대한 그리움, 애정과 안정과 자녀에 대한 소원. 노년의 사라를 '웃게 하신'(창 21:6) 하나님, 불가능할 것 같은 거창한 약속으로 아브라함을 땅에 엎드려 웃게 만드신 그분. 그들의 반응을 묵상하려니 지금의 내 태도와 똑같다. 앞으로 5년간 독신으로 살아야 할지 모른다. 하지만 그 팔팔한 5년이야말로 내가 그녀를 가장 원하고 가장 필요로 하며 그녀를 가장 만족시켜줄 수 있는 시간으로 느껴진다. 지금의 계획대로라면 나는 그 기간을 혼자 살아야 한다. 그러다 서른이 넘어 배가 나오고 주름이 잡히고 머리까지 벗어져서야 아내를 맞게 될지도 모른다! 저번 날 어머니는 '서른까지 기다렸다 가정을 일구고 싶은 사람이 누가 있겠느냐?'고 하셨다. 나라도 절대 아니다. 그래도 '가정을 일구는 것도 하나님이 원하셔야 하지요'라고 말할 수밖에 없었다. 나는 믿는다. 하나님이 우리에게 최선의 일을 이루고 계심을, 그것도 가장 힘겨운 상황에서 그렇게 하심을 나는 확신한다. 몇 년간 더 기다려야 한다는 내 생각이 틀렸을 수도 있다. 하지만 '팔팔한 젊은 기운'[1]이 속에서 부글부글 끓는 것을 느끼면서 그것을 아무렇지도 않게 억누를 수 있는 남자란 없다. 어쩌면 그분께는 우리를 몇 년씩 기다리게 하실 계획이 없을 수도 있지만 지금의 나로서는 분명 그렇게 보인다. 물론 내가 틀렸기를 바란다. 하지만 설사 그렇지 않다 해도, 하갈을 보고 들으셨고 사라의 웃음을 생각하셨고 아브라함의 백세 나이를 개의치 않으신 분, 그 엘샤다이El Shaddai의 하나님이 이 문제에서도 나를 인도하시고 다스려주실 줄 믿는다. 그런 면에서 나도 앞날을 내다보며 아브라함과 함께 웃을 수 있다."

11월 28일. "베티와 맺어질 때를 더 기다려야 한다고 생각하면 속에서 갖가지 작은 항변들이 고개를 쳐든다. 그냥 두면 그 기세를 걷잡을 수 없을 것이다. 하지만 내 피난처는 그 항변에 하나하나 답변하여 무마하는 데 있지 않다. 내 피난처는 여호와께 있다. 그분께 나를 보전해달라고 기도한다. 이제와 영원히 '여호와는 나의 산업과 나의 잔의 소득이시니 나의 분깃을 지키시나이다'(시 16:5. 지키신다는 단어에 말할 수 없는 위로를 얻는다. 내가 기도할 때 사용한 '보전한다'는 말보다 더 강하게 다가온다).

모든 문제를 주님 자신께 맡기고 과거와 미래의 경험에 대해 전폭적으로 그분의 인도를 믿으니 '나를 훈계하신 여호와를 송축할지라'(시 16:7)는 고백이 절로 나온다. 내가 에콰도르에 가는 것도, 베티를 떠나는 것도, 국내에 남아 미국 교인들을 일깨워야 한다는 주변 모든 사람들의 조언을 거부하는 것도 모두 그분이 훈계하신 일이다. 그것이 그분의 훈계인 줄 어떻게 아는가? '밤마다 내 심장이 나를 교훈하기'(시 16:7) 때문이다. '내 심장'이 하나님을 위해 나를 교훈함을 안다는 것, 얼마나 귀한 일인가. '내 마음이 주께 말하되 여호와여 내가 주의 얼굴을 찾으리이다'(시 27:8). 환상도 없고 음성도 없지만 하나님을 기뻐하는 내 심장의 훈계가 있다.

그래서 나도 그리스도와 함께 이렇게 고백할 수 있다. '내가 여호와를 항상 내 앞에 모심이여. 그가 내 우편에 계시므로 내가 요동치 아니하리로다'(시 16:8). 요동치 않는다? 나를 욕정으로 몰아가려는 내면의 무겁고 흉측한 그 모든 욕망에도 불구하고? 요동치 않는다. 나를 두려움과 회의로 몰아가려는 마귀의 그 모든 증오에도 불구하고? 요동치 않는다. 왜? 그분이 내 앞에 계시고 내 우편에 계시기 때문이다. 그래서 내 마음은 기쁘다!"

11월 29일. "「원주민의 귀향 *The Return of the Native*」을 읽고 있다. 불쌍한 하디여. 하나님의 손길을 단 한번이라도 봤더라면. 에그던 히스 Egdon Heath의 비극적 줄거리는 하나님의 역사에 대한 개념을 일절 거부하는 작품의 전형이다. 최고선을 이루시는 적시의 사건을 딱 한번만 겪었더라도 그는 그런 내용으로 쓰지 않았을 것이다. 사건마다 엉뚱한 불운과 맞물려 있어 독자는 최악의 상태를 기대하게 된다. 삼류 소설가들이 개연성 없는 사건들을 무리하게 끼워 맞춰 긍정적 줄거리를 전개한다면 이 작가는 같은 수법으로 부정적 줄거리를 펼쳐나간다. 다른 작가들이 주인공을 잘되게 한다면 그는 주인공을 파멸로 몰아가는 면만 다르다. 어느 쪽도 삶의 진실이 아니다. 물론 운명과 비극, 목적 없는 삶, 간발의 차이로 놓치는 인연 따위도 인간 경험의 한 부분이지만 전부는 아니며 결정적 부분이라 할 수도 없다. 하나님이나 신적 존재를 믿지 않는 사람들의 삶에서도 마찬가지다. 내 경우, 그보다 강한 힘을 보았다. 외견상의 불운을 통해 역사하시는 '궁극 선'의 힘이다. 그렇다고 인생이 항상 장밋빛이라는 말이 아니다. 삶에는 진짜 불행과 고생, 까닭 모를 어두운 운명, 실수, 한탄 등 하디가 겪은 모든 불운이 있다. 그러나 그 안에서도 나는 인간이 상상 못할 더 큰 계획을 발견하고 있다. 베티와의 3년간의 관계를 보라!"

12월 1일. "말씀을 읽으며 바른 몸가짐에 큰 힘을 얻는다. 거기서 나는 인간의 경험에 유익한 두 가지 강한 힘을 인식하게 된다. 하나님을 **두려워하는** 마음과 하나님의 **은혜**다. 하나님을 두려워하는 마음이 없으면 나는 악행을 그치지 않을 것이다. 하나님을 두려워하는 마음은 억제의 역할을 한다. 반면에 하나님의 은혜가 없다면 나는 긍정적 선에 다가갈 열망이 전혀 없을 것이다. 전자는 악을 억제하고 후자는 선을 격려한다. '청년이 무엇으로 그 행실을 깨끗게 하리이까'(시 119:9). 과거를 보상해서가 아니라 미래를 온전케 함으로 가능하다. '주의 말씀을 따라 삼갈 것이니이다'(시 119:9). '내가 이것을 너희에게 씀은 너희로 죄를 범치 않게 하려 함이라'(요일 2:1). 이 말씀들의 목표는 명백하다. 죄와의 싸움에서 은혜의 방편이 되는 것이다. 그러니 그리스도인이라면 마땅히 성경을 읽어야 하지 않겠는가. 말씀을 말씀으로 대하는 더 거룩한 무리가 필요하다."

12월 5일. "오늘밤 설교 후 몹시 우울하다. 준비도 자신감도 능력도 전혀 없었던 것 같다. 도중에 설교를 그만두고 사람들한테 하나님께 받은 메시지가 없다고 말해버리고 싶은 충동 간절했으나 생각을 고쳐먹었다. 아니, 아예 생각을 떨쳐버렸다. 다시는 그런 식으로 설교하고 싶지 않다. 전능하신 주 하나님, 주님의 말씀을 주님의 입에서 나오는 것처럼 말하게 하소서. 언성 높고 긴 설교가 영감 있는 설교를 결코 대치할 수 없다는 사실을 나는 얼마나 서글프게 그리고 얼마나 더디게 깨닫고 있는가. 실내를 가득 메운 사람들이 하나님의 말씀을 들으려 기다리고 있는데 전해줄 말이 없다는 것, 정말 끔찍한 일이다. 숙성되지 않은 탁상공론을 진부하고 케케묵은 표현에 담아 대충 때워보려 한다는 것, 그 안에 자신의 마음이 담겨 있지 않음을 안다는 것은 또 어떤가! 엘 샤다이! 구원의 주여! 더 비참한 것은 내가 성령을 느끼고 있는지 여부를 사람들도 분간하지 못하는 것 같다는 점이다. 내가 지독한 허세를 부리거나 사람들이 전혀 분별력이 없거나 둘 중 하나다……. 어쩌면 둘 다인지도 모른다.”

12월 6일. “걷잡을 수 없는 욕정에 사로잡힐 때가 있다. 다행히 항상 그런 것은 아니지만, 사역을 위해 그녀를 부인한다는 것이 정말 무서운 현실로 느껴질 만큼 종종 그런 순간이 찾아온다. 이럴 때일수록 ‘……를 버리지 아니하면’(눅 14:33)이라 하신 주 예수님의 요구가 새삼 절실히 다가온다. 당연히 누려도 되는 것을 그분을 위해 포기할 수 있는 특권을 주신 하나님께 감사드린다.”

12월 24일. “「누구를 위해 종은 울리나」를 막 끝냈다. 그리스도인에게 몇 가지 문제를 제기하는 아주 흥미로운 작품이다. 심리를 꿰뚫으면서도 줄거리를 간결하게 처리한 사실적 묘사, 그 문체 하나만으로도 문학적 기념비가 될 만하다. 현대 작가들이 삶의 체험 자체를 즐기는 것처럼 나는 **하나님**을 체험하는 삶에 그만큼 감격이 있는가? 그들은 소감도 밝히지 않고 결론도 내리지 않고 도덕도 제시하지 않는다. 그저 현실을 있는 그대로 기술할 뿐이다. 그들의 작품이 나를 사로잡는 것도 어쩌면 그 명징성 때문일 것이다. 우리는 언제나 삶에 소견을 밝혀야만 하는 것일까? 끊임없이 교훈을 끌어내거나 규칙을 만들어내지 않고 전신의 말단세포까지 기쁨과 평안과 두려움과 사랑을 그때그때 충분히 느끼며 그리스도와 아버지의 교제의 실체 안에서 그냥 단순히 살아갈 수는 없는 것일까? 나는 모른다. 내 삶이 충만하다는 것만 알 뿐이다. 나는 젊은이가—적어도 나라는 젊은이가—가질 수는 있는 모든 것을 다 가졌다. 그러므로 이제 죽을 때다. 더 이상 훈련받을 이슈가 없다면 그것도 좋다. 여태까지 훈련은 좋았고 하나님의 영광을 위한 것이었다. 나는 예수님을 만날 준비가 돼있다. 이제는 실패도 아무 의미 없다. 내게 삶을 더 가르쳐줄 뿐이다. 성공도 의미가 없다. 하나님이 주신 삶이라는 선물을 활용하는 경험을 더해줄 뿐이다. 삶, 나는 삶을 사랑한다. 삶이 길거나 내게 큰일을 해줬기 때문이 아니라 단순히 하나님께로부터 왔기 때문이다."

다음은 12월 28일 내게 보낸 편지다. "당신의 이번 편지가 길어서 좋습니다. 14일날 부친 편지 말입니다. 다음 편지를 기다릴 때까지 생각할 것이 더 생겨서 좋습니다. 이번 주에는 날마다 편지를 기다렸습니다. 하지만 바쁜 연말연시를 보내고 있을 줄 압니다. 어젯밤에는 왠지 잠이 오지 않아서 지난 9월과 10월의 우리의 만남과 대화를 쭉 순서대로 정리해봤습니다. 그런 행복한 추억이 있어 감사합니다. 정말 감사합니다. 베티, 그런 시간을 주신 하나님을 함께 송축합시다. 그분은 좋으셨습니다. **참 좋으셨습니다!**

월요일. 오늘도 당신의 편지를 기다립니다. 아침에 일어나니 왼쪽 눈이 몹시 부어 쓰라렸습니다. 그래서 한쪽 눈을 감고 괴짜 사팔뜨기 눈을 하고 있답니다. 당신이 외모를 따지는 사람이라면 오늘 같은 날은 나를 사랑하기 힘들겠지요. 우리의 관계가 외모에 기초한 것이 아니라 정말 다행입니다. '고운 것도 거짓되고 아름다운 것도 헛되나'(잠 31:30). 오, 베티. 속사람을 꾸미는 가치를 가르쳐주신 하나님을 마땅히 찬양해야겠지요. 이곳에도 화장하고 잘 차려입은 여자들이 아주 많습니다. 사람의 눈길은 끌지만 마음에 가닿지는 못하지요. '마음에 숨은 사람'(벧전 3:4)을 보시는 하나님을 안다는 것 그리고 그분과 함께 속사람을 누린다는 것은 정말 좋은 일입니다. 물론 이곳에도 온유하고 단정한 심령의 소유자들이 더러 있지만 당신 안에서 보았던 반응과 자극─나를 이해하는 마음과 그것을 증거해주는 말─은 누구한테서도 찾아보지 못했습니다. 다른 사람들은 듣고 수긍합니다. 그러나 당신은 듣고 **이해하고** 뭔가 답변을 들려줍니다. 당신 말처럼 '참된 두 마음의 만남'이지요. 셰익스피어의 말을 인용한 것이 아닌가 생각됩니다."

1952년 1월 1일. "방문과 대화와 휴식과 추억이 가득한 좋은 하루였다. 산타화나호號로 에콰도르에 가는 문제에 대해서는 그간 아무 징후도 없었다. 어떤 미래가 닥칠지 모르지만 나는 내 출발을 인쳐달라고 하나님께 기도해왔다. 그러다가 어제, 우편으로 수표 몇 장이 왔기에 현금화해서 수표를 끊어 항해 비용으로 여행사의 켈리에게 보내려 했다. 그러나 어제 오후 드디어 주차할 자리를 찾아 다른 급한 일을 끝내고 보니 은행문이 닫혀 있었다. 오늘 토미 드라이든의 가게에 구입한 물건을 가지러 갔다가 50 달러짜리 수표를 받았다. 집에 가져와 어제 우편으로 받았던 수표들과 함께 둘 때까지만 해도 별다른 생각 없다가 그제야 총액이 315달러임을 알았다. 에콰도르 과야킬까지의 운임과 정확히 맞아떨어지는 액수다! 24시간 안에 5명의 각기 다른 출처에서 들어온 돈이었다. 이 일로는 첫 기적이다. 앞으로도 이런 기적들이 기대가 된다. 할렐루야! 하늘의 선물을 내시는 왕께 찬양드린다. 작년 가을 밀워키에 갈 때도, 올봄 스파르타 학교에 갈 때도, 여름에 집에 올 때도, 그리고 이번에 고향에서도 매번 수표가 내 인도를 확증해주었다. 각각의 지역에 머무는 동안 접했던 사람들 한테서 들어온 돈이었기 때문이다. 나의 하나님은 지혜로우신 하나님이다. 이 일로 1952년 새해에 대해 나를 격려해주신다."

포틀랜드에 거하던 마지막 2주간에 쓰여진 짐의 편지들은 짐 꾸리기, 송별모임들 등 준비과정에 대한 얘기가 자세히 적혀 있다. 몇 가지 예를 들면 이렇다.

"온 방 안에 장비들이 쌓이고 있습니다. 오늘은 짐을 싸야 할 텐데요. 책상에는 편지들이 수북하고 설교 초청도 줄을 잇고 있습니다…….

연속해서 예방주사를 맞고 있는 중입니다. 이번 주에는 발진 티푸스 반응이 이상하게 나와 눈이 충혈되고 가렵습니다. 월요일에 다른 주사를 더 맞아야 됩니다…….

며칠간 이곳의 한 형제가 준 1,500장의 슬라이드를 정리하며 보냈습니다. 성경 기사의 그림 외에도 나비며 기린이며 눈송이 등 자연사진들도 있습니다. 인디언들에게 주시는 하나님의 선물입니다.

한참 책을 꾸리다가 편지를 받았습니다. 내일은 2주 동안 나를 노려보고 있는 저 드럼통에 짐을 넣어야 합니다. 그간 감히 엄두가 안 났었지요. 이제 피할 수 없는 상황입니다. 산타화나호가 18일 포틀랜드에 들어옵니다. 우리는 10일에 이곳을 떠날 때 드럼통을 부두에 갖다두고 가야 합니다. 피트는 시애틀에서 자기 짐을 배에 싣습니다. 그리고 어머니와 아버지가 차편으로 우리 둘을 로스앤젤레스로 데려다줄 것입니다."

1월 10일. "포틀랜드의 마지막날. 지난 주는 굉장히 바빴습니다. 짐을 꾸리는 동안 찾아오는 사람들과 돌발적 사건이 아주 많았습니다. 하지만 하나님은 내게 늘 선하셨고 넘치는 사랑을 베푸셨습니다. 성도들이 수시로 아낌없이 이것저것 갖다주어 모든 필요가 충분히 채워지고도 남았습니다. 광야에서 그랬던 것처럼 '있는 재료가 모든 일을 하기에 넉넉하여 남음이 있었습니다'(출 36:7). 오늘 피트가 도착할 것입니다. 내일은 함께 차편으로 윌리엄스로 떠납니다. 드디어 출국의 첫걸음인 셈입니다. 작별이란 어렵습니다. 하지만 피트가 어제 보내온 글처럼 우리는 '손에 쟁기를 잡은'(눅 9:62) 자입니다. 요즘 며칠은 영적 페이스를 유지하기 힘들었습니다. 기도도 급히 하고 말씀도 대충 읽는 식이었지요. 이래서는 영혼에 확신을 가질 수 없습니다. 그래도 하나님은 은혜로우신 분입니다.

> 우리는 변해도 주 변치 않으시니
> 주 예수께는 영영 죽음이 없도다.
> 우리의 안식처는 오직 주의 사랑
> 우리를 매는 줄은 오직 주의 진리."[2]

1월 15일, 캘리포니아 오클랜드. "당신의 편지를 받은 것은 일주일 전 오늘입니다. 마침 페인트 붓으로 짐 드럼통에 내 이름과 행선지를 쓰다가 그 붓끝으로 편지를 뜯었지요. 그날 저녁 늦게 허브 버트의 집에서 모임과 식사가 끝난 후 짬을 내 편지를 다시 읽었습니다. 수요일에는 계속 짐을 꾸렸고 목요일에는 모든 짐을 부두로 가지고 가 수하물 요금을 지불했습니다. 최종적으로 제 짐은 강철 드럼통 2개(내용물의 종류 여하를 불문하고 최상의 포장방법), 트렁크 2개, 나무상자 2개, 옷 트렁크 1개로 총 7개에 630킬로그램입니다. 피트는 410킬로그램밖에 안됐지만 슬라이드, 녹음기, 총, 함지며 냄비며 주전자며 접시 등 무거운 물건은 대부분 내 짐에 들어 있습니다.

오클랜드에 와서도 여러 만남과 집회 약속으로 바쁩니다. 골방에서 기도할 시간이 전혀 없군요. 따로 방이 주어지지 않아 바울의 말대로 '무릎을 꿇고 비는'(엡 3:15) 기도가 그립습니다. 은밀한 중에 보시는 하나님과 단둘이 있는 시간은 참된 기도의 필수요소인데 그런 프라이버시를 대놓고 요구하자니 그것도 민망한 일입니다. 그래도 하나님은 아시고 들어주시지요. 샨디아에서는 어떻게 될까요? 키추아 아이들이 호기심어린 눈으로 쳐다볼 텐데 말입니다!"

1월 25일, 캘리포니아 선랜드. "요 며칠은 하도 정신없이 돌아가 당신에게 편지 쓸 시간이 없었습니다. 하지만 오늘은 주변이 그런대로 정리돼 이렇게 펜을 듭니다. 드디어 우리 여권에 비자가 찍혀 나왔습니다. 나무상자 하나만 빼고는 짐도 다 부두에 도착했고요. 지금은 그레이스라인사社 배의 승선표를 기다리고 있습니다.

미국을 떠나는데도 아직 별 감흥이 없습니다. 감정 변화가 거의 없다고 할까요. 작별의 과정을 시종 담담히 맞게 될 것 같습니다. 사람들과 헤어지는 것이 서운하지 않다는 말은 아니지요. 다만 하나님의 뜻 가운데 이 이별의 부분은 여태까지의 다른 모든 부분에 비해 그다지 중요하지 않을 뿐입니다……. 당신은 제가 떠나고 나면 더 힘들어질지 모르지요. 하지만 저로서는 도움이 돼줄 만한 방도가 떠오르지 않습니다. 하나님의 뜻이 '선하시고 기뻐하시고 온전하신'(롬 12:2) 것이라는 말밖에 해드릴 수 없군요. 당신도 그 뜻을 기뻐했으면 좋겠습니다."

1월 26일, 캘리포니아 투훙가. "오늘 아침, 감사편지를 몇 장

쓰고 상자 하나를 마저 꾸려야 합니다. 오후는 에드와 마릴루 부부와 함께 보냅니다. 오늘밤 큰 집회가 있는데, 다들 나한테 대단한 설교를 기대하고 있습니다. '주를 바라는 자로 나를 인하여 수치를 당케 마옵소서'"(시 69:6).

1월 28일 월요일. "당신도 알겠지만 에콰도르 문제에 우리의 생각이 일치한 것은 하나님의 뜻에 순종하는 여러 단계 가운데 하나에 지나지 않았습니다. 부두를 떠나는 것도 그중 하나일 뿐이지요. 몇 달 전 하나님의 뜻을 처음 깨달을 때가 지금보다 훨씬 흥분이 더했습니다.

산타화나호는 아직 들어오지 않았습니다. 목요일 전에는 배가 떠나기 어려울 것 같군요."

1월 30일. "갑자기 생긴 사흘의 여유시간을 어떻게 보내야 할까요? 오전에는 가족들의 편지를 읽고 레위기를 조금 보다가 업무상의 편지를 두어 통 썼습니다. 지난가을 이곳에 왔을 때 그랜드캐년산産 조그만 분재나무를 한 그루 샀는데 오늘 마침 짬을 내 그 나무를 식탁 장식용으로 쓸 수 있도록 다듬어 두었습니다. 중국 자기에 나오는 나무 같은데 다만 둥글린 가지와 무성한 잎은 없습니다. 듬성듬성 이끼 같은 작은 잎이 있는데 지금은 말랐지만 보통 때는 샐비어 향기가 강하게 나지요. 그랜드캐년의 나무들은 뭔가 거친 매력이 있는데 이 분재는 내가 거기서 봤던 많은 나무들의 완벽한 축소판 같습니다. 메이블 숙모가 이런 것을 좋아하지요."

내가 이 중요한 순간들을 놓치는 것이 서운해 그 마음을 살짝 표현했더니 짐은 이렇게 답변했다.

"지난 몇 달간의 과정을 둘이 함께할 수 없어 서운하다고 했지요. 저 역시 그렇습니다. 그 심정 잘 **알지요**. 그분께도 고백하곤 합니다. 그럴 때면 이런 생각이 위안이 됩니다.

사랑하는 주님의 집이 가득 차게 된다면…….

그러다 문득 아무 결실도 없는 현실을 바라보며 할 말을 잃기도 합니다. 진정 우리가 그분을 위해 서로에게 자신을 부인했다면 마땅히 그런 부인의 소득이 우리 주변에 나타나야 하는 것 아닙니까? 하지만 아무리 찾아봐도 헛수고일 뿐입니다. 요컨대 이런 것과 같습니다. 나는 하나님 나라를 위해―그 나라를 더 속히 확장하고 내 삶을 통해 더 온전히 실현하고자―헌신한 독신남자입니다. 그러나 그 확장과 실현은 어디 있단 말입니까? '그분의 집이 가득 찰' 것이 아니라면 절대 '이 땅의 내 집을 비우지' 않았을 것입니다. 나는 하나님이 절대 손해보지 않으실 줄 믿습니다. 물론 우리의 이별의 **가시적** 결과를 최종 기준으로 삼는다면 그것은 제 잘못입니다. 나는 가시적 결과 이상의 것을 믿고 바라보며 기뻐합니다. 그럴수록 더 끈질기게 기도하고 더 '줄기차게' 헌신해야겠지요. 당신 말대로 '현실에 지쳐 끌려가는……' 상태에 빠져서는 안됩니다.

게다가 여기에는 다소 철학적 인식도 있습니다. 실제로 나는 전혀 **잃은** 것이 없습니다. 우리는 주어진 순간을 둘이 함께 맞았으면 좋겠다고 생각하고는 혼자서 겪는 것을 **상실**이라 느낍니다. 하지만 그 상실은 실체가 아니라 **상상**임을 잊어서는 안됩니다. 이런 시간을 당신과 함께 겪는다고 생각하면 기쁘고 그래서 나는 그런 행복을 상상합니다. 하지만 그것을 바라느라고 혼자서 겪는 현실을 놓쳐서는 안됩니다. 현재 벌어진 상황이 실체이지 '그럴 수도 있는 상황'은 실체일 수 없습니다. 그러므로 나는 마치 하나님이 실제로 존재하지도 않는 것을 내게서 빼앗으신 것처럼 그분을 의심해서는 안됩니다. 나아가 실제로 **존재하는** 것은 지금도 우리에게 속해 있습니다. 그것은 하나님이 주신 선하고 풍요로운 것입니다. 그리움 때문에 삶의 입맛마저 잃지 않도록 합시다!"

4부 | 에콰도르
(1952-1956년)

예수께서 가라사대 내가 진실로 너희에게 이르노니 나와 및 복음을 위하
여 집이나 형제나 자매나 어미나 아비나 자식이나 전토를 버린 자는 금
세에 있어 집과 형제와 자매와 모친과 자식과 전토를 백 배나 받되 핍박
을 겸하여 받고 내세에 영생을 얻지 못할 자가 없느니라. (막 10:29-30)

"짙은 안개 속으로 쏟아지는 환한 별빛. 반달. 배 꽁무니를 따라
오는 진한 매연. 순풍에 돛단 듯 머나먼 뱃길. 산타화나나호는 달리
고 있다." 1952년 2월 4일, 짐의 일기는 그렇게 시작된다. "승무
원 식당에서 식사를 마친 후 막 위층 갑판을 걷다 들어왔다. 검은
대구, 으깬 감자, 신선한 야채 샐러드, 향긋한 블랙커피. 특등실
은 이제 조용하다. 피트가 막 타자를 치기 시작한다. 어린시절의
모든 부푼 꿈이 지금 내게 이루어졌다. 바깥을 보니 사면의 바닷
속으로 하늘이 점점 빨려들고 있다. 초등학교 때부터 나는 바다

를 항해하고 싶었다. 도서관에 있는 미리암-웹스터 대형사전에서 돛의 종류를 다 외우던 기억이 지금도 생생하다. 그런 내가 지금 이렇게 바다 위에 있는 것이다. 물론 승객 자격이긴 하지만 어쨌든 바다 위에 있다. 에콰도르를 향해 가고 있다. 유년의 꿈이 하나님의 뜻 안에서 지금 이렇게 이루어지다니 기분이 묘하다.

우리는 오늘 오후 2시 6분에 캘리포니아 샌페드로의 외항부두 선착장을 떠났다. 어머니와 아버지가 부두 옆에 서서 함께 보고 계셨다. 배가 선착장을 빠져나갈 때 시편 60:12 말씀이 떠올라 두 분께 소리쳐 말했다. '우리가 하나님을 의지하고 용감히 행하리니.' 부모님은 우셨다. 하나님이 나를 어떻게 만드셨는지 이해가 안 간다. 나는 전혀 울 기색조차 없었고 지금도 눈물이 안 난다. 기쁨, 순전한 기쁨과 감사가 밀려와 나를 가득 채운다."

가는 길에 부모님께 보낸 첫 편지에 짐은 이렇게 썼다. "꿋꿋한 모습으로 저를 보내신 어머니와 아버지를 인해 진정 하나님을 찬양했습니다. 아들을 떠나보내시는 두 분의 심정을 제가 어찌 알겠습니까. 가슴깊이 사무치리라는 것, 그리고 부모님의 인생 전체와 깊이 연관되리라는 것만 알 뿐입니다. 부모님이 생각날 때마다 위해서 기도하고 있습니다. 두 분 모두에게 '도움이 여호와에게서'(시 121:2) 오기를 구합니다. 저를 위해 모든 것을 내어주신 부모님은 제 영원한 찬양제목이기도 합니다. 하나님의 뜻은 언제나 우리가 생각하는 것보다 큽니다. 어떤 결과가 따를지라도 그 뜻이 선하시고 온전하시고 기뻐하신 뜻임을 우리는 믿어야 합니다.

저를 위해 울지 마십시오. 배 안에는 모든 것이 충분합니다. 이 화물 증기기선은 제가 여태 타본 배 중 최고 수준입니다. 먹는 것도 풍성합니다. 음식을 몇 가지 예로 들자면 가지, 호박, 치즈 바른 감자, 신선한 버터밀크, 갓 구워낸 호밀빵 등이며, 고기로는 지금까지 황소 가슴부위, 양고기 카레, 쇠고기 구이, 내장 스튜를 먹었고 오늘밤에는 고급 스테이크가 나왔습니다. 충분한 운동으로 다시 배만 고파질 수 있다면 좋겠습니다. 우리는 온 배 안의 시설을 마음대로 사용할 수 있으며 실제로 그렇게 하고 있습니다. 이쪽 끝에서 저쪽 끝까지 휘젓고 다니지요. 우리와 같이 탄 승객은 일곱 명입니다. 하루종일 앉아 소설책을 읽으며 일광욕을 즐기는 두 쌍의 부부가 있고 그 외에 세 명의 여자가 있습니다. 그중 두 명은 중년의 기혼여자로 바지와 반팔 옷차림이고, 머리를 약간 염색한 나머지 한 명은 항상 배가 난파되기만 바라는 여자랍니다. 내가 보기에는 서른일곱쯤 된 것 같은데 그렇게 안 보이려 갖은 애를 다 쓰고 있지요. 이 정도가 배 안의 대략적 풍경입니다.

함께 어울리기에는 승무원들이 훨씬 좋습니다. 우리 또래의 젊은이들이 많습니다. 지금까지 몇몇 승무원을 만나 얘기를 나눴습니다. 우리가 선교사라는 것을 다들 압니다. 그래서 하나님 얘기를 꺼내기가 더 쉽습니다. 아직까지 우리의 접촉에 이렇다할 성과는 없지만요.

하나님이 여기까지 인도하신 것을 알며 그분의 뜻 가운데 있다는 순전한 기쁨, 그것이 대체로 현재의 제 심정입니다. 하나님은 지금 우리가 가는 길에도 함께 계십니다. 이 순간 제 삶이 끝난다 해도 시므온과 함께 '이제는 종을 평안히 놓아주시는도다'(눅 2:29)라고 고백할 수 있을 것 같습니다. 제 일이 다 끝났다는 얘기는 전혀 아닙니다. 다만 지금까지 하나님이 제게 말씀을 확증해주신 데 만족한다는 뜻이지요. 주님이 진실하신 분이라는 증거가 제 앞에 있으니 저도 야곱처럼 '족하도다'(창 45:28)라고 고백할 수 있습니다.

맑은 날씨와 높아지는 습도로 보아 열대지방이 가까워지고 있나 봅니다. 주변의 야생동물들도 또 다른 증거지요. 오늘 새 한 마리가 나뭇조각 같은 데 앉아 있는 것을 보았는데, 나중에 다리 위의 남자가 망원경을 주며 가리켜 보이기에 자세히 보니 커다란 바다거북이었습니다. 그 모습을 보고 있는데 갑자기 배 바로 옆에서 연달아 세찬 물보라가 솟구쳐 깜짝 놀랐습니다. 마치 독립기념일 불꽃놀이 문양처럼 중앙에서 사방으로 물줄기를 내뿜으면서 말입니다. 날치 떼라고 합니다. 어제는 코가 창같이 생긴 커다란 청새치들이 항구 쪽으로 펄쩍펄쩍 뛰는 것을 보았습니다. 멀지 않은 곳에서 고래 한 마리가 거품을 뿜어내고 있고요. 누가 바다를 단조롭다고 말했던가요?"

일기에는 더 많은 감사제목이 적혀 있다.

"특등실은 원래 1실 3인으로 돼있으나 하나님이 우리 둘만 따로 한 방을 쓰게 해주셔서 감사드린다. 딴 사람이 있었다면 약간 어색했을 것이다. '너희 아버지께서 아시느니라'(마 6:8). 최근 그런 체험이 많았다! 크라이슬러 차가 수리중일 때 우리는 로스 앤젤레스를 돌아다닐 차가 필요했는데 하나님이 차를 주셨다. 배가 출항하지 못하던 날 밤에도 하나님은 우리에게 부두 근처에 숙소가 필요함을 아셨다. 헬렌과 존이 숙소를 제공했다. 하나님은 우리에게 장비 마련에 시간이 좀더 필요하다는 것도 아셨다. 산타화나호의 출항이 1월 20일에서 2월 4일까지 연기되는 바람에 그 시간을 활용할 수 있었다. 어제 아침 글렌데일에서 있었던 성찬식도 우리한테 꼭 필요한 것이었다. 거기서 주 예수님의 임재를 생생히 느꼈다. 좋으신 주님, 모두 감사드립니다. 주께서 의인의 길을 아시니 나는 기쁘다. 그분은 내가 가는 길을 아신다.

> 이 죽음의 땅은 내 집이 아니니
> 오직 주의 나라 영원무궁하리.
> 이 헛된 세상 덧없이 사라지면
> 임마누엘 주님의 영광의 그 나라.[1]"

다음은 2월 9일 짐이 내게 보내온 편지다. "오늘밤 테하운테페크만灣에 들어서 살리나크루즈 시 앞을 지나고 있습니다. 해안이 상당히 가까워졌군요. 바람이 거셉니다. 이런 강풍은 처음입니다. 위층 선교船橋에서 막 돌아왔습니다. 거기서 평생 해보고 싶었던 일을 할 수 있었습니다. 글자 그대로 바람에 기대고 서있는 것이지요. 몸이 약간 기운 상태로 힘 하나 들이지 않고 서있을 수 있습니다. 바람에 얼굴 형체가 변하는 것도 느낄 수 있고, 입술을 잘만 내밀면 휘파람소리도 저절로 납니다. 맑은 하늘 보름달 밑에 뛰노는 바다는 흰파도와 물보라를 뿌리며 살아있습니다. 우리는 지금 멕시코의 가장 잘록한 부분 맞은편을 지나고 있습니다……

최고의 여행입니다. 시설도 훌륭하고 승무원들도 모두 아주 친절합니다. 화물 수송선이 주는 현실감, 항상 노출돼 있는 닻줄, 화물 기중기의 팔과 손잡이, 승무원들과의 가까운 접촉—모두가 여행을 신나게 해줍니다. 오늘로 배에 오른 지 엿새째, 시간이 정말 빨리도 흐릅니다. 거의 온종일 우리는 스페인어를 읽으며 보냅니다. 우리 같은 외국인들과 말하고 싶어하는 승무원들을 붙잡고 회화연습도 합니다.”

집으로 보낸 다음 편지는 2월 10일 과테말라 참페리코에서 쓴 것이다.

“이곳 과테말라 인근 해상에 정박중입니다. 해안 어디에도 항구라는 것이 없어 선적 문제가 약간 곤란한 양상을 띠고 있습니다. 우리 배는 지대가 낮은 쪽 맞은편에 섰습니다. 보이는 거라고는 철판을 깔아둔 선착장 하나에 빨갛게 녹슨 건물 두어 채뿐입니다. 하역 인부들이 욕조처럼 생긴 커다란 짐배를 타고 뱃머리 양편으로 왔습니다. 거기 발판을 사용해 짐을 싣고 내린 뒤 다시 선착장으로 가 하역합니다. 느린 과정이지만 누구도 전혀 서두르려는 기색이 없습니다. 선장은 승객 두어 명과 카드놀이를 하고 있습니다."

같은 날 일기는 이렇게 돼 있다.

"다른 승객들은 지루해 주변을 배회하는데 우리는 시간이 모자라 할 일을 못할 정도니 정말 이상하다. 삶에 목적을 주신 하나님께 감사드린다. 하나님의 뜻대로 살면 많은 목적이 생겨나 게으름을 피우거나 시간을 허송할 구실이 없어진다. 그분은 우리의 영혼뿐 아니라 삶까지 구속하신다."

일기는 이렇게 계속된다.

2월 14일. "강풍으로 배가 약간 좌우로 흔들린다. 니카라과 근처지만 육지는 보이지 않는다. 화요일 오후에 산살바도르 라리베르타드에 배가 닻을 내려 우리는 네 명의 다른 승객과 함께 뭍에 나갔었다. 스테이션왜건을 하나 빌려 모두 수도首都에 올라갔다. 한 식당에서 멕시코 빵을 먹고 있는데 에밀리아라는 귀엽고 작은 창녀가 우리한테 다가왔다. 내 형편없는 스페인어 실력이 지금도 안타깝다. 우리는 그녀의 언어인 스페인어로 말하고 싶은 심정을 애써 표현했고 그녀는 기꺼이 한동안 우리와 함께 걸으며 말상대가 돼주었다. 그녀는 우리를 대학교 우체국으로 데려갔고 우리는 거기서 엽서를 샀다. 그러다 그녀는 왠지 당황해하며―내 스페인어 탓일 것이다―작별인사를 했다. 내 영혼은 그녀가 가엾어 견딜 수 없었다. 아직 어리고 얼굴도 저렇게 앳된데 악의 그물에 걸려 있다니. 주님, 이 땅이 얼마나 더 악을 행해야 합니까! 주님, '여호와를 아는 지식이 세상에 충만할 것'(사 11:9)이라는 약속을 속히 이루소서. 그녀는 내게 세상과 인간들이 범하는 악의 상징처럼 보였다. 나라면 저런 아이와 잠자리를 함께하느니 차라리 죽음을 택할 것 같다. 그 자체가 전적으로 내가 알고 느끼는 모든 것에 어긋나는 생각이다. 하지만 나는 창녀들의 구주, 진짜 죄인들의 친구이신 그분에 대해 말하고 싶었다. 하나님, 이런 경우를 위해 제 스페인어를 도와주소서. 분명 그녀는 우리를 여태 자기가 봐온 남자들과 전혀 다른 이상한 남자들로 봤을 것이다. 하지만 '친구들'을 불러오겠다던 그녀의 말을 우리가 거부한 까닭을 그녀가 정말 알게 될 날이 올까?"

짐은 콜롬비아 부에나벤투라에서 내게 이런 편지를 보내왔다.

"선장과 승무원이 함께 그물 새우잡이를 가자고 피트와 나를 불렀습니다. 선장은 술이 벌겋게 취해 끝이 뭉툭한 동력장치가 있는 갑판에서 잠들었지만 남은 우리들은 정신이 멀쩡했으므로 크고 싱싱한 새우를 70킬로그램이나 잡아왔습니다. 그물낚시는 정말 신납니다. 한번 끌어올릴 때마다 온갖 잡다한 고기들이 100킬로그램씩 올라옵니다. 오징어, 귀상어, 이빨이 날카로운 동갈민어, 가오리, 머리가 큰 복어, 온갖 모양과 색깔의 해파리 외에도 아무도 이름을 모르는 종류가 여남은 가지나 됩니다. 약간 햇빛에 그을려 돌아왔지만 그전에 하나님은 선장과(잠들기 전) 한 엔지니어에게 복음을 전할 좋은 기회를 주셨습니다. 이런 시간을 주신 하나님을 찬양합니다. 그분은 언제나 우리에게 이김을 주시며 각처에서 그분을 아는 냄새를 풍기게 하십니다."

1952년 2월 24일. "목요일 아침 9시쯤 우리는 드디어 에콰도르 푸나 섬의 너저분한 해안에 닻을 내렸다. 구레나룻을 기르고 풍채가 당당한 '항구의 선장'이라는 섬 주민의 금령에 따라 승무원들은 육상휴가가 허용되지 않았다. 정오쯤 우리는 정식 입국허가를 받았다. 세관원들이 일제히 자기네 담배 보루를 찾아 배 위로 올라왔다. 섬 주민들은 작은 카누들에 바나나 줄기, 맥주, 코코넛, 모형선박―우리 산타화나호 같은 그레이스라인사 배들을 발사balsa 재목으로 만든 것―등을 싣고 커다란 우리 선체 주변을 빙빙 돌았다. 1시쯤에 하역 인부들이 마구 떠들고 입씨름을 벌이며 도착했다. 그중에는 신발, 핸드백 등 잡다한 가죽제품―대부분 태어나기 전의 송아지 가죽으로 만든 것―을 가져온 사람들도 있었다. 2시 반쯤 되자 작고 예쁜 산타로지타호라는 쾌속선이 짐배들을 거느리고 다가와 승객들을 불렀다. 우리는 승무원들과 작별한 뒤 특등실에서 쾌속선으로 짐을 옮겼다.

푸나 섬에서 과야킬까지 50킬로미터 뱃길을 가는 동안 폭염이 뜨거웠으나 강변의 생활을 구경하며 그레이스라인사 직원의 아내와 그 친구로 더불어 즐겁게 대화하는 사이 그것마저 잊을 수 있었다. 6시쯤 우리는 티드마쉬를 찾아 과야킬 부두의 선착장을 유심히 살폈다. 그러나 우리를 맞으러 온 사람은 아무도 없었다. 한 하역 인부가 얼른 나를 자기가 아는 '전도자'에게 안내했고, 그녀는 다시 독일인 학교를 찾아가볼 것을 권했다. 나는 피트가 있는 세관 선착장으로 다시 돌아갔다. 그들은 열두 개나 되는 우리 손가방을 열어보지도 않고 모두 통과시켜주었다. 하나님을 찬양한다. 곧바로 우리는 일류차에 짐을 싣고 독일인 학교로 향했다..

무더운 밤, 모기들이 극성을 부렸다. 15분마다 울리는 광장의 시계 종소리를 새벽 1시부터 3시 45분까지 고스란히 들었다. 지금도 몸을 긁고 있다. 이튿날 아침 우리는 그레이스라인사 사무실에 가 티드마쉬에 대해 알아봤다. 우리 화물은 오후까지 강 상류에 닿지 않을 것이라고 한다. 걸어서 부두에 내려가보니 저만치 티드마쉬가 오고 있었다. 우리의 도착 소식이 사무실에 전해지지 않아 하루 늦었던 것이다.

하나님은 세관에서 우리에게 큰 구원을 베푸셨다. 둘이 합해 1,040킬로미터나 되는 우리의 화물을 완전 면세로 통관시켜주신 것이다. '주 여호와여, 주께서 주의 크심과 주의 권능을 주의 종에게 나타내시기를 시작하셨사오니 천지간에 무슨 신이 능히 주의 행하신 일 곧 주의 큰 능력으로 행하신 일같이 행할 수 있으리이까'"(신 3:24).

19. 인간의 초라한 꿈

전능하신 하나님이 네게 복을 주어 너로 생육하고 번성케 하사…… 너로…… 너의 우거하는 땅을 유업으로 받게 하시기를 원하노라.

(창 28:3-4)

"어제 오후 1시 반쯤 판아그라 비행기로 과야킬을 떠났다." 키토에서의 첫 일기는 그렇게 시작된다. 날짜는 1952년 2월 27일. "북쪽으로 오는데 해안의 평지가 훤히 보였다. 그러나 산지로 들어서면서 구름에 부딪치기 시작했다. 갑자기 산을 훌쩍 넘어서자 바로 밑으로 높은 봉우리들이 보였다. 그리고는 다시 구름이 걷히면서 거대한 이불 같은 고원이 펼쳐졌다. 군데군데 튀어나온 산허리와 점점이 건물로 수놓인 아름답고 고요한 곳이었다. 곧 키토가 시야에 들어왔고 우리 DC-3기는 2시 45분쯤 흔들리며 활주로에 내렸다."

짐과 피트는 에콰도르인 가정에 방을 구할 때까지 우선 티드마쉬 집으로 안내됐다. 스페인어 공부가 바로 시작됐다. 짐은 2월 29일 부모님께 이렇게 썼다.

"새 언어권에 들어오니 심각한 문제가 있습니다. 사람들이 제대로 알아들을 수 있도록 주님을 위해 스페인어를 또박또박 정확히 말해야 한다는 필요성을 당장 절감하면서도 한편으로 입을 떼는 순간 외국인임이 탄로날 정도로 영어 억양 없이는 한마디도 말할 수 없는 현실 앞에 극도의 무력감을 느낀다는 것입니다. 다 소용없는 일이라며 두손들고 싶은 마음 굴뚝같지요. 하지만 주님을 위해 말해야 한다는 필요성 때문에 다시금 스페인어 통달의 도전에 맞섭니다. 그렇게 되도록 저희를 위해 기도해주십시오. 어제부터 공부가 시작됐습니다. 일주일에 네 번씩 공부합니다.

이 도시는 두 줄기 높은 산맥 사이에 자리한 그림같이 아름다운 고도입니다. 서쪽에는 피친차 활화산이 솟아 있는데 지난 며칠 동안도 피어오르는 연기가 보이더군요. 화산 사방은 녹지로서 거의 꼭대기까지 수로가 이어진 경작지입니다.

시장이 아주 재미있습니다. 누더기를 걸친 거지 옆에서 모피 코트를 걸치고 쇼핑하는 라틴 귀족을 볼 수 있는 곳이지요. 채소 종류도 많고 과일도 꽤 보이지만 날것으로 먹으면 안됩니다. 어제 메뉴는 식용 대황, 꽃양배추, 스위스 근대, 당근, 셀러리 등이었는데 모두 익힌 것입니다. 생야채와 사과가 그립습니다. 여기는 갖가지 방식으로 바나나를 많이 먹는데 저도 익숙해지고 있습니다.

지금까지 생바나나 말고도 아침식사용 바나나 죽과 바나나 튀김을 먹었습니다. 차고 바닥에 아직 푸른색 바나나가 가득합니다."

역시 부모님께 보낸 3월 9일자 편지다.

"이곳 키토에서 영어를 공부하는 에콰도르인 청년 하나를 알게 됐습니다. 매일 한 시간씩 만나 영어와 스페인어 표현을 서로 가르쳐주고 있습니다. 압돈이라는 이름의 스물세 살 난 착한 친구입니다. 제가 여기 있는 동안 그를 말씀으로 도울 수 있도록 기도해주십시오. 우리가 여기서 할 일은 에콰도르인들을 훈련시키는 것임이 갈수록 분명해집니다. 우리는 절대 그들처럼 말할 수도 없고 동족간인 그들처럼 이곳 사람들과 가까워질 수도 없을 것입니다.

동부의 아우카족과 코판족에 대한 부담이 갈수록 더 커지지만 첫 경험은 정글의 키추아족들을 상대로 이루어질 것 같습니다. 그곳에 아예 눌러앉게 되지 않는다면 말입니다. 우리 몫의 주님의 일을 발견하고 수행함으로 주님의 이름에 더 큰 영광을 돌릴 수 있도록 기도해주십시오."

짐의 일기는 이렇게 이어진다.

3월 11일. "오늘 저녁, 이상하게 삐딱한 생각이 든다. 사람들이 다 못마땅하게 느껴지고 자꾸만 기분이 언짢아진다. 내 메마른 심령을 느끼며 바깥에 나서니 아름다운 밤이 나를 산책으로 유혹한다. 달은 사람의 내면을 씻는 힘이 있다. 오늘밤도 그것을 체험한다. 차가운 공기, 오래된 흙벽, 유칼리나무 냄새, 밤의 새들,

달빛에 환한 구름이 내 영혼을 씻는다. 고산지대 성벽 너머의 이곳은 사뭇 다른 세상이다."

3월 14일. "처음으로 모기장 안에서 잔 날이다. 디 쇼트 일가와 함께 키토에서 내려와 이곳 산토도밍고 드로스 콜로라도스에 있는 그들의 셋집에서 잤다. 오늘 아침 광장에서 콜로라도족 사람을 처음 보았다. 키토를 벗어나려면 피친차의 세 봉우리를 모두 바라보며 자갈길로 일단 올라가야 한다. 어제는 봉우리들이 최소한 위 1/3까지 구름에 덮여 있었다. 거기서 갑자기 아래로 깎아지른 골짜기가 나온다. 골짜기는 안개에 묻혀 있다. 잘 보면 안개가 흩어지면서 빽빽한 신록이 선명히 시야에 들어온다. 군데군데 보이는 흰 점은 죽은 나무나 반짝이는 폭포 아니면 연기다. 협곡 아래쪽을 향해 굽이굽이 산길을 한없이 내려가고 또 내려가면 작은 폭포들과 연기나는 석탄더미를 지난다. 올라오는 트럭들을 가까스로 비껴서 차가운 안개를 뚫고 더 내려가면 드디어 안개가 차갑지 않고 증기처럼 느껴지는 지점에 이른다. 위를 올려다보니 어깨를 맞댄 산들이 어느덧 구름 속에 덮여 있다. 거기서도 더 내려가야 한다. 꼭대기부터 내려온 거리가 총 2,700미터에 달한다. 픽업트럭으로 6시간 걸렸다. 흑인과 인디언과 메스티조(스페인인과 인디언의 혼혈)가 섞여 살며 농업의 중심지로 급성장하고 있는 이곳 산토도밍고에는 반경 100킬로미터 안에 선교사가 한 명도 없다."

3월 17일. "요즘은 쇼트 일가와 함께 살며 사역 구상과 스페인어 공부와 아울러 주변 일을 돕고 있다. 설거지, 아이들 도와주기, 야외모임에서 하모니카 불기, 트럭운전 거들기 등 여러 가지 자잘한 일에 대부분의 시간이 소요된다. 어제는 광장 맞은편 방에서 좋은 모임을 가졌다. 많은 남자들이 관심을 보였다."

3월 18-22일. "며칠간 산미겔 드로스 콜로라도스에서 두 명의 영국 여자 도린 클리포드와 바바라 에드워즈와 함께 보냈다. 처음 본격적으로 정글에 들어가 처음 인디언들을 접했다. 길 대부분은 여기저기 구덩이가 파여 있어 거의 통행이 불가능할 정도였다. 말을 타고 들어가 4시간 만에 도착했다. 오후에 두 여자와 돈 구스타보가 나를 두 백인의 집에 데리고 갔다. 입으로 부는 하프가 친구를 사귀는 데 유용한 도구임을 알았다. 도린의 자동하프에 맞춰 불었다. 인디언들을 위한 학교 위치에 관해 의논했다."

3월 27일. "월요일 압돈과 함께 과일트럭을 타고 키토로 돌아왔다. 요즘은 주님과 아버지의 교훈이 충만하다. 성경을 스페인어로만 읽기 때문에 이전에 맛보던 말씀의 새로운 맛을 잃은 듯한 기분이지만 그래도 그래야만 한다. 머잖아 제3의 언어를 통해서도 성령의 깨우침을 받게 되기를 바라는 마음이다."

4월 6일. "주일. 지난 며칠에 비해 내면에 큰 기쁨을 누린다. 성찬식이 좋았다. 단순히 그분을 기억하는 시간. 여기서 특히 성찬식의 필요성을 더 절실히 느낀다. 하나님을 높이는 것 말고도 자신의 영혼을 위해서 말이다. 과거의 일들을 깨끗게 하고 새로운 현실을 추구하면서 계속 마음을 다잡아 그리스도를 좇는 데 성찬식이 큰 도움이 된다.

하나님의 뜻이라면 오늘부터 일주일 후 베티가 에콰도르에 도착한다. 이렇게 금방 가까이 있게 해주시다니 이상하다. 정말 이상하다! 특히 미국에서 사람들 사이에 말들이 있겠지만 이곳의 나는 전혀 신경 쓰지 않는다. 말할 사람들은 말해도 괜찮다. 하나님은 계속 우리를 인도하실 것이다! 믿음이란 사람들의 말에 초연해질 정도로 우리의 삶을 아주 평온하게 만들며 자신의 거동에 자신감을 갖게 한다."

스페인어 학습에 대한 짐의 절박한 심경은 4월 19일 부모님께 보낸 편지에 더 표현돼 있다.

"스페인어 공부에 진보가 느려 아주 고민입니다. 하지만 문제점이 있습니다. 영어를 쓸 기회가 전혀 없는 곳에 가서 살고 싶은 것이 우리 마음인데 여기는 환경이 너무 좋습니다. 에콰도르인과의 만남이라고는 우리가 일부러 접근하는 경우와 스페인어 교사와의 하루 1시간이 전부입니다. 그 정도로는 실력이 나아지기 어렵지요."

짐은 에콰도르 사람들의 삶에 최대한 동참하기 원했고, 등산과 관광과 심지어 투우도 그 목적에 유용함을 알았다.

"오늘 처음으로 투우를 구경했다. 오늘은 에콰도르의 '노동절.' 여섯 마리의 투우행사가 있었다. 베티와 나는 여러 선교사들과 미국인들과 함께 갔다. 멋있었다! 망토를 휘두르는 사람의 우아한 발레도 아름답지만 기마 투우사의 동작이 특히 일품이다!

나는 황소가 좋다. 이유는 나도 모른다. 다부진 체구의 황소처럼 용맹스런 행위에 제격인 것은 없는 것 같다. 앞발을 들고 어깨를 빳빳이 세워 곧장 후려치는 저 모습을 보라. 돌진하기 직전의 거짓 머리짓은 기발한 기술이다. 복수할 기회가 거의 주어지지 않음에도 소들은 투우사가 내놓는 모든 복잡한 상황에 잘 대처한다. 소는 늘 처음인데 투우사는 화려한 경력을 갖추었으니 약간 불공평하다는 생각도 든다. 투우는 서부 로데오의 장관에 견줄 바 아니며 물론 좀더 잔인한 면도 있다. 하지만 전체 과정이 라틴 정서에 꼭 맞는 것 같다……. 황금빛 노끈과 피…… 죽음 앞의 열광…… 종이리본과 '찍는' 도구…… 운치와 야수성…… 황소와 발레 신발 한 켤레. 이 사람들은 과격파다."

외적으로는 삶에 자유와 편안함이 있다고 썼지만 짐의 영혼에는 고뇌가 있었다. 내가 키토에 있게 되면서 다시 짐에게 약혼 문제가 대두된 것이다. 대학시절 이후 처음으로 가까이 있게 된 기회인 만큼 짐은 내가 온 것을 좋아했다. 하지만 짐은 아직 정글사역에 들어가지 않았고 그 삶에 수반될 생활조건들도 몰랐다. 어쨌든 그 문제에 대한 우리의 마지막 대화 이후로 하나님이 우리를 한 걸음 더 인도해주신 것만은 분명했다. 그분의 분명한 인도하심으로 우리 둘 다 에콰도르에 와있는 것이 그 증거였다. 이번에도 짐의 기준은 충동이 아니라 원리였다. 짐은 일기에 이렇게 썼다.

"주님, 주님은 아십니다. 쉽지 않지만 저희는 매번 그렇게 해왔습니다. 주님께 드렸던 고백을 끝까지 지키겠습니다. 원주민

사역을 독신남자로서 더 잘할 수 있을 때까지 독신으로 남겠습니다. 원주민 사역을 생각하니 저희가 그동안 주목해온 다른 일이 생각납니다. 바로 아우카족입니다. 나의 하나님, 그들에게 갈 사람이 누구입니까?"

5월 2일. "오, 내게도 다윗 같은 마음이 있었으면. 지도자로서 모든 힘을 갖추었음에도 그는 여호와께 묻지 않고는 백성을 전쟁터로 이끄는 법이 없다. '내가 올라가리이까'(삼하 5:19). 그렇게 자신을 믿지 않았기에 그는 다른 사람들을 지도하는 하나님의 사람이 되었다. 다윗은 하나님의 일의 진행을 하나님께 맡겼다. 그러자 그의 손안에서 나라가 견고해졌다. 아우카족에게 들어가는 일에 관해 우리 생각의 기초로 삼아야 할 좋은 교훈이다."

5월 5일. "영적 용기와 좋은 스페인어 실력과 확실한 기적적 인도하심 등을 구하며 이전 어느 때보다 분명하게 아우카족 사역에 나를 드렸다.

베티에 대한 생각을 정리했다. 다윗이 헷 사람 우리아에게 죄 짓는 장면을 읽으며 우리아의 태도에 대해 묵상했다. 다윗은 우리아를 밧세바 아이의 친부로 둔갑시킬 수 있다고 철석같이 믿고 그를 전쟁터에서 불러들여 술을 잔뜩 먹이고는 억지로 아내와 자게 했으나, 우리아는 왕의 신하들과 함께 잤다. 그렇게 행동한 이유는 이렇다. '언약궤와 이스라엘과 유다가 영채 가운데 유하고 내 주 요압과 내 왕의 신복들이 바깥뜰에 유진하였거늘 내가 어찌 내 집으로 가서 먹고 마시고 내 처와 같이 자리이까. 내가 이 일을 행치 아니하기로 왕의 사심과 왕의 혼의 사심을 가리켜 맹세하나이다'(삼하 11:11). 그때는 그가 집으로 돌아갈 **때**가 아니었다. 그렇게 할 권리가 있었음에도 불구하고 말이다. 이것이 내게 힘이 된다. 그때는 전쟁의 **때**였고 우리아는 군사였다. 일생의 본분과 가정의 안락을 뒤섞을 수 없었다. 내게도 그렇게 와닿는다. 지금 나는 결혼할 **때**가 아니다. 단순히 때가 아니다. (결혼 자체가 내 길이 아니라고는 말한 적도 없고 지금도 마찬가지다.) 아직 복음을 듣지 못한 부족들이 있다. 얽매인 것이 없는 자들만이 그들에게 다가갈 수 있다고 나는 믿는다. 이런 상황에서는 '내가 이 일을 행치 아니하리라'"(삼하 11:11).

5월 7일. "달이 거의 만월이다. 베티와 함께 뜰 앞에 나선다. 폭우를 맞은 유칼리나무가 드문드문 서있다. 하늘에는 구름이 흩어져 있고 별빛이 반짝인다. 탁 트인 지평 위로 달빛 아래 카얌베, 안티사나, 코토팍시 세 봉우리가 보인다. 에콰도르에 온 뒤로 이런 밤은 처음이다. 날씨에 관한 한 베티와 함께 애타게 그리워하던 그런 날이었다. 하나님이 우리를 위해 시원하게 바꿔주셨다. 요즘은 하나님이 무조건 '우리 편'인 것 같다. 베티와 우리의 모든 일을 가장 단순하게 그분의 손에 맡김으로 단 한 가지도 잃어버린 것이 없다. 그 문제로 신중한 계획도 없었고 시시콜콜한 염려도 없었다. 다만 내 안의 사랑을 확인하고, 그것을 베티와 하나님께 고백하고, 그분의 뜻대로 되기 원한다고 최대한 솔직히 말씀드렸을 뿐이다. 아직까지 약혼에 관해 별다른 인도는 없지만 아름다운 연애의 징후가 많다. 흔히 보이는 '정상적인' 연애는 아닐지 모르지만 그래도 좋다. 하나님의 인도하심이라는 깊은 확신이 있다."

5월 9일. "내가 약혼하지 않는 이유가 성령의 지혜 안에 감추어져 있음을 이제 안다. 단순히 지금은 때가 아님을 나는 안다. 이 앎은 내적인 것이고 하나님이 주신 것이다. 어떤 대가가 따르더라도 순종해야 한다. 하나님의 인도하심이라는 사실 외에는 달리 설명할 길이 없다. 하나님은 인도의 이유를 사람에게 숨기실 수도 있다. 믿음의 사람은 자기 내면의 아는 바에 충실한다. 내가 에콰도르에 온 것처럼 말이다. 세상은 이런 확신을 흔들 수 없다. '의인은 믿음으로 살리라'(갈 3:11). 이 믿음은 사실과 합리적 변증만 믿는 것이 아니라 성령의 선물로 받은 기름부음의 내적 역사의 실체도 믿는 믿음이다. 나는 성령님을 믿는 더 확실한 믿음을 잃지 말아야 한다. 그분이 신자들 안에 내주하신다는 것은 단순히 신앙교리가 아니다. 그분은 내주하실 뿐 아니라 거기서 인간의 영을 가르치시는 사역을 행하신다."

티드마쉬 박사는 몇몇 신임 선교사들을 모아놓고 단기 의술 강의를 시작했다. 짐은 거기에 큰 흥미를 느꼈다. 5월 15일, 집으로 보낸 편지에 그것이 잘 나타나 있다.

"이번 주는 열대 풍토병에 대해 배우는 중입니다. 오늘 아침 나병을 마쳤습니다. 정말 재미있습니다. 솔직히 어서 의료행위를 시작하고 싶습니다. 째고 뽑고 찌르고! 어젯밤 피트의 목을 주무를 기회가 있었습니다. 뒷골이 아프다고 해서 목을 문질러주니 말짱해졌습니다. 이런 기술을 잘 간직해야겠습니다! 물론 어제 피트는 목이 뻣뻣해질 이유가 있었지요. 아시다시피 금요일은 보름이었습니다. 이곳은 보름달이 막 기울기 시작할 때가 등산하기 가장 좋은 때입니다. 그래서 화요일 밤 9시쯤 우리는 피친차에 오르기로 했습니다. 우선 몇 시간 눈을 붙이고 있는데 새벽 2시 반에 자명종이 울렸습니다. 제 방 에어 매트리스에서 자고 있던 압돈(제 오른팔 같은 에콰도르인 친구)을 깨웠습니다. 안개가 자욱한 하늘을 올려다보니 달빛이 부서지고 있었습니다. 랍 길, 빌, 피트, 압돈, 저, 이렇게 다섯이서 세 끼 먹을 것과 비옷을 챙겨 등에 지고 밤 산행에 나섰습니다. 택시를 불러 타고 중간에 베티를 태운 뒤 택시가 갈 수 있는 데까지 최대한 올라갔습니다. 키토를 벗어나 더 높이 올라가자마자 안개가 깨끗이 씻기면서 안데스 산맥의 고원 위로 달빛이 휘영청 쏟아졌습니다. 저만치 동쪽으로 눈 덮인 세 봉우리의 절경이 보였습니다. 동틀 무렵 우리는 5,800미터 카얌베 봉 밑의 골짜기에 다다랐습니다. 흘러가는 세 덩이 선명한 구름이 장밋빛과 짙은 보랏빛으로 물들어 있었습니다. 돌아서니 계곡 저편의 키다리 산풀들 위로는 전혀 다른 일출의 광채가 쏟아지는데 우리가 서있는 등성이 이쪽에는 아직도 달빛이 조요했습니다. 너무 아름다워 울 뻔했습니다. 돌출한 봉우리로 가파르게 이어진 너른 산자락과 사방의 작은 폭포들과 이국적인 산꽃들을 지나 계속 올라가고 또 올라갔습니다. 물론 나무는 없었지만 파리, 새, 나비, 두꺼비에 심지어 말까지 풀을 뜯고 있는 것으로 보아 생물이 서식하고 있음을 알 수 있었습니다. 우리가 최종적으로 오른 봉우리의 고도는 4,720미터로 제가 걸어서 올라온 높이로는 최고였습니다. 안개에 씻긴 봉우리 정상에는 저만치 드문드문 잔설 외에는 눈이 없었습니다. 밧줄을 이용할 수 있는 반면 빙벽 등반용 쇠갈고리를 사용할 필요가 없었기 때문에 미국의 등산보다 훨씬 쉬웠고, 그래서 고도가 높았음에도 저는 거의 몸에 알이 박이거나 피곤하지 않았습니다. 한마디로 우리의 심령을 맑고 크게 해준 것만 생각해도 수고와 시간이 아깝지 않은 멋진 등산이었습니다. 주님이 산을 만드신 것은 보라고만 한 것이 아니라 오르라고 한 것입니다. 위에 올라가 대다수 사람들이 평생 보지 못하는 장관을 보고 대다수 사람들이 평생 느끼지 못하는 광활함을 느껴보면 그 이유를 압니다.”

계속해서 이 편지는 아직 풀리지 않은 숙제에 대한 얘기로 이어진다.

“언어를 배운다는 것은 한두 달 만에 되는 일이 아니지요. 아직도 한참 매달려야 합니다. 선교지를 위한 ‘준비’ 완료란 영영 없을 것만 같군요. 하지만 목수의 작업대 위로 몸을 굽히시며 30년간 집에서 가족들과 함께 살면서 자신을 준비하신 주님을 생각하며 이번 주에 위로를 얻었습니다. 그 시절은 나중에 사람들 앞에서 하신 사역에 비해 하나님께 덜 향기로웠을까요? 그렇지 않다고 생각합니다. 잘 만든 가구 하나와 고침받은 소경은 하나님 아버지게 똑같은 의미가 있었습니다. 맡겨진 일을 충성스레 감당하여 사명을 완수하신 것이지요. 이곳의 우리도 그렇습니다. 큰일이 전혀 없지만 크고 작음이 따로 없는 그분께 그것이 무슨 상관이겠습니까?"

일기는 이렇게 계속된다.

5월 27일. "오늘 유고 세발로스 박사의 집으로 이사했다. 마침내 순전히 스페인어 환경 속에 살게 된 것이다. 하나님께 감사한다! 아리아스 씨와 함께 점심을 먹고, 오전과 오후는 집에서 보내고 있다. 이곳에 살게 된 것은 하나님의 놀라운 공급이다. 주님, 최대한 잘 활용하겠습니다."

그집의 상황은 부모님께 보낸 편지에 적혀 있다.

"제가 편지를 쓰는 지금 피트는 바깥 거실에서 신문을 읽고 있습니다. 세발로스 집의 다섯 아이들은 저마다 제 할 일을 하고 있고, 도냐 바차는 부엌에서 일하고 있습니다. 아주 성실하지만 전통을 끔찍이 중시하는 의사 세발로스는 전화를 받고 병원에 나갔습니다. 평범한 의사 생활로는 가족 부양이 안된다고 합니다. 그의 일과는 이런 식입니다. 아침에 일어나면 맨 먼저 어느 큰 중등학교에서 생물학을 한두 시간 가르칩니다. 이어 자기 사무실에 가 환자들의 전화를 기다립니다. 정오에 집에 와 점심을 먹고 낮잠을 잡니다. 그리고 6시 반이나 그보다 더 늦게까지 공중보건소에 나가 일합니다. 한밤중 언제라도 병원에서 전화가 오면 달려가야 합니다. 거부할 만큼 재정적 여유가 없기 때문이지요. 자기 집에서 제일 큰방을 우리 두 외국인에게 세준 것도 부족한 돈을 채우기 위해서입니다. 자기 식구들은 모두 방 두 개에서 잡니다. 싹싹한 편은 아니지만, 제가 미국에서 만났던 훨씬 부유하고 덜 바쁘고 성공한 많은 사업가들보다 행복한 사람입니다. 집안의 가장 현대적인 물건은 전화입니다. 라디오는 있으나 차는 없습니다. 그의 아내는 석유풍로에 밥을 짓습니다. 전기 주방기구나 냉장고나 오븐 따위가 전혀 없습니다. 그런데도 이들은 행복이 넘칩니다. 이사온 뒤로 부부간에나 아이들한테서나 한마디도 말대꾸하는 법을 못 봤습니다. 도대체 누가 문명인입니까? ‘사람의 생명이 그 소유의 넉넉한 데 있지 아니하니라’”(눅 12:15).

6월에 짐은 동부지방 정글로 단기여행을 가자는 청을 수락했다. 아우카족 가옥들을 찾으려는 탐사 비행도 포함될 예정이었다.

짐은 당시 휘튼 대학에 다니던 여동생 제인에게 이렇게 썼다. “비행기를 타는 선교사역은 네 상상과 다르다. 첫째, 스릴이 있다. 전에 내가 말했던 ‘선교사의 스릴’이란 진짜다. 물론 시간이 가면서 가라앉지만 그렇다고 처음부터 스릴이 없는 것은 아니다. 지면에서 바퀴가 떨어질 때의 상승감, 1,500미터 상공에서 기류에 밀려 고도가 떨어질 때의 ‘숨막힘’, 양 날개 끝으로 비스듬히 그네를 타며 정글에 숨은 조그만 가옥 군락을 찾는 모험, 나무 아래까지 하강해 자세히 살펴볼 때의 전율, 다시 나무 위로 치솟을 때의 반동—지난 이틀간 내가 맛본 짜릿한 스릴이다. 시간이 가면서 사라질 수도 있고 아니면 피트처럼 멀미가 날지도 모르지만 적어도 지금은 맛보고 있다.

우리는 지금 쉘메라의 선교사 비행협회Missionary Aviation Fellowship 본부에 머물며 정글을 탐사중이다. 남동부지역의 키추아족 인구 수를 알고 싶었는데 이제 그 궁금증이 풀렸다. 남부 키추아족과 이곳의 사실상 유일한 야만 부족인 아우카족 사이에 우호적 접촉이 있는지 여부도 알고 싶었는데 그런 접촉은 전혀 없다. 최근에도 아우카족은 인근 사람들을 다섯 명이나 죽였다. 아우카족의 가옥들을 찾아봤지만 전혀 눈에 띄지 않았다. 깊이 숨었거나 동쪽으로 이동한 것으로 보인다. 갈수록 그 부족이 내 평생 수고할 밭으로 내 앞에 다가온다. 그들은 외부와의 접촉이 전혀 없으며 현재까지는 접근도 불가능하다. 그들에게 다가가는 길이 열리려면 기적이 필요한데 우리는 그 기적을 위해 기도하고 있다. 숫자는 몇 백 명밖에 안될지 모르지만 그들도 전체 피조세계의 한 부분이며 우리는 명령을 받은 자다.

포틀랜드 집에서는 아무 소식이 없구나. 어머니한테 A의 죽음 소식을 들었다. 아득히 먼 일 같고 믿어지지 않는다. 살아서 늘 얼굴을 보던 사람이라서 싸늘히 식은 얼굴이나 딱딱하게 굳어진 몸을 상상할 수 없다. 그녀를 생각할 때마다 늘 살아있는 얼굴이 떠오를 것이다. 죽음의 또 다른 실상이 있다. 죽음이란 식어짐이나 침묵이나 두려움만이 아니라 떠남이요 이별이다. 가까이 있는 이들에게는 전자로 느껴질지 모르지만 이역 만리 떨어져 있는 우리에게 죽음이란 언제나 후자다. '그녀를 빼고는 그 일을 생각할 수 없다'가 된다. 죽을 때의 그녀를 생각하는 것이 아니라 그녀가 남기고 간 것을 생각하는 것이다. 그녀의 죽음 곁에는 언제나 이별의 개념이 함께 있다. 서글프고 안타까운 일이다. 하지만 죽음에 대해 괜히 진부한 말이나 떠벌리며 케케묵은 교훈을 늘어놓기 얼마나 쉬운가.

그것은 사랑의 삶을 살려는 우리에게 하나의 경고와 같다. 우리는 사랑하되 대충하지 말고 열심히 사랑해야 한다. 뜨겁고 밝고 단순하게 사랑해야지 무겁고 더디게 해서는 안된다. 게으른 사랑은 피곤한 삶을 낳는다. 내가 보기에 A도 삶이 피곤해지지 않았나 생각된다. 제인, 사랑하려거든 어린아이처럼 사랑해라. 그들의 사랑에는 웃음도 있고 탄식도 있다. 살아있는 사랑이 되게 해라. 그러려면 사랑의 핵심에 의식적으로 경이와 놀람을 간직해야 한다. 많은 신혼부부들이 1-2년 후면 사랑에 익숙해진다. 그래야 한다고 생각하기 때문이다. 나는 베티에게 그럴 수 없다. 나는 끝까지, 끝까지 사랑해야 한다. 사랑이란 힘들지 않으나 노력 없이 되는 것이 아님을 나는 배웠다. 사랑에는 통제와 방향이 필요하다.

제인, 너를 사랑한다. 어떻게 시작됐는지 모르지만 분명 너를 향한 사랑이 있다. 하루에도 몇 번씩 너를 생각하며 기도한다. 우리 가족들은 말하지 않고도 늘 사랑했다. 함께 있으면 좋아하고 떨어져 있으면 보고 싶어하면서 말이다."

짐은 정글에서 돌아와서 아프리카의 일리노어 밴드보트에게 이런 편지를 보냈다.

"지난번 자매님과 편지를 주고받은 뒤로 주님께서 베티와 저를 행복한 자리로 인도하셨습니다. 우리는 지금 길 하나 사이로 마주보며 살고 있습니다. 에콰도르인 가정에 사는 것이 스페인어를 배우는 유일한 길이며, 우리는 그것을 실컷 즐기고 있습니다. 자매님, 하나님은 제가 구한 것에 넘치도록 세밀한 은혜로 저를 놀라게 하셨습니다. 우리는 선교지에 함께 보내달라고 기도하지 않았고 이렇게 가깝게 살게 해달라고도 기도하지 않았습니다. 서로를 구하는 기도는 거의 없었습니다. 6개월 전만 해도 그런 것을 구한다는 것은 부당해 보였습니다. 하나님의 인도하심에 비하면 인간의 꿈이란 얼마나 초라한 것입니까. 우리는 흔히 꿈에 신비감을 더하지만 사실 그럴 가치도 없습니다. 신비로운 일을 행하시는 분은 하나님뿐입니다. 그분의 일은 모두가 신비롭습니다. 그분의 손은 그 이하의 일은 할 줄 모르십니다. 이스라엘을 인도하신 하나님, 고집쟁이 양떼의 선한 목자이신 그분께 찬양을 드립니다. 그분이 이끄시면 어떤 길도 황량하지 않고 어떤 사건도 지루하지 않습니다.

베티와 저는 둘 다 한동안 서로 미래를 약속하지 않는 것이 하나님의 뜻이라 믿고 있습니다. 서로 감정이 분명하고 그 점 당신도 알고 있겠지만 말입니다. 우리는 스페인어도 공부하고 때로 그분의 길에 궁금증도 품으면서 그 상태로 지냅니다. 우리를 이곳에 보내신 분의 뜻을 행하려는 마음으로 기다리며 말입니다.

아무 얽매임 없이 하나님만 바라고 선교지에 온 것이 얼마나 기쁜지 모릅니다. 주님 외에는 보고할 대상도 없고 주님 외에는 후원을 약속한 사람도 없습니다. 아주 비공식적인 사역방법입니다. 하다 못해 기관이름이 인쇄된 편지지 한 장 없으니 '소속감'이란 전혀 느낄 수 없지요. 하지만 약속을 지키시며 모자람이 없으신 위에 계신 하나님을 바라보니 조금도 부러울 것이 없습니다."

키토에서 스페인어를 배우던 시절은 더없이 행복했던 것 같다. 7월 11일 짐은 일기에 이렇게 썼다.

"이렇게 행복해도 되는지 궁금할 때가 있다. 놀람과 기쁨 속에 하루하루가 순조롭게 이어지고 있다. 잘 차려진 음식, 아이들과 노는 시간, 피트와의 대화, 기한을 몇 시간 남겨두고 채워지는 집세나 하숙비 등 아주 좋은 일들뿐이다. 외적인 생활은 은혜 위에 은혜다. 그러나 내적으로 영혼을 새롭게 해줄 신선한 깨달음은 드물다. 순전히 영어성경을 보지 않기 때문이다. 주일날 다시 영어집회에서 말씀을 전하도록 돼 있는데, 1949년 포틀랜드에서 사역 없이 지낼 때 배웠던 옛 교훈에서 설교자료를 찾아야 한다. 지난 일기를 꺼내 읽노라니 요즘의 영적 결핍이 그 시절의 자유와 기쁨과 잘 대조된다. 말씀의 깨달음에 관한 한 그때가 분명 더 생산적인 시기였다. 지금은 더 느슨하고 열매도 적다. 물론 이유가 있다. 스페인어를 **배워야만** 하는 것이다. 나는 지금도 하나님이 그때처럼 말씀을 주시기 원한다. 다만 이제 그 말씀을 스페인어로 주시기 원한다. 그런데 나는 아직 거기에 익숙하지 않다. 준비가 덜 된 것이다. 그래서 요즘은 말씀묵상과 예배에 깊이가 없어도 마냥 즐겁게 감사하며 살아간다. 그렇다고 그분의 깊이를 구하지 않는 것은 아니다. 말씀으로 씨름하며 진리를 깨닫던 그때로 그분이 나를 다시 데려다주실 것을 믿는다.

하나님은 내 안에서 뭔가를 하기 원하신다. 지금은 그것이 너무도 분명히 보인다! 하나님의 주요 사업은 선교사들의 굳고 서투른 손가락을 빌려 외적인 일을 행하시는 정도가 아니라 그들 자신을 바른 모습으로 빚으시는 것이다. 그러나 참으로 많은 선교사들이 일할 생각에 부풀어 그 사실을 망각한다. 주 예수님, 제게 어린아이처럼 단순한 사랑과 순전한 삶을 가르치소서. 저를 향한 주님의 태도와 행동이 변치 않음을 알게 하소서. 지극히 평범한 일상―제대로 살기만 한다면―을 통해서도 영혼들을 먹이고 채우기에 족한데 무조건 '유별나고 신기하고 특별한' 것만 구하는 우를 범치 않게 하소서. 제게 필요하면 고난도 주소서. 주님이 기뻐하시면 편안함을 가져가소서."

7월 26일. "오, 찬양하는 믿음이여! 역대하 20장의 여호사밧을 묵상했다. 자국의 병력을 훨씬 능가하는 대군의 공격 위협 앞에서 그는 낯을 여호와께 향했다. 그는 백성에게 금식을 공포한 뒤 다들 보는 앞에서 하나님께 아브라함과 솔로몬으로 더불어 맺으신 그분의 언약을 상기시켰다. 여호사밧은 이렇게 기도함으로 문제의 해결을 하나님께 맡겼다. '우리 하나님이여. 저희를 징벌하지 아니하시나이까? 우리를 치러 오는 이 큰 무리를 우리가 대적할 능력이 없고 어떻게 할 줄도 알지 못하옵고 오직 주만 바라보나이다'(대하 20:12).

이어 선지자를 통한 응답이 있은 후 여호사밧은 자신을 낮추며 믿음으로 백성에게 '너희는 너희 하나님 여호와를 신뢰하라'(대하 20:20)고 명했다. 그리고 그들은 찬송을 불렀다! 그렇게 중대한 문제 앞에서 노래한 것이다! 주 하나님, 제게도 이런 믿음을 주소서. 두려움을 다 떨치고 찬송할 수 있는 믿음을 주소서. **아버지, 아우카족을 생각하며 찬송하기 원합니다.**"

스페인어 학습에 도움을 구한 짐의 기도는 분명 응답됐다. 많은 에콰도르인들이 짐의 발음이 훌륭하다고 한마디씩 했을 뿐 아니라 짐이 에콰도르에 온 지 5개월밖에 안됐다는 말이 통 믿어지지 않는 눈치였다. 다음은 7월 27일 짐이 부모님께 보낸 편지다.

"지난 주일 아침과 오늘 우리는 티드마쉬 박사와 함께 상골로키에 다녀왔습니다. 난생처음 스페인어로 설교했습니다. 너무나 기뻤지만 아직 별로 유창하지는 않습니다. 오늘 아침처럼 제 삶이 사도들과 가깝게 느껴진 적은 없습니다. 정말 '저자에서 변론한'(행 17:17) 날이거든요. 50여 명이 모인 무리 중 두세 명이 관심을 갖고 질문을 던졌습니다. 나 혼자라서 외로웠지만 복음을 모르는 사람들이 믿음과 행위, 동정녀 탄생 등에 대해 진지한 질문을 던지는 모습을 보는 기쁨은 생전 처음 느껴보는 것입니다. 스페인어가 유창하다면 얼마나 좋을까요! 이런 전도의 시간을 큰 기쁨으로 고대합니다. 물론 우리는 매주 수백 장씩 전도지를 돌리고 있습니다. 간혹 비웃거나 오렌지 껍질을 던지는 방해꾼들도 있지만, 그래도 전체적으로 볼 때 전통적 편견을 깨뜨리며 친구들을 사귀고 있다고 봅니다. 우리는 하나님이 당신의 말씀을 친히 세우시며 일부 사람들의 양심에 찔림을 주실 것을 믿습니다. 이 사역을 위해 기도해주십시오.”

다음 편지는 8월 9일자로 돼 있다.

“다음주 수요일쯤 피트와 함께 쉘메라에 내려가 소년캠프를 도와준 뒤 거기서 샨디아로 갈 예정입니다. 일주일 동안 둘 다 아이들에게 각자 두 차례씩 메시지를 전해야 하므로 미리 스페인어로 제법 준비하려 애썼습니다. 물건들을 죄다 훑으며 일차로 정글에 가져갈 것을 골라내느라 꼬박 이틀을 창고(우리가 가져온 드럼통과 나무상자 따위를 넣어둔 작은 방)에서 보냈습니다. 아버지, 커다란 검은색 가죽가방들에 짐을 쌌습니다. 가방이 네 개나 됐군요. 알루미늄 의자와 틀톱과 도끼 같은 것들은 싸지 않고 남겨뒀습니다. 물건 하나를 넣을 때마다 소형비행기의 중량이 그만큼 무거워진다는 뜻이지요. 아침에는 피트와 함께 시장에 내려가 벌채칼, 냄비, 22밀리미터 구경총에 쓸 기름 등 미국에서 가져오지 못한 것들을 몇 가지 사야 합니다.”

마냥 행복했던 5개월의 삶을 마감하고 키토를 떠날 구상을 할 때도 짐은 다시 약혼을 생각했다. 하나님이 약혼을 승낙한다는 말씀을 주시면 이별이 더 쉬우리라 생각한 것이다. 그러나 이번에도 응답은 분명했다. 나와 작별하기 이틀 전인 8월 12일, 짐의 일기에 그 내용이 나와 있다.

"오, '마음으로 하나님의 뜻을 행하여'(엡 6:6)라는 말씀처럼 전심으로 그분의 뜻에 따르고 싶다. 올 여름에 약혼할 수 없음을 잘 알면서도 솔직히 고백건대 그것을 아버지의 뜻으로 받아들이는 것이 전혀 기쁘지 않다. 두 소원(베티와 아우카 사역)의 상충 문제가 아니다. 그 둘은 상충 관계가 아니라 융화가 안돼 보일 뿐이다. 두 소원은 동시에 주어진 것이다. 따라서 톱니바퀴의 이처럼 서로 꼭 맞는 것이 아니라 서로 부딪치며 돌아간다. 강도가 아주 셀 때도 있다. 하나님은 내가 전혀 얽매인 것 없는 상태로 동부지방에 들어가기 원하실지 모르지만 아직 가보지도 않고 그렇게 믿기는 시기상조다. 어쨌든 나는 항상 베티 생각을 떨칠 수 없고 밤낮 함께 있고 싶다. 몸의 집요한 갈망과 마음의 외로움 때문에 베티가 없으면 때로 공부도 바보짓 같고 삶 자체가 부질없어 보일 정도다."

20. 그분의 뜻의 성취

우리 열조에게 맹세하신 땅으로 우리에게 주어 들어가게 하시려고 우리
를 거기서 인도하여 내시고…… 그런즉 너는 알라. 오직 네 하나님 여호
와는 하나님이시요 신실하신 하나님이시라……. 그 언약을 이행하시며.
(신 6:23, 7:9)

1952년 8월 17일. 짐은 쉘메라에서 내게 편지를 보내왔다. 그곳
성경학교 영내에서 어린이캠프가 열리고 있었다.

"금요일 어두운 새벽, 길 건너 당신의 창가로 갔었습니다. 피
트가 마지막으로 방을 점검하는 사이 그 긴 벽을 따라 걸었지요.
당신이 깨어 있을까 싶어 캄캄한 창문으로 당신의 이름을 부를
뻔했습니다. 그러다 내가 당신을 떠난다는 것과 내 인생의 가장
행복했던 몇 주가 끝났다는 생각에 침묵에 잠겼습니다. 우리는
교회에 일착으로 도착했습니다. 20분쯤 기다리자 HCJB[1] 선전

트럭이 나타나 우리 짐을 실었습니다. 우리도 18명의 아이들이 떠드는 비좁은 트럭에 올랐습니다. 버스는 아침 6시가 돼서야 출발했습니다. 나는 세군도라는 남자아이와 같이 앉았는데 아이는 우리 일행이 약간 낯설었던지 고맙게도 별로 말을 걸지 않았습니다. 기차역을 지날 즈음 속에서 울컥한 것이 치솟았지만 참았습니다. 무슨 생각을 하며 참았는지 모릅니다. 하지만 동이 트면서 슬픔이 가라앉았습니다. 코토팍시 산 위로 고요히 장밋빛 색조가 어리면서 안티사나는 검은 실루엣을 드러냈고 카얌베는 북녘의 저온성 잿빛 구름에 가려 가물가물했습니다. 그것을 보자 주님의 놀라운 솜씨가 감사하게 느껴지면서 이런 가사가 떠올랐습니다.

하나님은 그 자녀에게
괜한 눈물 주시지 않네.[2]

코토팍시 산비탈로 이어지는 고원에 올라서자 안개가 나타났습니다. 나는 깜빡깜빡 잠이 들곤 하다가 라타쿵가에 들어서면서 구경할 것이 많아 잠이 깼습니다. 암바토에서 귤과 바나나를 사서 이곳에 내려올 때까지 줄곧 먹었습니다. 바뇨스에서 점심을 먹으며 소다수를 한 병 다 마셨습니다. 바뇨스 아래서부터 파스타자 강이 한눈에 들어와 경치가 좋았습니다. 난초가 제철이라서 길 양옆이 화사했습니다. 어제도 산길을 걷다가 한 그루 캐서 캠프건물로 가져왔지만, 당신이 없으므로 그전에 캐온 연한 빨간색

꽃과 함께 그냥 양철컵에 심어놓았습니다. 골짜기를 벗어나 파스타자 강을 따라 달리는 사이 난초는 점점 자취를 감추었습니다. 세차게 흐르던 강물은 바닥이 점차 낮아져 바닥의 자갈을 드러내기 시작했습니다.

지금은 땅거미가 지면서 산들이 파랗습니다. 멀리서 천둥소리가 들립니다. 오늘 아침에는 알타르 산과 상가이 산이 보였으나 지금은 짙은 구름에 가려 있습니다. 상가이는 모양이 코토팍시 같지만 알타르 같은 산은 처음입니다. 적어도 대여섯 개의 봉우리가 있어 그 자체로 하나의 산맥 같습니다. 봉우리 꼭대기는 모두 눈에 덮여 있습니다. 어젯밤에는 정말 아름다웠습니다. 밤에 상가이 산에 눈 내리는 모습은 마치 산이 불을 뿜는 것 같다고 합니다. 요즘도 눈이 내립니다. 길과 밭을 건너면 저만치 가게들이 있는데 그중 한 가게 문 앞에 앵무새 한 마리가 앉아 겁먹은 개처럼 낑낑대고 있습니다.

이제 가봐야 합니다. 캠프에 참석할 아이들이 곧 도착하거든요. 우리 일행은 성경학교까지 세 블록을 걸어서 오늘밤 먹을 음식을 날라야 합니다.”

일주일 후 짐은 캠프 결과에 대해 부모님께 이런 편지를 보냈다.

“전체적으로 얻은 것이 많은 한 주였다고 믿습니다. 스페인어에 분명 하나님의 도움이 있었습니다. 일주일 동안 피트와 제가 각각 두 번씩 오전 성경공부를 인도했는데 하나님이 확실히 복 주셨습니다. 수요일에는 주님께서 행복한 휴식시간을 주셨습니다.

방금 막 30분간의 성경공부를 마쳤습니다. 아이들한테 참고자료를 뒤지게 하면서 주님, 예수 그리스도 등의 단어의 정의를 성경에서 찾는 시간이지요. 끝난 후 사랑스런 아이들 넷이 울면서 자기 방으로 갔습니다. 우리는 그 아이들과 함께 얘기하고 기도했습니다. 모두 아이들 특유의 모습으로 온몸을 들썩거리며 울었고 전부 죄를 뉘우치며 예수님을 믿겠다고 고백했습니다. 아주 단순한 일이면서도 브레이너드의 표현대로 아주 '잔잔한 감동'을 주었습니다. 그 덕분에 아이들 훈육 문제에 큰 짐이 덜어졌습니다.

6시에 일어나 초콜릿 한 잔, 작은 빵 두 개로 아침을 먹었습니다. 잠깐 쉰 후 찬송과 성경암송이 시작돼 오전 성경공부로 이어졌습니다. 사람, 주 예수님 등에 대해 성경 자체에 뭐라고 나와 있는지 45분간 본문을 찾아가며 살펴봤습니다. 오전 간식은 대개 바나나나 사탕수수나 구운 옥수수 알갱이인데 특히 옥수수는 소금을 뿌려 먹으면 크래커 대용으로 아주 좋습니다. 다음은 노는 시간. 비가 오지 않는 날이면 아이들한테 미국 경기를 가르쳐주기도 하고 아이들이 좋아하는 축구를 함께 하기도 하지요. 점심 후에는 낮잠시간이 있고 이어 좀더 놀거나 파스타자 강 계곡으로 10분쯤 차타고 올라가 아름다운 개울물에서 수영을 합니다."

다음은 짐의 일기 내용이다. "하지만 아이들을 훈련하기에 일주일은 너무 짧다. 그들과 함께 살아야 한다. 요즘은 나도 아들들이 있었으면 좋겠다는 생각이 든다. 음식도 먹여주고 번쩍 안아 들어올리고 싶다. 나를 쫓아오게 하고 아빠의 이름으로 내게 이것저것 구하게 하고 싶다. 하지만 현재 내 형편상 아들을 얻을 가망성은 전혀 없어 보인다. 그래도 '생물들의 혼과 인생들의 영이 다 그의 손에 있느니라' 한 욥기 12:10을 다시 읽으면서 내 모든 존재와 소유가 전능자의 것임을 확인한다. 그분은 사고나 비참한 일이나 기타 예기치 못한 사건으로 단 한순간에 내 인생을 송두리째 바꿔놓으실 수 있다. 욥은 수용의 교훈을 준다. 맹목적 체념이 아니라 하나님이 하시는 일은 모두 좋은 일임을 믿고 수용하는 것이다. 아버지, 이 아침에 다시 한번 기쁜 헌신으로 제 삶을 드립니다. 특별한 일을 위해서가 아니라 단순히 제 삶이 아버지 것임을 인정하는 마음을 고백합니다. 제 삶을 아버지 마음대로 하소서. 부디 큰 은혜를 베푸사 무슨 일이 닥치든 '성할 때나 병들 때나' 그리스도 예수의 영광을 위해 살게 하소서."

짐은 8월 25일, 내게 이런 편지를 보내왔다.

"마음이 평안하다는 소식을 듣고 얼마나 기쁜지 모릅니다. 그런 평안을 누리리라고는 나조차 믿기 힘들었거든요. 평안을 주신 성령께서 계속 그 평안을 지켜주시기를 기도합니다. 하나님의 길에 의문이 들 때가 한두 번이 아닙니다. 의문은 어느새 원망으로 바뀌지요. 하지만 그것보다 더 쉬운 것이 있습니다. 우리를 인도하신 하나님이 은혜를 주셨고 다시 한번 슬픔을 사랑으로 빛나게 하셨다는 사실을 아는 것입니다. 베티, 내가 어떤 이유로 얼마나 오랫동안 얼마나 간절히 당신을 원해왔는지 하나님이 당신보다 더 잘 아십니다. 속으로는 내가 당신을 맡고 싶은 마음 굴뚝같으면서―약혼으로 그것이 가능하다면―오직 하나님의 위로에만 당신을 맡겨야 하는 내 고뇌도 그분이 아십니다. 하지만 영원히 생명보다 나은 그분의 인자하심이 지금도 인간의 사랑보다 나음을 나는 압니다. 설사 약혼한다 해도 당신이 말한 그 불가능한 평안을 내가 줄 수 있을지 자신이 없으니까요. 그러니 찬양합니다. 평안을 주신 그분을 찬양합니다.”

캠프가 끝나고 피트와 티드마쉬 박사는 먼저 샨디아로 들어가고 짐은 쉘메라에 남아 다음 비행기를 기다렸다. 짐은 샨디아의 정원에 심을 것들을 채집하느라 바빴다. 내게 쓴 편지에 잘 나타나 있다.

“토요일 집 뒤쪽으로 난초를 찾으러 내려갔습니다. 매끌매끌한 ‘구두 모양’ 난을 두 그루 더 찾았습니다. 중앙에 갈색점이 있는 흰색 난으로, 개울 건너 쓰러진 나무 위에 자라고 있었습니다. 지금은 다른 난 뿌리, 장미, 나란히야, 커피, 하이비스커스, 제라늄 싹, 포인세티아 가지와 함께 작은 배낭 안에 들어 있습니다. 정글에서는 식물들이 쑥쑥 자란다지요. 이 꽃들도 그렇게 잘 자랐으면 좋겠습니다. 포틀랜드에서도 봄이면 마당의 꽃들에 취하곤 했는데 지금은 그보다 정도가 훨씬 심합니다!

오후 들어 날이 활짝 개면서 정글 위로 뿌옇게 솟아오른 거대한 구름기둥이 파란 하늘과 대비돼 순백색으로 보입니다. 멀리 동쪽으로 날아가는 새들의 실루엣이 선명히 돋보입니다. 내일이면 하나님의 뜻에 따라 저도 기쁨으로 일행을 뒤따라갑니다. 내

면에는 당신 있는 곳으로 돌아가고 싶은 연약한 마음이 있음을 잘 압니다. 그러나 이미 쟁기에 손을 댔으니 여기서 돌아간다면 불명예가 될 줄 압니다. 내 내면을 그분은 아십니다. 실은 내가 당신과 함께 가고 있다는 것도 아십니다. 내가 그곳에 가는 이유와 가서 얼마나 있게 될지도 그분은 아십니다."

일기는 이렇게 계속된다.

9월 3일. "샨디아. 이 글을 쓰는 순간 보름달 아래 정글로 흘러드는 은빛 아툰야쿠 강의 고른 물소리 속에 내 찬양이 섞여든다. 오늘 오후 3시에 쉘메라를 떠났다. 하늘에는 구름이 흩어져 있었다. 3시 반쯤 파노에 착륙해 아름다운 샨디아까지 걸어서 두 시간 만에 왔다. 학교 교사 엘라디오와 두 짐꾼과 함께 개척지에 들어서는 순간 달이 떠올라 하나님의 신실하심을 내게 예언처럼 말해줬다. 그분의 뜻 안에서 정녕 삶은 충만하다. 그 삶이 이곳의 우리에게 장차 좋은 일들이 있을 것을 약속해준다. 금요일부터 교사와 비행기를 연달아 기다렸지만 길을 걸어오는 동안 '지금이 적시며 하나님의 때'라는 생각이 계속 들었다. 이리하여 큰 기쁨 중에 우리는 1950년 위클리프 캠프에서 하나님의 뜻을 좇아 결정했던 그 목적지에 드디어 도착했다. 나는 지금 기쁨이 충만, 충만, 충만하다. 그때 하나님의 인도를 거부했더라면 얼마나 어리석은 일이 됐을까. 그분의 뜻에 따름으로 내 인생 노선은 얼마나 달라졌고 얼마나 큰 기쁨이 임했는가. 산자락의 좁은 지평 너머를 올려다보니 거대한 정글이 병풍처럼 둘려 있다. 새삼 처절한 고독을 맛본다. 혼자 살면서도 내면이 충만한 느낌이다.

숲은 서부의 정글과 별반 다르지 않다. 더 크고 덜 빽빽하지만 큰 차이는 없다. 껍질이 오목 파인 나무, 땅속으로 친친 감긴 뿌리, 직선으로 내걸린 덩굴, 맑고 따뜻한 개울. 모두 아름답다. 한없이 아름답다."

다음은 9월 7일 짐이 부모님께 보낸 편지다.

"랜턴을 걸어놓고 식탁에 앉아 있습니다. 두어 시간 전 삶은 바나나와 카사바-바나나국으로 저녁을 먹고 달콤한 산 녹차를 한잔 마셨습니다. 이 녹차는 사람을 이곳 동부지방으로 돌아오게 하는 힘이 있다고 합니다. 딴 세상에 가있던 사람도 이 차만 마시면 다시 여기를 찾아온다고 하는군요. 요즘 첫 며칠간 제일 재미있는 것은 음식입니다. 우리 요리사 소년이 만든 여러 음식들을 먹었는데 그야말로 있는지조차 몰랐던 것들이지요. 어제는 야자수 속껍질을 먹었습니다. 사람들이 활주로를 닦느라 커다란 야자수를 잘랐거든요. 줄기 속 깊은 곳의 연한 잎인데 부드럽고 흰색이며 맛은 밤과 비슷합니다. 파파야, 달콤한 바나나 등 신선한 과일은 항상 있습니다. 벌레도 처음 먹었습니다. 솔직히 괴팍한 정글 식성을 지닌 티드마쉬 박사처럼 맛있게 먹지는 못했습니다! 이곳에는 달리 지방을 섭취할 기회가 별로 없으므로 저도 익숙해질 것 같습니다. 파인애플은 달콤하고 아보카도는 큽니다. 그런 아보카도를 날마다 한 개 반씩은 먹고 있습니다. 부족한 야채 섭취는 미국에서 가져온 좋은 비타민으로 보충하고 있습니다. 우리는 작은 텃밭도 만들어 근대, 양배추, 감자, 기타 채소들을 시험 삼아 심었습니다. 어제는 인디언들이 멧돼지 떼를 발견해 오늘 근사한 돼지고기국을 먹기도 했습니다.

샨디아는 아름답습니다. 인디언 말로 '큰 물'을 뜻하는 아툰야쿠라는 커다란 초록빛 강 위로 깎아지른 벼랑에 자리하고 있지요. 바로 이 지점에서 난류의 작은 샨디아 강이 안티사나와 코토팍시 정상의 거대한 눈덩이가 녹아 내려오는 한류의 큰 나포 강 상류로 흘러듭니다. 샨디아는 너무 얕아 수영하기 어렵고 아툰야쿠는 물살이 너무 빨라 수영하기 어렵지만 우리는 날마다 오후면 진흙길을 한참 걸어가 강에서 목욕하곤 합니다. 오전에는 35-40명의 인부를 사서 정글에 활주로 자리를 개간하게 합니다. 그들이 일하는 동안 우리는 여기 집 안에서 그들의 언어를 공부합니다.

집 바닥은 널빤지이고 벽은 이중 대나무 벽이며 천장에는 대나무를 깐 후 심한 박쥐똥을 막기 위해 물이 스며들지 않는 종이를 댔습니다. 지붕은 초가입니다. 방충망을 친 긴 창으로 침실에서 강과 활주로와 운동장이 바로 내다보이고, 식당 테이블에서는 텃밭과 15미터 거리의 미개척 정글이 보입니다. 침실은 쾌적하기 그만입니다. 큰 창으로 멋진 전경이 들어오지요. 우리 방과 거실 사이에는 수도사의 옷으로 만든 커튼이 쳐져 있습니다. 작은 융단이 두 개 깔려 있고, 알루미늄 의자도 두 개 있어 아주 문명화된 곳처럼 보입니다. 인디언 베난시오나 그의 아들 루이스가 날마다 빗자루로 흙먼지나 죽은 바퀴벌레(길이가 2.5센티미터 이하는 없음)를 쓸어냅니다. 이곳 곤충의 삶은 환상적입니다. 지금도 신기한 딱정벌레와 나방 대여섯 마리가 가스램프 주변을 맴돌고 있습니다. 우리는 나비도 몇 마리 벽에 예쁘게 핀으로 꽂아두었습니다. 지난 주 저는 벌채칼을 처음 쓰다가 손에 약간 물집이 생겼는데, 그때 털이 수북한 작은 물체가 제 발 옆에 떨어졌습니다. 새끼새처럼 노랗고 둥글게 생겼더군요. 그런 줄 알고 집었습니다. 그렇지 않음이 밝혀져 내 호기심이 충족됐을 때는 이미 쐐기풀로 찌르는 것처럼 엄지손가락이 따끔따끔해 뒷걸음질을 쳐야 했습니다. 알고 보니 털이 5센티미터나 되는 커다란 송충이였습니다. 제가 자르고 있던 나무에서 떨어진 것이지요.”

그후의 편지에서 짐은 매일의 직무를 부모님께 이렇게 설명했다.

“지난 주일에는 팔목이 부러진 남자아이에게 부목을 대주었습니다. 수요일에는 한 남자가 벌채칼에 베였습니다. 목요일과 금요일은 한 임산부의 태아의 위치가 거꾸로 돼있어 피트와 티드마쉬 의사가 도와줬습니다. 일요일에는 열이 40도로 오른 남자가 몇 킬로미터를 걸어 여기까지 왔으나 상태가 너무 안좋아 주사를 놓을 수 없었습니다. 대신 열이 떨어질 때까지 이곳에 있으라고 했지만 그는 말라리아 예방약 두세 알만 들고는 몰래 사라졌습니다. 그 다음은 한 아기와 엄마에게 키니네 주사를 주었습니다. 이렇게 돌발적인 일들이 끊이지 않으니 일정시간 동안 꾸준히 언어공부를 하기가 아주 어렵습니다. 아침나절에 인부들의 작업을 관리하는 일, 학교 교사(알고 보니 게으른 사람)에게 학교 칠판과 책장으로 쓸 널빤지 대패질을 시키는 일, 계란과 바나나를 사는 일, 소금과 성냥을 파는 일 등 수없이 많은 자질구레한 일들이 전적으로 우리 책임하에 있습니다. 기온이 높아진 뒤로 우리에게 달라붙어 무는 작고 귀찮은 파리들을 잡는 일은 말할 필요도 없습니다. 어쨌든 활주로가 곧 완성돼야 합니다. 그러면 소소한 걱정거리들이 많이 덜어질 것이고 비용도 크게 절감될 것입니다. 저는 평생 사람을 고용해본 일이 없고 지금도 제 손으로 관리할 일이 족히 50가지는 됩니다. 물론 저는 혼자가 아닙니다. 모든 일을 분담해줄 피트가 없다면 저는 아마 미쳐버릴 것입니다.

　잠시 중단됐었습니다. 비행기가 파노에 들어와 우리가 먹을 야채를 떨구어놓고 갔습니다. 방금 밖에 나가서 셀러리, 파, 오이, 토마토를 가지고 들어와 저녁때 날로 샐러드를 만들어 먹을 수 있도록 과망간산 칼륨에 씻었습니다. 이곳 사람들은 이런 야채를 전혀 몰라 어디다 쓸 것인지 궁금해하고 있습니다. 여기서는 대개 모든 것이 국으로 들어갑니다. 우리도 끼니마다 국을 두 대접씩 먹고 있지요. 카사바 줄기를 쪄서 국과 함께 먹습니다. 여기는 빵이라는 것이 없기 때문에 전분은 주로 카사바와 바나나 비슷한 것을 통해 섭취합니다. 근래 제가 산지山地 감자를 좀 사왔습니다. 굵고 긴 뿌리처럼 생겼는데 캄캄한 정글 속에서 나무를 감고 햇빛을 향해 올라가는 길다란 덩굴에 매달려 자랍니다. 저희는 플라스틱 그릇을 사용하고 있는데 광고와는 달리 껍질이 조금씩 벗겨지곤 합니다."

주변에 일이 아주 많아 공부에 어려움이 있음에도 불구하고 짐은 점차 언어를 흡수하고 있었다. 대체로 인디언들과 함께 "살면서" 배웠다. 짐은 웃음이 많은 까만 눈의 형제들과 함께 벌채칼을 휘둘러가며 어둑어둑한 산길을 힘겹게 뚫고 여러 집들을 방문했다. 손에는 언제나 연필이 준비돼 있었다.

짐은 곧 키추아족에게 마음이 끌렸다. 실은 그들을 보기 몇 년 전부터 벌써 그랬다. 하지만 지금 그들과 함께 살면서 더 큰 사랑을 느꼈다. 예수께서 "무리를 보시고"(마 9:36) 긍휼히 여기셨던 것처럼 말이다. 키추아족은 체구가 작고 땅딸막하며 피부는 구릿빛과 붉은빛이 보기 좋게 섞여 있고 머리칼은 짙은 까만색이며 광대뼈가 튀어나왔다. 그들은 야자잎으로 지붕을 덮은 방 하나짜리 집에 산다. 벽은 대나무나 야자수를 쪼개 두르지만 그나마 대개는 벽이 없다. 여기는 마을이라는 것이 없다. 그들에게 접근하기가 더 한층 어려운 요인이다. 그들의 집은 강둑을 따라 여기 한 채, 저기 한 채 띄엄띄엄 떨어져 있다. 집과 집을 이어주는 길은 무릎까지 차는 진흙 갯벌부터 신발만 파묻힐 정도의 질퍽질퍽한 진창까지 여러 가지다. 정글에서 첫 6개월을 보내는 사이 짐이 미국에서 가져온 테니스화 여섯 켤레가 모두 못 쓰게 되었다.

그러나 짐에게는 진흙에 마음이 쓰이는 것도 잠깐이었다. 일기 여기저기에 그것이 잘 나타나 있다.

9월 21일. "루이스가 통역관이 돼주니 언어공부가 너무 쉽다. 그래서 관용구를 배울 필요성이 절실히 느껴지지 않는다. 하지만 나는 언어를 정복해야 한다. 그것도 빨리, 잘해야 한다. 주님, 주님의 은혜로 그렇게 하겠습니다.

여러 찬송가를 꺼내놓고 한바탕 찬송을 부르고 났다. '해지는 저편', '주 나의 목자', '주 닮기 원하네', '오 하나님 사모합니다' 등을 부르니 기쁨이 밀려온다."

9월 24일. "충만하고 행복하고 보람된 나날이다. 피트를 인해 그리고 우리 둘의 현재 관계를 인해 하나님께 큰 감사를 드린다. 서로의 태도에 깊은 연합을 느낀다. '둘씩둘씩'(막 6:7) 보냄받은 것이 허사가 아니다."

9월 25일. "오늘 인디언 가정에서 치차를 처음 먹었다. 야자열매를 으깨 만든 것이다. 야자열매 요리도 처음 먹었다. 요리한 것은 목질이 남아 있어도 구수한 맛이었지만 으깬 것은 밋밋하고 물기가 많았다. 돌아오는 길에 어느 오두막에 잠시 들렀다. 열병에 걸린 남자가 담요를 덮고 누워 있는데 그 위로 파리 떼가 산더미처럼 들끓었다. 무릎과 정강이에 부스럼이 있었다. 어제는 처음으로 구운 개미를 먹었다."

다음은 짐이 내게 보낸 편지다.

"쉘메라를 떠나기 직전 조종사가 내게 짐을 10킬로그램쯤 줄여야 한다고 하더군요. 그래서 난과 장미 뿌리는 지금도 그곳에 있습니다. 부푼 희망으로 시작한 우리 텃밭의 채소 뿌리도 싹이 불과 2센티미터도 나오기 전에 다 벌레 밥이 되고 말았습니다. 오이 모종만 몇 개 남아 있습니다. 방법을 바꾸려고 합니다. 우선 상자 안에 넣어서 키우다가 뿌리가 튼튼히 내린 후에 밖으로 내놓는 것이지요. 그때는 어쩔 수 없이 이곳 벌레들의 처분에 맡겨야겠지요. 산길에서 뽑아다 강으로 난 작은 모래 계단에 심어둔 것들만이 유독 탈 없이 잘 자라고 있습니다. 한두 그루의 난, 야생 금어초, 털이 뽀송뽀송한 블루벨 등인데 다들 잎사귀 무늬가 아주 예쁩니다. 이런 식물들 덕에 거대한 정글에도 자못 운치가 돌고 종종 상큼한 냄새마저 납니다. 파노에 가는 길에 꽃잎이 하나뿐인 신기한 칼라 꽃토란을 발견해 뿌리를 집으로 가져왔습니다."

부모님에게는 이렇게 썼다.

"이곳의 많은 인디언들을 위해 잊지 않고 기도해주실 줄 믿습니다. 이 사람들은 아주 어립니다. 관심을 얻으려 합니다. 신부한테 달려가 해충약을 달라고 합니다. 미사에 참석하는 사람들한테는 무료로 주거든요. 그리고 우리한테 공짜 약을 받으러 와서는 그 신부를 자랑합니다. 인색하다는 말을 안 들으려거든 우리도 뭔가 내놓으라는 것이지요. 그쪽 학교에 다니는 자기네 아이들을 우리한테 보내 우리 아이들과 같이 자고 먹게 하기도 합니다. 정말 자신의 영혼이나 성경이나 복음에 관심 있어 보이는 사람은 한 명도 못 봤습니다. 우리의 간절한 기도가 부족해서라고 생각합니다."

9월 30일. "이곳 사역에 아주 중요한 날이었다. 샨디아행 첫 비행기 출항 소식이 오전 내내 라디오 전파를 탄 것이다. 이 행사에 순식간에 150명의 인디언들이 모였다. 아이들은 뛰어다니고 여자들은 우우 소리를 내고 남자들은 비행기 앞에 모여들었다. 활주로 공사를 빠른 시일 안에 성공리에 마치게 해주신 하나님께 감사드린다. 그분은 적시에 자금을 채워주셨고 일꾼들의 사기를 시종 좋게 해주셨으며, 일을 진행하는 우리로 기쁨을 잃지 않게 해주셨다. '이 하나님은 영영히 우리 하나님이시니 우리를 죽을 때까지 인도하시리로다'"(시 48:14).

내게 보낸 10월 1일자 편지에는 짐의 새집의 풍치가 더 자세히 소개돼 있다.

"숲속의 새소리는 매혹적입니다. 여기서 꾸꾸 저기서 딱딱. 장난스런 휘파람처럼 낮고 긴 소리도 있고, 카나리아처럼 청아한 곡조도 있고, 올빼미처럼 높고 또렷한 소리도 있습니다. 마치 온 세상이 하나의 목관악기라도 되는 듯 말입니다. 새소리는 낮에만 아니라 밤에도 들려옵니다. 노래와 휘파람이 낮처럼 잦지 않은데다 종종 귀뚜라미와 다른 노래하는 곤충들의 왁자지껄한 소리에 파묻히기도 하지만 말입니다. 잠자리에 누워 있노라면 지붕에서 끽끽거리는 박쥐소리로부터 쉬지 않고 콸콸 흐르는 저 아래 강물 소리까지 밤의 소리들을 녹음해두고 싶을 때가 많습니다. 강물소리는 정말 요란합니다. 바닷가처럼 리듬만 없다 뿐이지 힘찬 소리가 그칠 줄 모릅니다. 언제부터 들렸나 생각해보려 해도 시작도 없고 끝도 없습니다. 그래도 대부분의 시간은 소리가 의식되지 않다가 일부러 강을 보거나 어둠 속에 누워 귀기울일 때만 다시 살아납니다. 강물이 밤새 1미터쯤 불었습니다. 어제 오후 마른 강변에 매두었던 카누들이 아침에 보니 급한 물살에 흔들리고 있더군요. 아침에 깨보니 섬과 반대편 본토 사이의 너른 흰 자갈밭이 탁한 흙물로 변해 있었습니다. 한 가지 놀라운 것은 잦은 풍향 변화에도 불구하고 바로 문밖에 꿋꿋이 서있는 꽃핀 오렌지나무입니다.

어떤 나무들은 크기며 위용이 정말 신기합니다. 집에서 활주로 반대편으로 보이는 한 나무는 줄기에서 뿌리가 벽처럼 뻗어나가 구조상 삼각형처럼 나무를 떠받치고 있습니다. 뿌리에 직경 1.5미터의 구멍이 뚫린 다른 나무도 보았는데 인디언들은 그 뿌리의 목재를 잘라내 커다란 쟁반을 만들더군요. 그런 쟁반은 야자열매를 으깰 때나 동물을 잡을 때 사용합니다.”

짐은 10월 18일, 부모님께 이렇게 썼다.

“무전장비를 담아왔던 나무상자 조각으로 오늘 아침 처음으로 제 관棺을 만들어봤습니다. 정글 속 우리의 작은 집 위로 찬란한 여명이 밝을 무렵, 간밤에 우리 요리사의 아내가 위치가 거꾸로 된 태아를 사산했다는 소식이 들려왔습니다. 티드마쉬 박사가 곁에 있었지만 그들은 그의 개입에 발끈 화를 냈습니다. 아기의 머리가 아직 나오지 않았으므로 다리를 따뜻한 천으로 싸줘야 한다는 그의 말을 그들은 묵살했습니다. 티드마쉬 박사는 몸이 차가울 경우 아직 머리 부위에 공기가 없는 상태에서 곧바로 호흡과정이 시작될 것을 우려했습니다. 인디언 조산원은 일언지하에 거부한 채 산모의 양 겨드랑이를 잡고 몸을 흔들어 아기가 나오게 했습니다. 그동안 산모는 벽의 줄을 잡고 있었습니다. 발이 나온 뒤 머리가 보일 때까지 20분이 걸렸습니다. 물론 아기는 목이 감겨 죽어 있었습니다. 하지만 그들은 한사코 그 방법을 고집했습니다. 옛날부터 그렇게 해왔고 마법사─'아는 자'라는 뜻으로 인디언들은 자기네 무당을 그렇게 부릅니다─가 계속 그렇게 해야 한다고 말했기 때문입니다. 의사 티드마쉬는 속수무책이었습니다. 산모는 주변을 치웠습니다. 아침에 문간에서 세수하다가 나는 산모가 모든 것을 낭떠러지 아래로 던지는 것을 보았습니다. 우리는 오늘 아침 관을 만들었습니다. 아기의 아버지가 직접 무덤을 팠습니다. 여기는 생명이 별로 중요하지 않습니다. 죽음은 더 말할 것도 없습니다. 아무도 울지 않았습니다. 이들은 아직 태어나지 않은 아기를 인간으로 치지 않기 때문입니다.

무더운 하루였습니다. 여남은 명의 사람들이 병원건물 기초공사와 바로 뒤쪽 정글 개간작업을 했습니다. 오후에 갑자기 천둥을 동반한 열대 소나기가 오면서 학교 지붕 한쪽이 바람에 날아가버렸습니다. 바람에 빨랫줄의 빨래도 날아가고 벽의 달력도 넘어가고 선반이며 종이들이 모두 엉망이 돼버렸습니다. 불과 10분이었지만 참으로 많은 것을 생각할 수 있는 시간이었습니다. 창문은 방충망뿐이라서 폭풍이 와도 닫을 게 없었습니다.

저희는 잘 지냅니다. 먹는 것도 충분하고, 오전 오후 한 차례씩 차나 레모네이드도 마십니다. 땀이 많이 나기 때문에 수분이 필요합니다. 날마다 강에서 목욕합니다. 9시 반쯤 자고 5시 반쯤 일어납니다. 전혀 무리 없는 무난한 일정입니다. 한꺼번에 모든 일이 겹쳐 간혹 허둥지둥할 때가 있긴 하지만 말입니다. 어머니, 저는 몸무게가 하나도 안 줄었습니다. 그러니 이곳의 제 걱정은 마십시오. 언제나 그렇듯 날마다 하나님과 동행하는 삶이야말로 저희에게 단순한 믿음과 인내와 사랑의 행위이며 그것을 통해 삶에 순전한 기쁨이 차고 넘칩니다. 다만 정글 선교사 생활의 첫 중대 난관인 언어를 극복해야 합니다. 진짜 전쟁은 그때부터 본격적으로 시작되겠지요. 그날이 어서 왔으면 좋겠습니다."

당장 누구에게도 털어놓지 못하는 생각들을 짐은 일기에 쏟아놓았다. 내가 콜로라도 언어를 분석하기 위해 키토를 떠나 서부 정글로 간다는 소식을 단파무선으로 접한 짐은 일기에 이렇게 썼다.

"말을 잃는다. 마음에 원망이 생긴다. 다시 헤어지는 기분이다. 우편배달이 늦어질 것이고 접촉도 뜸해질 것이고 베티를 볼 수 있는 가능성도 희박해질 것이다. 내가 얼마나 베티를 원하며 이곳에 얼마나 베티가 필요한지, 다시 모든 속을 아버지께 털어놓았다. 솔직히 말해 믿음의 위로는 언제나 시원하게 마음을 채워주지는 않는다. 적어도 내 작은 믿음은 그렇다. 하지만 작은 믿음으로라도 나는 믿는다. 그리고 그 믿음에 손해가 없을 것을 안다……. 오 하나님, 저를 이렇게 만드시고 이렇게 이끄셨으니 주님의 만드심과 주님의 이끄심을 견딜 힘을 주소서."

10월 27일, 짐은 내게 이런 편지를 보내왔다.

"이것만은 압니다. 내년도 올해처럼 뜻밖의 즐거운 일과 놀랄 일이 가득하다면(지금으로서는 달리 생각할 이유가 전혀 없습니다. 불가능한 상황은 여전히 똑같습니다) 그것이야말로 우리를 향한 하나님의 선하신 손길의 더 확실한 증거가 될 것입니다. 하나님이 친히 약속을 이루시고 그분께 품어온 우리의 모든 소망을 확증하신다는 증거지요. 그렇다면 베티, 오매불망 꿈꾸고 원하고 기도하면서도 무조건 맡기고 기다린다는 것, 그분이 우리의 모든 꿈을 말없이 밀쳐내시고 우리가 꿈꿀 수 없는 것—그분의 뜻의 **성취**—으로 그 자리를 대치하시는 모습을 그저 지켜본다는 것은 쓰라린 아픔에도 불구하고 아름다운 삶 아닙니까?

오늘 아침의 여명은 또 하나의 기쁨이었습니다. 먼동이 환하게 트면서 조각구름들이 흩어져 푸른 하늘 속으로 사라져 갔습니다. 비슷한 모양이 하나도 없으나 색조는 전체가 함께 변했습니다. 갈색 산등성이 위로 엷은 자주색이 피는가 싶더니 어느새 밝아져 아래쪽은 선명한 크림색이었습니다. 어찌나 일사불란한지 하늘이 한눈에 들어올 정도였습니다. 하늘 '아래'는 동쪽, 하늘 '저편'은 북쪽인 것이 정말 만져질 것 같았습니다. 강물이 안개 속에 굽이쳐 흘렀습니다. 저 상류 쪽은 색깔도 하나, 움직임도 하나였습니다. 햇살을 받는 낭떠러지 아래에서 잿빛이 초록빛으로 바뀌었다가 모퉁이를 돌면서 다시 잿빛으로 녹아들어 아래로 흘러갔습니다. 마구 소리치며 달려가 풍덩 빠지고 싶은 기분입니다. 영적으로 흠뻑 취한 것만큼이나 육적으로도 자신을 전부 내 던질 수 있다는 듯 말입니다.

지금은 개간지와 강과 나무들이 온통 달빛을 받아 환합니다. 하지만 달은 오늘 아침의 햇살과는 다릅니다. 달빛이란 적막하고 애처롭지요. 너무 적막하고 애처로워 때로는 혼자 그 아래 서기 가 두려울 정도입니다. 사람이란 밤에 쓸쓸함이 더한가 봅니다. 그래도 오늘처럼 한없이 아름다운 밤이면 저는 기쁜 마음으로 집 안에 들어서곤 합니다. 기쁜 이유야 잘 모르겠지만 이것만은 압 니다. 열대의 밤에는 열대의 낮에 유혹을 느끼는 것처럼 그렇게 마구 달리며 노래하며 내 몸을 내던질 수 없다는 것이지요."

언어공부, 의료사역, 건물 신축, 기타 일상적 허드렛일 외에 도 짐과 피트는 네 학년으로 구성된 학교의 책임을 분담했다. 학 교 남자아이들에 대해 짐은 11월 5일 일기에 이렇게 썼다.

"인디언들에게 배구를 가르치는 중이다. 아이들은 노는 것을 좋아하지만 서로 협력하는 팀 스포츠에는 인내심도 없고 적성도 없다. 서서히 익히는 중이다. 언젠가 소프트볼이나 농구 같은 좀 더 복잡한 경기도 가르쳐줄 수 있었으면 좋겠다. 축구는 꽤 잘하 지만 공을 낭떠러지 너머로 보내거나 정글 속으로 날려 가시에 찔려 펑크나게 하기 일쑤다. 그래서 우리는 아무도 배구공을 차 서는 안된다는 규율을 만들었다. 이 규율은 우리가 눈앞에 보일 때나 방 안에서 운동장을 훤히 내다보고 있을 때만 간혹 지켜질 뿐이다. 아직 여남은 명밖에 안되는 사내아이들은 우리의 좋은 친구지만 저마다 개성과 고집이 강한데다 뭐든 제 뜻대로 해야 직성이 풀리는 버릇없는 아이들도 있다 보니 소소한 싸움을 뜯어 말리는 일이 끊이지 않는다. 우리는 날마다 수업을 시작하기 전에 아이들과 함께 스페인어로 말씀을 읽는다. 티드마쉬 박사가 자리를 비운 요즘은 엘리사 이야기를 읽고 있다. 밤에는 몇 가지 하는 일이 있다. 일주일에 이틀씩 전기가 들어올 때면 영화를 보여준다. 가스랜턴으로 슬라이드를 보여줄 때도 있고, 라디오방에 모아놓고 라디오나 축음기로 음악을 들려줄 때도 있고, 작은 렌즈로 우리 컬러사진 슬라이드를 보여주기도 한다. (아이들은 우리의 고향과 가족들이 다 좋아 보이는데, 왜 그것이 싫어 우리가 여기까지 왔는지 모르겠다는 눈치다!) 장기를 두거나 학교로 건너가 가스 불빛 아래「내셔널 지오그래픽」잡지를 볼 때도 많다. 우르르 고기잡이를 나가 튀겨 먹기 좋은 작은 물고기들을 수백 마리씩 잡아온 적도 있다. 이 아이들과 함께 있을 수 있다는 것은 우리의 큰 특권이다. 비록 열두 명이 적어 보이지만 여기서는 한 영혼도 큰 승리임을 우리는 안다. 처음에는 소수로 시작하는 것이 더 좋다는 생각도 있다. 개인별로 더 많은 시간을 보낼 수 있다. 이 글을 쓰는 순간 한 아이가 내 옆에 와 서있다. 잠시 멈추고 다음 문장을 생각하는 내게 아이가 '뉴카 킬카샤'라고 말한다. '나도 쓰겠다'는 뜻이다. 내가 그 문장을 쓰고 있는데 방 안 가득 남자들이 들어와 침대 덮개, 사진, 고기 써는 기계, 하모니카 등 우리 문화의 물건들에 대해 얘기하고 있다. 모두들 신기한 기색이 역력하다. 어디에 쓰는 물건인지 속 시원히 설명해줄 수 있다면 좋으련만."

한 아기가 아파 무당의사가 온갖 치료방법을 동원해보았으나 낫지 않았다. 그후 짐과 피트가 보살폈으나 아기는 끝내 죽었다. 11월 16일자 편지에 그 얘기가 적혀 있다.

"밤새도록 지켜볼 수 있도록 그집 식구들에게 등유를 내줬습니다. 그러나 온 식구가 잠자리에 들었다가 우리 학교 아이들이 랜턴을 들고 집에 갔을 때에야 깼다고 합니다. 아기가 죽은 것을 그제야 알았다고 하더군요. 그래서 우리를 부르러 왔지요. 어머니와 할머니는 유족의 곡哭을 시작했습니다. 세 음조로 되어 점차 낮아지는 묘한 울음이었지요. 그 소리를 들으며 옆에서 일하기란 정말 고역이었습니다. 아기에게 아직 체온이 남아 있었으므로 우리는 인공호흡을 시도했습니다. 살려달라고 하나님께 부르짖으며 눈이 푹 꺼진 아기 옆의 흙바닥에 무릎꿇고 앉아 땀흘렸습니다. 내 손가락 끝에 느껴지는 고동이 아기의 심장인지 내 심장인지 분간이 안됐습니다. 가족들의 곡소리와 끝없는 흐느낌을 떨치려 애쓰며 30분 넘게 매달렸습니다. 마침내 우리가 동작을 멈추고 가스 불빛이 어려 있는 얼굴들을 올려다보자 마지막 희망이 사라진 것을 알고 곡소리가 더 커졌습니다. 그때부터 초상집의 밤샘이 시작됐습니다. 부모의 곡소리에 손님들의 웃고 노는 소리가 섞여들었습니다. 손님들이 바가지로 술을 마시고 놀면서 계속 유족들을 달래주는 것이 여기 풍습입니다. 우리는 장기를 몇 판 두면서 밤 11시까지만 있다 왔습니다. 그와 별도로 한 가지 재미있었던 일은 공 모양의 솜뭉치에 등유가 묻어 불이 붙었던 일입니다. 그것을 서로 던지며 소리를 지르느라 손님들은 잠이 달아났지요. 우리도 던졌습니다. 이틀 후 한 아이가 그때 불에 뎄다며 찾아와 치료해주었습니다.”

짐이 ‘사발 뒤집기’ 놀이를 배운 것도 바로 그날이었다. 치차가 담긴 사발을 바닥에 놓은 다음 양다리를 벌리고 몸을 앞으로 구부려 이로 접시 가장자리를 물어 올려서 머리 위로 훌쩍 넘기면서 사발을 뒤집는 놀이다. 한 손님이 하다가 우윳빛 액체를 잔뜩 뒤집어썼다. 두번째로 나선 인디언은 한 방울도 묻지 않았다. 세번째 사람이 자기 몸은 물론 몇몇 훈수꾼들한테까지 물을 끼얹은 후에 드디어 짐이 나섰다. 와, 하는 함성소리에 구석에서 졸고 있던 사람들이 깼다. 경험 없는 백인을 지켜보려고 모두 모여들었다. 짐은 인디언의 자세를 흉내내면서 이로 사발 끝을 꽉 문 뒤 완벽한 원을 그리며 사발을 머리 위로 넘겼다. 물 한 방울 묻지 않고 말짱했다. 인디언들은 키추아말로 ‘와!’ 하는 감탄사를 감추지 못했다.

짐의 편지는 이렇게 계속된다.

“그때 외부 사람들의 비난이 들리는 듯했습니다. ‘이게 무슨 선교사가 할 일이오?’ 내 속에도 같은 의문이 있었습니다. 하지만 분명한 사실은, 이것이 그들의 장례예식이고 그 속에 동화되지 않는 사람은 무례하고 인정 없는 사람으로 취급받는다는 것입니다. 마치 미국에서 장례식에 참석해 침울한 표정을 짓지 않는 사람처럼 말입니다. 그들은 죽음이 얼마나 슬프고 잔인하고 절망적인 것인지를 이런 식으로 잊습니다. 우리는 관을 멋지게 꾸미고 화환을 보내고 불을 밝히고 검은색 옷을 입지요. 이들은 놀이를 즐기며 밤새도록 앉아 술을 마십니다.

토요일 아침 그들이 찾아와 아기를 우리 학교건물 밑에 묻어도 되느냐고 물었습니다. 집에다 묻으면 집을 버려야 한다면서요. 내가 관 뚜껑에 막 못질을 하려는데 아기의 어머니가 기다리라고 하더니 바나나와 카사바와 깨진 거울과 물을 가져와 얼기설기 관이랍시고 만든 작은 상자에 넣었습니다. 그들은 머리가 동쪽으로 가게 묻었습니다. '심판의 아침'에 일어나자마자 햇빛을 볼 수 있도록 말입니다. 한 시간 만에 다 끝나고, 비행기가 들어온다는 소동과 함께 다 잊혀졌습니다.

제 몸은 녹초가 됐습니다. 가만히 앉아 있어도 다리가 후끈거리고 근육이 욱신거립니다. 아침모임이 끝난 후 인디언 두 명과 함께 강 상류계곡으로 갔습니다. 몇몇 가정의 여름 별장이 있는 그곳은 사냥감이 더 많은 곳입니다. 그곳에 환자가 있다는 말을 듣고 한번 가보기로 했습니다. 우리가 알기로 아직 어떤 선교사도 가본 적이 없는 곳이었으니까요. 정말 가보기를 잘했습니다. 강폭이 좁아지면서 정글에 덮인 60미터 절벽 아래로 잔잔하게 흐르던 아툰야쿠는 천연 화강암 노출부 위로 세차게 급류를 뿌리다가 다시 사람이 살지 않는 안데스의 안개에 덮인 산기슭을 휘감아 돕니다. 우리는 레몬, 레모네이드에 넣을 설탕, 어제 사온 정글의 새고기 몇 조각, 초콜릿, 치즈, 삶은 달걀 등 점심을 싸 가지고 가서 방문한 계곡의 첫 집에서 점심을 먹었습니다. 인디언들은 어디 가고 없었습니다. 그런데 다른 집에 갈 때마다 계속 음식을 내놓지 않겠습니까. 우윳빛 치차(예, 우리는 입으로 씹은 것도 마십니다. 오늘은 눈에 띄게 이물질이 섞인 것도 마셨습니다), 멧돼지 어깨살 연한 부분(여기 와서 먹어본 최고의 고기), 카사바, 찐 바나나 등이었지요. 강을 네 번이나 건너고 수영도 해가며 집에 돌아오니 다시 콩국이 기다리고 있었습니다."

11월 20일. "작업이 시원하게 진행되지 않고 있다. 아이들이 한두 명 학교를 그만뒀다. 끊임없는 돌발사태로 언어는 지지부진하다. 우편물은 늦어지고 있고 키추아족을 피상적으로만 알다 보니 심방도 아직 별 효과가 없다. 어제 아라후네 인디언들이 왔었다. 그곳에 가보고 싶은 마음이 들었다. 지난 주일 일루쿨린족을 찾아갔을 때도 강 상류로 더 올라가 협곡으로 가보고 싶은 생각이 간절했다."

다음은 내게 보낸 11월 25일자 편지다.

"내가 키추아 언어로 말할 수 있느냐고 물었지요. 아뇨. 아직 알아듣지도 못합니다. 외워둔 몇 개의 단어와 구문으로 모든 대화를 가까스로 때우고 있습니다. 내 힘으로 어쩔 수 없습니다. 어쩌겠습니까? 오늘 아침만 해도 아이들과 말씀을 읽은 뒤 공부하러 안으로 들어왔지요. 그때 병원건물에 쓸 대나무를 잘라오도록 보냈던 사람들 중 하나를 불러 활주로 풀 깎는 일을 시켜야 한다는 생각이 떠올랐습니다. 아침 9시 10분경이라 풀이 말라 깎기 좋을 때였습니다. 그래서 밖에 나가 한 사람을 불러 풀 깎는 기계 사용법을 일러주고 있었지요. 그 사람과 함께 있은 지 채 10분도 안되어 활주로 저편에서 피트가 뱀에 물린 사람이 있다고 외쳤습니다. 한 남자를 따라 20분간 강 상류로 올라가보니 그의 열두 살 난 딸이 얌전히 등나무 침대에 누워 있었습니다. 물린 지 이미 한 시간이 더 지났으나 피가 한 방울도 나오지 않았습니다. 내가 메스의 깨끗한 칼날로 찔러 독이 퍼진 발꿈치를 세 번쯤 째자 아이가 '이 사람이 나 죽인다'며 울음을 터뜨렸습니다. 주변 사람들의 압력 때문에 더 이상 쩰 수 없었습니다. 피트가 뱀에 물렸을 때의 응급조치 요령을 읽는 동안 나는 주사기로 피를 뽑아내려 했으나 아이가 비명을 지르는 바람에 한 손에 솜을 들고 째진 부분을 벌린 다음 다른 손으로 누르는 수밖에 없었습니다. 천천히 피가 나오기를 거의 11시 반까지 했을까요. 그 다음부터는 더 이상 할 일이 없어 약을 주고 집으로 돌아왔습니다. 아이가 어떻게 됐는지 아직 소식이 없었습니다. 하지만 그렇게 해서 공부시간은 또 날아갔습니다."

짐은 12월 2일 다시 내게 편지를 보내왔다.

"베티, 하나님이 당신과 나를 이렇게 인도하시기를 잘하셨다는 생각이 강하게 듭니다. 내가 기혼자라면 지금 하고 있는 일들과 해야 할 일들(예컨대 언제고 인디언들을 우리 침실에 들어오게 하는 것)을 할 수 없을 것입니다. 이렇게 허물없이 왕래하고 친구가 되는 것이 장래의 사역에 가장 유리한 길이라 믿습니다. 내가 결혼했다면 이렇게 인디언들과 함께 놀고 어울릴 시간이 없을 것입니다. 물론 한시적인 일입니다. 당신처럼 나도 평생 이렇게 비닐 식탁보를 깔고 살고 싶지는 않겠지요. 하지만 현 상황에서는 그게 전부입니다. 인디언들이 흙 묻은 손으로 만질 수 있는 식탁이 있는 것도 유익한 일이고요. 세 개의 내 옷상자에는 신문지가 덮여 있습니다. 집 안에 상자를 놓고 살 수는 없을 테니까 서랍처럼 닫을 수 있는 선반이라도 만들 날이 있겠지요. 내가 선물로 받은 「예루살렘을 향하여 *Toward Jerusalem*」라는 책 여백에 당신이 써둔 '나의 나그네 된 집에서 주의 율례가 나의 노래가 되었나이다' (시 119:54)라는 구절을 읽고 은혜가 됐습니다. 집이란 바로 그런 곳이겠지요. 지금 이 집도 그렇다고 확신합니다.

이렇다할 명절의 감동도 없이 추수감사절이 지났습니다. 저녁식사로 당신이 보내준 연어 통조림을 먹고 자두 통조림을 디저트로 먹었습니다."

12월 4일. "베티, 이번 달은 특히 급히 신경 쓸 일이 많아서인지 왠지 당신 없이 나 혼자가 된 기분입니다. 세상은 경이의 소용돌이 속에 지나가는데 나는 멍하니 그저 보내고 있는 기분입니다. 몸은 그 안에 있지만 왠지 '진짜 나'는 멀찍이 서서 그 모든 경이 속에 보이지 않는 뭔가를 찾고 있는 듯합니다. 물론 그것은 당신이지요. 모든 것이 내 머리 위로 획획 지나가는 것만 같아 손동작으로 잡는 시늉을 해봅니다. 하지만 누군가 자세히 본다면 알게 될 것입니다. 떠들썩한 배구시합 중에 흘러나오는 조용한 한숨을, 강 중상류를 거슬러 정글과 구름 너머로 머나먼 서쪽을 맴도는 눈길을, 달빛 어린 방 좁은 침상에서 끝없는 공상의 날개를 접으려 뒤척일 때의 그 돌연한 삐걱거림소리를 말입니다. 몸은 여기 있지만 마음은 딴 데 가있음을 누구라도 알게 될 것입니다. 오, 당신을 원하는 마음은 왜 이리도 아픕니까. 원함 자체가 선하고 옳으며 하나님이 주신 것인 줄 알면서도 지금은 지혜의 하나님이 그것을 막고 계실 뿐 아니라 막으시는 이유조차 다 말해주지 않으시니 말입니다. 하지만 믿습니다. 그 믿음 때문에 계속 살아갑니다. 배구하고 수영하고 잠자고 계속 손을 놀리고 입술로 소리를 발하면서 말입니다. 그러는 동안에도 저는 당신과 함께 있습니다.

당신의 사진이 큰 도움이 됩니다. 약간 갸름한 얼굴에 맑고 고요한 눈, 내가 즐겨 떠올리는 당신이 바로 이 사진의 모습입니다. 사진은 내 안의 격한 감정에 평안을 전하곤 합니다. 옛일과 추억을 일깨우며 마음을 차분히 가라앉혀주지요. 이 사진을 보노라면 체스터의 낡은 아파트의 칙칙한 나무서랍장이 생각납니다. 그 위에 이 사진을 두었었지요. 고향집의 아름드리 단풍나무와 키토 세발로스 집의 침대용 스탠드도 생각납니다. 짐가방 옆을 올려다보면 이 사진이 나를 놀래주던 일이 얼마나 많았던가요. 왠지 이 사진이 갖은 풍상을 겪으며 우리와 영원히 함께 있었다는 느낌이 듭니다. 지금도 사진은 내게 말하는 듯합니다. '짐, 걱정 마세요.

우리의 이야기는 아직 끝나지 않았어요. 비극으로 끝날 거라고 믿을 만한 아무 근거가 없잖아요.' 그래도 베티, 나는 두렵습니다. 자식 걱정하는 엄마처럼 당신한테 무슨 일이 생겨 당신을 잃을까봐 두려울 때가 있습니다. 그러면 나는 어떻게 될까요? 몸은 여전히 여기 있겠지만 마음은 어디로 가야 할까요? 잠자리에 누울 때 어디로 상상의 날개를 펴야 할까요? 내 삶에 그보다 더 큰 일은 없을 것입니다. 재미있는 것은, 내게 사고가 생겨 당신이 나를 잃을지도 모른다는 생각은 한번도 들지 않는다는 것입니다!"

다음은 짐이 12월 18일, 부모님께 보낸 편지다.

"남미에 와보시고 싶다는 부모님의 공상은 불가능한 일이 아닙니다. 에콰도르 항공사의 마이애미발 키토행 요금이 100달러 미만입니다. 그러니 꿈을 버리지 마십시오. '너무 좋아 못다 이룰 꿈은 없으니 믿으라, 믿으면 보리라.'[3] 제 경험을 보십시오. 어렸을 때의 꿈이 그토록 허황해 보였어도 지금 하나님의 뜻 안에 있는 이 놀라운 삶에 비하면 아무것도 아니지요. 이보다 더 좋은 삶은 없다고 믿습니다. 그렇다고 다른 것들과 다른 생활방식과 다른 장소가 그립지 않다는 말은 아니지요. 다만 저 자신의 희망과 계획이 하나님께서 인도하시고 이루어오신 것보다 절대 더 좋을 수 없다는 것을 분명히 압니다. 우리 모두 그렇게 됐으면 그리하여 '이 하나님은…… 우리를 죽을 때까지 인도하시리로다'(시 48:14)라는 말씀이 진리임을 알게 됐으면 좋겠습니다."

그날 오후 짐은 일기에 이렇게 썼다.

"일꾼들이 온 집 안에 북적북적하다. 피트는 창고에서 물건을 팔고 있고 의사는 대패를 갈고 있다. 나는 막 침실에 들어와 잠시 생각에 잠기고 있다. 우리가 하고 있는 일에 대해, 진보에 대해, 희망과 전망에 대해. 오 하나님, 장차 할 일은 많은데 세월은 더딥니다. 병원 짓는 일은 지지부진하다. 오전 내내 벽을 절반도 세우지 못했다. 활주로 입구를 넓히는 작업도 인부가 모자라 더디다. 언어도 석 달 전이나 오늘이나 못 알아듣기는 마찬가지다. 적어도 많은 인디언들이 말하는 언어는 그렇다. 베티는 멀게만 느껴진다. 주님, 뭐라고 말해야 할까요? 주님이 저를 인도해오신 길이 못마땅해 불만이라고 말해야 할까요? 그런 말이 금방이라도 나올 것 같습니다. 왜 저는 인부들에게 큰소리로 지시하거나 작업을 재촉하거나 언어에 악착같이 매달리거나 결혼을 서두를 수 없는 걸까요? 주님의 뜻 안에서 진행되는 삶이 더뎌 보이고 성과 없는 기다림 같다. 나무의 성장처럼 미미해 보여 서서히 진을 빼놓는 것 같다. 달팽이 같은 구름이 정지된 하늘을 기어가는 것 같다. 다른 길이라고 더 행복하지 않겠지만 그래도 오늘처럼 무더운 오후면 힘이 빠진다."

짐이 사역한 에콰도르 동부 샨디아의 전통가옥. 폭우로 아쿤야쿠 강이 범람한 직후여서 가옥 일부가 유실된 상태다

키추아족의 결혼식 관현악단. 두 사람이 들고 있는 바이올린과 원숭이 가죽으로 만든 북은 그들이 손으로 직접 만든 것들이다

정글에서 사냥한 멧돼지를 강으로 가져온 산디아의 키추아 인디언들

산디아에서 사금을 채취하는 키추아 인디언들

산디아에서 처음으로 세례를 받는 유지니아와 카멜라

산디아 학교 학생들과 함께 한 짐

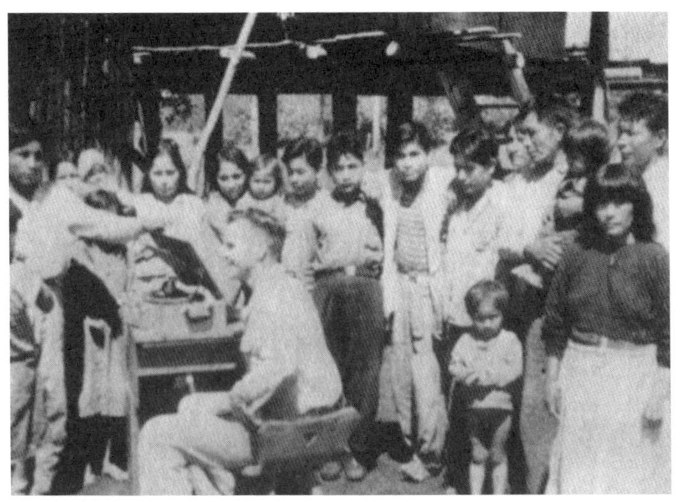

짐이 키추아 인디언들과 키추아 말로 된 찬송과 성경을 녹음하고 있다

21. 믿음의 세 가지 도전

너희 믿음의 시련이 불로 연단하여도 없어질 금보다 더 귀하여 예수 그
리스도의 나타나실 때에 칭찬과 영광과 존귀를 얻게 하려 함이라.
(벧전 1:7)

1953년 1월 29일 밤, 나는 평소처럼 서부 정글 한 초가집의 작은
탁자에 앉아 콜로라도 언어 분석작업을 하고 있었다. 딸깍거리는
소리, 노랫소리, 와글와글 떠드는 소리 등 야밤의 소음을 뚫고 갑자
기 말발굽소리가 들려왔다. 랜턴을 들고 나가보니 12킬로미터쯤
떨어진 마을에서 온 한 친구가 나를 반겼다. 그는 내게 전보 한 통을
건네주었다. 짐이 키토에서 나를 기다리고 있다는 내용이었다.

이튿날 나는 말을 타고 산토도밍고 드로스 콜로라도스로 나
가, 다음날 바나나 트럭을 타고 10시간 동안 2,700미터를 올라
가 안데스 고원의 키토에 도착했다.

짐이 그 다음에 부모님께 보낸 편지는 2월 1일 키토 티드마쉬의 집에서 쓴 것이다.

"목요일 오후 의사와 피트를 샨디아에 두고 그웬과 함께 그들의 다지트럭으로 떠나 금요일 이곳에 올라왔습니다. 변화를 즐기고 있습니다. 에콰도르에 막 도착한 에드 맥컬리와 베티와 함께 이 시간을 만끽하고 있습니다. 다음 뉴스를 들으면 더 잘 이해가 될 것입니다. 어젯밤 저는 벽난로 앞에서 베티에게 약혼반지를 주었습니다. 약혼해야 한다는 것은 몇 달 전부터 마음에 정해진 일이었으나 다만 함께 있을 기회와 베티의 수락이 필요했습니다. 베티는 수락했습니다. 사실은 베티의 생일인 지난 12월 21일에 반지를 주고 싶었지만, 그때는 티드마쉬 박사가 키토에 와있었으므로 피트만 샨디아에 혼자 두고 싶지 않아 어제 청혼까지 40일 낮 40일 밤을 기다려야 했습니다. 이 일이 하나님의 뜻이라고 믿습니다. 절대 서둘러 한 일이 아닙니다. 지난가을 이후 이 일로 하나님이 제게 주신 평안이 그 확실성의 지속적인 증거였습니다."

불과 일주일 만에 짐에게 이 "확실성"에 대한 첫 시험이 찾아왔다. 엑스레이 결과 내게 결핵이 진행중이라는 통보를 받은 것이다. 짐이 정글 인디언들에게 부름받았다는 것을 그 못지 않게 잘 아는 나는, 이 소식으로 인해 우리 결혼계획이 취소될 줄로 알았다. 설사 회복된다 해도 정글생활이 내게 바람직하지 않을 것이기 때문이었다. 그러나 짐의 태도는 요지부동이었다.

짐은 일기에 이렇게 썼다. "내 계획은 불변이다. 나는 하나님

의 때에 베티와 결혼한다. 몇 년을 기다려야 한다 할지라도 그것
이 우리에게 최선의 길이다. 하나님이 우리를 여기까지 인도하신
것은 이제 와서 뜻을 꺾으시거나 되돌아가게 하시기 위함이 아니
다. 결핵에 대처하는 법도 그분은 훤히 아신다. 이 일의 의미를
나는 모른다. 하나님이 의인의 세대 가운데 계신 것과 우리를 바
른길로 인도하시는 것을 알 뿐이다. 그분의 훈계와 뜻이 없이는
움직이지 않는다. 나는 지금 그 자리에 와있고 이 이상 바랄 것이
없다."

"너희 믿음대로 되라"(마 9:29). 짐의 믿음은 보상을 받았다.
일주일간 정밀검사를 한 결과 내 폐에 아무 이상이 없음이 밝혀
진 것이다.

이번에 짐이 정글에 돌아갈 때는 에드 맥컬리가 동행했다. 에
드는 자신이 그간 고대해온 삶을 대략 살펴보고 싶어했다. 3월
2일, 짐의 일기는 이렇게 이어진다.

"처음으로 함께 정글에서 행복한 열흘을 보낸 후 어제 에드가
떠났다. 지금은 엘라이도와 단둘이 남았다. 피트는 말라리아에
걸려 수요일 나갔다. 에드와 다시 깊은 교제를 나눌 수 있었다.
이전에 함께 있을 때보다 더 좋다. 하나님이 정말 우리를 함께 이
곳으로 인도하셨다고 생각하면 너무 신기해 자리를 박차고 일어
날 것만 같다. 주님, 저희의 남은 준비를 속히 이루소서. 언어를
배워 다시 함께 말씀을 전하게 하소서. 건물도 진행중이고 이런
계획도 있으니 정녕 꿈에 그리던 정글의 교제를 함께 즐기리라.

지난 금요일 오후 헨리 안디가 죽었다. 지난 월요일부터 붉은 핏덩이를 토하기 시작했었다. 금요일까지 괜찮다가 다시 각혈을 하면서 완전히 안정을 잃었다. 몸이 하도 허약해 이미 그때부터 위험했었다. 그는 몸을 뒤척이며 울부짖었다. 우리는 그의 맥박이 104에서 38로 떨어지는 것을 보았다. 그러다 맥박은 아예 멎었다. 나는 사람이 죽는 모습을 처음 보았다. 언젠가 나도 저렇게 될 것이라는 생각이 떠나지 않았다. '어느 원주민의 오두막에 누워 미국 의사들이 들어보지도 못한 병으로 죽을 각오가 돼있습니까?' 내가 미국에서 설교할 때 도전하곤 했던 이 짧은 한마디가 나 자신에 대한 예언은 아닐까 하는 생각이 든다. 주 하나님, 지금도 각오가 돼있습니다. 제 생이 끝나는 날 주님의 말씀이 굳게 설 것입니다. 하지만 살아서 주님의 말씀을 가르치고 싶습니다. 주님, 이 세대에게 주님의 역사를 선포하기까지 살게 하소서.

고인의 과부 어머니는 울다 까무러쳤다. 이곳에는 죽음과 함께 모든 것을 버린다는 개념이 있다. 다른 어디서도 보지 못한 것이다. 죽음은 모든 것의 끝이다. 그들은 고인의 손전등을 부수어 무덤에 던졌다. 아내는 집 안의 커다란 유기냄비를 깨뜨렸고 어머니는 대나무 벽을 풀어 불길에 스러지게 했다. 언제나 곡소리가 빠지지 않는다. 여자들의 절반은 목이 쉬어 말도 할 수 없다. 꼬박 이틀 밤 동안 그들은 놀고 울었다. 지금도 계속되고 있다. 그래도 우리와 함께 관을 따라 어머니의 집에서 고인의 집으로 온 무리는 대부분 돌아갔다."

부모님께 보낸 두 통의 편지에는 건축 진행과정이 소개돼 있다.

3월 5일. "월요일부터 혼자입니다. 인디언들 무리 속에 서있는 나를 두고 작은 노란색 비행기가 벼랑 끝 강 너머로 에드를 훌쩍 데려가 버렸습니다. 에드는 새 집터에 대해 의논하러 내려왔었습니다. 에드가 떠난 후 집 기초를 놓았습니다. 오늘은 콘크리트 기둥을 쌓아올릴 틀을 우선 두 개 만들었습니다. 널빤지가 부족하므로 기둥을 한번에 두세 개씩 부은 후 굳어지면 틀을 다시 사용하는 식으로 해야 할 것 같습니다. 느리지만 여기는 매사가 그렇습니다."

3월 15일. "새집 기둥을 여덟 개 부었습니다. 내일 틀을 옮겨 다시 부을 생각입니다. 물론 아버지가 계시면 이 건물을 짓는 데 큰 도움이 되겠지요. 하지만 이곳에 오기 위한 아버지의 서류작업이 끝날 때쯤이면 모두 완공돼 있을 것입니다. 저한테 필요한 경험이고 그래서 귀하게 생각합니다. 그러니까 시간 낭비만은 아닙니다."

짐은 나에게 이렇게 썼다.

"요즘은 콘크리트와 못과 널빤지밖에 보이는 것이 없습니다. 기적을 바라는 마음 간절하군요. 우리 계획과 사역의 희망이 다 어긋나도 좋다는 방정맞은 생각까지 듭니다. 전문 목수가 와서 집을 지어준다면 자유로이 돌아다니며 사역할 수 있으련만. 집 짓는 일만 아니라면 무슨 일이든 좋을 것 같습니다. 하지만 베티, 현재 선교지에 있는 사람들 중 형편상 나 말고는 이 일을 할 수 있는 사람이 없습니다. 이 일을 위해 하나님이 저를 여기 두신 것이지요. 나 개인의 좋고 싫은 취향은 다 나중 일입니다. 뭔가 '이변'이 생겨 당신과 함께 있게 됐으면 하고 바라면서도 한편으로 그것이 두려우니 참 이상한 일이지요. 이제 함께 있어야 한다는 생각이 듭니다. 모든 일이 체계가 잘 잡혀 아주 순조롭게 돌아가고 있으니까요.

멀리서 이곳 동부로 뇌신雷神의 전차들이 달려오는 소리가 들립니다. 빗소리가 청량감을 줍니다. 오늘은 어찌나 더운지 어제 끝마치지 못한 두 개의 기둥 틀에 콘크리트를 붓는 일조차 억지로 하다시피 했습니다. 빗물통의 물을 다 썼습니다. 모레 다시 콘크리트를 반죽할 수 있을 만큼 비가 충분히 왔으면 좋겠습니다. 오늘도 반죽하고 붓는 일을 혼자 했습니다. 인부들은 모두 정글에 들어가 마루 밑에 깔 목재를 끌고 오는 중입니다. 고된 일입니다. 누우면 금방 곯아떨어질 것 같습니다."

다음 편지는 짐이 키추아족 지역에 들어온 지 6개월 조금 지났을 때 쓴 것이다.

"드디어 키추아 언어로 작은 모임을 갖게 돼 얼마나 기쁜지 모릅니다. 물론 내 키추아 언어 실력이 아직은 형편없지만 말입니다. 오늘 아침에는 누가복음 14장에 나오는 잔치 초청을 사양한 사람들의 비유를 들려줬는데, 몇몇 사람들의 얼굴에 깨닫는 빛이 있어 기뻤습니다. 오, 하나님이 그리스도를 위해 이 정글에서 우리에게 영혼들을 주시도록 기도해주십시오. 우리의 노력과 당신의 기도를 통해 예수님을 믿게 된 이 부족 남녀들로 인해 우리 함께 기뻐할 그날이 있도록 말입니다. '여호와께서 집을 세우지 아니하시면 세우는 자의 수고가 헛되다'(시 127:1)는 것을 전에도 이론으로 알았지만 지금은 피부로 실감합니다. 생명을 주시는 성령님 자신이 아니고는 아무것도 이 사람들의 심령을 바꿀 수 없습니다. 언어에 무력한 우리는 말없이 그분께 부르짖을 뿐입니다."

일기는 이렇게 계속된다.

4월 12일. "도스리오스 수련회에 다녀왔다. 키추아 언어 때문에 고생이 말이 아니지만 꼬박 일주일간 공부와 듣기와 회화에 애쓰는 사이 그런대로 기초를 닦은 기분이다. 수련회에 이렇다할 성과는 없었다. 진리에 대한 예화는 진리 자체의 선포를 대신할 수 없다. 설교가 안되는 상황에서 이야기만으로 충분치 않다. 역시 그것은 믿어야 할 내용을 충분히 알려주지도 않은 채 믿음을 권하며 엄히 경고하는 것과 같다. 하지만 아주 단순한 언어인 키추아말로는 진리의 내용이 '너무 깊어' 표현하기 어렵다고 한다. 그렇더라도 깨달음보다 수용에 집착해 그들로 하여금 알지도 못하는 내용을 받아들이게 하는 것보다는 설사 거부하더라도 그 내용을 알도록 진리를 깨우쳐주려 애쓰는 것이 낫다.

수련회 후 미샤활리 강에서 감격스런 일이 있었다. 인디언 신자들이 강가에서 우리를 전송했는데, 그중 두 여자아이―다리를 저는 세라피나와 크리스티나―가 내 손을 잡고 일행들 앞에서 나를 강가로 데려가 '기도할 때마다 선교사님을 위해 기도할게요'라고 말해 나를 놀라게 했다."

짐이 부모님께 보낸 4월 19일자 편지에는 건축 문제가 더 많이 언급돼 있다.

"인디언들 말에 따르면 우기가 시작됐다고 합니다. 지난 주에도 비 때문에 사흘간 일을 못했습니다. 아침부터 비가 내려 오후에 잠깐 개곤 했지요. 덕분에 새집의 일곱 개 들보 중 하나를 여럿이서 콘크리트 기둥에 끌어올려 맞출 수 있었습니다. 다음주에 세 개를 더 올려야 하는데 그전에 우선 높이를 고르게 한 뒤 엇갈려 각목을 끼워야 합니다. 지금은 달이 없어 기다려야 합니다. 벌목꾼들이 초생달 뜰 때는 나무를 베지 않거든요. 그러니 서까래에 쓸 나무는 두 주나 더 있어야 나올 것 같습니다. 장마가 계속되면 더 늦어질 수도 있고요. 요즘은 강물이 둑까지 찰랑찰랑합니다."

내게는 이런 편지를 보내왔다.

"오늘 아침, 통로 지붕에 얹을 콘크리트 석판을 절반 좀 넘게 부었습니다. 인디언들은 석판 만드는 것을 본 적도 없고 삽으로 모래를 반죽하는 일도 아주 서투르기 때문에 함께 일하기가 힘들고 인내심이 요구됩니다.

사도들의 선교방식 사례가 기록된 책을 읽으며 우리는 아주 큰 힘을 얻었습니다. 키추아족 정글에서도 신약의 틀을 따라 사역할 수 있다는 믿음이 새삼 되살아났지요. '피트와 에드와 짐이 훈련돼 있고 유능하고 젊고 힘세기 때문에' 하나님이 여기서 역사하실 것이라는 생각은 얼마나 거짓되고 육신적인 것입니까! 최근 나는 하나님 자신의 절대적 필요성을 깊이 통감합니다. 그분만이 사람들의 양심을 일깨우십니다. 한 영혼이라도 죄와 심판을 심각하게 생각하도록 도와주고 싶지만 어디서 어떻게 시작해야 할지 나는 모릅니다. 성령의 역사를 바랄 수밖에 없습니다. 그분이 먼저 움직이셔야만 그런 일의 조짐이라도 나타날 수 있습니다. 베티, 여기서 그런 일이 일어나도록 기도해주십시오. 하나님이 이 일을 주관하셔서 **당신의 뜻대로** 행하시도록 말입니다. 이제는 우리 친구가 된 이 젊은 인디언들 중 그리스도를 높이고 공적으로 증거하는 사람을 한 명이라도 보게 된다면 그것은 내 눈으로 기적을 보는 것입니다. 과연 그것은 기적입니다. 그 사실이 지금처럼 절실히 느껴진 적은 없습니다. 하나님이 친히 그분의 일을 하셔야만 합니다. 그렇지 않고는 불가능합니다. 그분만 바라봅니다."

다음은 일기 내용이다.

4월 27일. "성인 인디언들의 진정한 회심과 학교 아이들의 신앙고백을 기다리며 굳센 믿음을 잃지 않으려 애쓰고 있다. 내 믿음이 '믿음 없는' 것으로 드러날까 걱정된다. 믿음과 두려움이 함께 있기 때문이다. 사역의 실패에 대한 두려움이다. '회심자가 안 나오면 어떻게 하나? 그렇게 되면 교회의 질서에 대한 신약성경의 원리는 어떻게 되나? 젊은이들에게 성경공부 방법과 암송을 가르치고 번역 세미나와 말씀묵상 수련회를 연다는 계획은 어떻게 되나?' 그런 생각이다. 오 주님, 산에게 명하는 믿음, 하나님을 위해 누구 앞에서나 당당한 그 믿음을 제게 주소서."

5월에 짐은 키토에 나와 협력선교회Inter-Mission Fellowship 수련회에 참석하고 나를 다시 만났다. 우리는 샨디아의 건축자재를 구입하고 친구들을 방문하며 행복한 두 주를 보냈다. 끝으로 우리는 내가 일하고 있던 서부 정글지부에 내려갔다. 바나나 트럭을 타고 키토로 돌아가던 길에 대해 짐은 내게 이런 글을 보내왔다.

"여태까지의 모든 여행 중 가장 힘들었고 거리에 비해 비용도 턱없이 비쌌습니다. 마을을 벗어나자마자 자동차 가스펌프에 물이 가득 찼습니다. 106킬로미터 지점에서는 펑크난 바퀴를 때우느라 오후 3시까지 묶여 있었습니다. 거기서부터 치리보가까지 택시는 시속 평균 8킬로미터로 기어갔습니다. 밤 9시에 검문소에 도착했는데 경비원이 우리를 통과시켜주지 않았습니다. 택시 안에서 새우잠을 자다가 마침내 경비원을 설득해 새벽 5시에 검문소를 통과했습니다. 이번에는 택시 운전사가 키토까지 갈 자신이 없다며 나더러 다른 트럭을 타라고 했습니다. 그래서 가방을 가지러 나가니 누가 훔쳐가고 없었습니다. 치리보가까지 먼 길을 느릿느릿 지루하게 올라오는 동안 버스차장이 비 때문에 잠시 우리 택시에 올라온 적이 있었는데, 그때 누군가 트럭 뒤칸에 뛰어올라 내 가방을 다른 승객들의 바구니와 함께 밖으로 던진 모양입니다. 우리는 별 생각 없이 앞쪽에 있었지요. 당신도 초록색 방수 외투, 70달러짜리 카메라, 광도 측정기, 하모니카, 내 컬러 슬라이드, 장화, 나일론 셔츠, 털바지 등을 잘 간수해야 합니다. 산미

겔의 여러 자매님들이 편지를 부쳐달라고 내게 맡겼는데 전부 다시 써야 한다고 전해주십시오. 이번에는 나보다 믿을 만한 사람한테 맡겨야겠습니다……. 주님은 이런 낭패 중에도 제게 승리를 주셨습니다. 내게 있는 풍성한 소유에 대해 감사의 마음을 일깨워주셨지요. 하나님은 아십니다. 갈수록 물질적인 것―좋고 정당한 것일지라도―에 욕심을 버리고 그분만을 더 일심으로 사모하게 하시고자 내게 이런 일을 주셨다고 믿습니다. 그분을 가진 자는 모든 것을 가진 것입니다. 그 이상 무엇을 더 바라겠습니까?"

일기는 이렇게 이어진다.

6월 14일. "올 우기는 대홍수철로 기억될 것 같다. 시작된 지 일주일이 다 돼간다. 닷새 밤낮을 계속 비가 내렸다. 그저께 강 하류 쪽 절벽이 몇 차례 크게 무너지는 것이 보였다. 우리는 갑자기 물이 불어날 것에 대비해 모터실 축대와 발전기를 밧줄로 묶어 집 앞 오렌지나무에 붙들어맸다. 오늘 아침식사 때 보니 나포 강의 범람이 머지않아 보였다. 우리는 새집 아래쪽 커피나무 숲으로 내려가 산사태로 길과 정글 동쪽 끝이 무너져 내리는 것을 보았다. 오전 10시와 정오 사이에 강물이 넘쳤다. 모터 받침대와 발전기는 지금 순전히 벽 위쪽에 밧줄로 매달려 있다. 새집과 절벽 사이의 30미터 거리가 15미터로 줄었다. 길은 완전히 없어졌다. 강물이 미친 듯 날뛰며 흙과 돌과 정글을 큰 덩어리로 차례로 삼켰다. 물 속에서 돌들이 구르느라 바닥 깊은 곳에서부터 시끄러운 소리가 났다. 무서운 광경이다. 이렇게 가까이 있으니 더 그렇다. 이 글을 쓰는 지금 강물은 내 앞 15미터 거리까지 올라와 있다. 당분간 수위가 더 높아지지 않는데도 섬은 여전히 저만치 멀기만 하다. 물에 잠긴 나무들 밑으로 온갖 잡동사니들이 속을 드러낸 채 부서져 있고, 초록빛으로 변한 흙탕물을 따라 계속 더 많은 물건들이 떠내려오고 있다. 문제가 생겼다. 오늘 같은 사건이 언제 재발할지 모르는 상황에서 과연 온갖 값비싼 자재와 알루미늄을 들여 계속 새집을 지어야 하느냐는 것이다. 인디언들 말로는 30년 만의 홍수라고 하지만 언제 다시 이럴지 누가 알겠는가? 많은 물 위에서 목소리를 발하시는 하나님만이 아신다. 그분은 우리에게 당신의 뜻과 능력을 보이실 것이다."

6월 17일 짐은 그곳의 결정사항을 내게 이렇게 전했다.

"에드와 마릴루는 새집의 위치를 옮기기로 결정했습니다. 그동안 지은 부분을 전부 헐어 시멘트 기둥이며 모든 것을 100미터쯤 안쪽으로 옮기는 것이지요. 둘은 이 결정을 두고 고심에 고심을 거듭했습니다. 옮기게 되면 작업 스케줄이 다시 두 달쯤 늦어집니다. 하지만 그보다 더 마음이 상한 것은 그간 공들여 지은 부분을 다 허물어야 한다는 것이지요. 그래도 나는 주님의 음성을 들었고 그분의 인도대로 행하는 것이 즐겁습니다."

7월 12일자 편지를 보면 일이 꽤 진척된 것을 알 수 있다.

"비 때문에 일이 상당히 더뎠습니다. 기둥 구멍마다 물이 가득 차있어 그런 흙탕 속에서 기둥을 줄맞춰 세우기가 거의 불가능합니다. 하지만 이제 두 줄만 더 세우면 됩니다. 사나흘만 날씨가 갠다면 이번 주말까지 서까래도 올릴 수 있겠지요. 그래도 왠지 이 재건축 일에 흥이 안 납니다. 일이 만족스럽지 않습니다. 계단 끝손질 같은 일은 처음이거든요. 그래서 볼품없는 작품이 되지 않을까 걱정입니다. 수직도 직각이 안되고요. 그런데다 연이어 교사 사택을 짓기 시작해야 한다고 생각해보십시오!"

며칠 후 짐은 내게 다시 이런 편지를 보내왔다.

"오전에 집 짓는 일에 손대려 했으나 비가 왔습니다. 오후에도 마음이 어지러워 이대로 더는 일하기 힘들 것 같습니다. 베티, 내가 정말 하고 싶은 일에 비하면 이 모두가 지극히 부차적이고 하나도 중요해 보이지 않습니다. 건축이며 학교시험이며 이 모든 일이 우리의 사랑과는 아무 상관이 없습니다. 종일 그런 생각에 사로잡혀 있었습니다."

그날 오후 짐은 일기에 이런 기도를 적었다.

"주 하나님 아버지, 주님을 부릅니다. 오늘 제 삶의 모든 부분에 들어오소서. 제 안의 세세한 부분까지 저와 공유하소서. 저를 불러 주님의 생명과 그 안의 모든 신비까지 공유하게 하신 것처럼 말입니다. 제가 주님의 숙명과 영광과 장래 일을 공유하는 것처럼 주님도 이 땅의 제 작은 숙명을 공유하소서. 기쁨과 모든 자질구레한 일들까지 말입니다. 그리하여 그리스도 안에서 아버지와 제가 하나되게 하소서."

이렇게 마음을 드린 바로 그날 밤, 하나님은 짐이 한편으로 바라면서도 두려워했던 "이번"을 일으키셨다. 일주일간 지척거리던 비가 폭우로 변하면서 36시간 동안 무섭게 퍼부은 것이다. 이튿날 오후 나는 샨디아에서 걸어서 6시간 거리에 있는 도스리오스 정글지부의 무전기 앞에 서있었다. 내가 얼마 전 키추아 언어 공부를 시작한 곳이었다. 샨디아에서 짐의 목소리가 들려왔다.

"이제 절벽 가장자리가 집에서 불과 5미터 앞으로 다가왔습니다. 절벽이 아래쪽부터 계속 강물에 무너져 내리고 있습니다. 오후 2시에 우리한테서 아무 소식이 없으면 집을 버리고 이동한 줄로 아십시오."

2시가 됐으나 무소식이었다. 이틀간 계속 그랬다. 나는 인디언 심부름꾼을 샨디아로 보내 정황을 알아오게 하려 했으나 다들 강물이 불어 못 간다며 움직이려 하지 않았다. 마침내 한 인디언이 나섰다. 다음은 그가 짐한테서 받아온 편지다.

8월 1일 토요일. "샨디아는 사라졌습니다. 바깥 불가에서 이 글을 쓰고 있습니다. 여남은 명의 인디언들이 곁에서 나를 보면서 이런저런 내용을 쓰라고 말하는군요. 목요일 오후 3시 반쯤 처음으로 집 한 채가 유실됐습니다. 남은 시간은 강에서 먼 곳으로 물건을 옮기느라 다 지나갔습니다. 어젯밤은 30여 명의 인디언과 함께 한지붕 밑에서 잤습니다. 이제 물건들은 대부분 이곳 임시대피소에 있습니다. 드럼통, 모터, 냉장고 등 무거운 것들은 숲속 여기저기에 있습니다. 홍수가 거기까지 미치지 않았으면 좋겠습니다. 모든 인디언들의 헌신적인 도움으로 우리 물건들도 대부분 무사합니다. 몇 가지 도둑맞은 것도 있지만 말입니다. 여러 집채에서 뜯어낸 널빤지들을 잃었습니다. 인디언들이 너무 지쳐 가져올 수 없었기 때문이지요. 학교건물은 자정쯤에, 학교 주방은 어제 새벽에 물에 잠겼고 병원과 인디언 부엌은 오후 늦게 침수됐습니다. 다음 전보를 시애틀의 K. L. 플레밍 씨한테 보내주십시오.

'샨디아가 홍수로 유실됨. 사람과 물건은 모두 무사함. 포틀랜드에 알려주기 바람. ―피트.'

오늘 중으로 천막을 세우고 다시 일과에 복귀하려 합니다. 자상하게도 빵을 보내주셨군요. 어제 저녁식사 때 버터와 꿀을 찾아내 닭고기국에 곁들여 잘 먹었습니다. 36시간 만에 처음 식사다운 식사였습니다. 더 일찍 소식 전하지 못해 미안합니다. 하지만 당신의 심부름꾼이 도착한 순간에도 우리는 물건을 옮기느라 정신없이 바빴습니다. 펜과 종이도 어디 있는지 모르다 어젯밤에야 찾았습니다. 현재 강물은 새로 짓던 집 앞까지 차있고 활주로의 1/8가량이 유실됐습니다. 비행기가 착륙할 수 있을지 모르겠습니다. 비행기가 올 거라면 무전기에 쓸 공중케이블을 새로 갖다달라고 해주십시오. 관리를 맡은 인디언들이 잘 간수하지 못했습니다. 화덕에 아침식사가 끓고 있습니다. 정글 속으로 아름다운 여명이 밝아오고 있습니다. 피트와 저는 둘 다 건강하고 행복합니다. 하나님이 이곳 지부에 대한 그분의 뜻을 보여주시기를 기다리고 있습니다.

강물도 사랑을 끄지는 못했습니다. 이번 일이 우리에게 주는 의미는 무엇일까요? 이곳에 집을 짓는다는 것은 이제 부질없는 일같아 보이며, 에드와 마릴루도 당분간 함께 들어올 수 없게 됐습니다. 그러나 모든 폭우와 진흙탕과 대혼란과 상실감 속에서도 당신을 향한 내 사랑은 뜨거웠습니다. 이유는 모르겠지만 당신이 이곳에 있었더라면 하는 아쉬움이 간절했지요. 한순간도 함께하지 못했으니까요. 여기저기서 인디언들이 자기 집에 와 거하라고 우리를 불러주고 있고, 요리사 아이도 물에 젖어 뒤엉킨 살림살이에서 용케 이것저것 찾아내 잘 꾸려가고 있습니다. 우리는 다 잘 있습니다. 며칠 내로 정리되어 안정을 찾고 물건들도 말려 보관하게 되겠지요. 10월에는 이곳 학교를 열기 어려울 것 같습니다. 에드의 집을 지으려 놓아둔 기초 한쪽에 더 작은 살림방들을 들일 수도 있을 것 같습니다. 죽이 다 익었습니다. 오늘은 여기서 줄입니다. ―당신의 짐."

이 편지를 받자마자 나는 조금이나마 샨디아 일을 거들고자 바로 일단의 인디언들과 함께 도스리오스를 떠났다. 이튿날인 일요일 그곳에 도착해 홍수 현장에 있었던 인디언들과 대화하면서 더 자세한 내막을 종합할 수 있었다.

목요일 내가 짐과 피트의 무전기가 어떻게든 다른 건물에서 다시 작동되기를 바라며 다른 사람들과 함께 무전기 앞에서 기다리고 있는 동안, 그들은 등유통 상자(많은 정글 가정의 가구목록 1호)에 정신없이 물건을 집어넣고 있었다. 상자들은 다시 절벽이 무너지는 굉음을 듣고 모여들어 기다리던 인디언들의 팔로 옮겨졌다. 일단 물에 젖기 쉬운 물건부터 치운 그들은 가옥의 목재를 챙기려 총력을 기울였다. 정글에서는 구하기 힘든 방부성 목재였던 것이다. 집 내부의 물건은 전부 깨끗이 치워졌다. 짐이 렌치와 완력으로 부엌 창문의 방충망을 뜯고 있는데 현관이 떨어져나가 강물 속으로 사라졌다. 그제야 짐은 피할 때라는 생각이 들었다.

그때부터 36시간을 그들은 열대지방의 우기를 경험한 자만이 상상할 수 있는 폭우 속에서 보냈다. 에드와 마릴루의 강철 드럼통—그들이 부임 전 미리 샨디아로 보냈던 것으로 모두 11개—은 길 없는 정글 속으로 굴려서 옮겼다. 집과 절벽 주위의 길들은 유실된 지 이미 오래였다. 225리터 용량의 냉장고는 널빤지 두 개를 깔판으로 삼아 진흙탕과 덤불 속을 밀어서 옮겼다. 옷이며 음식이며 종이며 소중한 언어책자며 의약품 따위가 든 상자들—전부 물에 흠뻑 젖었다—과 무거운 장비들은 조금씩 끌어서 날랐다. 물건의 이동경로와 인디언들이 떨궈놓는 장소를 파악하며 정글 속을 연신 뛰어다니던 짐은 날이 채 어둡기도 전에 진흙탕에 신발을 잃어버렸다. 이 지역에는 줄기의 아래부터 위까지 5-10센티미터 길이의 가시가 촘촘히 박힌 야자나무 종種이 있다. 정글에는 그 나무가 온통 널려 있을 뿐 아니라 신발 밑창까지 구멍이 날 만큼 뾰족한 대나무도 있다. 캄캄한 밤에 열두 시간 동안 그 정글 속을 맨발로 헤집고 다닌 짐의 발 상태는 굳이 말할 필요도 없다.

절벽의 침몰 반경 너머로 가까스로 장비들을 옮겨놨다 싶으면 물 근처에 있는 사람한테서 매번 다시 경고의 외침이 올라왔다. 그러면 모든 물건을 다시 옮겨야 했다. 아침에는 가장 최근에 완공된 병원건물이 위태로웠다. 짐은 지붕 이엉—인디언들이 집을 짓는 곳이면 어디나 귀한 것—을 챙기기 위해 건물을 빙 둘러 밧줄로 묶은 다음, 많은 인디언들의 도움으로 옆으로 넘어뜨렸다. 건물은 거의 절벽 가장자리에 옆으로 쓰러졌다. 밧줄을 벗기려고 짐은 건물과 절벽 사이로 빙빙 돌았다. 갑자기 굉음이 들렸다. 짐이 서있던 땅이 바로 뒤에서 푹 꺼진 것이다. 지붕 이엉에 가려 보이지 않는 인디언들이 "죽는다!"고 소리쳤다. 그러나 짐은 "나는 살아있다!" 빨리 벌채칼을 달라고 되받았다. 그들은 이엉 위로 칼을 던졌고 짐은 그 칼로 길을 열어 무사히 빠져 나왔다. 잠시 후 그가 디뎠던 땅이 송두리째 아래로 가라앉았다.

짐이 그 다음 일기를 쓴 날은 8월 15일이다.

"마지막 글을 쓴 지 두 주가 지났다. 두 주 동안 나이를 몇 살은 더 먹은 것 같다. 일기장 옆면의 그 기도를 쓴 그날 아툰야쿠가 샨디아를 삼켜버렸다. 그 주말은 너무 힘들었다. 일요일 베티가 이곳에 와주어 기력을 되찾았다. 그때부터는 모든 물건을 모아놓고 분류하고 말리고 어딘가 보관하는 일로 분주했다. 화요일 에드가 왔다. 우리는 하나님의 뜻에 관해 얘기했다. 의논하며 새로 계획을 짰다가는 다시 다 그만뒀다. 분류하고 보관하고 버리는 일이 계속됐다. 주말에 다시 비가 내려 절벽이 더 떨어져 나갔다. 새로 옮긴 곳의 신축 기초마저 무용지물이 돼 다시 계획을 변경

할 수밖에 없었다. 화요일 우리는 기초의 각목을 다 뜯어냈다. 그날 밤 내게 말라리아 증세가 처음 나타났다. 에드와 피트는 수요일 아침 떠났다. 하루종일 오한과 고열이 반복됐다. 기력이 하나도 없고 통증이 심했다. 활주로 중간쯤의 창고 건물에 가까스로 들보를 올렸다. 그날 밤 나는 내 야광시계의 빛나는 문자판을 보았다. 계속 뒤척이며 자정부터 5시까지 매시간 시계만 보았다. 현기증과 두통이 가시지 않았고 레모네이드를 빼고는 식욕을 완전히 잃었다. 사흘간 연거푸 몇 리터를 마시며 열도 식히고 배도 채우고 기력도 돋울 수 있었다. 하나님의 크신 자비라 생각한다. 지금도 책상 위 주전자에 레모네이드가 1/3 정도 들어 있다.

티드마쉬 박사는 오늘 오후 네이트와 함께 떠났다. 저녁 먹을 때 말라리아의 정신적 증상이 극도에 달했다. 육체노동을 그치자 (어쨌든 내가 할 수 있는 일은 자리에 앉아 사람들에게 일을 지시하는 것뿐이었다) 생각이 지나치게 많아진다. 나쁜 생각들이었다. 베티에 대한 사랑도 가물가물했다. 기도도 두 문장을 지속할 수 없었다. 공연히 일꾼들을 다그쳤다. 끔찍했다. 8시부터 자정까지 잤다. 인간이 그렇게 삐딱하고 교활하고 사악하고 주제넘은 생각을 할 수 있다는 사실을 그때 처음 알았다. 기도한다고 무릎꿇고서 그런 생각을 했으니 더 비참했다. 하나님, 용서해주소서. (용서받았음을 믿음으로 받아들인다.)

지금은 서늘하다. 평소보다 취침시간이 늦어지고 있다. 좀더 늦게까지 버티면 오늘밤은 잠이 잘 올지도 모른다. 창고건물에 진전이 있다. 벽을 세우고 문짝과 창문을 달고 지붕 슬레이트를 얹고 알루미늄도 일부 시공했다. 하나님의 크신 긍휼로 기력도 좋아졌고 음식도 잘 먹고 있다. 오늘밤에는 당근과 토마토와 상추와 꽃양배추를 날것으로 먹었다. (샐러드 한 접시!) 집에서 만든 식초 약간과 야채국과 쉘메라에서 온 초콜릿케이크 한 조각도 함께 먹었다. 하나님을 찬양한다. 사라진 샨디아에서 보내는 좋은 밤이다."

8월 16일. "오늘은 차도가 별로 없다. 아침에 야외에서 서른 명 남짓의 인디언들과 함께 모임을 가졌다(모일 만한 건물이 전혀 없다). 루이스와 루카스가 설교했다. 인디언이 부활을 제대로 설교하는 것을 처음 들었다. 아프고 기운이 없다. 부엌에서 환자 몇 사람을 진료하고 빨래를 갰다. 오늘 오후는 천막 안이 너무 더워 거기서 쉴 수 없었다. 탈락 강에서 느긋하게 혼자 목욕했다. 거기 까지라도 걸을 수 있는 것은 근래 들어 처음이다.

카사바와 생당근과 차 한잔으로 가볍게 저녁을 먹은 후 절벽에 앉아 있노라니 이런 기도가 나온다.

오 하나님, 주님을 경배합니다. 모든 것이 주께로부터 왔기에, 호흡의 힘도 주님의 입에서 온 것이기에, 우리를 둘러싼 공기도 주님이 주셨고 보이지 않는 무리와 함께 우리 위에 머무는 미지의 공간도 주님의 것이기에, 주께서 그 자상한 사랑의 심장과 지혜의 마음과 강한 손으로 우리에게 구원을 주셨기에, 주님이 곧 시작이시기에 주님을 경배합니다.

주님을 찬양합니다. 주님이 모든 길의 끝이요 인간의 목표이시기에, 만백성이 주께 나와 주를 높이며 찬송할 것이기에, 주의 보좌가 우리의 숙명이기에, 에티오피아가 주께 그 손을 벌릴 것이기에, 젖먹이들이 주를 찬미하기에, 주의 제단에서 참새들은 보금자리를 찾고 죄인들은 평안을 얻고 마귀는 진노를 당하기에, '모든 육체가 주께 나아올'(시 65:2) 것이기에, 주님이 오메가이시기에 주님을 찬양합니다.

주님을 경배합니다. 때가 되면 다시 오셔서 주님의 참모습을 밝히 보이시며 정녕 주님의 의를 입증하실 것이기에, 예수님의 이름이 조롱 속에 십자가에 못박히셨고 지금도 이 땅에서 아주 가볍게 취급되고 있으나 언젠가 주님이 그 이름을 밝히 드러내실 것이기에, 정의의 하나님께서 나의 주 예수 그리스도를 통해 의를 행하실 것이기에 주님을 경배합니다."

짐, 피트, 에드, 티드마쉬 박사는 의논 끝에 첫 정글 순회에 나서기로 결정했다. 샨디아의 유실을 계기로 하나님이 다른 위치를 주실지도 모른다는 생각에 키추아 부족의 남부지역을 탐사하기로 한 것이다. 나는 남자들이 나가 있는 동안 샨니아 천막에 있어 달라는 부탁을 받았다. 겨우 막대 위에 알루미늄판을 덮어 보관해둔 귀중한 장비들을 지켜야 했던 것이다.

피트와 짐과 에드 세 사람은 3주 동안 걸어서 혹은 카누로 보나자 강변 양쪽의 인디언들을 방문하며 인구를 파악하고 새 지부가 들어설 가능성을 타진했다.

뜨거운 땡볕과 지독한 호우 속을 21일간 돌아다니면서 이들은 그토록 고대했던 정글 순회의 첫맛을 톡톡히 보았다. 카누를 타려면 어쩔 수 없이 자세가 몹시 불편했으므로 근육이 여기저기 쑤셨다. 짐과 에드는 곧 '정글 습진'에 걸렸다. 물기가 마르지 않아 발바닥이 물러 터져 벗겨지는 병이었다.

정글의 강을 따라 여행하노라면 세간의 탐험소설 내용과는 달리 흥미로운 구경거리가 거의 없다. 야생동물은 지나칠 정도로 조심성이 많다. 카누 노에 무엇이 딱 부딪치거나 간간이 길잡이의 고함소리만 들어도 혹시 동물이 강물 위로 모습을 드러낼까 봐 조마조마해진다. 강 위로는 빽빽이 자란 정글의 나무들이 덮여 있고 강 밑으로는 칡뿌리가 깊숙이 뻗어 있다. 간혹 수면에 물고기가 튀어 오르거나 앵무새 떼가 째질 듯한 소리를 내며 하늘을 가로지르기도 한다. 부리와 꼬리가 똑같이 길어 제트기같이 생긴 희귀종 큰부리새가 단조로운 소리로 울며 머리 위로 푸드득 날아갈 때도 있다. 그러나 강과 강변의 정글은 대부분 어딜 가나 똑같은 모습 일변도다. 그나마 멧돼지나 악어라도 보는 사람은 운이 좋은 것이다.

세 "외국인"은 느릿느릿 열흘간 팔이 아플 정도로 카누를 저어 카넬로스로 돌아와 거기서부터는 걸어서 쉘메라로 돌아왔다. 그들은 도중에 만난 많은 키추아족들에게 하나님의 뜻이 있다는 확신을 얻었다.

샨디아에 돌아온 짐은 내게 그들이 탐사했던 가장 장래성 있는 지점에 대해 말해줬다. 파스타자 접점 지역과 푸요 강이 만나는 지점으로 열다섯 자녀를 둔 아타나시오라는 인디언이 사는 푸유풍구라는 곳이었다. 그는 짐 일행에게 자기들 부락으로 와 함께 살면서 학교를 세워달라고 간청했다. 인디언한테 그런 간청을 듣기는 처음인지라 가볍게 거절할 일이 아니었다. 대개 원주민들과 친구가 되어 새 위치에 주거지를 확보하는 문제는 그 자체만으로도 오랜 시간이 소요되는 중대사다. 그런데 이번에는 그런 과정이 전혀 필요없게 된 것이다. 선교사들 일행은 아타나시오의 초청을 수락하기로 만장일치로 결정했다.

에드는 자기 부부가 키추아 언어공부를 시작할 것이라면 새 사역을 시작하는 추가적 책임이 없어야 된다고 생각했다. 그래서 그는 짓기 쉬운 대나무 집에 살면서 당분간 샨디아에 자리를 잡기로 했다. 지부 운영은 물론 언어공부 돕는 일을 두 미혼남자 중 한 명이 맡아야 했다. 그렇다면 새 지부로 정한 푸유풍구에는 누가 들어갈 것인가? 세 사람 모두에게 답은 분명해 보였다.

그런 저간을 얘기하다 짐은 내게 이렇게 말했다. "그러니 언제 나와 결혼해주겠습니까?"

22. 이는 우리 하나님이시라

그날에 말하기를 이는 우리 하나님이시라. 우리가 그를 기다렸으니.

(사 25:9)

오래 전 짐과 내가 합의했던 것 중 하나는 우리는 절대 전통적 방식으로 결혼식을 올리지 않는다는 것이었다. 대부분의 여자들처럼 나도 그런 예식에 참석하는 것은 좋아했지만 나 자신을 그 자리에 대입시킬 수는 없었다. 짐은 한술 더 떠 아예 그런 결혼식을 경멸했다. 1949년 당시 그의 일기에 그것이 잘 나타나 있다.

"20세기의 기독교 결혼식 형태는 가장 헛되고 무의미한 것이다. 현실성이라고는 눈곱만큼도 찾아볼 수 없다. 증인들의 복장은 순전히 전시용이다. 곳곳마다 육신이 넘쳐난다. 노래들도 전혀 엉뚱한 것이다. 가사를 잘 들어보면 알지만 그나마 신경 쓰는 사람은 아무도 없다. 가사의 의미는 딴전이고 노래를 어떻게 하는가만 따진다. 촛불은 쓸모도 없지만 그 사소한 것에 큰돈을 들인다. 안내자들은 사람을 도와줄 생각은 하지 않고 주제넘게 참견만 한다. 예식 자체는 진부한 문법과 문체를 뒤죽박죽 섞어놓은 무의미의 극치다. 마치 키케로의 말을 초등학생이 번역해놓은 것처럼 들린다. 신부를 데리고 입장하는 사람이 누구냐고 묻는 것은 또 얼마나 바보짓인가. 그런 데 관심 있는 사람이 누가 있다고. 신부의 아버지나 삼촌 아니면 연단 앞에 땀흘리며 선 대리자라는 것을 누구나 다 안다. 가톨릭 운운하지만 우리 근본주의자야말로 분위기라면 사족을 못쓰며 과시를 일삼는 자들이다. 소선지서의 선지자들이 보면 분명 책망할 일이다. 나부터 결혼식날(결혼한다면!) 이 글을 읽어야 한다."

짐이 이 글을 기억하고 읽었을 것 같지는 않다. 읽었다면 자신의 격한 표현에 스스로 웃음이 났을 것이다. 그는 4년 동안 그만큼 성숙했기 때문이다. 그러나 성숙했어도 짐은 과시를 결코 좋아하지 않았다. 우리보다 몇 달 전에 있었던 한 결혼식에 대한 신문기사를 보고 짐은 이렇게 소감을 적었다.

"내게 있어 '고급 아이보리색 공단…… 어깨가 파진 맞춤 조끼…… 반짝이는 총천연색 자수…… 보석 물린 관冠…… 길다란 통로, 눈물과 훌쩍거림, 흰색 양복차림의 웨이터들' 따위는 경건한 예식과 전혀 무관하다. 아무리 돈을 많이 들여도 그것은 기억할 가치가 거의 없는 지루한 행사에 지나지 않는다. 내게는 이런 호화 결혼식에 대한 반감이 있다. 내 평생 그렇게 심한 반감이

든 일도 많지 않다. 근거도 없이 제 자랑을 늘어놓는 속 좁은 사람이 꼴불견인 것과 마찬가지다."

우리는 짐의 스물여섯번째 생일인 10월 8일에 교회가 아닌 곳에서 예식을 올리기로 결정했다. 짐은 10월 3일 우리의 의사를 부모님께 이렇게 전했다.

"결정한 지 3주도 안돼 결혼식을 올리지만 너무 서두른다고 우리를 책잡을 수 있는 사람은 아무도 없습니다. 저희는 5년 넘게 사랑해왔으며, 결혼에 대한 하나님의 뜻을 어쩌면 아버지만 빼고는 누구 못지 않게 신중히 숙고해왔다고 믿습니다……. 한 사코 교회가 아닌 곳에서 예식을 올리려는 저희 마음을 제대로 이해하는 사람이 아무도 없습니다만 그래도 저희는 밀고 나갈 것입니다. 하나님이 저희의 인도자요 저희의 동기를 판단하시는 분이라 믿습니다. 베티와 제가 중론을 거스른 것은 이번 결혼식이 처음은 아닙니다. 저희가 약혼 때까지 오래 기다린 것이나 제가 독신으로 정글에 들어간 것을 정말 이해하려고 한 사람은 거의 없습니다. 처음부터 우리를 정말 '천생연분'으로 본 사람도 거의 없습니다. 사람들의 말과 우려는 저한테 하나도 중요하지 않습니다. 제가 오랜 시간을 거쳐 배운 교훈이 있습니다. 하나님 한분 앞에서만 살며 그분을 통해 양심의 깨우침을 얻는 것, 그리고 그분의 뜻을 놓치는 일 외에는 그 무엇도 두려워하지 않는 것입니다. 저희는 배우고 있습니다. 그 밖의 다른 삶은 원치 않습니다. 저는 언제나 사도 바울과 함께 '하나님이 나의 증인이 되신

짐과 베티는 짐의 스물여섯번째 생일인 1953년
10월 8일에, '하나님이 나의 증인이 되신다'(롬 1:9) 고백하며
에콰도르 키토의 혼인등기소에서 소박한 결혼식을 올린다

다'(롬 1:9)고 고백하고 싶습니다."

정말 그것은 "오랜 시간을 거쳐" 배운 교훈이었다. 휘튼에서 함께 투키디데스를 공부하던 날로부터 시작해 수개월 침묵의 세월 끝에 이어진 서신 교환, 후드 산과 오리건 해안에서 보낸 날들, 선교지가 미정 상태였던 수년의 세월, 이후의 인도하심과 확신, 에콰도르 파송, 피친차 산 등정, 아리아스 집에서의 정오의 식사, 동서 정글로의 분리, 다시 키토, 약혼, 다시 분리, 7월의 홍수, 8월의 보보나자 탐사……. 그리고 1953년 10월 8일.

"나를 바라는 자는 수치를 당하지 아니하리라"(사 49:23). 우리는 키토의 혼인등기소에서 요란하지 않게 혼례를 올렸다. 옛날 식민지풍 건물의 천장이 높은 때묻은 방에서 밝고 단출하게 치러진 10분간의 예식이었다. 장소에 잘 어울리는 근엄한 관리가 빠르고 단조로운 어조로 스페인어 문서를 몇 페이지 읽었고 우리는 군데군데 "예"로 답했다. 참석한 사람은 맥컬리 부부 외에 우리의 공식 증인인 티드마쉬 박사 부부가 전부였다. 우리는 거창한 장부에 서명한 뒤 부부가 됐다.

"여호와를 기뻐하라. 저가 네 마음의 소원을 이루어주시리로다"(시 37:4). 하나님은 우리의 소원을 들어주셨다. 그 소원의 의미는 1949년 짐이 내게 보낸 편지에 잘 풀이돼 있다.

"하나님이 우리의 아무 소원이나 들어주신다는 뜻이 아닙니다. 그분을 기뻐할 때 우리 마음에 찾아오는 그 소원을 들어주신다는 뜻입니다. 그리스도를 기뻐하면 그리스도를 위한 소원이 생깁니다. 그분이 우리 마음에 소원을 주십니다. 하나님이 우리 안에서 행하시되 우리로 소원을 두고 행하게 하시는 것이지요(빌 2:13). 주님께서 요한복음 15:7에서 '너희가 내 안에…… 거하면 무엇이든지 원하는 대로 구하라'고 말씀하신 것도 그 때문입니다. 가지는 포도나무에서 양분을 빨아들입니다. 포도나무가 느끼는 수액의 이동을 가지도 그대로 느낍니다. 내 뜻은 그분의 뜻이 됩니다. 그분을 기뻐할 때 나는 무엇이든지 원하는 대로 구할 수 있습니다. 내 소원이 곧 그분의 소원이 될 때에만 내 소원은 이루어질 수 있습니다."

파나마와 코스타리카로 신혼여행을 다녀온 후 우리는 키토로 돌아와 푸유풍구로 이주할 장비를 꾸렸다. 상자며 드럼통에 둘러싸인 채로 짐은 잠시 짬을 내 부모님께 편지를 썼다. 10월 28일자로 된, 결혼 후 처음 보낸 편지였다.

"베티와 저는 지금 말할 수 없이 행복합니다. 전 존재와 소유를 함께 나누고 있으니까요. 당분간 저희는 창고에 머물고 있습니다. 물건을 넣어두려고 우리 선교사들이 다같이 임대한 집입니다. 저희 선교사들의 절반은 현재 키토에 있지요. 그래서 저희는 푸유풍구로 가져갈 짐을 싸느라 애먹고 있습니다. 샨디아에 있을 때는 제가 미국에서 가져온 짐의 극히 일부분밖에 사용하지 않았습니다. 그래서 지금 신혼여행에서 돌아와 드럼통과 나무상자들을 열어보니 꼭 결혼선물을 새로 받은 기분입니다. 스테인리스 그릇이며 냄비며 숟가락 등 두 사람 것을 모으니 제법 그럴듯합니다. 베티는 지금 작은 드럼통에 짐을 가득 채우고 있고 저는 그 옆에 앉아 있습니다. 정말 재미있습니다.

저희는 일요일에 파나마에서 돌아왔습니다. 호텔방마다 따로 발코니가 있었는데 저희 방은 바로 태평양을 내다보고 있었습니다."

호텔 직원들은 대부분 영어와 스페인어를 자유자재로 구사했는데, 각 고객에게 어떤 언어를 사용해야 할지 용케 잘 분간하는 듯 보였다. 짐과 나는 그 모습을 보며 재미있어 했다. 짐은 직원들에게 장난을 해보기로 했다. 어느 날 아침 짐이 매점 카운터에 다가가자 직원이 영어로 "안녕하십니까?" 하고 정중히 인사를 건넸다.

짐은 중남미 사람이 말하는 영어발음을 완벽하게 흉내내며 이렇게 받았다. "35밀리미터 필름 한 통만 주십시오."

그러자 대번 스페인어 대답이 튀어나왔다. "예, 알겠습니다."

물론 나는 깜짝 놀랐으나 승강기에 오를 때까지 태연히 평정을 지켰다. 새삼 내가 이 예측 못할 사람의 **아내**이며 그와 일심동체가 돼야 한다는 생각이 들었다.

짐이 부모님께 보낸 편지는 이렇게 계속된다.

"그곳에서 일주일을 보낸 후 저희는 비행기를 타고 코스타리카 산호제로 가 데이브(엘리자베스 엘리엇의 남동생—옮긴이)와 필한테 들렀습니다. 스페인어 수업이 진행중인 교실로 바로 쳐들어 갔지요. 그들은 우리가 자기들을 보러 온다는 것은 고사하고 우리가 결혼한 것도 모르고 있었습니다.

파나마에서도 그렇고 코스타리카에서도 그렇고 저희는 쇼윈도를 보며 마치 야자수잎 차림의 야만인처럼 입을 딱 벌리고 멍청히 바라봤습니다. 두 나라 모두 빠르게 발전하고 있었습니다.”

강철 드럼통과 방수종이를 깐 상자 안에 짐을 잘 꾸린 후 우리는 10월 말에 키토를 떠나 비행기를 타고 쉘메라로 가서 그곳 선교사 비행협회 본부에서 네이트와 마즈 세인트와 함께 하룻밤을 보냈다. 이튿날 아침 네이트는 우리를 길이 끝나는 마지막 부락인 푸요라는 곳까지 차로 태워다주었다. 짐은 카누 몇 대가 그곳에 나와 있도록 미리 조치를 취해두었다. 카누에 짐을 실은 뒤 우리는 우리의 새집인 푸유풍구를 향해 푸요 강을 따라 출발했다.

등 뒤로 해가 기울어가는 오후 느지막한 시간에 저만치 앞에서 휘파람소리가 들렸다. 푸유풍구의 추장 아타나시오가 카누 몇 대에 친구들을 가득 태우고 나타난 것이다. 그들은 짐을 진심으로 반기며 이렇게 말했다.

“당신은 약속을 지키시는 분이군요!”

한동안 서로 등을 두드리고 웃고 난 뒤 다함께 하류 쪽으로 계속 나아가 마침내 강이 끝나는 지점에 이르렀다. 거기서 푸요 강은 거대한 파스타자 강으로 흘러든다. 강둑 위 높은 곳에 아타나시오의 가족들—두 아내와 그야말로 대부대에 가까운 자녀들—이 서서 수줍은 듯 나무 사이로 내려다보고 있었다. 카누 떼가 모래밭에 올라서자 다들 가파른 길을 우르르 달려 내려와 즉시 소형 철제풍로와 트렁크, 접는 침대, 각종 상자와 드럼통, 텐트 등 우리의 짐을 벼랑 위로 옮겨 작은 초가 오두막에 갖다놓았다. 그날 밤 우리가 잘 곳이었다. 재빨리 그들은 장작, 물, 갓 낳은 계란, 파파야, 훈제 생선, 바나나를 우리 앞에 내놓았다. 극진한 환영이었다.

그날 밤 그 초가집은 우리의 안식처였으나 알고 보니 바퀴벌레들의 안식처이기도 했다. 뿐만 아니라 지붕을 받치고 있는 들보가 낮아서 짐도 나도 똑바로 일어설 수 없었다. 이틀 내로 짐은 텐트를 쳤다. 짐이 캘리포니아를 떠나기 직전 누군가 그에게 준 사방 5미터 길이의 텐트였다. 텐트를 칠 때만 해도 그곳이 5개월간 우리 집이 될 줄은 상상도 못했다.

짐은 텐트 바깥에 조그만 부엌 오두막을 지을 요량으로 우선 기둥을 몇 개 세웠다. 지붕에 알루미늄도 덮고 텐트 안 바닥에 대나무도 깔 계획이었으나 그때 짐의 몸에 고열이 생겼다. 통상적 말라리아 약을 써도 듣지 않았다. 그전까지만 해도 우리가 가져온 단파무전기 세트가 우리한테 문명의 사치품처럼 느껴졌으나 이제는 필수품이 되었다. 나는 짐의 증상을 설명하고자 무전기로 아무나 의사를 불러내려 애썼다. 무전기는 손으로 핸들을 돌려 작동하게 돼있었는데 짐은 기력이 없어 돌릴 수 없었다. 그러잖아도 수신상태가 열악한 상황에 자원하는 인디언을 구해 핸들까지 돌리게 하자니 어려움이 이만저만이 아니었다. 그사이 나는 송신기를 붙들고 있었지만 통신이 잘 되지 않아 힘이 쭉 빠졌다.

짐은 3주간 침대에 누워 있었다. 고개도 가누기 힘들었다. 그간 텐트 양옆으로 비가 들이쳐 바닥은 진흙 수렁이 됐다. 벽이 없는 부엌에도 빗물이 흥건했다.

결혼 때부터 죽던 날까지 짐이 남긴 기록은 양도 적고 내용도 간략하다. 거기에는 그럴 만한 몇 가지 이유가 있다. 첫째 이유는 분명하다. 더 이상 나에게 편지를 쓸 필요가 없게 된 점이다. 아울러 그전까지만 해도 일기에 적는 것 외에 달리 표현방도가 없는 부분들이 있었는데, 이제 짐은 나에게 얘기하며 "영혼을 털어놓을" 수 있게 됐다. 그 밖의 다른 이유는 짐이 형 밥에게 보낸 편지에 나와 있다.

"하나님의 우편에 계신 '인자'에 관한 형의 글, 고맙습니다. 선교지에서 보낸 제 편지에도 그런 내용이 조금은 들어 있을 줄 믿습니다. 평상시 제 영혼의 상태가 편지에 그대로 묻어날까 우려됩니다. 정글생활이 고요하다고 생각하는 사람들도 있습니다. 과연 에콰도르 사람에게 왜 동부지방을 좋아하느냐고 묻는다면 고요하고 편안한 삶 때문이라고 말할 것입니다. 하지만 제 삶은 그렇지 않습니다. 생전 해본 적 없는 여러 직무를 감당해야 함은 물론 밤낮없이 불쑥불쑥 터지는 일들 때문에 묵상다운 묵상은 생각조차 할 수 없습니다. 한때 입에서 줄줄 나오던 성경구절도 지금은 어디 있는 말씀인지 가물가물합니다. 상실이지요. 영어로 다시 설교할 수 있을지 모르겠습니다. 스페인어 성경을 꾸준히 사용한 지 1년이 넘었습니다. 그간 제가 해온 대부분의 사역은 일부만 번역된 키추아 성경을 토대로 한 것입니다. 묵상이나 연구는 고사하고 성경을 읽는 시간을 내기도 어렵습니다. 그나마 영적 생활을 의식하는 것도 그런 삶을 제대로 살고 있기 때문이 아니라 겨우 그것을 유지하려 몸부림치고 있기 때문이지요. 내 영혼을 위해 기도해주세요. 이곳은 정말 재정도 필요없고 일꾼도 더 필요없습니다. 우리한테 필요한 것은 영적 능력과 영혼의 힘입니다. 우리의 적은 무기를 잘 휘두릅니다. 물론 우리처럼 영적인 무기이지요. 우리가 무장하고 정복하려는 요새를 적은 방어하려 합니다."

그후로 짐은 전혀 일기를 쓰지 못하다가 12월 1일에 가서야 이렇게 적었다.

"지금은 비가 오지 않지만 새로 잘라 텐트 바닥에 깐 대나무에 진흙이 엉겨 붙어 있다. 아직 바닥을 깔지 않은 반대쪽 절반은 일요일 밤새도록 내린 비로 질퍽질퍽하다. 어제 어쩔 수 없이 조금이라도 바닥을 깔아야 했다. 예정대로 오늘 대나무가 더 들어오면 이번 주 안으로 텐트 안에 모두 바닥을 놓게 될 것이다. 11월 11일 이곳에 도착하면서부터 나는 황달병을 앓은 것 같다. 지금도 이따금씩 침대에 누워 있어야 한다. 베티는 부엌 오두막에서 음식을 만들고 있고 나는 탁자에 앉아 있다. 탁자에는 국화꽃 무늬의 식탁보가 덮여 있고 빈깡통에 멋있게 꽂은 예쁜 잎의 작은 야생화와 하얀 양초가 중앙에 놓여 있다.

삶이 풍성한 줄은 언제나 알고 있었지만 결혼생활은 복합적인 만큼 더 풍성하다. 우리 둘의 삶에는 조화뿐이다. 결혼생활에 '적응'이라는 것이 존재할진대 나는 힘들이지 않고 의식조차 없이 그 시기를 지나고 있다. 우리의 사랑은 그런 것이다."

12월에 짐과 나는 맥컬리 일가와 함께 크리스마스를 보내기 위해 샨디아로 가는 길에 푸유풍구에서 푸요까지 걸어서 갔다. 정글의 기준으로 보기에도 길은 열악했다. 인디언들조차 별로 다니지 않은 길이었다. 그들은 주로 카누를 타고 강으로 다닌다. 2차림林 지역은 나무가 빽빽이 웃자라 대부분 공간이 겨우 발 하나 디딜 만큼밖에 안됐다. 물론 우리는 일렬로 늘어서서 갔다. 인디언 청년 하나가 길잡이로 우리와 함께 갔다. 인디언 특유의 그의 걸음은 날렵하고 일정했으며 오르막길을 갈 때나 흔들리는 통나무 다리를 건널 때나 변화가 없었다. 짐이 그 뒤를 좇고 나는 인디언 풍습에 따라 맨 뒤에 섰다. 이곳에서는 남자들이 달랑 총이나 활만 들고 사냥감이나 뱀을 살피며 앞장서 걸으면 여자들이 짐을 들고(이 점에서만은 우리는 현지 관행을 이탈했다!) 아이들을 데리고 뒤따라간다. 짐을 좇아가면서 나는 길을 따라 이동하는 그의 동작이 유난히 가벼움을 다시 느꼈다. 간간이 짐은 깊은 수렁을 건너 뛰거나 덩굴을 잡고 그네를 타 도랑을 건너거나 쓰러진 나무를 훌쩍 넘곤 했다. 다들 몸을 바짝 구부리고 지나가야 하는 곳도 있었고, 길잡이가 엉킨 덩굴과 기생식물—나뭇가지가 부러졌을 정도로 무거운—을 칼로 쳐 길을 내야 하는 곳도 있었다. 우리는 강물을 걸어서 건넜고 산자락을 오르락내리락했다(인디언들은 물이 잘 빠지도록 최대한 고지에 길을 낸다). 길가며 경치를 즐길 기회는 거의 없었으나 점심 먹으러 잠깐 멈췄을 때 짐은 거대한 나무, 섬세한 이끼, 정글의 은은하고 상큼한 냄새에 대해 얘기했다. 그렇게 9시간쯤 걸어 우리는 개척부락인 푸요 근방의 사탕수수 농지에 들어섰다. 마즈 세인트가 네 병의 차가운 콜라와 케이크를 들고 픽업트럭을 타고 나와 기다리고 있었다. 우리는 마즈의 차로 쉘메라까지 간 다음 거기서 비행기로 샨디아에 도착했다.

짐이 다시 일기를 쓴 날은 1954년 1월 20일이다.

"12월 19일부터 1월 5일까지 샨디아에서 절기를 보냈다. 아주 즐거운 시간이었다. 제1회 청년수련회는 기도도 공부도 미흡했지만 그럼에도 하나님의 축복 가운데 끝났다. 주일날 탈락 강에서 유지니아 세르다와 카멜라 쉬왕구에게 세례를 주었다. 너무 기뻤고 하나님께 대한 믿음도 커졌다. 이곳 푸유풍구에서 활주로와 집터 작업을 시작했으나 비와 인력 문제로 더뎌지고 있다. 그래도 하나님이 도우셔서 진척이 보인다. 학교 교사인 루카스가 우리 마음에 쏙 들지는 않지만 일부 사람들이 하나님의 말씀에 관심을 보여 격려가 된다. 어젯밤 소수가 모인 화요모임에서 아타나시오는 '말씀대로 살다 죽겠다'고 말했다. 그가 말씀을 얼마나 알아듣는지는 모르겠지만 조금씩 깨닫고 있는 것은 분명하다. 이제 열 명이 된 학교 아이들 사이에 하나님의 역사가 나타나도록 기도하고 있다. 집짓기가 시작되고 활주로가 완성되면 청년들을 위한 문맹퇴치반을 시작해야 할 것 같다."

2월 5일. "집과 바깥채의 지붕을 오늘 끝냈다. 일꾼들이 싫증을 내며 일을 그만두고 있다. 주님만이 변함없이 확실하신 분이다. 이번 달에 그나마 활주로와 집을 여기까지 지은 것도 주님의 은혜다.

요즘 특별히 파블로와 아타나시오를 위해 기도하고 있다. 하나님이 그들로 깨닫게 하셔서 영혼에 생명을 주시기를 기도한다. 이번 주에 티토와 베니토를 상대로 문맹퇴치반을 시작해 날마다 가르치고 있다. 티토가 잘한다. 하나님이 나를 그의 믿음의 아비로 삼아주실지도 모른다."

4월 1일. "비 내리는 늦은 오후에 잠시 짬을 낸다. 푸유풍구 새집에 감사함으로 정착한 지 이제 일주일 됐다. 텐트생활 5개월은 길었지만 못 견딜 정도는 아니었다. 사탄은 몇 주간의 장마로 우리를 대적해 낙심시키려 했지만 하나님은 신실하셨다. 파노에서 일꾼들이 지원을 나온 것이다. 그렇지 않았다면 활주로 완공은 지금도 어림없었을 것이다. 어제 300미터의 활주로에 비행기가 착륙했으나 아직 활주로 끝부분이 너무 질어 이륙하지 못하고 있다."

4월 15일〔형에게 보낸 편지〕. "밥 형. 문구류와 함께 우리한테 장미꽃을 보내 미안하다고 했지요. 지금쯤 우리 곁에 난꽃이 많을 거라면서 말입니다. 하지만 틀렸습니다. 여기서 장미 한 그루를 구할 수 있다면 무엇을 줘도 아깝지 않을 것입니다. 물론 이곳 벼랑 위에는 크고 예쁜 난꽃들이 많습니다. 최대한 여러 종을 많이 모으는 것이 제 작은 취미가 되기도 했지요. 난은 한 철에만 피지만 아주 재미있는 연구대상입니다. 미국에서 우리가 본 큰 난은 개량종입니다. 이곳에도 큰 난이 한 종류 있는데 다른 야생화처럼 흙 속에서 자랍니다. 지난 두 주간 우리는 활주로 길이를 늘리려고 정글을 안쪽으로 더 개간했는데, 이끼 낀 큰 나무들을 잘라내니 작은 천연 기생난들이 잔뜩 모여 있습니다. 정글에서 가져다 집 근처에 심은 나무에 지금 가로 5센티미터가량의 작고 귀여운 흰 난이 피는 중입니다. 하지만 이렇게 나무 위에 그냥 두어도 꽃이 피어 있는 기간은 2-3일밖에 안됩니다. 벼랑에서 강수위 근처로 내려가면 그보다 약간 큰 초록색 난이 널려 있는데 카누를 타고 채집해야 합니다. 작은 꽃에 긴 꽃잎을 가진 섬세한 거미난도 잘라낸 나무에서 찾아냈습니다.

난들을 가져와 집 옆의 난 밭―나무 한 그루―에 잘 붙여줍니다. 지금까지 모두 여덟 종을 모은 것 같은데 그중 한번도 꽃이 피지 않은 것도 있습니다. 쉘메라에서 가져온 부겐빌레아 모종은 잘 자랍니다. 집에서 정글 냄새를 조금이나마 없애려 파인애플나무도 스무 그루 정도 심었습니다. 우리가 완전한 인디언이 아님을 보여주는 대목들이지요. 물론 이곳 인디언들은 우리가 꽃을 심는 것을 이상하게 생각하지만 그래도 우리의 여러 이상한 모습 중 하나로 받아들이고 그러려니 합니다. 야채씨들은 땅속에서 썩고 있더군요. 다행히 괜찮은 야생호박이 제법 덩굴을 뻗쳤습니다. 호박은 길이가 15센티미터쯤 되고 껍질이 아주 단단한데 맛은 덴마크 호박과 아주 비슷합니다…….

이번 주는 고난주간입니다. 이곳에서는 관습적인 종교행사 때가 복음을 역설하기 좋은 때입니다. 그래서 매일 밤 모임을 갖고 있습니다. 루카스와 내가 교대로 가상칠언을 하루에 하나씩 전하고 있습니다. 인디언들은 대부분 집중해서 잘 듣고 있습니다. 그저께 밤 아타나시오가 제게 그러더군요. 자기가 비록 나이는 많지만 서서히 눈이 뜨이면서 깨달음이 오기 시작한다고 말입니다. 그는 삶이 달라지고 싶은 열망은 간절하지만 상습적 술고래입니다. 여태까지 당나귀와 야만인처럼 살아왔다고 스스로 말합니다. 우리는 그의 회심을 위해 간절히 기도하고 있습니다. 설거지 일로 우리를 돕고 있는 그의 맏딸은 하나님 나라에서 멀지 않은 것 같습니다. 그집 식구들이 전심으로 그리스도를 왕으로 받아들이며 이런 일이 다른 인디언들한테 퍼져나가도록 기도해주십시오. 인디언들은 하루 이틀 거리에 떨어져 멀리 살고 있어 지금까지는 접촉이 어렵습니다.”

짐과 나는 샨디아 재건을 도와주러 오고 계신 그의 아버지의 도착을 간절히 기다리고 있었다. 우리는 아버지를 맞이하러 나가야 할 때가 되기 전에 활주로를 사용할 수 있게 되기를 바라며 기도했다. 5월 30일 짐은 일기에 이렇게 썼다.

“아버지와 피트가 둘 다 지금 이곳에 와있다. 다분히 기도응답이다. 베티와 나는 4월 21일 비행기로 푸유풍구를 떠날 수 있었다. 엿새 후 푸나에서 너무나 감사한 마음으로 아버지를 만났다. 아버지는 미국에서 가져온 모든 건축자재를 가지고 세관을 통과하는 데 일주일이 걸렸다. 우리는 키토에서 일주일을 보내며 치아를 치료하고 협력선교회 수련회에 참석하고 사람들을 만난 뒤 5월 14일 트럭 편으로 쉘메라로 내려왔다. 베티는 여기로 왔고 나는 집터를 선정하러 샨디아에 갔다. 오 하나님, 바른 자리를 잘 고르게 하소서!"

그 다음에 포틀랜드로 보낸 짐의 편지를 보면 샨디아에 시작된 가옥 신축의 진척사항을 알 수 있다. 푸유풍구 같은 곳들은 지부 역할을 하더라도 적어도 한 곳의 본부에는 영구가옥이 있어야 한다는 것이 당시 남자 선교사들의 생각이었다. 그래서 그들은 짐 아버지의 도움을 십분 활용해 사업에 착수했다.

"널빤지 대패질은 잘 돼가고 있습니다. 큰톱을 조정하느라 아버지가 애를 먹고 있기는 하지만 재목을 준비하는 주요업무가 기계 고장만 없으면 1-2주 안에 끝날 것 같습니다. 푸유풍구는 공사가 거의 끝났는데, 샨디아보다 규모가 훨씬 작고 단출해 샨디아에 한참 머물다 이곳에 돌아오면 마음이 가벼워집니다. 지금은 이곳 활주로를 빙 둘러 가로장 울타리를 마무리하는 중입니다. 밤에 소들이 망쳐놓지 못하도록 말입니다. 아직 짜야 할 가구가 있긴 하지만 건물과 시설에 관한 한 이 지부는 거의 끝났습니다. 아직 접의자를 사용해 간이탁자에서 식사하고 있는데, 다른 지부들에서 이 물건들을 사용할 수 있도록 영구적인 가구를 짜서 바꾸고 싶습니다.

지난 주 피트와 작별했습니다. 결혼하러 미국으로 떠났거든요. 여섯 명의 인디언 청년들에게 더 세례를 주었고, 지난 주일에는 키추아말로 처음 성찬식을 가졌습니다.

이제 샨디아 집터가 개간됐으므로 머잖아 시멘트를 붓게 될 것 같습니다. 아버지가 큰 도움이 됩니다…….

지금은 주일 저녁, 아내가 오르간에 앉아 멋진 음악을 연주하고 있습니다. 오르간도 손을 봐야 하지만 굳이 고쳐야 할지 잘 모르겠습니다. 칠수록 자꾸 이상한 데가 나오거든요. 연주를 시작한 후로 건반 세 개가 꼭 끼어 올라오지 않습니다. 있으면 좋지만 정글에서는 유지가 어려워 별 쓸모가 없는 또 하나의 애물단지입니다.

방금 아타나시오의 집에서 한 여자아이가 찾아와 오늘밤 모임이 있느냐고 묻는군요. 있다고 대답했습니다. 이 소수의 인디언 모임에서 하나님의 역사하시는 손길을 볼 수 있도록 그리고 주께서 우리를 적의 방해에서 건져주시도록 기도해주십시오.”

23. 사역의 틀

모세가 여호와께서 자기에게 보이신 식양[틀]을 따라 이 등대를 만들었
더라. (민 8:4)

6월 말 우리는 푸유풍구 학교 아이들과 부모들을 위해 조촐한 '졸
업식' 행사를 가진 뒤 조만간 돌아온다는 약속과 함께 집을 닫고
샨디아로 갔다. 아버지가 에콰도르에 계시는 동안 짐이 건축 일에
전념하기 위해서였다. 짐과 나는 피트가 자기 집으로 지어둔 조그
만 대나무 집에 살면서 에드와 마릴루와 함께 살림을 꾸렸다.

짐은 정글을 개간하고 모래와 돌을 나르고 콘크리트 골격을
쌓고 인부들을 감독하는 등 거칠고 힘든 공사장 일로 나날을 보
냈다. 오후에 내가 레모네이드 주전자를 들고 가보면 짐은 웃통
을 벗은 채 작은 시멘트 믹서 옆에 서서 모래통을 들어올리기도
하고 함께 일하는 인디언 일꾼들을 지시하기도 했다. 검게 그을

린 몸이 땀으로 번들거렸다. 해질녘 저녁 먹기 전이면 짐은 정글 속을 걸어서 12분 거리에 있는 맥컬리 집으로 가 시원한 강물에 몸을 씻곤 했다. 저녁에는 편지를 쓰고 언어에 대해 토의하고 성경공부를 준비하고 맥컬리 부부와 대화하며 보냈다. 정글에서 에드와 함께 일할 수 있다는 것은 짐에게는 또 하나의 꿈의 실현이었다. 물론 짐은 그런 날이 올 줄로 잔뜩 기대하고 있었다. 마릴루와 나는 짐과 에드를 지켜보는 것이 마냥 좋았다. 둘은 매사에 생각이 통하는 것 같았고, 옛날 휘튼과 체스터 시절의 우정의 기쁨을 조금도 잃지 않은 모습이었다. 실은 선교지에서 함께 일하면서 유대감이 훨씬 *끈끈해졌다.*

10월 8일, 짐은 당시 페루에 있던 어머니와 형에게 이런 편지를 보냈다.

"오늘은 저희 결혼기념일입니다. 제 평생 가장 행복하고 바쁜 한해였습니다. 다음주면 결혼 후 세번째 집으로 이사할 것 같습니다. 처음은 텐트였고 다음은 푸유풍구의 초가집이었고 이번에는 널빤지와 콘크리트와 알루미늄으로 지은 집입니다! 그 이상 무엇을 더 바랄까요?

에드는 주말 동안 아라후노 지역에 가있습니다. 얼마 전 그곳에 들어가 오두막을 짓고 자기 가족들과 함께 두 주쯤 보내다 왔지요. 곧 그곳도 푸유풍구처럼 샨디아에 본부를 두고 '순회하며' 설교하고 가르치는 사역지부가 될 것입니다. 우리는 목요일 11명의 사내아이들과 학교를 시작했습니다. 월요일에는 아이들이 좀더 올 것 같습니다. 나이든 사람들도 몇 명 오고 있기 때문에 학교 일에 우리가 직접 각별한 관심을 쏟을 예정입니다. 올해 우리가 와달라고 부탁했던 어리고 빈약한 그리스도인 교사한테 교육을 맡겨서는 안되겠습니다."

12월 12일. "쉘 석유회사의 '유령 마을' 아라후노에 에드가 지은 이 작은 오두막에서 무더운 오후에 그와 함께 땀흘리고 있다. 이상한 곳이다. 건물들이 무너져 썩고 녹슨 채 잔디에 뒤덮여 있고 주변에 커다란 시멘트 석판, 철제 서까래, 우물을 파다 만 자리, 파이프, 벽돌 따위가 너저분하게 널려 있다. 어제 이 오두막의 모임에는 25명쯤 참석했고 오늘 인디언의 집에서 열린 모임에는 50명이 참석했다. 이곳에는 복음에 대한 진정한 관심이 있다. 이들은 샨디아 사람들처럼 마음이 닳고닳지 않았다. 복음을 한번도 들어보지 못한 사람들에게 복음을 선포한다는 것은 (나처럼 말이 짧은 사람도) 정말 감격스런 일이다. 말이 짧아 오히려 곁가지나 세부사항을 빼고 핵심만 말하게 돼서 좋다. 이런 곳에 나오면 '온 천하에 어디서든지 복음이 전파된다'(막 14:9)는 말씀이 글자 그대로 실현되는 느낌이다."

우리는 1954년 크리스마스를 샨디아에서 단둘이 보냈다. 맥컬리 가정이 둘째아들 마이크를 낳으러 키토에 갔기 때문이다. 우리는 10월 말에 새집으로 입주한 터라 신나게 내부를 손질하고 있었다. 짐은 거실과 부엌 사이에 벽처럼 둘 가구를 짜며 크리스마스 주간을 보냈다. 짐이 정글에서 골라둔 아름다운 거무스름한 목재로 만든 그 가구에는 찬장과 서랍이 달려 있었다.

1955년 1월 16일 짐의 일기에는 무거운 마음이 드러나 있다.

"오늘 주일 오전, 마음이 우울하다. 방금 25명의 인디언들과 집회를 마치고 돌아왔다. 대부분 학교 아이들과 젊은 여자들이다. 열정 없이 무력하게 설교한 기분이다. 결과도 뻔했다. 부산하게 움직이는 사람들, 끊임없는 돌발사태, 장난치는 아이들. 어른은 거의 오지 않는다. 빈센트의 아내, 쿠와의 아내, 우푸추의 아내가 전부다. 성인남자는 하나도 없다. 설교에 싫증난 것이 아닌가 생각된다. 설교가 재미없는 모양이다. 내 설교가 너무 딱딱할 수도 있다. 이번 주에 공사 마무리에 너무 신경 쓴 것 같다. 토요일 저녁때까지도 그 생각뿐이었다. 디도서를 번역해 설교했으나 내 말에 생명이나 연속성이 거의 느껴지지 않았다. 집짓기와 내부설비는 이제 두번째 자리로 물러나야 한다. 인디언들을 모임에 나오게 하는 일과 개인전도가 최우선 관심사가 돼야 한다. 엘리아스 세르다가 세례받고 싶어하지만 오늘 집회에 나오지 않았다. 2월 4일 청년수련회가 시작되기 전에 엘리아스는 물론 게르바시오, 베난시오, 그리피아, 아벨라도와 함께 일대일로 얘기해야 한다.

이곳에 와서 일기를 쓰지 못해 유감이다. 새로운 생각이 떠오를 때가 많지만 적어두지 않았기 때문에 지금은 사라지고 없다."

플레밍 가정과 맥컬리 가정이 수련회를 돕고자 2월에 샨디아에 왔다. 70명에서 100명의 인디언이 참석했다. 마지막 주일날 4명의 청년이 세례를 받았다. 그들은 자기 삶에 임한 그리스도의 능력을 사람들 앞에 간증했다. 그중 한 사람은 악명 높은 술고래였는데 이제 삶이 변화되었다. 작은 교회의 영적 책임을 떠맡을 자들이 청년들이었기에 짐의 일차적 관심은 특히 그들에게 있었고 그래서 이번 일은 그에게 큰 격려가 됐다. 짐은 늘 남들을 **가르치는 법**을 가르친다는 재생산의 원리를 염두에 두고 그들을 차근차근 신중하게 가르쳤다. 월요일 성경강좌는 신자들만을 상대로 한 교육이었으므로 일요일 아침의 전도설교보다 깊이가 있었다. 세례받은 소수의 신자들을 중심으로 짐은 조촐한 성찬식 모임을 갖기 시작했다. 그리스도를 높이며 예배하는 시간이었다. 설교도 없었고 사람들의 말도 적었다. 경배의 찬양을 부르고 기도하는 사이 새 신자들은 점차 예배의 의미를 깨닫기 시작했다. 단순하고 진실하게 자기 마음의 사랑을 주님께 드리게 된 것이다. 다른 사람들이 바깥에서 이 모임을 지켜보기 시작했다. 조롱하려고 보는 사람도 있고 호기심으로 보는 사람도 있고 정말 알고 싶어 보는 사람도 있었다. 사실 볼 것은 별로 없었다. 우리가 모인 곳은 대나무 벽과 바닥에 초가지붕을 얹고 등 없는 의자를 놓은 학교 교실이었다. 우리는 빵 한 덩이와 포도주, 잔 하나가 놓인 탁자를 중심으로 둘러앉았다. 인디언들도 그때만은 조용히 모였다(개들과 아기들을 바깥에 두고). 그들은 상징물 주변에 경건한 마음으로 맨발로 앉았다. 그 상징물은 그들이 최근에 알고 사랑하게 된 주 예수님의 죽음을 그들에게 일깨워주었다. 청년들은 한 사람씩 빵과 포도주에 참예하며 부르고 싶은 찬송을 말하거나 기도했고 그러면 나머지 사람들은 함께 그리스도께 마음을 올려드렸다. 그분의 죽음을 떠올리며 그들은 동시에 그분의 재림을 생각했다. 집회는 흔히 그들의 언어로 "성도들아 기뻐하라. 주께서 오신다!"는 찬송으로 끝났다.

에드와 피트가 샨디아를 떠난 후 처음에는 짐이 설교를 대부분 도맡았다. 그러려면 대개 우선 설교하려는 본문을 키추아 언어로 번역해야 했다. 성경의 극히 일부분만이 저지低地 키추아 언어로 번역돼 있었기 때문이다. 에드와 피트와 짐 세 사람은 이 작업에 꾸준히 매달리며 문제점과 결과를 함께 나눴다. 맥컬리 부부는 아라후노에서 등사기로 단기간에 아주 훌륭하고 다양한 문맹퇴치 자료를 제작했다. 짐은 설교를 준비하는 과정에서 누가복음 대부분—그의 마지막 작업 중 하나—과 성경의 여러 곳을 번역했다.

그러나 짐은 점차 설교의 책임을 인디언 청년들에게 넘겨야 한다고 생각했다. 그 목표를 위해 짐은 몇몇 사람들과 오랜 시간을 함께 보내며 성경본문 몇 군데를 자세히 묵상하면서 그들에게 스스로 공부하는 법을 가르쳤다. 혼자 지속할 수 있는 성경공부 방법을 지도하려 한 것이다. 몇몇 청년들이 이 일에 남다른 은사를 보였다. 머잖아 그들은 일요일 오전 복음집회를 찬양 인도부터 설교까지 완전히 떠맡을 수 있게 됐다. 자기들 중에 한 명이 앞에 선 모습을 본다는 것은 대부분의 인디언들에게 전혀 새로운 일이었다. 그들이 그것을 누리게 되기까지 오랜 인내의 교육이 필요했다. 그들에게 복음이란 외국인의 것, 배운 자들만의 것이었다. 인디언이 설교를 한다? 말도 안되는 일이었다! 그러나 그 말도 안되는 일을 자기들 눈으로 보게 된 것이다.

주 예수님은 전도하라고 내보낼 자들을 신학교 졸업생들 중에서 택하신 것이 아니다. 짐은 인디언들에게 그 점을 주지시켰다. 많은 경우 주님이 택하신 자들은 듣는 자들과 똑같은 사회계층 출신의 평범한 노동자들이었다. 성직자와 평신도의 구분이 전혀 없었다. 샨디아에도 그런 구분이 없어야 한다고 짐은 다짐했다. 성경은 모든 사람을 위한 것이며 마음만 있으면 누구나 배워서 읽을 수 있었다. 짐은 성경을 그들의 언어로 만들어 그들의 손에 넣어주기 위해 혼신을 다할 생각이었다. 그리고 그들에게 성경을 읽을 뿐 아니라 "옳게 분변할"(딤후 2:15) 것을 가르치고자 했다. 단순히 외국인의 말을 듣기 위해서만 오는 것이라면 인디언들은 차라리 모임에 오지 않는 것이 나을지도 모른다. 그들은 기록된 말씀이 하나님의 계시임을—누가 전하든 상관없이—알아야 한다. 그렇지 않으면 선교사의 수고는 헛된 것이다.

미국에는 대체로 하나님의 말씀을 존중하는 자세가 있다. 설사 순종할 마음이 없더라도 겉으로는 존중을 표한다. 그러나 에콰도르 정글의 인디언들은 그 정도의 '문화 수준'에 이르지 못했다. 그들은 존중의 자세—성경이 봉독될 때 외관상의 경청으로 나타나는—도 없고 경외의 마음—말씀에 대한 순종으로 나타나는—도 없다. 집회의 가장 어려운 부분은 여자들이다. 여자들은 아이들의 머리에서 이를 잡고, 바깥에 뭐가 지나가기만 하면 벌떡 일어서고, 재미있는 일이 있으면 창가로 달려가고, 의자 위에 발을 올려 옆 사람한테 가시를 뽑게 하고, 아이들과 함께 우르르 들락거리고, 평소처럼 큰소리로 얘기를 나눈다. 남자들은 간혹 뒤쪽에서 여자들을 꾸짖거나 설교중에 일어나 의자를 다시 배치하거나 창가에 서서 지나가는 사람과 얘기를 주고받기도 하지만 그래도 대체로 여자들보다 훨씬 집중해서 듣는다. 애완동물은 당연한 것으로 통한다. 개들이 의자 사이를 지나다니고 새나 원숭이가 여자들 머리 위에 앉아 있고 강아지를 포대기에 싸 업고 있다. 주 예수님은 어떠셨을까 하는 생각이 절로 난다. 늘 "무리"가 뒤를 좇았으니 말이다. 복음서 기자들은 그 부산한 현장을 독자의 상상에 맡겼지만 모든 상황에도 불구하고 떡과 물고기 이상의 것을 찾아 그분 앞에 나온 소수의 사람들이 분명 있었다. 그들은 그분의 말씀을 듣고 좇았다. 샨디아에서도 마찬가지였다. 눈에 보이고 귀에 들리는 온갖 산만한 상황 속에서도 보이지 않는 그분을 보고 믿고 따른 한두 명의 사람들이 간혹 나왔던 것이다. 그들을 위해 짐은 날마다 자기 목숨을 내려놓았다. "우리도 형제들을 위하여 목숨을 버리는 것이 마땅하니라"(요일 3:16).

나는 인디언들을 대하는 짐의 인내와 지혜를 보며 놀라곤 했다. 인디언들이 상황에 반응하는 방식은 우리와 다르다. 그릇 하나와 숟가락만 들고 바닥에 앉아 음식을 먹는 그들의 방식이 식탁, 의자, 식탁보, 냅킨, 각종 접시와 식기류와 꽃장식—음식의 가짓수는 말할 것도 없고—등 복잡하기 이를 데 없는 우리의 방식과 다른 것처럼 말이다. 인디언들은 실수하면 당황하거나 좌절, 후회, 두려움의 표정을 짓는 것이 아니라 대개 웃는다. 나는 그런 풍습이 거북하고 당혹스러웠다. 짐한테도 거슬렸던 것 같다. 그럼에도 짐은 그 사람들을 사랑하는 법을 배웠다. 사랑하면 행동방식도 알게 돼있다.

2월에 짐과 나는 쉘메라에 갔다. 짐은 키토 선교사 라디오방송국인 HCJB에서 후원하는 병원 건축 일을 도왔다. 모든 정글지부들을 위해 일할 병원이었다. 그곳에 도착한 지 이틀 후인 2월 27일 우리 딸이 태어났다. 아기가 나오자마자 짐은 "이름은 발레리야" 하고 잘라 말했다. 그 순간 내린 결정이었다. 전에 발레리를 포함해 여러 이름을 함께 의논한 적은 있었지만 그중 딱 하나로 정한 적은 없었기 때문이다.

정글에서 함께 사는 동안 우리에게 많은 도움을 베풀어준 조종사 네이트 부부의 가정에서 발레리는 태어났다. 우리는 네이트와 마즈 세인트의 집에 일주일 더 머물면서 부엌에서 코코아를 마시며 시간이 모자랄 정도로 그들과 많은 얘기를 나누었다. 한번은 짐이 발레리를 안고 얼굴을 들여다보고 있자 네이트가(그의 아들도 생후 2개월밖에 안됐었다) 공감에 빛나는 눈으로 "정말 예쁘지요?" 하고 말했다. 대답이 필요없었다. 딸한테 빼앗긴 마음이 짐의 얼굴에 역력했다. 흔히 병원에서 정해주는 무균상태 유지나 방문시간 따위의 규칙이 짐한테는 전혀 없었다. 짐은 발레리가 태어나자마자 몇 분도 안되어 아기를 안았고 그 뒤로도 아기가 낮잠을 잘 때든 언제든 마음껏 안아주었다. 하지만 기저귀는 갈지 않았다. 짐은 일의 구분을 철저히 믿는 사람이었다. 남자 일과 여자 일이 따로 있었고 그 둘이 겹치는 부분은 전혀 없었다. 일찍 푸유풍구 시절부터 나는 그것을 배워야 했다. 사실 나는 정글에 와 몇 달 살면서 장작 패는 법, 창에 모기장 다는 법, 벌채칼 사용법 등을 배웠다. 짐도 독신시절에는 비올 때 빨래도 들여놓고 부엌도 어느 정도 깔끔하게 유지해야 했다. 하지만 그 시절은 영원히 사라졌음을 짐은 분명히 했다. 물론 필요할 때면 언제나 내 일을 도와줄 자세가 돼있었지만 나는 그런 일이 없도록 했다.

짐의 형을 방문해 몇 달간 페루에 계시던 짐의 부모님이 발레리가 태어나자 우리 있는 곳으로 올라오셨다. 그래서 한동안 부모님께 보낸 편지가 없다가 한 달 후인 3월 25일에야 짐은 이런 편지를 보냈다.

"개구리가 구성지게 우는 샨디아의 금요일 밤입니다. 저희는 등잔에 새 심지를 끼우고 굴뚝을 닦았답니다. 국수를 든든히 먹은 김에 부모님께 편지 쓰고 싶은 마음이 들었습니다. 편지가 부모님보다 먼저 집에 도착했으면 좋겠군요. 낮에는 아기침대와 부엌 찬장에 페인트를 칠했습니다.

아라후노에서 멀지 않은 곳에 아우카족의 습격이 있었다는 소식을 방금 들었습니다. 에드는 그곳에 이주할 집이 거의 다 준비됐음에도 불구하고 가족들을 데리고 그쪽으로 가는 것을 약간 염려하고 있습니다. 아우카족은 어머니와 두 자녀를 죽이고는 훔친 카누를 타고 아라후노 강을 따라 올라가면서 종적을 감췄다고 합니다. 그곳의 키추아족 사이에 들어가기 원하는 에드를 위해 기도해주십시오……"

그 다음 부모님께 보낸 편지는 4월 16일자로 돼있다.

"지난 두 주는 수확의 시간이었습니다. 그렇게 많은 인디언들이 마음을 활짝 열고 말씀을 받아들이는 모습은 처음입니다. 지난 주 도스리오스 수련회에 스무 명 이상, 파노에도 비슷한 숫자, 그리고 이곳 샨디아에는 여남은 명이 나왔습니다. 이제 그리스도를 위해 살도록 그들을 준비시키는 일이 남았습니다. 이 결실을 인해 하나님을 찬양합니다. 이번에 회심한 사람들을 위해 계속 기도해주십시오. 그들의 가족들 중 다수가 강 상류에 살고 있으며 진짜 시험은 앞으로 찾아올 것입니다.

물 받는 시스템을 정비하는 중입니다. 아기방 창문 위 옥상에 드럼통들을 똑바로 세워놓았습니다. 쉘메라 병원공사팀에서 파이프 연결장비를 빌려와야 합니다. 우리 시멘트 믹서를 그쪽에서 사용하고 있습니다……. 장작을 쌓아두던 낡은 헛간을 헐고 있습니다. 인디언들은 영내 북서쪽 구석에 시끄러운 수탉들을 집어넣을 닭장을 지었습니다. 나중에 장작 헛간과 발전기 모터실을 새로 지어야 되겠습니다.

저녁식사를 마쳤습니다. 유지니아와 카밀로가 친구들을 만나러 탈락 강 아랫동네에 나갔으므로 베티와 제가 설거지를 마치고 방금 막 찬송가를 하나 불렀습니다. 요즘 제가 제일 좋아하는 '천사들이 경배하는 주님, 왜 인간의 영혼을 사랑하시는지 난 알 수 없네'[1]라는 가사를 런던데리 에어Londonderry Air의 곡에 붙인 것입니다. 아내는 이제 발레리에게 젖을 먹일 참이고 저는 신자들에게 읽힐 간단한 문맹퇴치 자료를 만들어야 합니다. 읽고 이해할 만한 내용을 손에 쥐어주면 잘 읽거든요. 답장을 써야 할 편지도 쌓여 있습니다. 그러니 여기서 간단히 줄여도 이해하실 줄 믿습니다. 저희는 모든 것이 풍성하니까 공연히 고향 사람들한테 슬픈 얘기는 하지 마십시오. 우리를 딱하게 여길까봐서요. 우리는 행복하며 요즘도 이곳 정글에서 하나님과 함께 일하며 큰 기쁨을 맛보고 있습니다. 사역의 정착과 확장을 모두 원하고 있습니다. 올해 정착은 저희가 맡게 될 것 같고 확장은 작년에 저희가 푸유풍구에서 했던 것처럼 이번에 맥컬리 부부가 맡게 될 것 같습니다."

다음은 일기 내용이다.

1955년 5월 16일. "오전에 바빴다. 일을 다하고 나서도 별 만족이 없는 그런 시간이었다. 오전에 데살로니가후서 3장의 '누구든지 일하기 싫어하거든 먹지도 말게 하라'(10절)는 말씀을 읽었다. 어제 세 여자아이에게 일하러 오라고 말했었다. 그런데 손바닥만한 카사바 밭을 매러 여섯 명이나 왔다. 이어 아래로 내려가 우르피 부자에게 잔디 심는 일을 맡겼다. 둘은 오전에 큰 진척을 보였다. 폭 3미터에 길이가 30미터쯤 될 것이다. 인부들은 지붕을 엮을 잎을 따러 가려고 장비를 기다리고 있었다. 장비를 주어 보냈다. 스무 명도 넘는 여자들이 학교 아이들의 급식용으로 내게 바나나와 치차를 팔러 왔다. 한 주일분이 충분히 있었으므로 두 주일분만 샀더니 여자들은 화를 냈다. 치차도 사람당 한 봉지씩만 샀다. 여자들 손에는 아직도 팔지 못해 남은 치차가 많았고 불필요한 사탕수수도 한 바구니나 있었다. 나는 잔돈이 떨어졌다. 그때 교사 사택을 짓는 인부들한테서 전갈이 왔다. 가로 120센티미터, 세로 60센티미터의 널빤지에 대패질이 필요하다는 것이다. 대패질을 해줬다. 그후 카사바 밭을 맸던 여자아이들이 다시 왔다. 자기네 바나나를 사달라는 것이었다. 도밍고는 칠판에 필요한 분필을 달라고 했다. 한 사내아이가 강 하류에 사는 로자 여사를 위해 5수크레(에콰도르의 화폐단위)어치의 못을 사러 왔다. 인부들이 자른 널빤지가 너무 짧아 내 도움이 필요했다. 베난시오의 다리에 마사지 치료를 해줘야 했다. 그는 내게 콩을 팔려 했다. 먹을 것이 하나도 없다고 해서 어제 내가 그에게 준 콩이었다. 인부들한테 하릴없이 서성거리지 말고 지붕을 엮기 시작하라고 말해줘야 했다. 그러자 정오까지만 하면 될 일을 다들 온종일 하겠다고 나섰다. 유유는 땅콩 13킬로그램의 값을 받으러 왔고, 그의 어머니는 에드가 돌려주지 않은 자루를 달라고 했다. 프로타코는 품삯과 함께 피트가 팔려고 키토에서 보내온 총을 달라고 했다. 피트는 오전에 무전기 작업으로 바빴다. 나는 급히 티드마쉬에게 편지를 써야 했다. 오후에 신자들 모임이 있다. 리몬치크타의 뱀에 물린 환자의 상태가 안좋다. 금요일과 어제 그곳에 갔었고 내일 다시 가야 한다. 가는 데만 한 시간 이상 걸린다. 베티와 아기는 둘 다 감기에 걸렸다. 나는 방금 점심을 잘 먹었다."

다음은 6월 2일 짐이 포틀랜드 가족들한테 보낸 편지다.

"다시 병마와 싸우고 있습니다. 뱀에 물린 인디언을 치료하느라 이번 주에도 강 하류지역에 세 차례나 다녀왔습니다. 걸어서 한 시간 거리지요. 미국 서부의 방울뱀 같은 뱀입니다. 인디언들은 살을 째고 물린 자리를 입으로 빨아내는 것을 겁냅니다. 그래서 대개 독이 혈관으로 퍼져 세포를 손상시키고 조직을 파괴하지요. 이 친구는 차도가 있으니까 다시 걸을 수 있으리라 믿습니다만 현재는 발가락부터 무릎까지 다리 전면에 살갗이 전혀 없어 여기저기 힘줄이 보입니다.[2] 독이 침입한 부분은 다 잘라냈으므로 지금부터는 2차 감염이 위험합니다. 그곳에 다니는 김에 우리는 매주 거기서 모임을 열어 여태까지 우리를 악마로 여기던 인디언들과 접촉하고 있습니다. 내일도 몇몇 신자들과 함께 다시 갑니다. 인디언 신자들이 찬송과 간증으로 돕고 있습니다. 소망 없고 눈먼 그 영혼들에게 하나님이 빛을 비춰주시기를 기도할 뿐입니다. 이 언어에는 **희망**이라는 단어가 아예 없습니다. 2주 전 일요일 오후에 베티와 함께 그곳으로 내려가는 길에도 우리 집안일을 거드는 여자아이가 발레리를 안고 가다가 종류가 다른 뱀에게 발을 물렸습니다. 제가 주머니칼로 살을 째고 독을 빨아낸 다음 발을 찬물에 담갔습니다. 나중에 집에 돌아와 얼음찜질을 한 뒤 사독蛇毒 혈청 10cc를 주사했습니다. 여자아이의 잇몸에 피가 나고 발이 약간 부었으나 통증은 거의 없었습니다. 이곳은 뱀 철입니다. 칼 없이 집 밖에 나서서는 안됩니다!"

6월 10일. "다시 며칠간 푸유풍구에 와있습니다. 작은 학교의 학기말고사를 치르고 사람들을 방문하며 인디언들에게 우리의 변치 않는 관심을 알리기 위해 돌아온 것입니다. 아타나시오의 아내 엘레나가 지난 일요일 천연두로 죽었습니다. 도착한 후 아타나시오와 두어 차례 장시간 좋은 대화를 나누었습니다. 최근 이곳 인디언들 사이에 천연두가 돌았습니다. 그래서 베티와 발레리는 오지 않았습니다. 아기가 예방접종을 하지 않았기 때문이지요. 저도 예방접종을 했는지 기억이 없지만 열흘 후면 확실히 알게 되겠지요!

산디아 정문 야자수 옆에 심어둔 달리아가 요즘 예쁘게 피고 있습니다. 완만히 구부러진 강 허리가 훤히 보이도록 강까지 길도 넓게 닦았습니다. 근래에는 커피나무와 야자수를 심는 중입니다. 앞으로 두고두고 소 떼가 정글을 견제하며 자라도록 목초도 심고 있습니다. 이제 제법 사람 사는 곳처럼 되었습니다.

발레리는 벌써 귀여운 웃음소리를 냅니다. 아기답게 예쁘장하고 깜찍합니다. 베티가 바나나와 파파야를 먹이기 시작했는데 발레리는 둘 다 잘 받아먹습니다. 저희는 아주 바쁘고 아주 행복합니다. 그리스도의 능력을 더 온전히 체험하기를 갈망할 뿐입니다."

짐은 6월에 결혼한 여동생에게 이렇게 써 보냈다.

"너희 부부 때문에 내가 아주 기쁘다는 것과 요즘 너희를 위해 기도하고 있다는 것을 알리고 싶어 몇 자 적는다.

최근 이런 생각을 했다. 하나님 뜻 가운데 사는 삶은 다음 단계로 들어설수록 더 좋아진다는 것이다. 그래서 나는 오늘도 정직하게 '올해가 내 평생 최고의 해'라고 고백할 수 있다. 다만 지금은 전처럼 **고함**을 치지는 않지만 고함지르는 것도 나쁘지는 않겠지. 내가 일부 젊은 부부들 사이에서 본 현상은 둘 사이가 한참 절정을 달리다 곧 시들어진다는 것이다. 너희 부부는 그런 것 없이 오히려 인생의 충만한 경험이 날로 더해가기를 위해 기도한다. 그것이 성인들을 위해 태초부터 마련된 삶이다. 하나님은 우리를 '한때 나도 그랬지' 하며 축 늘어져 앉아 있는 삶에서 건져주신다. 우리는 아직 다 살지 않았다. 늘 현재의 순간을 누릴 뿐이다.

내 가장 따뜻한 축하와 가장 높은 희망과 가장 간절한 기도를 너에게 전한다! ─짐 오빠로부터."

형 버트와 형수 콜린이 7월에 페루에서 짐을 방문하면서 짐의 또 다른 기도가 응답됐다. 입 밖으로 기도하지 않았을지 몰라도 주님께서 우리가 미처 구하기도 전에 보시고 응답하시는 "마음의 소원"(시 37:4) 중 하나였다. 짐은 7월 3일 일기에 이렇게 썼다.

"형 부부를 다시 만나 정말 기쁘다. 서로 정글에 살다 보니 전보다 공통점이 훨씬 많아졌다. 형의 사역은 약간 다르며 그래서 대화가 더 재미있다. 요즘은 평소처럼 일찍 잠자리에 든 날이 없다! 오늘 아침집회는 형이 말씀을 전했다. 내가 통역을 맡았으나 형의 스페인어가 제법 유창했으므로 굳이 통역이 필요없는 사람들도 많았다. 일부 사람들은 키추아 언어 통역 없이 형의 질문에 바로 답했다.”

7월 중 짐은 버트와 콜린에게 아라후노 사역을 보여주고 싶어 다함께 맥컬리 집에 가자고 제의했다. 나는 선뜻 응하지 않은 채 그들이 다녀오는 동안 샨디아에 남아 뒷일을 맡겠다고 말했다. 짐은 승낙하지 않았다. 짐은 여러 방법으로 조리 있게 나를 설득하려 했으나 성과가 없었다. 등기소에서 치른 결혼식에 당연히 순종의 서약은 없었지만 그래도 몇 달 전에 우리는 그 부분에서 반드시 성경의 원리를 따르기로 합의했었다. “교회가 그리스도에게 하듯 아내들도 범사에 그 남편에게 복종할지니라. 남편들아, 아내 사랑하기를 그리스도께서 교회를 사랑하시고 위하여 자신을 주심같이 하라”(엡 5:24-25). 그 일이야말로 짐이 자신의 특권을 사용해야 할 필요성을 느낀 유일한 경우였다. 나는 결국 아라후노에 함께 갔다. 짐의 행동이 성경의 원리에 따른 것이었음을 나는 후에 확실히 알게 됐다. 그 여행은 내게 유익했다. 짐이 끝까지 밀고 나가기를 잘했다.

키추아족 사역은 열매를 맺고 있었다. 7월 17일, 짐은 부모님께 이런 편지를 보냈다.

“세례를 원하는 몇몇 인디언들이 있었는데 자기들 딴에는 학교시험이 끝나야 세례를 받을 수 있다고 생각했던 모양입니다.

도대체 어디서 온 생각인지 저로서는 통 알 수 없는 일이지만 어쨌든 그들은 목요일 저를 찾아와 여태까지 기다릴 만큼 기다렸다며 어서 세례를 받고 싶다고 매달렸습니다. 그럴 때는 가로막기 어렵지요. 그래서 비록 저 혼자뿐이었지만 신자들을 다 불러 토요일 오후에 4시간 동안 시험을 치렀습니다. 인디언들 18명이 시험을 보았지요. 제 생각에 나이든 신자들은 현실 분별에 상당한 관심과 능력이 엿보입니다. 그들은 약간 겁먹고 아둔한 젊은 여자 넷을 이번 세례에서 제외시키기로 결정했습니다. 쿠팔 앙구의 경우는 놀라운 승리였습니다. 홧김에 1년 넘게 아내를 버린 젊은 친구인데 이번에 세례를 자청한 것입니다. 역시 나이든 신자들이 그에게 아내와의 문제를 먼저 해결해야 된다고 딱 잘라서 말했지요. 처음에는 전혀 그럴 마음이 없던 그가 급기야 아내와 다시 합치겠다고 말했습니다. 그 아내도 세례를 원했으므로 우리는 그녀를 불러 문제를 정리했습니다.

그래서 오늘 아침 우리는 불신자들이 '마귀 수렁'이라 부르는 탈락 강의 한 지점에서 14명에게 세례를 주었습니다. 학교 보조교사 베난시오와 제가 차례로 한 명씩 맡았지요. 모두 물 속에서 확실한 신앙을 고백했습니다. 불신자들이 잘 보고 그 순종의 길을 뒤따르기만을 바랄 뿐입니다. 아버지, 빈센트를 위해 기도해 주십시오. 몸이 나아 다시 일하고 있는데 우리는 하나님이 그의 영혼에 말씀해주시도록 기도하고 있습니다. 전에 등을 다쳤던 베난시오 장로의 경우는 여태 하나님의 역사가 전혀 나타나지 않고 있습니다.

이번 세례로 이제 샨디아에서 성찬에 참예할 수 있는 사람은 25명으로 늘었습니다. 미국 교회에서는 괄목할 성장으로 치겠지만 제가 보기에 신자들의 전도와 지도자들의 건전한 가르침이 제대로 적용되는 곳이라면 지극히 정상적 결과입니다. 이들 중 글을 읽을 줄 아는 사람이 절반도 안된다는 것을 잊지 마십시오. 그들은 듣고 기억할 수 있는 내용으로만 양식을 섭취하고 자라야 합니다. 그러니 그들을 위해 기도해주십시오.”

짐의 일기에는 이 세례에 관해 편지에 빠진 자세한 내막이 담겨 있다.

“이럴 때는 당연히 깊은 감격이 있어야 하건만 내 육신은 그렇지 못할 때가 많다. 오늘 아침도 왠지 마음이 밋밋하다. 하지만 감정에 연연할 수 없다. 마음이 냉랭할 때가 대부분이라서 나는 거의 언제나 순전히 명령에 기초해 움직이고 있다. 단순히 명령받은 종이기에 늘 기분 내키지 않더라도 나를 쳐서 복종시키는 것이다. 오늘 아침은 주변의 방해가 하도 많아 그런 상념에 빠질 겨를도 없었다. 벼랑이 일부 허물어졌다. 세 여자아이가 모래밭에 앉아 비명을 지르거나 큰소리로 웃어댔다. 학교 사내아이들은 물 속에 돌을 던졌다. 안토니아의 아들은 어머니가 세례를 받는 동안 활주로 끝에서 모래밭으로 거꾸로 떨어져 주변이 떠나갈 듯 울었다. 베난시오는 물 속에서 카멜라의 얼굴을 놓쳤다. 조롱하는 사람들이 나타나 세례받는 자들을 향해 옷 입고 목욕한다고 놀렸다. 그럼에도 내가 하나님의 말씀대로 행한 것에 대해 그분이 내 증인이시다."

8월에 짐은 샨디아 학교 아이들과 산골 키추아 아이들을 데리고 여행을 떠났다. 푸요에서 파팔락타까지 4박 5일의 도보여행이었다. 한번은 도중에 급류를 건너야 했는데 평생 물이라고는 거의 본 적 없는 산골 아이들이 겁에 질렸다. 그중 두 아이가 물살에 휘말렸다. 짐은 셔츠며 지갑이며 주머니의 돈을 다 잃어버린 후에야 한 아이를 건졌고, 다른 아이는 에드 맥컬리가 구했다. 짐은 부모님께 이렇게 썼다.

"영적인 면에서는 실망스런 여행이었습니다. 다들 날마다 30킬로미터쯤만 걸으면 너무 지쳐 아무 생각이 없었으니까요. 하지만 인디언 소년들이 넓은 세상을 경험하게 돼 기쁩니다. 차를 한 번도 타보지 못한 아이들도 있었고, 등산을 해본 사람은 아무도 없었습니다. 키토의 한 신문에 아이들 사진이 실렸습니다. 아이들은 정부건물도 견학했습니다.

발레리는 한 주가 다르게 자라고 있습니다. 몸 뒤집기, 다리 돌리기, 인디언들 말로 '노젓기'—양팔을 머리 위로 올렸다가 탁 내려치는 동작—등 한시도 가만히 있지 않습니다. 보이지 않을 듯 가는 머리카락에 싱긋 미소까지 지을 때면 꼭 아이젠하워 같습니다. 아직 감기가 다 낫지 않아 재채기로 고생하고 있습니다. 아버지가 늘 그러셨던 것처럼 말입니다. 그래도 밤에는 좀 낫습니다. 대개 저녁 5시부터 아침 5시까지 자는데 간혹 깨서 조금

울다가 다시 잠들곤 합니다. 베티는 자기가 직접 만든 바나나 가루를 먹이기 시작했는데 아기가 아주 좋아합니다."

집과 텃밭을 손질하며 맛보던 짐의 행복이 9월 18일 포틀랜드 가족들에게 보낸 편지에 잘 나타나 있다.

"몇 군데 창 바깥쪽에 창틀을 달고 니스를 칠했습니다. 지붕에 박공 처마도 달았습니다. 빈센트 부자가 새 학교 운동장을 개간중입니다. 위층 바닥도 곧 손댈 생각입니다. 커피나무와 아보카도나무에 가지치기를 해주었습니다. 앞뜰의 달리아와 흰 글라디올러스에 꽃이 피는 중입니다. 장미와 치자나무도 각각 세 그루씩 심었습니다. 파인애플은 빠른 속도로 익어가고 있습니다. 파파야는 나무에서 직접 따먹고 있고 카사바도 저희가 재배합니다. 빨랫줄 너머 집 뒤쪽으로 옥수수를 심었습니다. 집과 주변이 제법 그럴 듯합니다. 집과 강 사이의 목초도 잘 자라고 있습니다. 열대의 경작 철을 주신 하나님께 감사드립니다. 갑자기 다시 빗발이 들이치면서 지금은 쌀쌀합니다."

카추아족의 가옥인 푸유풍구. 먼저 앞쪽에 보이는 짚으로 지붕을 엮고 그 밑에 집을 세운다. 뒤쪽에 있는 텐트와 오두막은 집을 짓는 동안 임시거처로 사용된다

아우카 지역을 처음 방문하기 며칠 전, 짐이 쿠라라이 강에서 잡은 매기를 들어보이고 있다

에드 맥컬리(왼쪽)와 짐이 격주에 한 번 산디아에 도착하는 편지를 받아들고 기뻐하고 있다

베티와 딸 발레리

샨디아에서 짐과 베티와, 딸 발레리

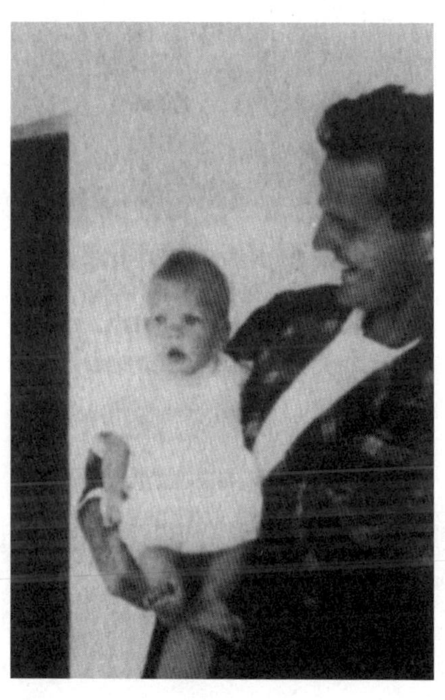

1955년 8월, 5개월 된 딸 발레리와 함께

짐과 그의 동료들은 쿠라라이 강에서 살해되기 전, 아우카 지역에 비행기로 날아가 선물을 줄에 달아 내리곤 했다. 이때 아우카족이 선물로 받아 줄에 매달아 놓았던 앵무새를 짐의 딸 발레리가 짓궂게 노려보고 있다

24. 사명 완수

내가 진실로 진실로 너희에게 이르노니 한 알의 밀이 땅에 떨어져 죽지 아니하면 한 알 그대로 있고 죽으면 많은 열매를 맺느니라. 자기 생명을 사랑하는 자는 잃어버릴 것이요 이 세상에서 자기 생명을 미워하는 자는 영생하도록 보존하리라. (요 12:24-25)

1955년 9월의 어느 날, 맥컬리 가정은 그간 우리가 고대해온 가장 감격스런 소식을 전해왔다. 에드와 조종사 선교사인 네이트가 드디어 아라후노에서 비행기로 몇 분 안되는 거리에 아우카 가옥을 몇 채 찾아냈다는 것이었다. 그 순간부터 짐의 마음은 이미 그곳에 가 살았다. 오래 전부터 아우카 사역을 꿈꿔온 그의 기도와 헌신과 소망이 헛되지 않았다. 하나님은 짐을 에드와 함께 그 사역에 동참케 하셨다.

에드와 네이트는 야만족인 아우카 사람들과 우호를 쌓아 장차 지상에서 대면할 것을 고대하며 우선 가옥 옆에 꾸준히 선물을 떨어뜨리는 일에 착수했다. 아우카족에게 다가가려 했던 이전 사람들의 시도가 다 실패로 돌아간 것을 그들은 잘 알고 있었다. 하지만 그들은 "모든 권세를 내게 주셨으니 그러므로 너희는 가서……"(마 28:18-19)라고 말씀하신 주님도 알고 있었다.

샨디아 사역은 정착되고 있었다. 이제 신자들 모임의 핵이 형성됐고, 그중 일부는 성경을 읽고 깨달을 줄 알았다. 그들 손에 성경책도 꽤 있었다. 남녀 아이들을 위한 문맹퇴치 프로그램도 진행되고 있었다. 영구가옥, 새 학교건물의 시멘트 기초, 충분한 활주로 등 필요한 자원도 충족됐다. 장차 개발될 현지인 사역의 기초가 닦여진 셈이다. 오래 전부터 짐이 마음에 품었던 기도는 아직도 복음을 듣지 못한 이들, 복음의 메시지를 거절할 기회조차 주어지지 않은 이들에게 복음이 전파되게 해달라는 것이었다. 이제 짐은 그 기도에 한층 힘을 얻었다. 키추아 사람들은 복음을 많이 들었다. 거절한 이들도 많지만 이제 그들의 피는 그들 머리 위에 있었다. 그러나 아우카족의 피는 아직도 짐 자신의 머리 위에 있는 것처럼 느껴졌다.

즉시 짐은 청년들에게 교회의 리더십 책임을 넘기기 위해 전보다 더 총력을 기울이기 시작했다. 10월 23일 부모님께 보낸 편지에 짐은 이렇게 썼다.

"오늘 아침 새 포도주와 새 부대에 대해 가르치며 좋은 시간을 가졌습니다. 이곳의 문화도 술이 기본 음료수입니다. 이탈리아의 포도주처럼 이곳의 치차가 그렇지요. 그러다 보니 이들에게는 성경의 여러 부분이 그대로 실감납니다. 독한 술에 취한 사람은 갓 빚은 술을 찾지 않는다는 예수님의 말씀이 바로 그런 경우지요. 원시 상황에 꼭 맞았던 우리 주님의 고매한 가르침이 20세기 문명의 산물인 교양인보다 정글의 인디언에게 훨씬 잘 통할 때가 많은 것을 보며 저는 끊임없이 놀라곤 합니다.

우리 학교를 졸업한 두 청년에게 화요일과 금요일 성경공부반을 맡기려 준비중입니다. 그 밖에 베난시오가 수요일반을, 학교 교사인 헥터가 월요일반을 맡고 있으므로 저는 목요일반만 하면 되지만 물론 각 반마다 다 들어가 앉아 있습니다. 학교란 하나님의 진리를 날마다 가르칠 때에만 가치있는 곳입니다. 그런데 베난시오의 경우를 통해 우리는 가르치는 자가 배우는 자들보다 두 배나 더 유익을 얻는 것을 보았습니다. 그래서 다른 사람들에게도 기회를 줘서 그 축복을 확장시키려 합니다. 탈락 강 어귀에서 금요일 오후 모임을 다시 시작했는데, 그저께 한 인디언의 집에 스무 명이 참석했습니다.

아라후노 어귀에서 최근 아우카족의 습격이 또 있었습니다. 에드는 긴장해 전기담장을 가동중입니다. 화요일 저도 그쪽으로 건너가 일라에 있는 아우카 여자포로한테서 아우카말 표현을 몇 가지 배우려고 합니다. 학교 아이들이 기를 돼지도 한 마리 그곳에서 사올 생각입니다."

10월 29일. "목요일 에드와 함께 비행기로 빌라노에 갔습니다. 며칠간 그곳의 키추아 사람들을 심방하기 위해서였지요. 오후에 에드와 내가 강 하류에서 인디언들과 함께 얘기하고 있는데 사람들이 찾아왔습니다. 강 상류의 우리가 목욕했던 지점에서 한 아이가 물에 빠졌다는 것이었습니다. 급히 달려가 보니 인디언들이 죄다 모래밭에 한가로이 앉아 얘기하고 있었습니다. 이미 아이를 찾다가 허탕친 후였습니다. 강물은 내 머리보다 깊지 않았고 물에 빠진 아이는 나이가 열 살쯤 된데다 수영도 할 줄 아는 아이였습니다. 아이의 어머니는 카누를 타고 하류로 내려가면서 울부짖으며 아이의 시체를 찾고 있었습니다. 두 시간 후 그녀의 비명과 통곡소리가 다시 들렸습니다. 아이가 실종된 곳 바로 아래의 목욕터로 가보니 막대기로 노를 젓고 있는 그녀의 카누 머리에 아이의 벌거벗은 시체가 뉘여 있었습니다. 인공호흡을 하기에는 너무 늦었습니다. 내막인즉 그 아이가 친구와 둘이서 목욕하러 갔다고 합니다. 아이는 옷을 벗고 먼저 물 속으로 뛰어들었다가 웃으면서 올라와서는 '내 다리를 잡아당기는 게 뭐지?'라고 소리친 뒤 밑으로 딸려 내려갔습니다. 인디언들은 악마의 짓이라고 말했습니다. 우리가 보기에는 분명했습니다. 먹이를 찾던 중치 크기의 보아뱀이 아이의 발을 보고 끌어들였다가 삼키기에 너무 크니까 그냥 도로 놓은 것입니다.

그 일로 오후가 다 지나 집회가 무산됐습니다. 그후로도 초상집 밤샘 때문에 사람들이 너무 피곤해 말씀을 더 들을 수 없었으므로 우리는 토요일 오전에 일찍 돌아왔습니다. 그곳의 인디언들에게 자주 가서 복음을 전하고 싶은데 혹 이 일이 그들의 마음에 걸림돌이 되지 않았으면 좋겠습니다. 그들을 위해 기도해주십시오.

지난 주말 일라까지 걸어서 다녀왔습니다. 학교에서 기를 돼지새끼도 두 마리 사왔습니다. 오늘은 아이들이 투표하러 대거 테나에 가므로 내일 모임은 참석자 수가 적을 것 같습니다. 우리의 메시지를 들으려는 인디언들과 그렇지 않은 인디언들 사이에 점차 분명한 선이 그어지고 있습니다. 우리의 증거가 하나님께로서 난 것이 되도록 기도해주십시오. 오늘 오후 탈락풍구에 가 그곳에서 다시 복음을 전하려 합니다. 그곳 사람들은 아직 아무도 이렇다할 반응이 없습니다. 다들 우호적이긴 하지만 말입니다."

아우카 사역은 당시 직접 관련된 자들 외에는 비밀이었으므로 짐이 부모님께 보낸 위 편지에도 그에 관한 얘기가 전혀 없다. 같은 탐사여행의 속편은 일기에 적혀 있다.

"우리는 함께 비행기로 아라후노로 돌아가 간단히 전략을 의논한 후 배터리로 작동되는 스피커를 가지고 드디어 아우카족이 사는 곳으로 날아갔다. 600미터 상공에서 일차로 그들의 가옥을 선회하면서 나는 일라에 있는 아우카 탈출 소녀 다유마한테 배운 아우카말 몇 마디를 계속 되풀이했다. '벌채칼과 창을 바꿉시다.' '우리는 여러분의 친구입니다.' 여덟 명쯤의 인디언이 집 주변을 잰걸음으로 달리는 모습이 보였다. 한 남자는 머리에 뭔가를 쓰고 강을 건넜다. 새 벌채칼이 번득이는 것 같았다. 결국 카사바밭에 간 것 같았으나 돌아오는 모습은 보이지 않았다. 또 한 사람은 집으로 달려들어가 창을 가지고 나왔다. 나는 이것을, 한 사람은 교환할 음식을 가지러 밭으로 갔고 다른 사람은 내가 달라고 한 창을 가져온 증거로 받아들였다. 그러나 우리가 벌채칼을 줄에 달아 내리자 그들은 칼은 물론 우리가 그들의 답례선물을 받으려 달아 내린 작은 바구니까지 떼어가 버렸다. 한 사람은 칼을 쌌던 헝겊조각을 휘날리며 집 주위를 돌았다. 우리는 줄을 올렸다가 (정말 힘든 일이다!) 혹시 그들이 줄에 뭔가 매달지도 모른다는 생각에 몇 번의 시도 끝에 다시 내렸다. 줄은 물 속에 떨어졌다. 그들은 다짜고짜 줄을 일부 잘라버렸다. 공중투하에 쓰는 낡은 초록색 줄이었다. 우리는 줄을 완전히 끌어올려 안으로 들인 뒤 이번에는 스피커를 다시 켜고 '우리는 여러분을 좋아합니다. 냄비를 내려보내겠습니다'라고 말했다. 그러자 사람들이 집 뒤의 나무 속으로 달아났다. 유독 한 남자가 강가로 걸어왔다. 그는 양손을 모아 쥐고 뭐라고 소리치는 것 같았고 머리 위로 새 벌채칼을 흔들어 보였다. 우리는 리본으로 묶은 냄비를 떨어뜨렸다. 안에는 노란색 셔츠 하나와 구슬들이 들어 있었다. 강가의 남자는 냄비가 떨어진 지점을 가리켜 보였다. 집 뒤에 숨었던 사람들이 냄비를 집었다. 곧 한 사람이 노란색 셔츠를 흔들고 있었다. 우리가 집 근처로 다가가자 저만치 아래서 하류 쪽으로 내려가던 카누 두 척이 방향을 돌려 급히 올라왔다. 세 사람이 물 속을 달려 강가로 오는 모습이 보였고 곧이어 하얀 천을 두른 다른 한 사람이 다가왔다. 착륙지로 쓸 만한 강변을 물색하며 쿠라라이 강을 따라 돌아왔다. 가망은 별로 없다. 비행기에 달 위태커 착륙장치를 보내달라고 요청하기로 했다. 착륙장치가 도착하는 대로 다시 그곳에 가 활주로를 만들기로 했다. 주 하나님, 우리를 인도해주소서."

짐은 아우카말 표현들을 조그만 카드에 적어 주머니에 넣고 다니면서 짬나는 대로 꺼내 외웠다. 밤에 잘 때도 가지고 누워 취침 전에 한번 더 복습했다. 네이트와 함께 비행기로 아우카족한테 다녀온 뒤로 짐은 밥 먹을 생각도 하지 않을 정도로 흥분을 가누지 못했다. 내가 건초를 먹였다 해도 아무 생각 없이 받아먹었을 것이다. 그때 나는 올 것이 왔다는 것을 알았다. 오래 전 하나님께 드린 서원과 죽을 각오로 끝까지 가겠다던 고백에 드디어 입증의 순간이 온 것이다. 나는 막연하고 불안한 회의가 일기 시작했다. 이것이 정말 하나님의 계획일까? 혹 짐이 서둘러 앞서는 것은 아닐까? 짐이 샨디아 사역에서 이렇게 금방 손을 떼는 것이 정말 하나님의 뜻일까?

비전을 품기는 쉽지만 그것을 실행에 옮기기는 어렵다. 아우카족은 드디어 우리 앞에 가시적 현실로 다가왔다. 남자들 일행은 아우카족을 보고 왔다. 물론 이들은 그전에도 아우카족을 알았다. 아우카족이 다분히 장난삼아 사람을 죽인다는 것도 알았고 백인은 물론 백인과 관련된 모든 것을 경멸한다는 것도 알았다. 그러나 이제 이들은 그들을 보았고 큰소리로 말도 해봤다. 아우카족이 웃으며 자기들을 부르는 것도 보았고 빗이며 깃털모자며 그들이 직접 손으로 만든 팔찌도 받아왔다. 게다가 이 벌거숭이 아우카족 사람들은 이 남자들이 품고 있던 메시지를 아직도 생판 모르고 있다.

그러나 한편으로 남자들은 당장 눈앞의 현실도 무시할 수 없었다. 짐의 경우 학교 건축이 방금 시작된 상태였고 키추아 청년들이 하나님의 말씀의 양육을 필요로 하고 있었으며 집과 밭도 이제 겨우 제 모양을 잡아가고 있었다. 자기를 의존하고 있는 아내와 9개월 된 아기는 말할 것도 없었다.

어느 쪽으로 갈 것인가? 언제나 그랬듯 짐은 충동이 아닌 원리를 따라 움직였다. 짐이 충동으로 행했다면 어느 길을 택했을지 나는 모른다. 당장 아우카족한테 가려는 충동도 강했지만 샨디아, 키추아족, 가족을 향한 사랑도 강했기 때문이다. 그러나 일찍이 하나님과 깊이 교제하던 시절에 배워둔 원리가 이번에도 그대로 적용됐다. 1948년, 민수기 32장을 묵상한 후 짐은 이렇게 기록했다. 르우벤 지파와 갓 지파가 모세에게 청하여 야셀 땅과 길르앗 땅에 남겠다고 말하는 장면이다.

"그들이 '요단 이편'을 원한 이유는 그 땅을 보고 눈에 들었기 때문이다. 오늘날에도 그런 사람이 얼마나 많은가. 국내에서 쓰일 수 있는 재능과 훈련을 갖춘 사람들이 선교지를 한번 보지도 않고 무조건 '우리로 요단을 건너지 않게 하소서'(민 32:5)라고 당당히 외치고 있다. '이 땅은 가축에 적당한 곳이요 우리한테는 가축이 있나이다.' '여기는 교사가 절실히 필요한 곳이요 나는 교사가 될 수 있다'와 뭐가 다른가. 그러나 '너희 형제들은 싸우러 가거늘 너희는 여기 앉았고자 하느냐'(민 32:6). 바로 그런 태도 때문에 그들은 40년간 방황했고 무려 603,550명이 광야에서 시체가 됐다. '여호와의 일을 태만히 하는 자는 저주를 받을 것이요 자기 칼을 금하여 피를 흘리지 아니하는 자도 저주를 당할 것이로다'(렘 48:10). 죄를 벗는 유일한 길은 소유와 유아를 두고 강 건너 싸우러 가는 것이다."

1950년 6월 10일, 짐은 이런 기록을 남겼다.

"아브라함은 배우는 데 더뎠다. 친척을 떠나라는 명을 받고도 그는 롯을 데려갔다. 호의의 행위였겠지만 동시에 불순종이기도 했다. 이렇게 하나님을 위해 가족을 떠나는 것은 부름받은 자들에게 흔히 있는 일이다. 야고보와 요한이 세베대를 두고 간 것이 좋은 예다. 불순종은 곧 회의와 기회의 허비로 이어진다."

상대적 인구의 문제도 고려 요인이 될 수 있었다. 기껏해야 수백 명밖에 안될 것이 뻔한 부족한테 가려고 잠재성이 더 큰 밭인 인구 수천 명의 키추아족을 떠나는 것이 사리에 맞는 일인가? 이번에도 짐은 성경의 원리에서 답을 찾았다. 1951년에 짐은 이렇게 썼다.

"숫자의 문제는 전혀 무의미하다. 인구가 많은 곳에 가는 것이 내 소명이었다면 나는 남미를 택하지 않고 인도로 갔을 것이다. 성경에는 모든 족속과 방언과 백성과 나라 가운데서 사람들이 마지막 영광에 참예하여 구속하신 주를 찬양하는 것이 하나님의 뜻이라고 되어 있다. 그 찬양대에 아직 들지 못한 부족들에게 복음이 전해져야 한다는 구체적 증거다. 그래서 나는 아직 복음을 듣지 못한 집단에 부담을 느낀다.”

원리는 자명했다. 짐은 원리대로 행할 각오가 돼있었다. 다만 내 쪽에서 짐을 보낼 각오가 덜 돼있었다. 늘 꺼림칙하던 부분을 물어 짐의 뜻을 확인한 후에야 나는 회의를 털어버릴 수 있었다.

“짐, **당신**이 가야 한다는 확신이라도 있나요?”

“나는 부름받았소.” 대답은 간단했다. 그러면 된 거였다. 성경의 원리와 하나님이 인도하신 상황과 짐 자신의 내적 확신이 모두 일치했다. 그렇다면 나도 동참할 수 있었다. 짐의 계획을 기쁨으로 거들 수 있었다.

몇 주 후 나는 직접 일라에 가서 아우카 언어자료를 좀더 수집해왔다. 짐과 나는 서로의 자료를 비교해가며 함께 작업했고, 언어의 구조를 연구하며 신중하게 기록으로 남겼다. 다시 새 언어를 시작하려니 감격스러웠다. 우리는 우호적 관계가 형성되는 대로 함께 아우카 부족들 사이로 이사가는 것에 대해 얘기했다. 사실 그때의 계획은 남자들이 일단 카누를 타고 쿠라라이 강으로 내려가 땅을 정탐한 뒤 상황이 허락되면 강 근처에 활주로를 짓는 것이었다. 짐은 나도 같이 가도 좋다고 했고 나는 흔쾌히 받아들였다.

짐에게 이 결정은 애당초 에콰도르에 온 자신의 동기와 중심을 더 깊이 살피는 계기가 됐다. 11월 6일 그는 이렇게 썼다.

"고국의 젊은이들이 아무도 시간 내서 자기들 문제를 들어줄 사람이 없어 방황하고 있는데 선교사들이 굳이 미국을 두고 먼 선교지로 나오는 까닭은 무엇일까요? 제가 떠나온 이유를 말씀 드리지요. 고국의 젊은이들은 자신의 언어로 하나님의 말씀을 공부하고 듣고 이해할 기회가 얼마든지 있는 반면 이들 인디언들은 그런 기회가 전혀 없기 때문입니다. 사람을 십자가에 못박는다는 것이 무슨 뜻인지 인디언들에게 보여주려면 통나무 두 개를 엇갈리게 놓고 제가 그 위에 누워야 합니다. 그곳에는 지식과 기회가 얼마든지 많은 반면 이곳은 철저한 무지의 땅이므로 제 마음속에는 하나님이 나를 이곳으로 보내신 이유에 대해 조금도 의문이 없습니다. 고국의 죽는소리하는 젊은이들은 심판날 깨어나 귀신을 두려워하는 이 인디언들보다 더 혹독한 정죄를 받을 것입니다. 이들은 글자라는 개념을 들어본 적도 없건만 그들은 성경이 있는데도 그것을 귀찮아했기 때문입니다."

한편 샨디아의 삶은 계속됐다. 대나무와 초가로 엮은 옛 학교 건물은 바람 한번만 불면 주저앉을 것 같았다. 그래서 짐은 널빤지로 짓는 새 건물에 한껏 박차를 가했다. 11월 9일 짐은 이렇게 썼다.

"하루종일 널빤지를 대패질했더니 아주 고단하군요. 연장을 인디언들한테만 맡기는 것이 염려됩니다. 그래도 그들은 시멘트 붓는 일을 잘합니다. 금주에 기둥 일곱 개를 부었고 이제 시멘트가 없습니다…… 추루야쿠부터 벼랑까지 빈센트를 시켜 도랑을 파게 할까 생각중입니다. 수력발전 시설을 가동시켜 보려고요.

월요일, 주님께서 허락하시면 오늘도 노동의 하루가 될 것 같습니다. 인디언들을 다 모아 학교 부지로 들보를 끌어오게 할 생각입니다. 인부들한테 5수크레를 지불하는 것보다는 차라리 맛있는 음식을 대접하는 편이 작업 진척에 더 도움이 됩니다.

발레리는 놀이울 안에서 기우뚱한 자세로 혼자 일어섰다가 다시 앉곤 합니다. 지금 보시면 정말 귀여울 것입니다. 인형이 웃는 것 같습니다. 다시 잇몸이 부은 것을 보아 곧 이 두 개가 더 날 것 같습니다. 엘리엇 자손 아니랄까봐 웃음이 아주 많습니다. 저녁 먹은 뒤 외에는 한시도 우리를 가만히 놓아두지 않지만 우리는 마냥 좋습니다. 세 쌍둥이를 둔 사람은 어떻게 살까요?

빗발이 들기 시작했습니다. 그간 폭염이 지속됐기 때문에 당연히 비가 와야 합니다. 아주 위험한 폭풍도 몇 차례 있었습니다. 전부터 뿌리가 흔들리던 샘 위쪽의 나무 한 그루가 오늘 약한 바람에 쓰러졌습니다. 정글이 머리를 덮치지 않게 하려면 늘 싸워야 합니다. 근간에 땅문서를 해결해야 합니다. 그러려면 바깥으로 난 길들을 다시 열어야 합니다."

늦은 오후부터 저녁까지 짐은 인디언 청년들과 집중적인 성경공부를 했다. 짐은 한번에 한두 명씩 불러 몇 구절의 말씀을 계속 몇 번이고 되풀이하면서 질문과 대답을 통해 그들 스스로 의미를 깨우치도록 도와주었다. 짐은 그것이 현지인 교회의 기초라 믿었다. 교회는 말씀의 기초 위에 세워져야 하며 교인들이 스스로 말씀을 섭취할 수 있어야 한다. 짐은 그때까지 누가복음의 많은 부분을 번역했고 나도 군데군데 번역해둔 것이 있었다. 어느 날 짐은 "내가 아우카족한테 가기 전에 함께 이 일을 **마쳐야 되겠소**" 하고 말했다. 그래서 우리는 함께 작업했다. 둘의 번역본을 함께 놓고 인디언 자료 제공자의 점검을 거쳐 최대한 고쳤다. 짐이 떠나기 전 누가복음 초고가 완성됐다.

11월 20일. "이번 주말에 많은 인디언들이 상류지방에 가느라 집회에 참석한 사람이 40명으로 줄었습니다. 학교 보조교사 베난시오 타푸이가 찬양을 인도하고 게르바시오가 말씀을 전했습니다. '나를 위하여 울지 말고 너희를 위하여 울라'(눅 23:28)는 말씀에 대해 전했습니다. 그런대로 좋았습니다. 다만 두 사람 다 좀더 침착하게 청중들과 시선을 맞출 필요가 있습니다. 내일은 헥터의 성경공부반이 있고 화요일은 마리아노, 수요일은 베난시오가 맡고 목요일은 제가 요약한 뒤 금요일은 아센시오가 가르칩니다. 이들 모두에게 뭔가를 맡기려 하고 있는데 다들 잘 따라주고 있습니다. 이번 주일에는 하나님이 허락하시면 아벨라도가 설교합니다. 금요일 아침 베티와 저는 파노에 갑니다. 그래서 탈락풍구 모임은 베난시오가 맡게 됩니다.

새 학교건물의 기둥은 이제 절반쯤 부었습니다. 아이들은 일단 감각만 손에 익으면 잘합니다. 들보는 다 잘라두었지만 다음 주에 하루 날을 잡아 이곳까지 끌어와야 합니다. 베티는 어제 한 인디언 산모의 아기를 받았습니다. 그동안 저는 아기를 보면서 여학교에서 쓸 초보 읽기자료를 만들었습니다. 이번 주는 땅 소유권 문서를 해결하느라 길을 오가며 많은 시간을 보냈습니다. 인디언들이 해안으로 많이 나갔기 때문에 지금은 주변에 일할 만한 인디언들이 많지 않습니다. 이번 주에 그들은 이곳에서도 사금이 나는 곳을 발견했습니다. 그래서 지금 다들 사금을 캐고 있습니다.

15-22센티미터까지 여러 크기의 널빤지를 사용해 집 위층 바닥 까는 일을 끝마쳤습니다. 그렇게 힘들게 나무를 많이 깎아야 할 줄은 몰랐습니다. 그런데 학교에도 똑같은 작업이 필요할 것 같습니다. 그렇게 하면 버릴 것이 훨씬 적거든요. 사개맞춤 방식으로 끼웠습니다. 학교 측벽은 반턱 쪽매 이음으로 하면 될 것 같습니다.

어제 발레리를 세워봤습니다. 기우뚱거리고 웃으면서 혼자 5초 정도 서있더군요. 베티는 요즘 아기 젖을 떼는 중입니다. 그래서인지 밤에 다시 조금씩 보챕니다. 윗니가 세 개 났고 아직은 많이 흘리지만 물을 컵으로 마시기 시작했습니다."

일기는 이렇게 이어진다.

11월 27일. "네이트와 함께 두번째 아우카 비행에 나섰다. 강을 따라 초가 오두막으로 내려가니 담장이 둘린 밭만 있고 사람은 없다. 지난번 방문 이후로 정글 개간과 벌목의 규모가 더 커진 것이 눈에 띄었다. 벌채칼과 도끼의 용도를 그들도 잘 아는 것이리라. 올라오는 길에 첫 집에 바지 하나를 떨어뜨렸다. 그집에는 저번 비행 때 우리가 떨어뜨렸던 회색 치마를 입고 있는 한 여자가 보였다. 둘째 집에는 칼로 깎아 만든 모형비행기가 지붕에 얹어져 있다. 그집에 벌채칼과 반바지를 떨어뜨렸다. 잠시 후 벌어진 장면에 나는 전율을 느꼈다. 노인 같은 사람 하나가 집 옆에 서서 마치 우리한테 내려오라는 듯 두 팔을 흔들었던 것이다. 아우카족 사람이 나한테 오라고 손을 흔들다니! 다음 집에 가니 널따란 개간지에 대나무 평상이 놓였고 흰 셔츠를 입은 사람이 그 위에 서서 손을 흔든다. 네이트는 개간지 끄트머리 나무 속에 두루마리 화장지 한 개와 끈 달린 빗[1]을 몇 개 떨어뜨렸다. 그곳도 개간했으면 좋겠다는 우리의 뜻을 그렇게 전한 것이다. 끈 달린 벌채칼도 떨어뜨렸는데 다행히 그들이 잘 찾아냈다. 냄비 하나와 도끼를 줄에 매달아 내렸다. 그들도 빨간 리본으로 줄에 뭔가를 매달았는데 위로 끌어올리는 과정에서 그만 놓치고 말았다. 네이트는 곧 해가 진다며 서둘러 고도를 높였고 그 외중에 물건이 떨어져나갔던 것이다.

'하나님, 저를 어서 아우카족에게 보내주소서.'"

이 일기를 썼던 바로 그날, 부모님께 쓴 짐의 편지에는 샨디아의 근황만 나와 있다.

"참으로 감사하게도 인디언 친구들이 기초 기둥작업을 빠른 속도로 해내고 있습니다. 이제 기둥 하나만 더 부으면 들보를 얹게 됩니다…….

인디언들은 학교 예배도 잘 맡아서 이끌고 있습니다. 오늘 아침에는 아벨라도가 모임을 인도했습니다. 귀신들려 간질에 걸린 아이, 믿음 없는 무리를 향한 주님의 책망, 믿었지만 믿음에 도움이 필요했던 아버지를 향한 주님의 격려, 신자이면서도 간절한 기도와 능력을 잃어 속수무책 쩔쩔맸던 제자들 등 그는 약간의 사전 도움으로 말씀도 잘 전했습니다.

매일 오후와 일부 저녁시간에 청년들을 집으로 불러 한 성경 본문을 몇 번이고 함께 공부합니다. 잠시 후 그들이 키추아말로 전하는 것을 들어보면 저보다 훨씬 낫습니다. 공부 면에서나 전달 면에서나 큰 진보가 십분 발휘된 것이지요. 이제 이 일이 제 사역의 거의 전부를 차지합니다. 신자들 상대의 월요일 오후 모임만 제가 직접 맡고 나머지 모든 집회의 말씀 전하는 일은 현지인들에게 맡기고 있습니다. 하나님이 그들을 도와주십니다. 이들은 배우려는 열망이 있으므로 제가 전혀 다그칠 필요가 없습니다. 말씀의 뜻을 이해하는 부분에서만 많은 도움이 필요하지요.

씨앗을 보내주셔서 정말 감사합니다. 사과 수확도 하기 전에 갑자기 추위가 닥쳐왔다니 안됐군요. 괜찮은 나무가 남아 있습니까?

아버지, 이곳 사람들 특히 빈센트, 베난시오, 차우차, 카피탄 네 사람을 위해 기도해주십시오. 이번 주에 유난히 더 그들에게 부담을 느낍니다. 그들이 변화될 날이 멀지 않다고 믿습니다. 또 한 가지 잊지 마셔야 할 것이 있습니다. 이곳 샨디아의 신자들이 어느 정도 자리가 잡힌 만큼 이제 우리는 복음을 들고 다른 지역으로 나가는 것을 생각중입니다. 하나님이 두어 달간 우리를 다른 곳으로 보내신다면 자라나는 이곳 교회에도 좋은 일이 되리라 생각합니다.

앞뜰에는 하이비스커스가 불타고 있습니다. 언제 인디언들이 와서 망쳐놓을지 모르지요. 이번 주에 집에 니스칠을 좀 했고 지붕에도 타르를 발랐습니다. 이곳의 마무리 작업은 머잖아 끝날 것 같습니다.

오늘은 이 정도입니다. 6시가 지났군요. 귀뚜라미와 개구리들의 철야음악회가 시작됐습니다. 큰 냉장고와 실한 젖소를 맞바꾸기로 인디언 친구들과 합의봤습니다. 이제 우리 목초가 쑥쑥 자라고 있습니다. 늘 사랑과 관심으로 기도해주시니 감사합니다. 하나님의 손길로 사역에 늘 힘을 얻고 있습니다."

하나님은 짐이 드린 모든 약속을 그대로 성취하셨다. 짐이 그것을 조금이라도 예감했는지 나는 모른다. 예컨대 1948년 4월 18일 짐이 드린 기도에 하나님은 글자 그대로 응답하셨다. "아버지, 제 생명을 취하소서. 주님의 뜻이라면 제 피를 취하소서. 주님의 삼키는 불로 제 피를 태우소서. 제 것이 아니기에 아끼지 않겠습니다. 주님, 가지소서. 다 가지소서. 제 생명을 세상을 위한 희생으로 부으소서. 피는 주님의 제단 앞에 흐를 때만 가치있는 것입니다."

짐은 키추아말로 찬송가를 많이 썼다. 맨 마지막에 지은 것 중 하나를 보면 인간이 죽을 때 나타나는 결과가 잘 표현돼 있다. 전

도서 11:3의 비유를 사용하여 인디언들이 이해하기 쉽게 쓴 것
이다.

> 인간이 죽으면 나무처럼 쓰러져
> 그 쓰러진 곳에 그냥 있으리라.
> 신자가 아니면 지옥불로 향하리.
>
> 그러나 신자는 죽음이 닥쳐도
> 쓰러지지 않고 그 순간 일어나
> 하나님의 집으로 들어가리라.

이 노래는 샨디아에서 가장 즐겨 부르는 찬송 중 하나가 되었다.
이 노래가 자신에게 미친 특별한 의미를 간증한 사람들이 여럿
있다.

그러나 영혼들의 원수인 마귀는 자기 영역을 호락호락 내줄
자가 아니다. 아우카 지역에서 자신의 권위가 도전받을 것을 안
마귀는 곧 그 도전자들에게 공격을 가하기 시작했다. 짐은 이전
에 당해보지 못했던 유혹에 에워싸였다. 최강의 무기인 낙심이
사방에서 짐을 공격해온 것이다. 내가 알기로 그때까지 짐은 에
콰도르에 도착한 후로 한번도 낙심에 지배당한 일이 없었다. 12
월 들어 짐의 심령은 가라앉는 듯했고 내가 거들 수 없는 싸움이
벌어지고 있는 것 같았다. 그 시기에 짐은 '길르앗의 향유'라는 곡

에 간단한 노랫말을 붙였다. 영어로 옮기면 깊은 정서가 사라지는 아름답고 애달픈 가사다.

> 때로 나 홀로 고백하는 말,
> 나는 아무 쓸모없는 신자.
> 하지만 포기하려는 순간
> 주 내게 다시 말씀하시네.
>
> "내 아들아, 나를 믿으라.
> 내 아버지 집, 밝은 나라로
> 내 너를 꼭 데려가리니
> 나를 따르라, 내 아들아."

네이트가 보기에 비행기가 확실히 착륙할 수 있는 강변이 발견되면서 카누로 쿠라라이 강을 따라 내려간다던 본래 계획은 백지화됐다. 여자가 함께 가야 할 필요성도 없어졌다. 나는 짐이 나를 두고 가리라는 것을 알았다. 그때부터 우리는 짐이 돌아오지 않을 수 있는 가능성에 대해 얘기하기 시작했다.

"여보, 그것이 하나님이 원하시는 방식이라면 나는 아우카족의 구원을 위해 죽을 각오가 돼 있소." 짐은 말했다.

얼마 전 푸유풍구로 이사 와 있던 플레밍 가정이 크리스마스 직전에 그곳에 인디언들을 위한 신앙축제를 열고 짐과 에드에게 내려와 성경공부를 도와달라고 청했다. 그 집회에 대해 짐은 12월 22일 이렇게 썼다.

"인디언들이 100명쯤 모였습니다. 푸요 강 상류 쪽에서 온 사람들이지요. 여남은 명의 우리 학생들도 여기서 두어 누이들과 함께 갔습니다. (사흘 길을 걸어서!) 경청하는 태도가 아주 좋았습니다. 첫날밤 우리가 술을 뺏은 후로 술 취한 사람도 더 이상 없었습니다. 월요일 아침 피트는 술을 주인에게 돌려줬습니다. 나이 든 사람들이 아주 열심히 들었습니다. 인디언들이 그렇게 귀기울여 듣는 모습은 저도 처음입니다. 하나님의 도움으로 그들이 그리스도를 선택해야 할 책임을 깨닫고 그분을 공개적으로 고백하게 되기를 기도할 뿐입니다. 젊은층에서도 이미 몇 사람이 술을 끊었습니다. 아타나시오와 그의 동생 이삭을 위해 기도해주십시오. 루이스 카피탄은 이곳을 잘 출발했으나 푸요를 지날 때쯤 술에 취해 결국 거기서 주저앉고 말았습니다.

금요일 오전 아라후노의 마릴루와 무전연락을 취하려 에드와 함께 대기하고 있는데 마릴루가 겁에 질린 목소리로 말했습니다. 자기와 함께 있던 인디언이 아침 일찍 일어났다가 하마터면 아우카 사람과 정면충돌할 뻔했다는 것이었습니다. 벌거벗은 아우카 사람은 손에 창을 들고 에드의 집에서 50미터도 안되는 지점에 서있었다고 합니다. 그래서 에드와 네이트가 급히 그곳으로 날아 갔으나 그의 모습은 더 이상 보이지 않았습니다. 마릴루와 함께 있던 인디언은 그를 그 자리에서 죽이려 했으나 마릴루가 총을 치우고는 아우카말로 '나는 당신을 좋아합니다'라고 소리치며 밖으로 나갔습니다. 아우카 사람에게 벌채칼을 주려 했으나 그는 이미 사라지고 없었습니다. 흔적이라고는 널빤지 위에 달랑 남은 발자국 하나와 사라진 정글 근처의 짓밟힌 풀밖에 없었습니다. 우리는 이 부족에게 다가가고 싶습니다. 그들은 백인이든 다른 인디언이든 누구와도 우호적 관계를 맺어본 일이 없지만 우리는 그들의 거주지를 알고 있으며 조만간 그들에게 접근하기 위한 결정적 시도에 나설 것입니다. 두 가지 필요한 것이 있습니다. 하나는 비밀입니다. 우리 계획을 눈치채면 거사를 완전히 망쳐놓을 사람들이 있습니다. 그러니 제가 그래도 좋다고 말하기 전에는 아무한테도 발설하지 마십시오. 두번째는 기도입니다. 아우카족은 낯선 사람을 보면 무조건 죽입니다. 외부인과 잘 지낸다는 개념이 전혀 없습니다. 우리와 함께 있는 인디언들도 백인들 못지않게 그들을 겁내며 벌벌 떱니다. 이런 고생을 자초하는 우리를 남들이 보면 바보라 하겠지요. 하지만 우리는 그들을 만나게 하시려고 하나님이 에드를 아라후노로 보내셨다고 믿습니다. 그들에게 복음을 주는 것이 그분의 뜻이며 우리는 그 뜻대로 행하고 싶습니다. 아우카말에는 예수라는 단어는 고사하고 하나님이라는 단어도 없습니다. 일라에 '길들여진' 아우카 여자가 하나 있어 베티와 저도 몇 차례 방문했습니다. 저희는 현재 아우카 언어를 작업중입니다. 키추아 언어보다 훨씬 어려워 분석에 더 많은 작업이 필요합니다. 저희를 위해 기도해주십시오. 계획이 진전되는 대로 한두 달 안에 더 자세한 내용을 전해드리겠습니다.

어머니, 루스 조단 편으로 아무것도 보내시지 않아도 됩니다. 이미 루스한테는 우리에게 전달할 큰 짐보따리가 있습니다. 베티의 부탁으로 베티의 어머니가 제 바지며 기구를 비롯해 이것저것 사줬다고 합니다. 저희한테 필요한 것은 물건이 아니라 하나님의 능력입니다. 하나님의 보좌를 통하지 않고는 아무도 보낼 수 없는 것이지요."

우리는 플레밍 가정과 맥컬리 가정과 함께 아라후노에서 크리스마스를 보냈다. 마릴루는 대나무로 작은 크리스마스 트리를 만들었다. 전등과 장식품을 단 손색없는 것이었다. 우리의 대화는 대부분 아우카 사역에 대한 것이었다. 남자들은 아우카족과의 첫 지상 접촉을 다음주로 계획하고 있었다. 그간 수집한 아우카 언어자료의 연구에 대해서도 얘기했다. 네이트는 자신을 비롯해 에드, 짐과 동행할 네번째 사람을 확보하는 데 성공했다. 남부 정글 히바로스 원주민들 속에서 사역하던 로저 유데리안이라는 선교사였다. 피트 플레밍은 시종 의논에 함께 가담했으나 동행 여부는 아직 미정 상태였다.

크리스마스가 끝나고 우리는 모두 인디언 청년 신자들을 위한 새해 수련회를 위해 샨디아로 돌아갔다.

짐이 부모님께 보낸 마지막 편지는 12월 28일 쓴 것이다.

"이 편지가 도착할 즈음이면 저는 네이트와 에드와 피트와 다른 선교사와 함께 아우카족과의 접촉을 시도하고 있을 것입니다.

우리는 이 일을 위해 몇 달간 기도하며 준비해왔고 외부에는 철저히 비밀로 했습니다(인근의 저희 선교사 친구들도 아직 모릅니다). 얼마 전 네이트는 탐사 비행중에 아우카족의 집들이 모여 있는 곳을 두 군데 찾아냈습니다. 그 이후로 우리는 매주 그들과 사귀려고 비행기를 타고 찾아가 일라의 여자한테서 배운 아우카말 표현을 스피커로 크게 외치며 여러 선물을 떨어뜨렸습니다. 네이트는 밧줄에 달아 내리는 방식으로 물건을 바로 그들의 문간 앞에 떨구었고, 저희도 그들로부터 몇 가지 선물을 받았습니다. 그들은 애완동물이나 음식이나 자기들이 만든 물건을 밧줄에 묶어 올립니다. 우리의 계획은 강 하류 쪽으로 내려가 강변에 착륙하여 나무 위에 집을 지은 후 비행기에서 그들을 불러서 그곳으로 초청하는 것입니다. 착륙할 강변은 그들의 가옥에서 멀지 않은 곳에 저희가 봐둔 곳이 있고, 나무 위에 지을 집은 제가 이곳의 전기톱으로 미리 다 짜두었습니다. 부르기로 계획한 날은 1월 6일 금요일이나 7일 토요일입니다. 더 오래 기다려야 할 수도 있습니다. 아우카족이 완전히 벗고 사는 미개인이라는 것은 새삼 말씀드릴 필요가 없겠지요(지난주에 천으로 아랫부분만 가린 모습을 처음 봤습니다). 그들은 지금까지 백인들과 전혀 접촉이 없습니다. 보는 대로 죽인 것 외에는 말입니다. 화기는 없지만 야자나무로 만든 긴 창으로 죽입니다. 이끼에 나무토막을 문질러 피우는 불 외에는 불이라곤 전혀 없습니다. 그들은 갈색 헝겊에 아기를 싸안고 다니고, 잠은 해먹에서 자며, 다른 인디언들을 죽일 때 벌채칼과 도끼를 훔칩니다. 아우카 언어에는 하나님이라는 단어가 없고 악마와 영혼이라는 말만 있습니다. 기도해주실 줄 압니다. 우리가 받은 명령은 '만민에게 복음을 전파하는'(막 16:15) 것입니다. ―사랑하는 아들, 짐 올림."

수련회는 새해 첫날에 끝났다. 초청된 외부 손님들은 이틀날 떠나기로 돼있었고, 짐은 남자들의 회동장소인 아라후노로 1월 3일 떠날 예정이었다. 거기서 그들은 아우카족 지역으로 출발할 참이었다. 그러나 1월 2일 아침 네이트가 무전을 보내왔다. 좋은 날씨를 활용해 하루 일찍 떠나자고 하면서 다른 사람들과 함께 짐을 아라후노까지 비행기로 태워다주겠다는 것이었다. 그래서 우리는 예정과 달리 하루 더 함께 보낼 수 없게 됐다.

짐은 물건을 꾸리기 시작했다. 나는 아우카 사람들을 즐겁게 해주고 흥미를 끌어 우호적 관계 형성에 더 많은 시간을 확보해줄 만한 물건을 생각나는 대로 모아주었다. 남자들이 자기네가 아는 몇 마디 말 가지고는 아우카족과 긴 대화를 유지할 수 없다고 생각했기 때문이다.

마지막으로 짐의 물건을 다시 한번 점검했다. 준비에 차질이 없었다. 비행기 측과 마지막 무전연락을 취한 후 짐은 휴대용 모기장을 이마에 두른 뒤 문간으로 발길을 옮겼다. 짐이 놋쇠 손잡이에 손을 대는 순간, 내 입에서 큰소리로 이 말이 나올 뻔했다.

"당신이 그 문을 다시는 열지 못할 수도 있다는 거 아시지요?"

짐은 문을 활짝 열었다가 내가 따라나온 후 쾅 닫았다. 그리고는 평소의 꿋꿋하고 치우침 없는 걸음걸이로 대나무 길을 성큼성큼 내려갔다. 우리가 활주로에 이르자 비행기는 착륙하려 선회하고 있었다. 짐은 내게 입맞춘 후 조종석 옆자리로 올라타 강 너머로 사라졌다. 불과 몇 분 사이의 일이었다. 1956년 1월 4일 수요일, 짐은 "팜 비치"라 이름붙인 쿠라라이 강변에서 연필로 내게 이런 쪽지를 썼다.

"사랑하는 베티, 방금 땀흘려 무전기 핸들을 돌렸습니다. 아무도 우리 말을 수신하는 사람이 없지만 우리한테는 오전의 모든 교신이 똑똑히 들립니다. 우리는 잘 잤습니다. 새벽 2시에 잠시 깨어 커피와 샌드위치를 먹었습니다. 지상에서 10미터 높이의 나무 위에 집을 지었는데, 세 개의 작은 침상이 다들 어찌나 아늑하고 안전하게 느껴지던지 어젯밤에는 시계를 맞춰놓지 않았습니다. 강변은 착륙하기에는 좋지만 이륙하기에는 너무 땅이 질은 상태입니다. 세 가지 방안이 있습니다. 첫째는 햇볕에 땅이 굳고 바람이 세져서 이륙이 가능해질 때까지 앉아서 기다리는 방안, 둘째는 '터미널 시티'[아우카 거주지에 대한 암호명]에 가서 활주로를 만드는 방안, 셋째는 걸어나가는 방안.

강변에서 퓨마 발자국을 보았고 간밤에는 소리도 들렸습니다. 사방이 탁 트인 아름다운 정글에 야자수가 빽빽합니다. 샨디아보다 훨씬 덥습니다. 어젯밤 모기장만 치고 자는데도 땀을 흘렸습니다.

우리의 희망은 높건만 '이웃들'이 나타날 조짐은 아직 없습니다. 어쩌면 오늘이 아우카족을 만나는 날이 될지도 모릅니다. 이 오두막을 나무 위로 올리느라 고생했지만 지상에서 간격을 띠는 것은 분명 가치있는 수고입니다.

이제 내려갑니다. 주머니에 권총과 선물과 신기한 물건을 가지고, 가슴에는 기도를 품고. 이만 줄입니다. ―당신을 사랑하는 짐."

내가 알기로 이것이 짐의 마지막 기록이다. 그후로 짐은 나흘을 더 살았다. 그 나흘에 관해 알려진 모든 내용은 다른 책에 나와 있다.[2] 여기서는 짐이 평생 꿈꿔온 감격이 드디어 그 금요일 실현됐다는 얘기만으로 충분하다. 짐은 한 아우카 사람의 손을 잡았다. 다섯 명의 미국인과 세 명의 벌거벗은 미개인, 드디어 그 둘이 만난 것이다.

이틀 후인 1956년 1월 8일 일요일. 짐 엘리엇과 그의 네 동료는 짐이 6년간 위해서 기도해왔던 사람들의 손에 목숨을 잃었다.

에필로그

서머싯 몸W. Somerset Maugham은 「인간의 굴레」에서 "이들 옛 사람들은 아무 일도 하지 않았고 그리하여 그들이 죽을 때는 마치 그들이 세상에 존재하지 않았던 것과 같았다"고 썼다. 이 말에 대한 짐의 반응은 "하나님, 저를 구해주소서!"였다.

짐은 죽을 때 세상에서 말하는 값나가는 것을 거의 남기지 않았다. 짐과 나는 아무 보험도 들지 않기로 오래 전에 합의했었다. 우리는 재물을 하늘에 쌓았고, 주님이 주신 것은 우리 손안에 있는 한 나누었고, 바울이 고린도 교인들에게 가르친 원리를 따라 미래를 글자 그대로 그분께 맡겼다. "이제 너희의 유여한 것으로 저희 부족한 것을 보충함은 후에 저희 유여한 것으로 너희 부족한 것을 보충하여 평균하게 하려 함이라. 기록한 것같이 많이 거둔 자도 남지 아니하였고 적게 거둔 자도 모자라지 아니하였느니라"(고후 8:14-15).

이스라엘 백성들도 광야에서 만나를 받을 때 하루치만 받았다. 그들은 내일 것을 쌓아둘 수 없었다.

어쨌든 물질적인 것은 거의 없었다. 정글의 집, 해어진 옷가지, 책, 연장이 전부였다. 다섯 명 일행을 구하러 갔던 사람들은 내게 짐이 차고 있던 손목시계와 쿠라라이 강변에 뒹굴던 글씨가 흐려진 짐의 대학시절 기도노트를 가져다주었다. 장례식도 없었고 기념될 만한 묘비도 없었다("모래 위에 다섯 개의 나무십자가를 세웠다"는 뉴스 보도는 사실이 아니다).

그렇다면 유산이 없는 것일까? 마치 짐이 "세상에 존재하지 않았던 것"처럼? "이 세상도 그 정욕도 지나가되 오직 하나님의 뜻을 행하는 이는 영원히 거하느니라"(요일 2:17). 짐은 기억 속에서 내게, 그리고 편지를 통해 우리 모두에게, 하나님의 뜻 외에는 아무것도 구하지 않았던 사람, 자기 삶이 "하나님을 아는 가치를 드러내는 전시품"이 되게 해달라고 기도한 사람의 증거를 남겼다.

이 유산에 쌓이는 이자는 차차 현실로 나타날 것이다. 짐의 모본에 마음이 움직여 그리스도를 따르기로 결단한 키추아 인디언들의 삶, 짐을 통해 하나님을 알아가려는 새로운 열망을 품게 됐다고 지금도 편지로 내게 알려오는 많은 이들의 삶이 그 작은 징후다.

휘튼 대학 시절 나는 짐에게 내 졸업앨범에 서명을 부탁했었다. "당신을 알게 돼 기뻤습니다" 따위의 통상적이고 별 뜻 없는 진부한 말 대신 짐은 이렇게 썼다.

"말의 먼지가 나를 질식시킬 것입니다. 디모데후서 2:4." 그 구절은 이런 내용이다. "군사로 다니는 자는 자기 생활에 얽매이는 자가 하나도 없나니 이는 군사로 모집한 자를 기쁘게 하려 함이라."

짐의 죽음은 대장에 대한 단순한 순종의 결과였다. 수많은 사람들이 자기 대장의 말에 순종해 죽었다. 게티스버그 전투의 군사들도 그랬다. 그 싸움터에서 에이브러햄 링컨이 했던 위대한 말은 주님의 군사들—명령에 대한 순종이라면 이들이야말로 감히 모방할 수 없는 자들이다—에게도 그대로 적용된다.

"우리는 이 땅을 거룩하게 할 수 없습니다. 신성하게 할 수 없습니다. 성역으로 만들 수 없습니다. 여기서 분투했던…… 이 용감한 전사들로 이 땅은 이미 신성해졌습니다. 우리의 어설픈 힘으로 보태거나 뺄 것이 전혀 없습니다……. 이 자리에 선 우리는 그들이 목숨을 바쳐 헌신한 일에 새삼 헌신을 더하기보다는…… 우리 앞에 남아 있는 위대한 일에 자신을 바치는 것이 옳습니다."

링컨을 비롯해 예식에 참석한 사람들은 전사들이 스러져간 땅을 다시 한번 보았다. 펜실베이니아의 평범한 푸른 벌판이었지만 이제 그곳은 새로운 의미로 충만했다. 평범한 일상을 살며 낡은 노트에 적어간 짐의 친필 일기를 다시 읽는다. 짐의 글에 새로운 의미가 충만해진다. 그 말에 나는 아무것도 보탤 수 없다.

- "영원한 것을 얻고자 영원할 수 없는 것을 버리는 자는 바보가 아니다."(1949년)

- "보배도 하나, 시선도 하나, 주님도 하나면 된다."(1948년)

- "하나님, 마른 막대기 같은 제 삶에 불을 붙이사 주님을 위해 온전히 소멸하게 하소서. 나의 하나님, 제 삶은 주의 것이오니 다 태워주소서. 저는 오래 사는 것을 원치 않습니다. 다만 주 예수님처럼 꽉 찬 삶을 원합니다."(1948년)

- "아버지, 제 생명을 취하소서. 주님의 뜻이라면 제 피를 취하소서. 주님의 삼키는 불로 제 피를 태우소서. 제 것이 아니기에 아끼지 않겠습니다. 주님, 가지소서. 다 가지소서. 제 생명을 세상을 위한 희생으로 부으소서. 피는 주님의 제단 앞에 흐를 때만 가치있는 것입니다."(1948년)

- "활활 타오르도록 성령의 기름을 흠뻑 적셔주소서. 하지만 불꽃은 잠깐이며 대개 단명이다. 내 영혼아, 너는 단명을 견딜 수 있는가? 내 안에는 위대하신 단명의 주님의 영이 살아계신다. 하나님의 집을 향한 열정이 그분을 삼켰다. '저를 주의 연료 삼으소서. 하나님의 불꽃 되게 하소서.'"(1948년)

- "우리는 한 손에 검을 들고 한 손에 삽을 들고 일할 각오가 돼 있을까요?"(1948년)

　　　"전부 취하시고 주님을 다 주시되

　　　　　　　이 땅의 썩을 재물과 같지 않은

모든 영원한 것과 함께 주십니다……."(1948년)

- "아버지, 저를 남미에 보내셔서 주님과 함께 일하다 죽게 하시려거든 기도하오니 어서 보내주소서. 그럼에도 불구하고 제 뜻대로 마옵소서."(1948년)

- "내 심장은 앞으로 얼마나 더 뛸 수 있을까. 그 짧은 시간이 지나면 곧 보이지 않는 것이 중요해지는 진짜 세계가 찾아온다."(1948년)

- 관棺에 대해 짐은 이렇게 썼다. "생명이신 주님께 삼킨바 되는 것이다. 내가 가장 바라는 바다."(1948년)

- "아, 단 한번 순수한 마음으로 '나무'와 거기서 최악의 고통을 겪은 사랑을 쾌히 바라봄으로 '마라'의 물이 달아진 적이 얼마나 많았던가요. 예, 물을 달게 하는 그 나무는 곧 십자가입니다. '사랑은 언제까지든지 떨어지지 아니하나.'"(1949년)

- "형의 생명과 마찬가지로 형의 인생의 날들도 주님 손안에 있습니다. 다만 시간의 흐름 속에 형의 시각이 흐려져 아직도 어둠에 있는 이들을 못 보게 돼서는 안됩니다. 그들은 반드시 들어**야만 합니다.** 아내들과 가정들과 신앙 습성과 교육이 모두 '죽은 자들로 자기의 죽은 자들을 장사하게 하고 너는 가서 하나님의 나라를 전파하라'(눅 9:60)는 원리로 훈련될 필요가 있습니다."(1948년)

- "주님과의 연합에 대한 확신으로 모든 것을 극복하십시오. 그

러면 시험을 묵상하고 핍박이나 외로움을 견딜 때 '그 앞에 있
는 즐거움'(히 12:2)의 복을 알게 될 것입니다. '우리는…… 그
의 기르시는 양이로다. 감사함으로 그 문에 들어가며 찬송함으
로 그 궁정에 들어가서'(시 100:3-4). 양은 문에 들어가 무엇을
합니까? 궁정 안에서 양의 용도는 무엇입니까? 즐겁게 노래하
며 양떼와 함께 즐기는 것입니까? 아닙니다. 양떼의 운명은 결
국 **제단**으로 가는 것입니다. 초장에서 배불리 먹은 것도 한 가
지 목적을 위해서입니다. 양을 키우고 살찌워 피의 제물로 삼
기 위한 것이지요. 그러니 그분의 제단에 합당하게 여김받은
것에 감사하십시오. 찬양으로 사역에 들어가십시오."(1949년)

형 버트가 페루로 떠날 때 짐은 어머니에게 이렇게 썼다.

• "제가 마치 모든 대가를 알기라도 한다는 듯 건방지거나 잘난
척할 생각은 없지만, 잊지 마십시오. 우리는 십자가를 지신 그
분과 언약관계에 있으며, 제자들에게 사역하실 때 그분이 강조
하신 것은 세상의 물질이나 **가족간의 인연**이 아니라 희생이었음
을 잊어서는 안됩니다. 그 아들의 본을 따라 우리도 강하게 시
험에 맞서는 것이 하나님의 뜻이요 진리입니다. 그 어떤 것도
우리를 거기서 돌아서게 할 수 없습니다. 다른 길은 없습니다.

오, 십자가를 통해 그 아들들에게

영광을 가져다주시는 영광의 왕이여.

어떤 고난과 치욕과 손실 앞에서도

우리로 뒤로 물러나지 말게 하소서."(1949년)

• "하나님이 젊은 생명을 취하신다 해도 나는 이상하게 생각해서는 안된다. 나라면 젊은 사람들을 나이들 때까지 이 땅에 두고 싶겠지만 말이다. 하나님은 영원의 나라로 사람들을 이주시키고 계신다. 내가 그분의 이주 대상을 나이든 사람들로 국한해서는 안된다."(1950년)

• "물론 운명과 비극, 목적 없는 삶, 간발의 차이로 놓치는 인연 따위도 인간 경험의 한 부분이지만 전부는 아니며 결정적 부분이라 할 수도 없다. 하나님이나 신적 존재를 믿지 않는 사람들의 삶에서도 마찬가지다. 내 경우, 그보다 강한 힘을 보았다. 외견상의 불운을 통해 역사하시는 '궁극 선'의 힘이다. 그렇다고 인생이 항상 장밋빛이라는 말이 아니다. 삶에는 진짜 불행과 고생, 까닭 모를 어두운 운명, 실수, 한탄 등 용감하고 담대한 사람이 겪은 모든 불운이 있다. 그러나 그 안에서도 나는 인간이 상상 못할 더 큰 계획을 발견하고 있다."(1951년)

• "줌으로써 얻는 원리가 하나님의 행동에 잘 나타나 있다.

독생자를 주셨으니.

성령 부어주심을 인하여.

자기 아들을 아끼지 아니하시고.

오히려 자기를 비워.

- 그렇게 준다고 천국이 가난해질까? 아니다. 천국도 지상도 더 부요해진다. 감히 하나님의 본을 따르지 않을 자 누구랴"(1951년)

- "내 삶이 충만하다는 것만 알 뿐이다. 나는 젊은이가—적어도 나라는 젊은이가—가질 수 있는 모든 것을 다 가졌다. 그러므로 이제 죽을 때다. 나는 예수님을 만날 준비가 돼있다."

(1951년 12월)

- "영적 용기와 좋은 스페인어 실력과 확실한 기적적 인도하심을 구하며 이전 어느 때보다 분명하게 아우카족 사역에 나를 드렸다."(1952년 5월)

- "하나님의 뜻은 언제나 우리가 생각하는 것보다 큽니다."

(1952년)

- "제게도 이런 믿음을 주소서. 두려움을 다 떨치고 찬송할 수 있는 믿음을 주소서. 아버지, 아우카족을 생각하며 찬송하기 원합니다!"(1952년 7월)

- "다만 저 자신의 희망과 계획이 하나님께서 인도하시고 이루어오신 것보다 절대 더 좋을 수 없다는 것을 분명히 압니다. 우리 모두 그렇게 됐으면, 그리하여 '이 하나님은…… 우리를 죽을 때까지 인도하시리로다'(시 48:14)라는 말씀이 진리임을 알게 됐으면 좋겠습니다."

프롤로그

1. 이디스 체리Edith G. Cherry가 작시한 찬송가. *Golden Bells Hymnal*, 547
   장.

3장

1. 이 책에 인용된 말들의 출전을 찾아내려 최선을 다했다. 착오나 빠진 부분을
   알려준다면 저자로서 고마운 일이 될 것이다. 짐의 일기와 편지에는 성경말
   씀이 많이 인용돼 있는데 대체로 암송했던 것을 인용하다 보니 인용문과 원
   문이 간혹 한두 마디씩 다를 수도 있다. 한편 히브리어나 헬라어 원문을 짐
   이 직접 번역한 경우도 있다. 그런가하면 글귀가 아니라 내용을 인용하면서
   따옴표를 붙인 경우도 있다. 어느 경우든 인용문 바로 뒤 괄호 안에 성경구
   절을 밝혔다. 따옴표 없이 인용된 성경말씀도 많이 있는데 그런 경우는 출전
   을 밝히지 않았다. 그 밖에 시구나 찬송가가 인용된 경우도 최대한 출전을
   찾아 주에 명시했다.

5장

1. 에이미 카마이클의 시, '저를 주의 연료 삼으소서Make Me Thy Fuel.'
2. 갬볼드Gambold가 작사한 찬송. *Little Flock Hymnal*, 1856.
3. 맥스웰의 *Born Crucified*(Chicago: Moody Press)에 인용된 시.

6장

1. 앤 커즌스Anne R. Cousins의 '러더포드의 찬송가Rutherford's Hymn' 중에서, 1857.
2. 같은 찬송가.
3. 제임스 프락터James Proctor의 찬송가 '내 부질없는 수고I've tried in Vain' 중에서, *Victorious Life Hymns*(Philadelphia: The Sunday School Times Co.).
4. 애니 호크스Annie S. Hawks의 찬송가 중에서.
5. 웨이드 로빈슨G. Wade Robinson의 찬송가 중에서.

7장

1. 페이버F. W. Faber의 찬송가 중에서.
2. 시 '야성의 부름The Call of the Wild' 중에서. *The Complete of Robert Service*(New York: Dodd, Mead & Co., 1940). 출판사의 허락을 받고 사용함.
3. 에이미 카마이클의 시에서.
4. 로버트 루이스 스티븐슨Robert Louis Stevenson의 '행복한 생각Happy Thought' 중에서, *A Child's Garden of Verses*.

8장

1. 새뮤얼 커스터Samuel C. G. Kuster의 찬송가 '신실한 친구 주 예수Lord Jesus, Friend Unfailing' 중에서.

10장

1. 러드야드 키플링Rudyard Kipling의 '만약If' 중에서, *Rewards and Fairies* (Garden City: Doubleday & Co., 1910).

11장

1. '유콘의 마법The Spell of the Yukon' 중에서, *The Complete Poems of Robert Service*(New York: Dodd, Mead, & Co., 1940), p. 3. 출판사의 허락을 받고 사용함.
2. 마이어즈F. W. H. Myers의 '성 바울St. Paul' 중에서, *Collected Poems* (London: The Macmillan Co., 1921), p. 138.

3. 사라 티즈데일Sara Teasdale의 '아말피의 밤 노래Night Song at Amalfi',
The Collected Poems of Sara Teasdale(New York: The Macmillan Co.,
1937), p. 97. 허락을 받고 사용함.

4. 어네스트 셔틀레프Earnest W. Shurtleff의 찬송가 '오 영원한 왕이여, 인도
하소서Lead On, O King Eternal' 중에서.

5. 벤 존슨Ben Johnson의 '세실리아에게To Cecilia' 중에서.

12장

1. 하계 언어학연구소Summer Institute of Linguistics, Inc.에서 오클라호마
대학교와 제휴하여 오클라호마 노먼에서 실시하는 연구 캠프.

2. 베이첼 린제이Vachel Lindsay의 시 '거슴츠레한 눈The Leaden-Eyed' 중
에서.

3. '유콘의 법칙' 중에서, *The Complete Poems of Robert Service*(New York:
Dodd, Mead and Co., 1940), p. 12. 출판사의 허락을 받고 사용함.

4. 출처 미상.

5. 오클라호마 대학교.

13장

1. 베이첼 린제이의 시 '거슴츠레한 눈' 중에서, *Collected Poems*(New York:
The Macmillan Co., 1925). 출판사의 허락을 받고 사용함.

2. 메리 톰슨Mary A. Thompson의 찬송가 '시온아 전파하라O Zion, Haste'
중에서.

15장

1. 이 부분 여백에 색깔이 다른 글씨로 이렇게 쓰여 있다. "생각지도 못했는데
6월까지 500달러 가까이 모았다!"

16장

1. '러더포드의 찬송가' 중에서.

2. 같은 찬송가.

17장

1. 프랜시스 톰슨Francis Thompson의 '천국의 사냥개The Hound of

Heaven' 중에서.

2. 보나H. Bonar의 찬송가 중에서.

18장

1. '러더포드의 찬송가' 중에서.

20장

1. 키토의 선교사 라디오 방송국. '안데스의 소리'로 알려져 있다

2. 로이드W. F. Llyod 찬송가. *Little Flock Hymn Book*(New York : Loizeaux Brothers), 209장 3절.

3. 에이미 카마이클의 시 '헛되지 않으리Not in Vain' 중에서. *Made in the Pans*(London : Oliphants, Ltd., 1918), 130.

23장

1. 풀러튼W. Y. Fullerton의 찬송가.

2. 그는 곧 굶어 죽었다. 인디언들에게는 뱀에 물린 사람이 먹을 수 있는 음식에 대해 터부 현상이 있기 때문이다.

24장

1. 숲속에서 아우카족의 눈에 쉽게 띄도록 빗에 흰 천조각을 끈처럼 달았다.

2. Elisabeth Elliot, *Through Gates of Splendor*(New York : Harper & Brothers, 1957). (「영광의 문」 복 있는 사람)